ビギナーズ 少年法

第3版補訂版

守山　正
後藤弘子

［編著］

成文堂

第 3 版補訂版はしがき

　本書の今回の補訂理由は、いうまでもなく 2021 年に行われた少年法改正にある。2000 年改正に匹敵する大改正と言ってよいであろう。この改正は、年齢引き下げ論が契機となっており、実際、18 歳、19 歳の「特定少年」という中間層を 18 歳未満の少年と成人の間に設けたことが大きな特徴である。これは、民法改正ほか諸法令において「成年」を 18 歳以上に定めたことによる。今次の改正は、いわば機械的に民法の年齢区分に揃える形で行われ、十分な議論が尽くされたとは言い難い状況の下での改正であった。この点については、5 年後の見直しを含め、今後の学界の内外における議論に期待したい。

　そうとはいえ、この改正に伴って、本書の多くの部分での修正が必要になり、そこで、なるべく早めに読者に改正内容の概要を伝える趣旨から、本書の補訂では、取り急ぎ「特定少年」に係る箇所のみ最小限の修正を行った。また、今後、「拘禁刑」導入の刑法改正も予定されており、本書もその影響を受けることから、本格的な改訂作業は本書『第 4 版』に持ち越すことにした。読者には、そのような事情をご理解頂き、今回の改正における「特定少年」に係る記述部分については、とくに留意して読んでいただくことを希望する次第である。

　2022 年 3 月

　　　　　　　　　　　　　　　　　　編著者　　守 山　　正
　　　　　　　　　　　　　　　　　　　　　　　後 藤 弘 子

第3版はしがき

　第2版補訂版を出した2009年から、だいぶ日が過ぎてしまった。第3版を早く出さなければと思いながらも、刑事法に関連した法改正の動きが早いこともあり、教科書の改定のタイミングをかなり逸してしまい、読者の皆さんには迷惑をかけてしまったことを編者として申し訳なく思う。

　2000年以降、少年法は改正に次ぐ改正が行われている。第2版補訂版がカバーをした2008年の被害者による審判傍聴制度以降も改正の動きは止まらない。2014年には、少年の刑事事件に関連して、不定期刑の上限と下限を引き上げる改正及び国選付添人の範囲の拡大とそれに伴う検察官関与に範囲の拡大が行われた。現在、法制審議会で少年法の成人年齢に18歳に引き下げるかどうかについての議論も行われており、もし、今回の改正が行われる場合には、少年法のあり方を根本から変えるものになる可能性がある。

　2014年には、少年院法が改正され、少年院法と少年鑑別所法が成立した。両法は少年院法が成立してからの初めての根本的な改正で、少年院における処遇が少年院の名称も含めて見直されることになった。2015年6月1日から施行されている新しい少年院法での実践が始まり、在院少年の最善の利益にかない、かつ少年の権利利益がより保障された矯正処遇が行われている。

　児童福祉法も頻繁に改正されている。2011年には、民法改正で親権の一時停止が可能になったことに伴う改正や、2016年の児童福祉法の理念をより明確化する改正が行われている。まだ施行されてはいないが、家庭裁判所の虐待事案に関する介入を強化する改正も2017年に行われている。

　今回の第3版は、このような最近の非行少年を取り巻く法制度の変化を網羅しているが、同時に教科書として重要なことは、その変化がなぜ起こったのかを歴史の流れの中でとらえることであると考えている。そのため、第3版においても全面的に書き換えるのではなく、必要なことを流れの中で付け加える形をとっている。

　少年事件は、少子化の影響をはるかに超えて減少の一途をたどっている

が、2015 年の調査（内閣府「非行少年に関する世論調査」）において、約 8 割が少年非行は「増加している」と答えている。少年事件については、その数だけではなく、その理念や役割について、誤解されがちである。この第 3 版がその誤解を少しでも説く手助けになれば望外の喜びである。

　2017 年 7 月

編著者　守 山　　正
　　　　後 藤 弘 子

第 2 版補訂版はしがき

　第 2 版の刊行から 1 年が経た。この間、2007 年についで、2008 年改正法が成立した。内容的には、少年審判における犯罪被害者等の権利利益の保護がその中心であるが、このはか、成人刑事事件の管轄の家庭裁判所から地方裁判所への移管が盛り込まれた。とくに、前者に関しては、少年審判の構造を大きく変更するものであり、本改訂を行ったのもまさしくこの点に関連する記述を行うためである。なお、巻末の「主な少年事件」においても事件を追加した。

　このようにして、初版から改訂・補筆を行ってきた結果、本書はずいぶん大部となった。これも少年法の近年の動向がいかに複雑であるかを物語るものであろう。

　　2009 年 3 月

編著者　守 山　　正
　　　　後 藤 弘 子

第 2 版はしがき

　初版を発刊してから 2 年半が経過した。初版は、2000 年改正法の直後に世に送り出したこともあって比較的好評で、2 回の増刷を行った。しかし、その後、2007 年に再度改正が行われ、本年もさらに改正案が検討される状況から、本書の内容に齟齬が生じている。しかも、現在「刑事立法の時代」とも言われ、少年法に限らず、種々の立法・改正が続いている。このような時代背景にあって、少年法の精緻な理解はいっそう困難となっており、そこで、現行法の内容に即して加筆・訂正を行う必要から、第 2 版を企画した次第である。

　基本的な構成は初版を踏襲したが、内容的には、外国法制を含め、初版以降に生じた変更点、および補充の必要がある事項の記述に努めた。但し、依然として少年法や非行少年をめぐる立法状況は流動的である。そのため、今後、本書の理解のために、補充的な資料が必要になる場合も考えられる。適宜、最新の情報を関連ウェップサイト等から獲得して、補充して頂ければ幸いである。

　2008 年 3 月

編著者　守 山　　正
　　　　後 藤 弘 子

初版はしがき

　本書は、書名が示すように、少年法の初学者向けのテキストである。従来、大学の講義において、少年法については刑事政策や犯罪者処遇法の一部で講じられるにすぎなかった。しかし、近年、少年問題に対する関心の高まりから、大学・大学院・法科大学院の科目として「少年法」が設置される傾向が強まっており、その重要性は一段と高まっている。ことに、2000 年には少年法は抜本的な大改正が行われ、これをめぐって学界内外で活発な議論が交わされてきた。

　しかし、実際には、メディアや政治家などの議論が中心であり、その根幹部分の議論はなおざりにされてきたきらいがある。議論の中心となったのが、凶悪化・低年齢化する少年事件への対応や、被害者への支援であったこともあり、少年法をめぐる議論の前提において、依然として基本理念に対する理解や考察が不足しており、それがいっそう少年法の解釈を困難にしている点は否めない。

　たとえば、少年法制の歴史的展開において、イギリスとアメリカを同列に論じ、同じく「英米型」、「福祉型」とする類書が多いが、本書を参考にすれば分かるように、両国の発展は質的に異なっている。また、少年法を論じるには、そもそも「少年」とは何かという問いに対して、たんに法的な観点だけでなく、種々の人間科学的な観点からも応答する必要があると思われる。歴史的にみて、一定年齢以下の者に対する特別の配慮は、社会的・政治的・経済的な諸要素がからみあって、発展してきたからである。

　そこで、本書は、少年法制の理解を助けるために研究の原点に立ち戻る必要があるとの考えから、その源流ともいうべき少年法の性格や歴史、さらには諸外国との比較法的記述を独立に取り入れたほか、社会学的心理学的な観点からの考察も導入した。さらには、最新の議論・データを採用する点にも配慮し、なるべく「少年法の現在」を心がけたつもりである。

　執筆者は、比較的若手の研究者の陣容となり、内容も若手のエネルギーが

感じられる書をめざした。法学者が中心であるが、少年法周辺の問題にも目配りするために、社会学・心理学の専門家、あるいは実務家も執鎮に加わっている。もちろん、執筆者各自の問題意識や関心は必ずしも一様ではなく、記述も各自の好みが示されている所も少なくないが、これを過度に修正すると、かえって執筆者の意図が曖昧になる点を考慮して、最小限の修正にとどめた。

　また、本書は類書とはやや異なる構成を採用した。必ずしも少年法の構成に沿うのではなく、問題点を横断的に集約させる配列になっている。さらに、各項目には、理解を助けるための「キーワード」と「コラム」を設けた。「キーワード」は当該項目で必ず理解しなければならない用語であり、「コラム」は予備知識としてあれば望ましい程度の解説である。本文の記述とともに、これらを組み合わせることで、当該項目全体の理解をより深めるように配慮した。

　今後、少年法は、改正された少年法の運用の結果や今後のあり方をめぐり、議論が動揺することも予想される。2000 年の改正少年法あるいは 2005 年の改正少年法案の評価は、現在最も重要な論点の一つである。もちろん、その評価は、場合によっては、これからの少年犯罪・非行現象の変化にも左右されると思われるし、実施機関の現実的な機能、態勢、人的物的資源にもよるであろう。あるいは、長期的には歴史的な評価も必要であろう。その際、少年犯罪に対する法的対応、つまり少年法自体の限界とそれを補充する新たな手段が明らかにされるかも知れない。そのために必要な基本的な知識の獲得に本書が役立つことを期待する。

　なお、最後に、本書の編集・刊行を強く勧めて頂いた成文堂編集部の相馬隆夫氏に感謝したい。

　2005 年 7 月

編著者　守 山 　 正
後 藤 弘 子

凡　例

1　**法令名略称**　以下の例のように略記する

少年法	少
少年審判規則	少審規
少年院法	少年院
少年院規則	少年院規
少年警察活動規則	少菩規
刑法	刑
刑事訴訟法	刑訴
刑事訴訟規則	刑訴規
更生保護法	更保法
児童福祉法	児福
犯罪捜査規範	犯捜規
裁判所法	裁

2　本書では、1922（大正 11）年成立の少年法を「大正少年法」、1948（昭和 23）年成立の少年法を「少年法」、2000（平成 12）年成立、2007（平成 19）年成立、2008（平成 20）年成立、2014（平成 26）年成立の少年法をそれぞれ「2000 年改正少年法」、「2007 年改正少年法」、「2008 年改正少年法」、「2014 年改正少年法」と呼ぶ。

目　　次

第3講◆少年非行の現状

第4講◆少年法の改正

第 6 講◆非行少年の発見

第 7 講◆捜査・予防活動

第 8 講◆家庭裁判所の役割

第 *9* 講◆社会調査

第 *10* 講◆少年審判

第 *14* 講◆少年の福祉を害する犯罪

第 *15* 講◆少年事件と報道

第 *16* 講◆世界の少年法

本文中に掲載したコラムの一覧表

第 1 講◆少年法の理念

キーワード

子どもの権利条約／成長発達権／少年の健全育成／保護主義／
全件送致主義

1 少年法とは何か

少年法について学ぶ際に、まず問題となるのは、何がその考察の対象の法となるか、つまり、「少年法とは何か」である。

まず中心となるのが、少年法という名称の法律（1948（昭23）年7月15日法168号）である（形式的意味の少年法）。

また、少年法と同様に重要なのは、最高裁判所によって制定された少年審判規則である。少年審判規則は、本文が68条しかない少年法を補う重要な役割を有する。

少年法は、非行少年に対して、家庭裁判所が調査・審判を行った結果、保護処分に代表される少年にふさわしい処分を行う特別な手続を規定しているほか、非行少年に対する刑事手続における特別な配慮や成人の刑事事件手続についても規定している。少年の刑事事件に関して、少年法に規定がない場合には、刑事訴訟法が準用される。特に、少年に関する捜査の規定は少年法にはほとんどないため、基本的に刑事訴訟法が準用される（少40条）。なお、少年に対する捜査については、犯罪捜査規範における「少年事件に関する特則」（202条〜217条）や少年警察活動規則（2002（平成14）年）が存在するほか、非行の防止については、「少年警察活動推進上の留意事項について（依命通達）」（2007（平成19）年）がある。

少年法は犯罪に関連した子どもの問題行動を扱っていることから、何が犯罪となるのかとの関連で、当然刑法も関係する。

　非行少年の場合、非行少年の種類や事件によっては児童相談所が先議権を
有する場合がある。また、家庭裁判所での調査・審判の結果、児童相談所長
等に送致したり、保護処分として児童自立支援施設・児童養護施設といった
児童福祉法上の機関に送致することもあることから、児童福祉法も重要な関
連を持つ。

　非行少年に対する調査・審判は家庭裁判所において行われる。そのため、
家庭裁判所の組織については裁判所法が関係する。また、少年の身柄拘束の
場所である少年鑑別所に関しては、少年鑑別所処遇法が適用される。

　少年法の中心的な処分である保護処分のうち、少年院送致に関しては、少
年院法や少年院処遇規則が、保護観察処分については、更生保護法や保護司
法が規定している。

　少年が検察官送致された後、刑事裁判に関しては、刑事訴訟法が、刑の執
行については、刑事収容施設及び被収容者等の処遇に関する法律や更生保護
法が関係する。

　さらに、上位の規範として、憲法や児童の権利に関する条約（以下権利条
約）の少年司法に関する規定（40条）や身柄拘束に関する規定（37条）、あ
るいは国連の少年司法に関する北京ルールズなども少年法を理解する上では
重要な規範となる。また、子ども・若者育成支援推進法（2009（平成21）年
とそれに基づく「子ども・若者育成支援推進大綱」（2016（平成28）年）や犯
罪対策閣僚会議による各種施策も、少年非行に対する国の考え方や対応の指
針が示されているという意味で参考とすべきものである。

　以上のように、少年法は様々な法制度によって織りなされるタペストリー
のようなものであるが、以下では、形式的意味の少年法を中心に少年法につ
いて考えることにしたい。

❏コラム 1　少年非行と暴力経験

　非行少年の成育歴を見ると、親やきょうだいからの虐待や学校でのいじめ
のなどの暴力の被害経験があるものが少なくない。さらに、重大な事件を起
こした少年の家庭には、ドメスティック・バイオレンス（DV）などの少年
に直接向けられた暴力以外の暴力が存在することもよくある。すべての子ど

もは生まれたときから非行少年ではなく、育った環境によって非行少年になっていく。問題解決の方法として、その家庭では暴力しかない場合に、そのほかの解決方法があることに気づくことは難しい。少年院でも少年によっては、暴力という問題解決方法にしがみつく場合もある。暴力は、社会における男らしさの規範（ジェンダー規範）と結びつくことで、男子非行少年たちの回復をより困難にする。

2　少年法の意義

少年法は様々な意義を有する法である。

1　子ども法としての少年法

われわれの社会は、子どもとおとなを区別し、おとなではない、未成熟で成長発達の途上にある子どもに対して、特別な取り扱いを行っている。その特別な取り扱いは、様々な分野に及び、「子ども法」という分野を形成している。

もっとも「子ども法」という法領域はまだ確立されているとはいえない。ただ労働や労働者に関する法を労働法と称するように、子どもの権利を保障する総合的な法制度をそう呼んでいるに過ぎない。「子ども法」は、1994年に批准された権利条約を基本にして、子どもの生きる権利・育つ権利・保護される権利・参加する権利を保障する法体系を総称したものである。

少年法も子どもの権利を保障するという意味では、子ども法という法体系のなかに位置づけられる。

少年法は、子どもの権利の保障のために、子どもに対する特別な取り扱いを規定しているが、だからといって、すべての子どもをその対象としているわけではない。子どもの問題行動に焦点をあて、さらに、その問題行動を犯罪に関連するものに限定することで、子どもが犯罪者として成長しない権利を保障し、同時に社会の安全をも保護しようとしている。

権利条約によれば、子どもの成長発達権を保障し、健全に育成する第一次

的役割は、親が担っている。その親が子どもの育成を阻害する場合や、親による育成が不十分な場合に、国家が子どもの育成に積極的に介入する。少年法は、少年が刑罰法令に違反して他人の法益を侵害した場合、または、このまま放置しておくと、自らの徳性を傷つけたり、犯罪者として成長する可能性がある場合に、親に代わって国家が強制的な介入を行う方法を規定している。

　子どもの権利の保障には、自由権的側面と社会権的側面があるが、少年法においては、国家の後見的な役割が強調され、国家の保護的側面がまず重視される。しかし、保護的な役割だけでは十分ではなく、年齢や発達段階に応じて自由権的な側面をも保障することで、国家が子どもの成長発達権の保障を実現することが必要である。

○コラム2　子ども・少年・児童

　成人ではない存在を指す用語として、「子ども」が使われることが多いが、従来は、子どもという言葉を法律で使うことはあまりなかった。最近では次世代支援対策推進法や少子化社会対策基本法で、子どもという言葉が使われているが、子どもの権利条約では、外務省は child を子どもではなく「児童」と訳している。少年法は20歳未満の子どもを「少年」と呼んでいるが（少年法2条1項）、民法では、18歳未満の子どもを「未成年者」（民法4条）と呼ぶ。法律上の子どもの呼び方でもっとも多いのは、「児童」で、児童福祉法における児童を中心に、児童虐待防止法、児童買春・ポルノ処罰法、出会い系サイト規制法といった法律が、18歳未満の子どもを児童と呼んでいる。もっとも、学校教育法は小学生を児童と呼ぶなど、法律の中でも統一性は必ずしもとれていない。

2　刑事法としての少年法

　少年法は子どもの問題行動の中でも、犯罪に関係のある問題行動を「非行」とし、その子どもたちに対する国家の取扱いのルールを定めたものである。子どもの問題行動が、警察が補導の対象としている不良行為のレベルに止まっている場合には、不良行為少年として少年法の対象とはならない。

　少年法が対象としている非行少年には、犯罪少年、触法少年、虞犯少年の3種類の少年が存在する（少3条1項）。犯罪少年は、14歳以上で、犯罪行為を行った少年（少同項1号）、触法少年は14歳未満（刑事未成年。刑41条）で、刑罰法令に触れる行為を行った少年（少同項2号）、虞犯少年は、一定の虞犯事由があり、かつ、将来犯罪や刑罰法令に触れる行為をする虞（虞犯性）がある少年（少同項3号）である。なお、2021年の改正において、18歳、19歳の「特定少年」には虞犯を理由とする保護処分は適用されないこととなった。

　虞犯少年はその行為自体は犯罪ではないが、このまま国家が介入することなく、親の監護に委ねておくと、犯罪という社会にも本人にも好ましくない結果となることから、後見的な国の役割として介入を行うものである。

　少年法は、犯罪を行った少年や犯罪を行う蓋然性が高い少年に対して、犯罪・触法・虞犯といった非行を理由として介入し、当該行為を非行という問題行為であるかどうかを決定するだけではなく、当該行為に至った原因を明らかにすることで、将来犯罪を行わないようにするため、その少年に適した教育的な対応を模索する。

　このように、非行を理由として国家が強制的に介入すること、保護処分といえども不利益性は否定できないことから、人権保障も当然に要請される。にもかかわらず、職権主義的審問構造を理由として、少年の権利保護規定が極めて少ないことが問題として指摘されている。

　非行事実が適正に認定されることは、強制的介入及び不利益性の観点だけではなく、少年に対する教育のためにも重要になる。同様に、被害者からも、非行事実の適正な認定が要請される。これらの要請を満たすため、ここ20年以上にわたって、少年法では、非行事実の適正な認定を行うための様々な方法を検討してきた。2000年の少年法改正はその内容に批判はあるが、適正な非行事実の認定のための1つの示されたモデルであるといえる。

3　福祉法としての少年法

　少年法は、すべての非行少年に対して家庭裁判所という司法機関が対応するとしている。そのため、前述したように、司法的対応として当然に要求さ

れる非行事実の適正な認定や、適切な処分の決定を行うことが必要となる。しかし、その一方で、少年法は、非行をきっかけとして少年が抱えている問題を明らかにし、その問題の解決のための強制的な援助を行うことも要請している。その実現のために、少年法は、非行少年に対して非行事実に関する調査（法的調査）のみならず、要保護性に関する調査（社会調査）も行うことで、問題の明確化とそれに対する強制的な援助のあり方を模索している。

司法機関である家庭裁判所が、非行を理由として制裁を科すだけではなく、問題に対する調査と問題解決のための働きかけを行うのは、少年法が福祉的機能も有しているからにほかならない。未成熟で適切な判断力に欠け、かつ親や社会による必要な支援が行われなかったため、少年は非行を行ってしまった。そのため、非行をきっかけとして明かになった少年の問題性を解決し、将来犯罪者にならないように成長する手助けを本人のために行う。これは少年法の福祉的機能のあらわれである。

4　教育法としての少年法

少年法の少年保護手続は、単に非行事実を認定して保護処分に代表される制裁を科すことだけを目的としているわけではない。少年法はそのすべての過程において、少年に対する教育的働きかけを行うことで、少年が犯罪者に成長しないための教育を行うという機能も有している。

警察や児童相談所の送致、通告から始まる少年司法過程において、少年は数多くの人たちに出会う。これらの少年司法の担い手には、少年に対して、教育的な働きかけを非行の内容や少年の状態に応じて行っていくことが期待されている。

さらに、家庭裁判所では、家庭裁判所調査官が中心となって、「教育的措置」に代表される教育的働きかけが行われることを前提として、審判不開始や不処分が行われている。また、保護処分は、制裁としての意味を有するのみならず、少年に対する強制的ではあるが、教育として行われるという特徴を有している。

このように、少年法は、刑事法としての意義だけではなく、子ども法、福祉法、教育法と多様な意義を有する総合的な法制度なのである。

3 少年法の理念

1 少年法の目的

　少年法は、20 歳未満で刑罰法令に違反した・違反する可能性がある行為を行った子どもを「非行少年」として、刑事司法において特別な取扱いをするための手続を定めた法律である。

　少年法は、非行少年を健全に育成していくこと、つまり非行少年を発見して、国家が強制的再教育を行うことで、将来犯罪者にしないことを目的としている。犯罪を行った者に対する国家による制裁であるという点では、少年法は刑事特別法であるが、犯罪や虞犯といった非行を契機に国家が強制的再教育を行うという点では、教育法でもあるし、国家が子どもの最善の利益や社会の利益を考え介入するという点では、福祉法としての役割を担っている。その意味で、前述のように、少年法は「刑事＋福祉＋教育」の三位一体の法制度であるということができる。

2 少年法における非行少年観

(1) 未成熟な少年

　少年法は、ある一定の非行少年観を前提に法制度を構築している。

　まず挙げられるのが、少年が未成熟であるということである。この社会は子どもを「成人ではない存在」として位置づけ、特別な法的社会的援助の必要な存在だとしている。それは、子どもが社会的・精神的・肉体的に未成熟であることを理由としている。

　少年は成人と比較して、法的・社会的判断能力が十分ではない。しかし、この社会においては、成人と同様の法規範に従って生きていくことが必要となる。少年が成人と同様の法規範に従って社会の一員として必要な役割を果たすためには、成人によるあらゆる側面からの援助が必要となる。

(2) 政治的権利のない少年

　少年であるということは、遵守が予定されている法規範を含む社会規範の策定に参画することができないことを意味する。18 歳未満の少年には参政

権が認められないため、社会のルールである法規範の策定に参画できない。しかし、自らが参加することなく定められたルールに従うことが要求されるという極めて理不尽な状況におかれる。自らが制定に参画していないため、どのようなルールが存在するのかを知ることは成人よりも困難である。そのため、少年がルールの意味や必要性を学ぶ機会を適宜準備することが必要となる。

(3) 成長発達する少年

　少年が未成熟であるということは、成熟に向けて成長発達する存在であることを同時に意味する。権利条約でも、子どもは成長発達する存在として理解されており、そのための環境が整備され保護・援助が与えられなければならないとしている（前文、および6条2項）。

　少年が成長発達する存在であるということは、子どもである現在に対する保護・援助のみならず、将来「社会において個人として生活するため十分な準備」のための支援も必要となる。この子ども期の二重性を少年法も前提としている。

　なお、少年事件に対する仮名報道が少年法61条違反であるとして、出版社が訴えられた事件で、名古屋高等裁判所は、61条に関連して、成長発達権が子どもの基本的人権の一つであると位置づけている。

　「少年は、未来における可能性を秘めた存在で、人格が発達途上で、可塑性に富み、環境の影響を受けやすく教育可能性も大きいので、罪を問われた少年については、個別的処遇によって、その人間的成長を保障しようとする理念（少年法1条「健全育成の理念」）のもとに、将来の更生を援助促進するため、社会の偏見、差別から保護し、さらに、環境の不十分性やその他の条件の不充足等から誤った失敗に陥った状況から抜け出すため、自己の問題状況を克服し、新たに成長発達の道を進むことを保障し、さらに、少年が社会に復帰し及び社会において建設的な役割を担うことが促進されるように配慮した方法により取り扱われるべきものである。そして、このような考えに基づいて少年に施されるべき措置は、翻っていえば、少年にとっては基本的人権の一つとも観念できるものである。

　（略）そして、過ちを犯した少年が、自己の非行を反省し、他の者の人権

及び基本的自由を尊重する規範意識を涵養するため、更生の道を進み、社会復帰を果たすことは、このような権利の具体的行使であるとともにその責務であるが、大人（成年者）及び社会には、少年が非行を克服し、社会に復帰し及び社会において建設的な役割を担うことが促進されるようにするため、環境の整備を初めとする適切な援助をすることが期待、要請されているのである。」（名古屋高判平 12・6・29 民集 57 巻 3 号 265 頁）

(4)　可塑性のある少年

少年が成長発達する存在であるということは、少年が可塑性（変化する可能性）を有していることを示している。少年には可塑性があるために、将来の犯罪の予防のためには、刑罰ではなく保護処分という教育的処分を行うことがより効果的となる。

(5)　健全育成の失敗としての少年

少年の成長発達権を保障し、健全に育成する責任を、親や社会は有している。そのため、子どもが非行を行うということは、本人の責任のみならず、親や社会が当該少年の成長発達に必要な対応を行ってこなかったことの結果であると少年法は考えている。非行を行った第 1 次的責任は少年自身にあるが、親や社会の不十分・不適切な対応が、少年を非行に追いやった責任も同時に存在する。

場合によっては、単に育成がうまくいかなかった場合だけではなく、より積極的に少年に対して加害行為が家庭内等で行われることもある。

①虐待される少年

非行少年の虐待経験については、最近の調査がいくつかある。国立武蔵野学院が行った児童自立支援施設入所の児童の被虐待経験の調査では、入所児童の約 6 割に虐待経験があったとされている（国立武蔵野学院『児童自立支援施設入所児童の被虐待経験に関する研究』、2000）。また、法務総合研究所が少年院に収容された少年（被収容少年）に対して行った調査では、「家族から身体的暴力、性的暴力及び不適切な保護態度のいずれか一つでも受けた経験のある者」は、全体の 72.7％にのぼっている。なお、同調査では、家族・それ以外の誰からも暴力被害を受けた経験がないと答えたものは、4.1％にしかすぎない（法務総合研究所『法務総合研究所研究部報告 11』10 頁、2001）。

②暴力にさらされて育つ少年

　結果が重大な少年事件が相次いで報道され、少年法改正について議論されていた時期に、最高裁判所はいくつかの重大事件について、その実態や原因の分析を行った（家庭裁判所調査官研修所監修『重大少年事件の実証的研究』司法協会、2001）。その中で明らかになったことは、重大少年事件の少年は幼い時からなんらかの形で家庭内の暴力（児童虐待、ドメスティック・バイオレンスなど）にさらされているということである。

　暴力にさらされて育つと、問題解決ための選択肢のなかに、暴力が入りやすくなるだけでなく、暴力に対する許容度が高くなるため、暴力を選択しやすくなる。子どもは育つ環境を選べない。暴力にさらされることが暴力の連鎖を招くことを改正児童虐待防止法も明らかにしており、ドメスティック・バイオレンス（DV）の目撃も虐待であるとしている（1条、3条4号）。

　このように、少年が非行を行うにあたっては、少年だけにその原因があるのではなく、親や社会にも責任があるという非行少年観を少年法は前提としているのである。

3　少年の健全育成

　少年を健全に育成する役割は、何も少年法だけが負っているわけではない。児童福祉法や学校教育法も子どもの成長発達を適切に保障することを目的に制定されている。なかでも、子どもの成長発達の第一次的責任を負っているのが親である（民法818条1項、820条等）。児童の権利に関する条約においても、国家は親の子どもに対する権利を尊重することが明記されており（5条）、国家は親がその役割を果たせるように援助し、親がその役割を果たせない場合には、代わって子どもを成長発達させる役割を負うといった補完的立場にある。

　国家が補完すべき典型的な事態は、親が子どもの権利を侵害する児童虐待のような場合と、親に任せておくと他人の権利を侵害し、犯罪者として成長する可能性がある少年非行の場合である。

　親がそもそも負っている義務を、国家が犯罪者として子どもを成長させないために行使する。このことからすれば、少年法における健全育成の目的

は、犯罪者として成長させないこと、つまり、将来における再非行・犯罪の防止という極めて限定的なものとなる。

国家は、非行を契機として、その少年が問題を抱えていることを発見し、少年に対して適切に介入・働きかけを行うことで、その問題の解決を助け、さらには社会規範・法規範の再獲得や、行動変容を促し、二度と非行・犯罪を行わないことで、社会の一員として再び受けいれられるように強制的に再教育を行う義務を負っている。

4　保護主義

国家が強制的に個人の行動に介入することが正当化されるためには、当該個人が他人の権利を侵害することが前提となる。少年法も、すべての問題行動を行った子どもに対して国家が強制的に介入するのではなく、犯罪という他人の権利侵害が行なわれた場合に介入することを基本としているという意味では、侵害原理と呼ばれる国家権力介入の正当化原理を満たしていることになる。

しかし、同時に、少年法は犯罪と評価されない触法行為や将来犯罪を行う危険性が高いとされる虞犯行為に対しても介入を行っている。触法行為に関しては、事実としては他人の権利を侵害する行為であるため、侵害原理によって介入が正当化される余地はまだある。問題は虞犯行為や、非行少年として司法的関与が行われないが、警察の補導の対象となる不良行為少年といった成人であれば国家権力が意に反して介入することのない行為に対しても、介入を行うことにある。

直接的な権利侵害行為が存在しないにも係わらず、国家が介入する根拠としては、本人の判断能力の未熟さゆえに、適切な判断を行うことができず、自らの利益を侵害する場合が考えられる。この介入の根拠を一般的にパターナリズムと呼んでいる。

少年法においては、このパターナリズムが、親に代わって国家が子どもの成長発達権を保障するという形で行われるために、「国親思想」（パレンス・パトリエ）に基づいて正当化されることになる。

また、少年法においては、それが犯罪である場合でも、介入の目的が制裁

だけではなく、教育でもあり、またその介入の手段・方法・態様も教育的で
なければならないとされている点に特徴がある。

　一般的に、国家が本人の利益のために介入することを正当化する考え方を
保護主義と呼んでおり、少年法においても、非行少年が犯罪者とならないと
いう本人の利益のために、教育目的で介入していることから、保護主義がそ
の背景にあると言うことができる。しかし、少年法における保護主義は、犯
罪を行った、もしくは将来犯罪を行う危険性が高いことを理由とする介入で
ある。犯罪者とならないことは、本人にとっても利益であるが、社会にとっ
ても利益である。その意味で、少年法における保護主義は、純粋な保護主義
とは言えない。

○コラム3　国親思想（パレンス・パトリエ）

　国親思想（parens patriae）は、英米法においてコモン・ロウを補なう
役割を果たすエクイティ（衡平法）上の概念として発達してきた。幼児や知
的障害者など法的意思決定能力に制限がある人の権利を守るために、後見
人・保護者として国が役割を果たす。この後見人として国が果たすべき役割
の範囲は、健康や福祉、経済活動など幅広い。なかでも、非行少年に対して
は、親に代わって国が健全育成に責任を有することから、少年法における保
護主義の前提となる理論となっている。

4　少年司法制度の特徴

　少年法が中心としている家庭裁判所での少年保護手続を核として、その前
にある発見手続、その後にある処遇手続の3段階の手続を総称して少年司法
制度と呼ぶ。少年司法制度は、少年に対する特別な取扱いを保護主義に基づ
いて行っているため、刑事司法制度とその手続のあり方がかなり異なる。い
ってみれば、刑事司法との違いが少年法の特徴でもある。以下、主な特徴に
ついて見てみよう。

1 全件送致主義

　少年司法制度のもっとも大きな特徴は、すべての犯罪少年の事件が家庭裁判所に送致されるということである。これを全件送致主義と呼んでいる。

　成人の場合、軽微な事件であれば、微罪処分として警察限りの対応が可能である。さらに、検察にはその事件を起訴するかしないかを決定する広い裁量が認められており（起訴便宜主義・刑訴248条）、捜査の対象となったすべての事件が起訴されるわけではない。

　これに対して、少年の場合は、少年の非行事実だけではなく、要保護性（国家が強制的再教育をする必要性）についても判断する必要があるため、すべての犯罪について非行事実と要保護性を判断することのできる家庭裁判所に送致する。触法少年の場合は、児童相談所が先議権を有するし、虞犯少年の場合は、年齢によって司法手続に乗せられる道筋が異なるが、一旦事件が家庭裁判所に係属した場合には、その後の手続に差異はない。

　全件送致主義の前提には、非行が軽微だからといって、本人の抱えている問題が小さいとは限らないという考え方がある。結果が重大な非行の場合、少年の問題性も大きくなることが多いのはもちろんだが、結果が軽微であっても、今すぐに国家が介入すべき問題を抱えている可能性は無視できない。それを見極めて適切な対応を行うことを少年法は家庭裁判所に要請しているのである。

2 保護処分優先主義

　刑事裁判では、犯罪事実が認定されれば、それに対する制裁として、刑罰を科すことが基本となる。それに対して、少年事件では、家庭裁判所の審判を経て、非行事実と要保護性が認定されれば、刑罰ではなく、保護処分を課すことが優先される。

　保護処分は、少年に行った行為の意味を理解させ、反省させると共に、自らの社会生活上の問題点を把握させることで、今後犯罪や非行を行わないためにどのようなことが必要かを考えさせ、自らが変わることを要求する。また、少年が変わるためには、親の協力が不可欠なために、親に対しても、審判期日に呼出をし（少審規25条2項）、必要がある場合には、保護者に対し

て、訓戒、指導、その他の適切な処置をとることができる仕組みを用意している（少 25 条の 2）。

　このように、少年事件では、保護処分が優先されるが、保護処分ではなく、刑事処分が必要であると家庭裁判所が判断した場合には、事件を検察官に送致することができる。家庭裁判所から送られた事件は、起訴強制が働くため、検察官は、公訴を提起するに足りる犯罪の嫌疑がある場合には事件を地方裁判所に起訴しなければならない（少 45 条 5 号、起訴便宜主義の例外）。

　なお、第 1 次改正少年法（2000 年）は、検察官送致（逆送）年齢が 16 歳から 14 歳に引き下げられたため、14 歳、15 歳の年少少年も逆送が可能になった（少 20 条 12 項）。また、16 歳以上の少年で、故意で死亡の結果が生じた事件については、原則として逆送することとなった（少同条 2 項）。

3　職権主義的審問構造

　成人の刑事裁判は、検察官が被告人・弁護人と相争う対審によって行われる。検察官が犯罪事実を証拠によって証明し、それに対して被告人は、弁護士である弁護人の援助を受けながら、それに対抗していく。これに対して、家庭裁判所における少年審判では、裁判官が原則としては一人で、非行事実と要保護性とを判断する職権主義的審問構造が採られている。

　少年審判においては、刑事裁判において国が担っている犯罪に対して刑罰を科す役割とは異なり、少年の健全育成を図るため、裁判官が親代わりとして少年に対峙し、非行という問題に対処していく。このことは、裁判官が審判においては判断者・追求者・援助者の三役を担当することが求められていることを意味する。

　なお、少年法改正で、職権によって合議体で審判を行うこと（裁 31 条の 4）や一定の事件において、検察官が裁判所の許可を得て審判における非行事実の認定に係わり、その場合には弁護士が付添人として必要的に関与するという刑事裁判により近い形式で、非行事実の認定をより適切に行うための仕組みが導入された（少 22 条の 2、22 条の 3）。

4 審判の非公開

　裁判は恣意的な裁判をさけて、公平性を確保するために、公開で行われることが憲法上要請されている（憲法 82 条）。これに対して、少年審判は非公開（少 22 条 2 項）とされている。

　少年審判においては、非行事実のみならず、要保護性も審判の対象となる。そのため、家庭裁判所は、家庭裁判所調査官を擁し、様々な問題を少年鑑別所の技官と共に調査する。その調査は本人のみならず、親にも及び、そのためそこで収集される情報は通常は他人に話されることのない極めてプライベートな情報となる。これらの情報を公開しないことが関係者のプライバシー保護の点からも、情報収集を適切に行うためにも必要となる。さらに、少年の社会復帰のためには少年を世間に晒さないことが望ましいことも、審判が非公開とされる理由の 1 つである。これを補完するために、少年法 61 条は、少年であることが特定できる報道（推知報道）を行わないことをマスメディアに要請している。

　なお、最近では、耳目を集めた重大な少年事件に対しては、裁判所が広報活動の一環として決定要旨をメディアに公開しているほか、第 1 次少年法改正で、被害者に対しては、非行事実に関する記録の閲覧・謄写（少 5 条の 2）、審判結果の通知（少 31 条の 2）、第 3 次改正では審判の傍聴（少 22 条の 4）が行われることになった。

5 処遇の個別化

　少年司法においては、行為主義ではなく、行為者主義をとっているため、行為よりも行為者に焦点をあてた対応が行われる。家庭裁判所での審理は、あくまでもそれぞれの少年が有している問題に焦点をあてて行われる。同じ共犯事件でも、その事件から読み取れる問題性は少年によって異なる。そのため、共犯の事件であっても、個別に審理することが求められる。

　また、個別的処遇の原則から、同じ少年が複数の事件を行った場合でも、なるべく併合して審理を行うことが求められる（少審規 25 条の 2）。少年が抱えている問題の全体像を適切に把握するためには、少年が行った非行を総合的に判断する必要があるからである。

5 家庭裁判所の機能

　少年司法手続の中心となる機関が家庭裁判所である。家庭裁判所は、非行
少年を健全に育成するために、非行少年の事件の専属的管轄権を有する。す
べての犯罪少年の事件を家庭裁判所に送る全件送致主義がとられているため
に、家庭裁判所には、様々な役割が期待されている。

　まず期待されているのは、非行事実認定機能である。いくらその子どもに
問題があるとはいえ、国家が強制的に再教育を行うためには、非行事実が適
切に認定されなければならない。さらには、どのような国家による強制的な
援助が必要かといった要保護性を認定することも必要である。家庭裁判所に
は、司法機関として、非行事実や要保護性について、適切な認定を行うこと
が期待されている。

　次に、調査機能である。非行事実・要保護性を認定するためには、非行の
内容、程度や、少年の状態、生育歴、環境、学校での状況、性格、さらに
は、親の状況等、少年に関係する情報をできるだけ収集する必要がある。そ
のために、家庭裁判所は、家庭裁判所調査官という人間諸科学の専門家や、
少年鑑別所は、少年鑑別所技官という心理の専門家を特別に擁して、調査に
当たる。

　そして、調査の結果、審判等で非行事実・要保護性を認定した後、それら
の事実に基づいて、国家として行うべき援助を決定する機能（決定機能）も
有している。国家が強制的教育を行う必要性がないと判断した場合には、審
判不開始や不処分決定を行う。強制的教育が必要だと判断した場合に、家庭
裁判所が行える決定は、保護処分だけに止まらず、刑事処分が相当な場合に
は検察官に事件を送致し、福祉的な対応が必要な場合には、児童相談所長に
事件を送致するなど、司法機関や福祉機関に事件を振り分ける選別機能も有
している。

　さらに、家庭裁判所は、このような調査・事実認定・処遇決定の過程を通
じて、少年に対して常に教育的働きかけを行う処遇機能をも有している。少
年司法の担い手は、単に事実認定だけを行うのではなく、すべての段階で、

段階や職種に応じた適切な働きかけを行うことが期待されている。

このように家庭裁判所には、司法機関であるにもかかわらず、多様な機能が期待されている。この機能の多様性が、少年法の理念を具体化するのに役立っているのである。

参考文献

・後藤弘子『法のなかの子どもたち』（岩波ブックレット、1998）
・後藤弘子編『少年犯罪と少年法』（明石書店、1997）
・森田宗一『砕けたる心――青少年明暗50年（上）（下）』（信山社、1991）
・守屋克彦『少年の非行と教育』（勁草書房、1977）

（ごとう・ひろこ）

第 2 講 ◆ 少年法の誕生

キーワード

**少年裁判所／非行概念／ステイタス・オフェンス／
パレンス・パトリエ**

1　少年裁判所の誕生

　非公的には、犯罪や秩序違反を行った幼い者に対する憐憫の情は古くから
あったと思われる。しかし、成人と児童・少年が明瞭に社会制度として区別
され、ことに刑事司法の領域で犯罪を行った児童・少年に対する「処遇」と
して、特別の意識が生まれるのは、かなり新しいことであって、後述するよ
うに、さらにそれが法制度として現出するのは 19 世紀後半である。

　成人とは異なった扱いを行う少年法制には 2 種が識別され、一つは、犯罪
を行った一定年齢以下の者、つまり少年を犯罪を行った成人と別個に処理す
る法制であり、もう一つは、種々の社会的悪環境にあって危機の状況にある
少年を特別に保護する法制である。これらの考慮には、「処罰」とは別に、
共通して少年に対する「保護」・「福祉」の理念がみられる。但し、各国・地
域によって、その両理念のバランスには濃淡がみられる。

　歴史的にみれば、少年に対するこれらの考慮は、時代的、社会的に複雑に
入り組んでいるが、少年法制の確立という意味では、19 世紀終盤から 20 世
紀初頭の世界的な動向が注目される。その象徴は、世界各地で設置された少
年裁判所（juvenile court）である。言ってみれば、少年法制の歴史は、わず
かこの 100 年あまりの動きにすぎない。もちろん、少年裁判所は突然生まれ
たものではなく、これ以前にも、困難な問題に直面した少年たちに対する、
博愛主義者や慈善運動家など多くの人々のさまざまな運動や実践が存在して
おり、これらの運動が法制として実を結んだことに留意すべきである。

1 少年犯罪者と成人犯罪者との区別

　歴史的にみて、近代以前のヨーロッパでは、もともと一般的に少年は成人と区別されていなかったといわれる。つまり、少年はたんに「小さな大人」にすぎず、労働が可能な体力を備えるようになると、大人と同様に労働力として扱われたのである（フィリップ・アリエス『子どもの誕生』28、29頁（みすず書房、1980））。

　刑事司法の領域でも同様であって、長い間、年齢に関係なく、成人も少年も同様の法律で取り扱われてきた。実際には寛容に扱われる傾向はあったものの、建前として少年犯罪者を特別に扱う制度は存在しなかった。しかしながら、18世紀から19世紀にかけて発生した世界各地の産業革命による人口移動、つまり地方から都市への人口流入とそれに伴う都市の犯罪増加現象は、都市の刑務所に種々の問題をもたらした。その第1は、いわゆる成人犯罪者による少年犯罪者への「悪風感染」の問題であった。長期・短期、年齢・性別、初犯・累犯の区別なく、犯罪者は一様に同じ施設に収容され、老獪な犯罪者が若者にいわば犯罪手口の手本を教えたり、強者が弱者を支配する、刑務所はまさに「犯罪学校」化したのである。その結果、少年による累犯が激増した。第2に、過剰収容と非適格性原則（less eligibility principle）のゆえに、施設の不衛生が深刻化し、とくに体力の乏しい多くの少年収容者が死亡したり、精神に異常をきたす事態がみられた。

❏コラム4　犯罪学校

　しばしば刑務所・少年院などの施設の運営を批判して用いられる表現である。すなわち、施設は建前として収容者の改善・更生を目的としているとはいえ、これらの施設が適正に運営されないために、その目的に役立っているのではなく、逆に悪風感染によって、犯罪を教える場に堕しているという批判である。現に、施設内では成人の累犯者が年少者や弱者に犯罪手口を教えたり、あるいは出所後に互いに連絡をとりあって共に犯罪行動を繰り返す傾向があり、施設はまさに犯罪・非行を教える学校と化しているという指摘がかなり古くからみられた。これを回避するために、分類処遇や社会内処遇を

取り入れ、この施設内処遇の弊害を回避する刑事政策上の諸策が展開されてきた。

○コラム 5　非適格性原則 (less eligibility principle)

　イギリスの刑罰制度を長く支配してきた原理。一般抑止の観点から創出された考え方で、犯罪者に対する施設、たとえば刑務所などの居住環境や生活環境は、一般市民のそれらの質を上回ってはならないという原理である。犯罪を行った者が施設で優遇されると、刑務所の抑止力が低下するとともに、刑務所に対する社会的な反発が生じるからである。実際、19世紀において、一部の刑事施設は一般庶民の生活レベルを質的に超える状況があったといわれ、この原則が社会的に強調された。

　このように、18世紀までは非行概念自体存在せず、少年犯罪者は成人犯罪者と同様に扱われ、これに対する特別の施設も存在しなかった。しかし、19世紀に入ると、少年に対する博愛精神が生まれ、また少年の犯罪原因は貧困であるという認識から、貧困家庭に対する救貧といった発想がいっそう強まった。他方で、次第に少年と成人の処遇を分離することを検討する動きが見られるようになる。とくに、監獄船や刑務所において少年専用の居室や施設が設けられるなど、さまざまな分離の試みがみられた。1838年に創設されたイギリスのパークハースト監獄は、流刑を待つ男子少年の専門施設であった。さらには、成人と少年、さらには犯罪少年と非犯罪少年の処遇分離に向けて、多くの博愛活動家や社会改革家が運動を行い、各種の民間協会を設立して、政府に法制度の実現を求めた。このようにして、19世紀末までに、一種の社会運動として、少年専用の司法制度の確立を求める基盤が整備されていったといえる。

　その間、欧米諸国には種々の少年収容施設が設立され、19世紀前半には、主として貧民児童のための救護院 (House of Refuge) がアメリカの各地に設けられ、イギリスでは改善学校 (Reformatory School)、授産学校 (Industrial School) が設けられた。さらに、ドイツのラウエス・ハウス、フランスのメトレィなどもほぼこれらと類似する非行少年収容施設であった。この時代、犯罪原因は貧困であるという認識が強く、貧困対策が非行対策と考えられた

のである。そして、このような努力と試行錯誤の結果が、少年と成人を分離する少年専用の裁判所の創設へと向かうことになる。

2 少年裁判所の創設

(1) アメリカの動き

このような社会的背景から、19世紀末には少年裁判所が創設される。なかでもアメリカ・イリノイ州のシカゴ市に設置された1899年創設の少年裁判所は世界最初として注目された。州法として「少年裁判所法（Juvenile Court Act）」が制定されたからである。これ以前にも、さまざまな少年裁判所類似の制度が世界各地に設置されているが（ノルウェー、オーストラリアなど）、通常、シカゴの少年裁判所をもってその濫觴とされる。そして、当時、シカゴの少年裁判所に対する評価は高く、これに倣ってアメリカ各州でも相次いで創設され、1925年までに46州で設置された。この影響はさらに海外へと至り、ほとんどのヨーロッパ諸国やわが国でもこれを模した少年裁判所が設けられた。

アメリカの少年裁判所設置運動を支えたのは女性たちであったといわれる。なかでも、シカゴ女性クラブの活動はめざましく、広く児童救済運動に関与した。当時、中産階級の女性たちは家事からも次第に解放され、十分な教育も受けていたが、職業に就く機会にはめぐまれず、いわばその余剰の時間が児童救済運動に向けられたとされる。そして、彼女らは、子どもの社会化が社会の秩序に重要であること、非行少年の扱いは男性よりも母性として女性が適任であることなどを強調した（徳岡秀雄『少年司法政策の社会学』99頁（東京大学出版会、1993））。

もっとも、先述したように、少年と成人の処遇を分離する動きは、すでに19世紀前半に始まっていた。少年のみを専用に収容するための刑務所代替の施設（たとえば、救護院）が1820年代にニューヨークを始め、アメリカ各地に誕生している。その後、矯正教育を中心とした改善学校、あるいは都市の非行少年に農業を行わせる農業学校、さらに職業訓練を行う授産学校など、種々の少年専用施設が設けられ、犯罪少年だけでなく、浮浪児・怠学児などの問題少年も対象に、その更生を図る動きがみられたのである。さらに

は、たんに成人犯罪者からの分離だけでなく、非行少年の間にも分類や処遇の個別化が意識され、このような中で、1877 年に創設されたニューヨークのエルマイラ矯正院は、不定期刑、パロール、累進処遇、職業訓練などを組み合わせた、当時では新刑罰学に基づく画期的な施設として注目された。

少年裁判所の創設をめぐっては、二つの有力な解釈上対立する見解がみられた (F. L. Faust and P. J. Brantingham, Juvenile Justice Philosophy (2ⁿᵈ ed.), Readings, Cases and Comments, 1979, p. 2-3.)。1 つの立場は、正統派とよばれる論者の見解で、少年裁判所は身体刑や悪風感染などの少年の悲惨な状況を憂慮して人道主義、博愛主義から出発する社会的善意からの進歩的な改革の成果だとする。これに対して、もう 1 つの立場は、修正派とよばれる論者によるもので、少年裁判所は非行少年という危険な階層を統制するための上層階級の下層階級に対する支配・統制の産物とみなす。

少年犯罪対策は、いずれにせよ、どの場面にあっても、一般市民の保護という防衛的な側面と少年犯罪者に対する理解や同情といった人道的福祉的な側面を有するから、このような異なった解釈が生まれるのも、ある意味で当然であろう。

(2)　イギリスの動き

イギリスでは、1908 年に少年裁判所が児童法 (The Children Act 1908) に基づき設置された。それ以前、一般には、少年犯罪者は成人犯罪者と同様の手続、刑罰で処理されていたが、実際には寛容な扱いを受けていたとも言われる。たとえば、少年に対する死刑の執行は稀で、代わりに、植民地への流刑が広く行われた。このような中で、流刑地への移送（監獄）船内部において成人犯罪者との接触による悪風感染が認識され、次第に、少年と成人の処遇分離が検討されるようになり、それが最終的には少年裁判所を設立させたともいえよう。したがって、イギリスの少年裁判所の必要性はアメリカとは異なり、この悪風感染回避の側面が強く、手続自体は成人とそれほど異なることはなかった。実際に、少年裁判所は成人と同じ治安判事裁判所の建物の中に設置され、また治安判事によって審理され、ただ、少年と成人が接触しない構造がとられていたにすぎないといわれる。確かに、少年裁判所の設置を根拠づけた 1908 年児童法には、治安判事裁判所の法廷が開かれる場所、

時間とは異なった建物、部屋、曜日、時間帯に、少年裁判所は開廷されるものと規定されている（渡邉泰洋「イギリスにおける少年裁判所モデル」国士舘法研論集第4号43頁以下（2003）参照）。

3 刑事責任年齢

　少年と成人を手続的に分離するとすれば、その分岐となる年齢を決定しなければならない。すなわち、何歳以下を少年とすべきか、あるいはどの年齢層を少年法制の対象とするのか。これは、いうまでもなく、時代や社会の背景によって大きく異なる。

　欧米では、早くから7歳未満の児童には刑事責任能力（doli capax）がないことは認められていた。たとえば、古代ローマでは法制上7歳以下、19世紀初頭のバイエルン刑法典では8歳以下の不処罰が規定されていた。他方、14歳以上を完全な成人とみなし、7歳から14歳未満の中間層については、個別に検討される傾向がみられた。たとえば、イギリスには伝統的に、この中間層には無罪推定原則（doli incapax）が適用され、少年が自ら行った行為の是非を判断できたという証明が訴追側でなされない限り、無罪の推定を受

図2-1　主要国の少年法制の年齢

国名	刑事責任年齢	少年法適用年齢（未満）
アメリカ	[1] 7	[2] 16～18
イングランド・ウェールズ	10	[3] 18
フランス	13	18
ドイツ	14	[4] 18
イタリア	14	－
日本	14	20
韓国	14	20
北欧諸国	15	－

[1]　州によって異なるが、コモンローでは7歳以上。特に定めない州が多い。
[2]　州によって異なる。
[3,4]　21歳未満まで適用できる特例がある。
「－」　不明

けるという原則である。但し、この原則は近年廃止された（コラム 43 参照）

　わが国でも一定年齢以下の者を絶対責任無能力者として法制上、特別に扱う思想は古来みられ、律令制度では 7 歳以下であった。明治 3 年の新律綱領では 8 歳未満の者を絶対責任無能力、8 歳以上 15 歳未満の者を限定責任能力者とし、この者が犯罪を行った場合には拘禁刑ではなく罰金刑が科された。1880（明治 13）年の旧刑法に至ると、責任無能力の範囲は 12 歳にまで引き上げられ、12 歳未満の者の行為は「罪ヲ論セス」、つまり不論罪とされた。他方、12 歳以上 16 歳未満を、是非弁別の有無を基準として相対的責任無能力とした。また、16 歳以上 20 歳未満は責任能力は認めるものの法律上の減軽を与えた。そして、1907（明治 40）年の刑法、つまり現行刑法においてはその 41 条で 14 歳未満の刑事責任無能力が規定され、下限年齢の引き上げが実現したのである。

2　少年法理念の多様化

　20 世紀を挟んで世界的に普及した少年法制は、実は発足当初から、さまざまな問題や矛盾を抱えていた。それは、こんにちの法制においてもたえず議論される「司法と福祉」の問題に他ならない。とくにアメリカの少年裁判所は、後述するように、「社会化された裁判所」、つまり社会福祉機関として企図されたために、逆に成人裁判所で保障される手続的権利が後退し、裁判官には少年の処遇の個別化を実現するために使用する強大な裁量権が承認され、それが逆に少年の権利の障害になることが当時においても指摘されていたのである（リン・ワードル「アメリカ少年裁判所制度の歴史的、社会・政治的概観」猪瀬他編『少年法の新たな展開』126 頁～127 頁（有斐閣、2001））。

　このように、世界各地で設置された少年裁判所は、内容的には 2 種の異なった少年裁判所モデルが識別されている（F. L. Faust and P. J. Brantingham, op. cit., p. 2）。前述の、いわゆる「社会化された少年裁判所（socialised juvenile court）」と「修正された刑事裁判所（modified criminal court）」である（A. E. Bottoms, The Divergent Development of Juvenile Justice Policy and Practice in England and Scotand, M. K. Rosenheim et al (eds.), A Century of Juvenile Justice,

2002, p. 416.)。もっとも、これらの類型は、明瞭に区別されるわけではなく、ただ基本指針によってその濃淡が解釈しうるにすぎない。

1　社会化型少年裁判所

シカゴに創設されたアメリカの少年裁判所が、基本的にはこの類型とされる。そして、この類型がその後しばらくの間、アメリカ少年司法を支配した。この時期設置されたノルウェーなどのスカンジナビア諸国の少年裁判所も社会化型といわれる。つまり、この類型において、少年裁判所は子どもの社会化機関と位置づけられ、たんに犯罪事実の認定だけでなく、非行少年・要扶養少年・放任少年の事件も審理して、彼らへの介入の必要性を検討する機関である。「社会化された少年裁判所」の基本構想は、①非行・要扶養・放任少年は社会の悪環境によって生み出されたものであり、その主要な要因は両親の監督不良にある、②少年裁判所は社会的治療の機関として機能すべきである、③少年裁判所は本来であれば両親が与えるべき保護、監督、規律を全ての児童に提供すべきである、④児童には犯罪者の烙印が押されるべきではない、などの主張に基づく（F. L. Faust and P. J. Brantingham, op. cit., p. 18）。

したがって、少年裁判所の介入権限を基礎づけるのは、パレンス・パトリ

図 2-2　「社会化された少年裁判所」と「修正された刑事裁判所」

	社会化された少年裁判所	修正された刑事裁判所
仮説・機能	・「社会治療」「社会福祉」機関である。 ・少年のニーズに従い、個別処遇を検討する。 ・両親に代わって同種の保護、監督、規律を与える。 ・パレンス・パトリエ、非行、虞犯概念を承認する。 ・非行事実認定よりも国家の介入の必要性の判断が重要である。	・少年の行った犯罪も市民の道徳を侵害したことには変わりがない。 ・犯罪を行った少年の責任の自覚を促し、市民の安全確保のために厳正な刑罰が必要である。 ・裁判所の焦点は、少年によって行われた犯罪行為に当てられる。 ・虞犯・放任・浮浪などの行為は、少年裁判所の基本的な業務と関係しない。 ・少年も、成人と同様に種々の手続的権利保障を受ける。

※　F. L. Faust and P. J. Brantingham, op. cit. と A. E. Bottoms, op. cit. を参考に作成した。
※　理念型であるので、実際の例に該当するとは限らない。

エ思想（「国親思想」ともよばれる）である。すなわち、両親のいない児童あるいは両親がいても適切な保護・教育を受けることのできない児童に対して、国家がいわば親代わりとして保護・教育を与えるという思想である。もともと、パレンス・パトリエはイギリスの 17、18 世紀のエクイティに由来し、裕福な生来的心神喪失者の資産保護の観点から、国王にこの者の財産的保護に関する後見人的地位が与えられる民事的意味合いの強い概念であったが、次第に、未成年者一般の財産的保護を経て、必要な保護を怠った両親に代わる国王の地位が確立するようになり、そして、放任、要保護、非行といった少年たちへの保護、つまり、あらゆる階層出身の、問題を抱える少年にまでその対象が拡張され、非行少年に対する国家の介入を正当化する根拠へと至ったのである。

　このように、「社会化された少年裁判所」の構想に基づいて、非行（delin-quency）やステイタス・オフェンス（status offence、わが国の虞犯に近い）の概念が創出され、必ずしも犯罪には至らない少年による行為においても、国家の介入がパレンス・パトリエの思想に基づいて正当化された。これは、少年の福祉に根ざす国家の保護主義の現れであり、犯罪の前段階で少年に対する国家的アプローチを承認して、その将来の犯罪を予防する意味がある。すなわち、犯罪や非行を行った少年をいわば社会環境の犠牲と捉え、社会から少年を保護する趣旨である。このような考えをアメリカ社会が受け入れた背景には、当時のアメリカ諸都市が抱える社会問題、とくに深刻な貧困状況から、おそらく犯罪原因論は生物学的よりも社会学的に、また、刑罰は応報よりも改善に捉える傾向が強まり、犯罪・非行を少年自身の問題ではなく、家庭、社会、あるいは環境全体の問題であると認識された結果であろう。

　しかし、このような理解に対しては批判もみられた。すなわち、第一に、応報的観点から、社会化型少年裁判所構想は、刑法の倫理的側面を奪っていること、第二に、実務的観点から、福祉を基調とする改善学校も結局は偽装された刑務所にすぎず、幅広い裁判官の裁量は専制主義に至ること、第三に、人権保障的観点から、少年裁判所は少年に「非行」という烙印を押しつけておきながら、何らデュー・プロセスの保障を与えていないこと、などの批判である（F. L. Faust and P. J. Brantingham, op. cit., p. 19）。

　しかし、発足当初のアメリカ少年裁判所が、このような批判を浴びたにも
かかわらず、「社会化された少年裁判所」型を維持したのは、少年裁判所を
成人の刑事裁判所と類似のものにすれば少年裁判所自体の存在意義を希薄化
するおそれががあり、また少年犯罪特有の問題性に対して、少年裁判所に多
大な裁量権を与え非公式な手続で柔軟に対応することが望ましいと考えられ
たからであろう（渡邉・前掲論文42～43頁）。

2　修正された刑事裁判所

　このモデルでは、少年裁判所は基本的には刑事裁判所であり、少年犯罪者
に対して成人と同様の刑事手続が適用される。ただ、少年の固有の問題性か
ら、刑事裁判所に修正が加えられるにすぎない。イギリス（イングランド、
ウェールズ、スコットランド）で最初に発足した少年裁判所はこのモデルを採
用し、一部のアメリカの少年裁判所（たとえば、ニューヨーク州）もこのモデ
ルに根ざした。このモデルの前提には、①少年裁判所の原理的焦点は少年が
行った犯罪事実に当てるべきである、②虞犯・放任といった不明瞭な事件は
少年裁判所の業務から除外すべきである、③犯罪を行った少年にもデュー・
プロセスの保障条項を与えるべきである、④少年の社会復帰的アプローチは
責任の観点から除去すべきである、などの主張が存在する（渡邉・前掲論文
41～42頁）。歴史的に見て、イギリスの少年司法の展開は、もともと悪風感
染防止のための成人・少年の処遇分離にあったがゆえに、少年裁判所が設立
されたからといって、少年に対する処罰的要素が減殺されたわけではなかっ
た。

　したがって、この法制を採用する国家・地域では、犯罪の前段階や周辺的
領域にある非行、虞犯といった概念が用いられない。現に、イギリスをはじ
め、イギリスの法制にならう国々（たとえばカナダなど）では、今日におい
ても「非行（delinquency）」概念は存在しない（近年、それに近い概念として
「秩序違反（disorder）」が用いられるが、成人にも使用されるし、全く別概念であ
る）。10歳と刑事責任年齢が比較的低いイギリスでは、少年の犯罪と成人の
犯罪を同質にみる風潮があるように思われる。

　「修正された刑事裁判所」モデルには、もう一つ重要な要素として、対象

少年の人権を保障するという意味合いがみられる。実際、「修正された刑事裁判所」は、しばしば「憲法化された裁判所（constitutionized court）」と言い換えられるが、必ずしも同義ではない。アメリカの少年裁判所は、1967年のケント判決、1967年ゴールト判決を契機に、少年に対する人権保障の要請と裁判所の処遇的介入に対する懐疑論から、「社会化型少年裁判所」から「修正（憲法化）された刑事裁判所」へと大きく転換したのであった。つまり、「修正された刑事裁判所」は別の側面として、少年の人権保障的機能を有するのである。他方、イギリスの初期における修正刑事裁判型モデルにおいては、この人権保障的要素はきわめて弱かった点に留意しなければならない。

3　わが国の少年法制の展開

1　大正少年法以前

わが国にも、古くから、児童や少年に対して成人とは異なった見方や扱いをする慈愛思想はあったとされる。「適当な保護を欠く子供とか社会生活に適応にしくい非行の虞れのある幼少年に国家が保護の手をさしのべ、幼年の者を憐憫の情をもって取り扱うということは、わが国にも古くから存在した」（団藤重光・森田宗一著『新版少年法』6頁（有斐閣、第 2 版、1984））。そして、実際江戸時代には、重罪を犯した少年に対する特別な配慮がされたという史実がみられる。

しかし、明治時代以降の少年法制は、基本的には欧米の思想によるものである。すなわち、当時、わが国でも都市において放火事件など不良少年の悪行が社会問題化するにつれて、その特別の処遇が意識されるようになり、その後の関連法制の成立に至っている。たとえば、明治初期の監獄則並図式では懲治監が設置され、少年犯罪者で懲役を終えても改善されなかった刑余者などが収容され、また明治 10 年代になると、旧刑法において不論罪とされる責任無能力行為を行った 16 歳未満の少年を懲治場に収容する規定が設けられた。このように、改正監獄則では懲治監が懲治場と改められ、刑余者ではなく不論罪の少年に対して特別の処遇が行われた。他方で、感化院設置運

動が盛んになり、全国各地に相次いで慈善家により私立の感化院が設けられたりした。このような中、1900（明治33）年には感化法が成立し、同法では地方自治体による感化院の設置が促進されたが、ここには、たとえば施設長が対象少年の親代わりになる「国親思想（パレンス・パトリエ）」が看取され、西欧思想の導入が伺える。

　その後、1907（明治40）年の刑法においては、刑事未成年者の規定は別として、少年犯罪者の格別の扱いは規定されず、これを補完する新たな少年法制が待望されたが、数次の戦争を挟んだため、懲治場の廃止、国立感化院の設立などの動きはあったものの、1922（大正11）年の大正少年法が成立するまで少年法制に変化はみられなかった。しかし、1900（明治33）年に設置されたシカゴの少年裁判所は、確実に、その後のわが国の少年法制の議論に影響を及ぼし始めていたことは間違いない。

2　大正少年法

　大正9年帝国議会に「少年法案」および「矯正院法案」が提出された。しかし、これらの法案には激しい反対論がみられ、幾度となく審議未了、廃案を繰り返したのち、ようやく1922（大正11）年に両法案は成立した。この少年法は、しばしば「愛の法律」と呼ばれるように、少年の保護をうたうものであったが、その特色は、①司法権と行政権の折衷、②刑法と感化法の混和、③保護処分と刑事処分の併存といった複雑さを残した。この背景には、司法官僚と内務官僚のセクショナリズムといった政治的対立が看取される。すなわち、司法省はいわゆる裁判権主義を採用し、少年の自由の拘束等、権利の制限は裁判所の命令によるべきとし、他方、内務省は裁判所による少年事件の審判は烙印を押すもので厳罰主義に至るとして、少年事件は行政で扱うべしとする行政権主義を主張した。必ずしも合致しないが、司法省は「修正された刑事裁判所」、内務省は「社会化された少年裁判所」に沿う路線であるように思われる。そして、その結果はわが国独特の折衷的な制度に収まったことは上述のとおりである。しかし、そうとはいえ、わが国にも、刑法とは別個の法体系として犯罪少年・虞犯少年に対する新しい少年法制が、科学主義も採り入れて成立したことの意義は大きい。アメリカ・イリノイ州の

少年裁判所創設から 23 年目のことである。

　大正少年法の具体的な内容としては、①緩刑規定、②不定期刑、③少年保
護司による保護観察などの制度が導入されたほか、多様な保護処分（訓戒、
学校長の訓戒、書面による誓約、保護者への条件付き引き渡し、寺院・教会・保
護団体などへの委託、少年保護司の観察、感化院送致、矯正院送致）が設けられ
た点が掲げられる。

　これ以降の流れについては、第 4 講［少年法の改正］を参照のこと。

参考文献

・渡邉泰洋「イギリスにおける少年裁判所モデル～1908 年児童法の「刑事裁判所モデ
　ル」採用をめぐって」（国士舘法研論集第 4 号、2003）
・猪瀬慎一郎他編『少年法のあらたな展開』（有斐閣、2001）
・W. E. カベナー（桑原訳）『イギリス少年裁判所』（日本評論社、1993）
・徳岡秀雄『少年司法政策の社会学～アメリカ少年保護変遷史』（東京大学出版会、
　1993）
・平場安治『少年法』（有斐閣、新版、1987）
・団藤重光＝森田宗一『新版　少年法』（有斐閣、第 2 版、1984）
・F. Faust and P. Branthingham, Juvenile Justice Philosophy 2nd ed., 1979.

（もりやま・ただし）

第 3 講 ◆ 少年非行の現状

(1) 日 本

キーワード

少年犯罪の脱集団化／非行副次文化の衰退／
逸脱キャリアの崩壊／世代間ギャップの縮小

1 少年犯罪の趨勢

　第二次大戦後、少年犯罪はどのように変化してきたのだろうか。このセクションでは、統計データに基づきながら日本の動向を概観しておくことにしよう。

1 少年犯罪の概況

　図3(1)-1 のグラフは、犯罪白書に掲載されている少年犯罪の統計のなかでは、新聞などでもっとも多用されているものである。この刑法犯には、もちろん殺人・強盗・放火・強姦といった凶悪犯罪も含まれているが、同時に、暴行・傷害・脅迫・恐喝などの粗暴犯、詐欺・横領・偽造などの知能犯、賭博・わいせつの風俗犯、さらにはもっとも件数の多い窃盗犯も含まれている。

　このグラフから分かるように、第二次大戦後の日本の少年非行には大きく4つの波がある。第一の波は、戦後の混乱が続くなかで貧困に対処しようとした生活型非行によって形成され、第二の波は、高度経済成長によって揺るぎないものになりつつあった社会制度に対する反発心から生まれた反抗型非行によって形成されたといわれている。また第三の波は、モノの豊かさを背

図 3 ⑴ -1

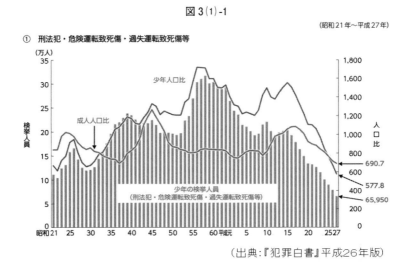

（出典:『犯罪白書』平成26年版）

景にゲーム感覚の延長として手を染める遊び型非行によって形成され、さら
にその後は自己確認を求めるタイプの少年非行が第四の波を作ったといわれ
ている。

　1951（昭和 26）年をピークとする第一の波の頃は、日本はまだ戦後の混
乱期にあった。少年たちの前にも、衣食住の不自由が大きく立ちはだかって
いた。その生活の困難に直面するなかで、生きていくための犯罪に手を染め
る少年が多かった。それに対して、1970（昭和 45）年をピークとする第二
の波の頃は、日本は高度成長期のただ中にあった。多くの人びとが、来るべ
き輝かしい未来に期待を膨らませていたが、それは当時の社会体制に対する
不満の高まりともなった。大学紛争に象徴されるような若者の異議申し立て
活動が活発化し、少年犯罪もまたその空気のなかで社会に対する反抗的な色
彩を帯びていった。

　ところが、その日本の経済成長も、1970 年代の半ばには陰りを見せはじ
める。1974（昭和 49）年、わが国の実質経済成長率は、それまでのプラス
一辺倒から初めてマイナスへと転じた。しかし、経済構造の変動に対して、

人びとの意識構造が遅滞して変動するのは世の常である。少年犯罪もまたその例外ではなく、1982（昭和 57）年前後をピークとする第三の波の頃から、社会の成熟化を反映した犯罪へとその様相を変えていった。物質的には豊かとなった社会状況を背景に、スリルや興奮を求めるタイプの非行が目立つようになったのである。さらにその後、新自由主義の広がりとともに社会の流動化が急速に進行した結果、2003 年（平成 15 年）をピークとする第四の波においては、自分の存在証明の手立てとして犯罪に手を染める少年も目立つようになった。

　もっとも、各々の時代の刻印は、個々の罪種にストレートに投影されているわけではない。紙幅の関係上いちいち統計数字を挙げないが、グラフの示す刑法犯のうち、圧倒的多数を占めているのは、いつの時代においても窃盗犯であり、その窃盗犯の半数以上が万引きである。また、放置自転車やオートバイの乗り逃げがそのほとんどを占める占有離脱物横領も、第四の波の頃までほぼ一本調子で上昇しつづけていた。当然のことではあるが、大きな波を形成せしめたような刑法犯の増加は、これらの罪種によって支えられていたのである。

　ここで注意すべきなのは、グラフが示しているのはあくまで検挙された数であって、現実に発生した事件数をそのまま反映したものではないという点である。犯人が少年であるか否かは摘発されてみなければ分からないから、それは警察によって認知された事件の数ですらない。実際に発生した事件のすべてが警察に認知されるわけではなく、また事件が認知されても犯人が必ず摘発されるわけでもないから、実際の発生数と認知数、さらに検挙数のの間にはギャップが存在する。統計数字に上がってこないこのギャップの部分を暗数という。

　ところで、一般に軽微な罪種であればあるほど、ときどきの諸事情によって統制側の摘発方針が変化する度合いは大きく、統計数字もその影響を受けやすい。たとえば、交通取締まりにおけるスピード違反の検挙人員がそうであるように、現実の発生件数は変化していなくても、摘発態度が厳しくなれば、暗数が減少して見かけ上の統計数字は増加するし、逆に、摘発態度が緩くなれば、暗数が増加して見かけ上の統計数字は減少する。

　このように、具体的な事件を処理し、その解釈を行う第一線の現場の人びとの自由裁量によって、統計数字は大きく影響を受ける。少年犯罪の検挙人員の変動は、現実の変化をそのまま反映したものではなく、少年を取り巻く世論の動向や警察の人員配置など、さまざまな要因によって左右される側面をもっている。とくに第三の波の際に目立ったといわれる遊び型非行のように、犯行の内容が軽微なものであればあるほど、それらの要因の影響は大きくなってくる。

　第三の波の当時にネーミングされた遊び型非行という表現は、「遊び感覚の延長として罪悪感を抱かずに」という動機の側面だけを指していたわけではなく、「そのほとんどは万引きや乗り逃げなど軽微な犯行である」という行為の様態の側面をも反映したものであった。だとすれば、かつて戦後最悪といわれた少年刑法犯の摘発数の激増ぶりも、統制強化という変数によってもたらされたものなのかもしれない（大村英昭『非行の社会学』第 1 章（世界思想社、1980））。私たちは、そういった可能性にも留意しつつ統計を眺めていく必要がある。

2　少年による凶悪犯罪

　以上のように、犯行の内容が軽微なものであればあるほど、統制側の態度が統計数字の表われ方を規定する度合いは大きくなる。他方、凶悪犯罪のように結果の重大な少年事件であれば、統制活動はほぼコンスタントに行なわれていると推測されうるから、このような問題はまず生じないだろう。では、その具体的な動向はどうなっているのだろうか。**図 3(1)-2** は、少年による凶悪犯罪のうち、殺人と強盗の趨勢を示したものである。戦後の凶悪犯罪の摘発数は、第四の波の頃を除けば、1960 年代半ば以降ほぼ減少の傾向にある。少年犯罪がもっとも多かった第三の波のピーク時でさえも、さほど上昇することはなかった。それをもって当時は、遊び型非行の流行と形容されたのである。

　凶悪犯罪が一時的に増加していた第四の波の頃ですら、その典型である殺人犯は一般に予想されるほどに多くなく、戦後もっとも多かった 1960 年代初頭のおよそ 4 分の 1 程度である。ただし強盗事件の急増ぶりには留意

図 3 (1) -2

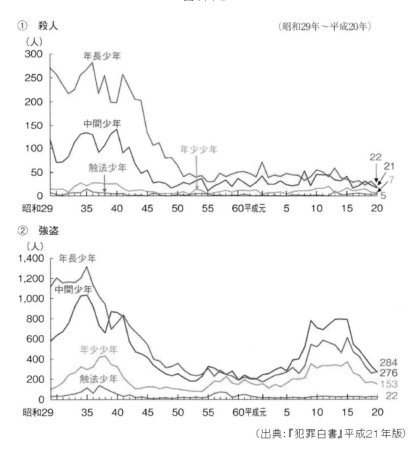

① 殺人　　　　　　　　　　　　　　　　（昭和29年〜平成20年）

② 強盗

（出典：『犯罪白書』平成21年版）

しておかなければならない。この当時、凶悪犯の摘発数が急増したのは、この強盗犯の増加による影響が大きかったのである。たとえば、凶悪犯の増加がとくに目立った1997（平成9）年には、少年凶悪犯のじつに74パーセントが強盗犯によって占められていた。ちなみに、この年の少年凶悪犯は、成人と合わせた全凶悪犯の約34パーセントに達しており、少年の比率が3分の1を超えたのはおよそ30年ぶりのことであった。

　もっとも、この凶悪犯罪の増加が、第四の波の形成要因だと早合点しては

ならない。**図3(1)-1**と**図3(1)-2**のグラフを見比べてみればすぐに気づくように、主要刑法犯のほうは数10万人単位で増減を繰り返しているのに対し、凶悪犯のほうは数100人単位で増減を繰り返している。両者ではそもそも目盛りの桁が違う。仮に凶悪事件が倍増したとしても、刑法犯全体のカーブを目に見えるほど押し上げることはない。逆に、凶悪犯罪はまったく増えていなくても、あるいは減少すらしていても、たとえば窃盗犯の摘発数が激増すれば、刑法犯全体のグラフは急激な右肩上がりになる。

　倍増という表現は同じであっても、主要刑法犯の倍増は数10万人の増加を意味するのに対し、凶悪犯罪の倍増は数100人か、あるいはせいぜい数1000人の増加しか意味しない。両者の統計的な意味合いはまったく異なっている。もちろん、だから凶悪犯罪の増加は重要な問題ではないなどと述べているわけではない。とくに被害者やその家族にとってみれば、自分たちの存在が数10万人のなかの一人であろうと、あるいは数100人のなかの一人であろうと、そんなことは我が身と何の関係のないことであろう。いや、数10万人のなかの一人となった場合よりも、数100人のなかの一人となった場合のほうが、当人たちの被害感情はむしろ強まるに違いない。一般社会からの孤立感はそれだけ高まるはずだからである。ここで問題にしているのは、そのような被害感情の深刻さではない。

　「今どきの少年犯罪は悪化している」という世論が強まれば、統制側が少年の非行を重点的に取り締まろうと態度を変化させるのは当然の成り行きである。その結果、取締まり活動の強度も密度も全体的に高まることになり、それまで暗数の多かった窃盗犯等の摘発件数を増加させることで、少年の刑法犯全体の統計数字を上昇させていく。翻ってその統計数字の上昇は、「今どきの少年犯罪は悪化している」という世論を正当化し、さらに雪だるま式に強めていくことになる。たしかに凶悪犯罪の摘発数それ自体に対して、統制側の態度変化が与える影響は小さいかもしれない。しかし、このようなメカニズムが作動することで、刑法犯全体の統計数字が左右されていくのである。

　ここで留意しておくべきなのは、このようなメカニズムが見られたのは第四の波の頃だけではないという点である。窃盗罪の摘発件数の増加を触発し

た罪種はそれぞれ異なっているが、第二や第三の波においてもほぼ同様のメカニズムを指摘することができる。いずれの波においても、その形成に大きく作用している罪種は窃盗であるにもかかわらず、それぞれの波には時代の特徴が見られると先述した理由もここにある。窃盗の摘発件数を増加させる契機となった罪種それ自体は、数としては確かに多くないかもしれない。しかし、時代の特徴はそこに刻印されているのである。

2　稚拙になった凶悪犯罪

1　**衝動化する強盗事件**

　少年犯罪の統計が示しているのは、あくまで警察によって摘発された数である。確かに強盗犯のような凶悪犯罪に対しては、統制活動の強度と密度はほぼコンスタントであり、それが摘発数を大きく左右することはありえないだろう。しかし、統計数字が統制活動の産物であるという事実には変わりがない。このことは、少年凶悪犯の統計を眺めるに当たって別の問題をもたらすことになる。

　一般に、私たちは強盗事件と聞くと、まるで映画や TV ドラマで観るような凶悪事件を想像しがちである。深夜、覆面をして、凶器を手に持ち、他人の家に押し入る、そんな侵入強盗の光景をイメージしがちである。しかし、現実に生起していた事件の多くは、そういった一般的なイメージとはほど遠いもので、じつはそのほとんどが路上強盗なのである。

　たとえば、窃盗罪や恐喝罪と強盗罪では、捕まった後の処遇の重さはまるで違う。万一の場合に備えておくだけの冷静さと知恵が働いた少年であれば、摘発された場合に備えて、凶器とみなされやすい道具などはなるべく持たずに、路上で恐喝行為をしたかもしれない。しかし、近年の少年たちは、そのような状況にあっても、場の気分や勢いだけで、思わずバットなどを手に脅迫や暴行行為に出てしまう傾向にある。また、万引きを店員に発見された際に、逃走しようとして思わずナイフなどを振り回してしまう少年も見受けられる。そして、これらの事件は、統計では強盗犯として計上される。凶器の所有とその行使を認定されるからである。

窃盗罪や恐喝罪と強盗罪の境界はじつは非常に曖昧であって、事件を類型化する際の個別の判断は、摘発する側とされる側との具体的な出会いのあり方に左右されるところが大きい。そこには、統計数字には回収されえない個別のドラマがある。あらかじめ強盗事件や恐喝事件という類型的な犯罪事実があって、摘発側の人間がそれを後から一律に発見しているわけではない。ある出来事は、その出来事を解釈する人びとの個別の活動があってはじめて、強盗事件ともなりうるし、恐喝事件ともなりうる。強盗事件とは、あるいは恐喝事件とは、摘発側の人間がある出来事を解釈し、刑事手続に則って処理した結果である。換言すれば、ある出来事は、たとえば強盗事件と解釈されるまでは強盗事件ではないとすらいえる（白井駿『犯罪の現象学』第 3 章（白順社、1984））。

いうなれば、すべて伏せられたトランプのカードをどこまでめくるかが先述した暗数をめぐる問題であり、残されたカードがその暗数の範囲を示していたとすれば、では、めくったカードはいったい何に見えるのか、その「見えかた」をめぐる問題が、ここでの論点である。前者が、統計の信頼性をめぐる問題であるのに対して、後者は、統計の妥当性をめぐる問題だといえる。たとえば、少年たちの「いじめ」とはどういうものかという一般化された観念がなければ、嘲笑やからかい、あるいは無視など、個別の行為内容は見えていても、それが「いじめ」としては見えてこないだろう。それと同じことが強盗事件についてもいえるのである。

○コラム 6　統計の信頼性と妥当性

統計の信頼性とは、同じ対象について別の者が測定をしても同じ結果になるかという、測定結果の再現性が保証されているか否かに関する問題のことである。これは、調査を行う際の手続きに入り込む外在的なノイズの問題ともいえる。統計が信頼性を保持するためには、その統計の作成に関与する人びとが、いつも同じ基準と手続きと精度によって、対象を認識し記録していなければならない。仮に暗数が存在するにしても、その割合がつねに一定であれば、統計数字の増減は、対象の現実の増減に対して信頼性を保っているということができる。対して、統計の妥当性とは、測定されたデータが、果

たして私たちの知りたいことを本当に示しているのかという問題である。得られたデータは、私たちが反映していると思っている現実の実態をじつは反映していないかもしれないのである。これは、信頼性のように統計の作成作業にともなうバイアスなどではなく、統計的な認識そのものに内在する本質的な問題である（中河伸俊『社会問題の社会学』第2章（世界思想社、1999））。

　仮に、統計数字の上での凶悪犯罪の増加が文字どおり少年の凶悪化を意味していたとすれば、そのすそ野であるはずの粗暴犯の摘発数も、また同じ割合で、あるいはそれ以上に増加していたはずである。すそ野なくして山頂はありえない。しかし、現実の統計数字はそうなっていない。凶悪化ではなく遊び化といわれた第三の波のピーク時と比較しても、粗暴犯の数は第四の波の頃のほうが少ないのである。

　このことは、かつてなら粗暴犯に収まるはずの性格を備えた少年たちの何割かが、凶悪犯とみなされやすいふるまいをするようになったことを示唆している。統計上の犯罪類型は、その外見にもとづくものであって、その内面にもとづくものではない。当時の凶悪犯の摘発数の何割かは、少年の内面的な側面からすれば、かつてなら粗暴犯に含まれていたような性質のものだった可能性も高いのである。

　強盗犯として摘発される少年犯罪の多くは、その言葉からイメージされる光景にはそぐわない、ほとんど計画性のない衝動的な行為である。しばしば彼らがオヤジ狩りと称するものがその典型であり、いわば引ったくりの延長にあるような稚拙なふるまいがその実態である。統計を用いて現実を語ろうとする際には、その数字が具体的に表わしているものが何なのかを、前もってきちんと吟味しておく必要がある。統計数字やカテゴリーの名称といった外見から、その中身について勝手にイメージを膨らませるのは危険なことである。

2　低下する刑事処分率
　具体的な事件の現場を目にした人物は、その出来事を類型化する際、現場

の状況に関する個別のさまざまな情報や被疑者の言動などに加えて、解釈する人間自身の日頃からの先有傾向によっても、その判断を左右させる。統計の数字は、そうやって判断された結果を表わしているにすぎない。だとすれば、「少年の凶悪化」という世論の高まりが、具体的な事件を摘発して処理する個々の人間の意向に、ある種のバイアスとして作用してきた可能性は十分にありうるだろう。

　じっさい、第四の波の当時に凶悪な加害少年が増えていたとすれば、刑事処分が妥当として検察へ逆送された件数も増えていなければおかしいはずである。どう見ても凶悪な少年なのに保護観察などで済まそうなどとは、ふつうは考えないからである。しかし現実には、強盗事件を起こして少年院へ送致される少年は増えていたものの、検察官へ逆送になった少年は増えていなかったのである。警察段階で凶悪犯罪として検挙される件数は増えていたのに、その後の司法過程における詳細な調査の結果、それらの多くが刑事処分を免れていたという事実は、外見上は凶悪犯罪に類型化される行為であったとしても、それが行為者の凶悪化を必ずしも意味するものではなかったことを示唆している（大村英昭『非行のリアリティ』15-18 頁（世界思想社、2002））。

　このような観点からすれば、第四の波の頃ですら、凶悪な少年が増えていたとは看做しがたい。むしろ逆に、少年たちは稚拙化していたといえる。少年司法の過程で準拠される少年法とは、行為の結果そのものよりも、少年のパーソナリティを処遇の方針決定の中心に据えるものだからである。

　もちろん、じつは少年たちは凶悪化していたにもかかわらず、教育的処遇を優先させる少年法の理念の下で、たんに刑事処分が科されなかっただけという見解もありうるだろう（前田雅英『少年犯罪』117 頁（東京大学出版会、2000））。しかし、教育的配慮が強く働いた結果として刑事処分率が下がっていたのだとすれば、その教育的配慮のまなざしは、少年たちの行動一般にも注がれていたはずである。

　少年法において刑事処分が例外規定となっているのは、少年たちが未成熟であり、可塑性に富むと考えられてきたからである。すなわち、教育的配慮を重視した処遇によって、容易に立ち直ることができると考えられてきたからである。少年法には、このような教育的理念がきわめて忠実に反映され、

成人の場合にはありえないような独自の規定がある。虞犯行為がそれである。

○コラム7　**虞犯行為**

　それ自体は犯罪行為ではないが、そのまま放置しておくと犯罪へと至りかねない虞があるとされる行為のことで、少年法第3条には次の4項目が定義されている。イ．保護者の正当な監督に服しない性癖のあること。ロ．正当の理由がなく家庭に寄り附かないこと。ハ．犯罪性のある人若しくは不道徳な人と交際し、又はいかがわしい場所に出入りすること。ニ．自己又は他人の特性を害する行為をする性癖のあること。この条文からも明らかなように、虞犯行為が補導の対象とされるのは、少年がまだ未熟な存在だとみなされているからである（なお、2021年法で新設された「特定少年」に注意。第4講参照）。しかし、本文にあるように、虞犯行為を理由とした補導に対しては近年きわめて慎重になってきており、児童虐待や養育放棄など、劣悪な家庭環境から少年を引き離すことが福祉的見地から適切だと判断された場合にのみ、それを強制的かつ合法的に行う手段として適用される傾向にある。

　したがって、仮に少年たちに対する教育的なまなざしが強まっていたのだとしたら、この虞犯行為によって補導される少年の数も増えているはずである。ところが現実には、虞犯少年の補導人員はずっと減少傾向を示している。遊び型非行が激増したといわれた第三の波の頃でさえ、虞犯少年の補導数はそれほど増えていなかった。

　教育的処遇のまなざしは強まってきたのに、虞犯少年の補導人員が増えていないとすれば、その行為に該当するふるまいをした少年の実態数が減ったと考えなければならない。しかし、一方では犯罪行為にコミットする少年が増えたというのに、他方では虞犯少年が減ったというのでは、まったくもって矛盾している。もし虞犯少年たちの実態数が減っていたのなら、そこからさらに進行した犯罪少年たちもまた減っていなければならないはずであるし、逆に、犯罪少年が増えていたのなら、そのすそ野である虞犯少年もまた増えていなければならないはずである。だとすれば、虞犯に該当する少年たちはじつは増えつづけていたのに、現実に補導される数は減っていたと考え

たほうが自然であろう。

　平成に入ってからの日本では、たとえば居酒屋での飲酒や喫煙、あるいは「プチ家出」の繰り返しなど、本来ならば明らかに虞犯規定に該当するような行為にコミットする少年たちの姿が、あちらこちらの街角でごく普通に見受けられるようになっている。にもかからず、虞犯行為の補導数が増えていないとすれば、補導の規準のほうが変わったのだと考えなければならない。じっさい、虞犯行為を理由とした補導に対して、近年の警察はきわめて慎重な態度をとるようになっている。児童虐待や養育放棄など、劣悪な家庭環境から少年を引き離すことが、福祉的見地から適切だと判断された場合にのみ、それを強制的かつ合法的に行なう手段として、虞犯規定を適用する傾向にある。

　他方で、少年法改正をめぐる近年の論議でよく見受けられたように、大人と同じように少年たちを責任主体とみなし、彼らにも刑事処分を科すべきだという気運は高まってきた。とすると、少年たちを大人と対等に近い存在とみなす傾向が強まったため、虞犯行為を逐一に摘発して教育的処遇の対象としようとする傾向も弱まったのだと考えなければならない。事実、少年たちを一人前の人格の体現者とみなすようになった結果、凶悪犯罪に対しても教育的処遇ではなく刑事責任を追求しようという風潮は強まっている。

　このような社会の趨勢からすれば、たとえ少年の凶悪さの程度がかつてと変わっていないとしても、彼らの刑事処分率は上がっていかなければならない。ところが、第四の波の頃ですら、じっさいの刑事処分率は上がってなどいなかった。したがって、少年たちは、かつてと変わらないどころか、むしろかつてよりもさらに幼稚になっていると考えなければならない。すなわち、刑事処分を科そうにも科せないほどに、少年犯罪は稚拙化してきたのである。

3　衰退した非行グループ

1　少年犯罪の脱集団化

　第三の波以降、非行少年たちは、単独ではなく集団で事件を起こす傾向を

強めてきたともいわれている。第四の波の頃に問題となった強盗事件において
ても、その傾向は同様に見受けられる。単独犯によるオヤジ狩りなどあまり
耳にしないし、共犯による強盗事件の増加は統計によっても裏づけられてい
る。しかし、このような少年犯罪の「集団化」をそのまま鵜呑みにしてしま
うと、じつは少年たちの実態と食い違うことになる。ここにも、先ほどと同
じく妥当性の問題が潜んでいるからである。

　それ以前の非行少年たちにとって、仲間との関係は第一義的なものであっ
た。彼らの犯罪は、仲間との連帯を強化し、グループへの忠誠を確認する手
段として機能していた。しかし、第三の波以降、少年犯罪の集団化として語
られる統計的な傾向とは裏腹に、以前のように強固な非行グループは存在し
にくくなっている。外見的には集団的な犯行であっても、その集団の内実の
ほうが変化しているのである。

　近年の強盗犯では、一つの事件で一度に検挙される人員は確かに増えてい
る。この統計的事実は疑いようがない。しかし問題は、そこで私たちがイメ
ージする集団の姿である。私たちは、少年犯罪の集団化といわれると、往年
の映画やTVドラマに出てくる少年ギャングのように、強固に結束した非行
グループによる犯行をイメージしがちである。しかし、実態はむしろ逆の方
向へ進んでいるのである。

　少年による強盗事件をよく眺めると、互いの忠誠を要請するような構造化
された集団によるものは数が少ない。たまたま偶然に居合わせたり、携帯電
話で呼び出したりした仲間と一時的に盛り上がっただけで、その雰囲気に逆
らうこともできないまま、その場かぎりの浮わついた気分が重大な犯罪へと
発展していることが分かる。場合によっては、知り合ったばかりの者どうし
が、出会ったその日のうちに一緒に犯行に及んだり、あるいは犯行仲間の名
前さえ知らなかったりもする。

　強盗事件に占める共犯の割合は確かに増えてきたものの、このように仲間
どうしの結びつきは逆に弱まっている。集団的に犯行に及んでいるように見
えても、そこには集団への強いコミットメントが存在していない。だから逆
に、仲間からの誘いを断ることができずに、その場の雰囲気に簡単にのみ込
まれて犯行へと加わってしまいやすくなっているのである。

　今日の少年たちは、日頃からの人間関係に安心感をもちづらく、仲間との関係が一時的にでも揺らぐことを極端に恐れる。その場の空気をしらけさせるのではないかと不安に慄いてしまう。互いの関係を維持する上で、集団の安定した紐帯という後ろ盾がないため、「今日は断っても大丈夫だろう」とは思えない。外見上は、かつてと同じようなグループによる犯行のように見えても、その内実は、その場かぎりの刹那的な人間関係がもたらす犯行へと変質している。

　少年による強盗犯の多くは、類型としては確かに共犯事件である。しかし、だからといって、このような現象をもって犯罪の集団化と呼ぶことはできないだろう。彼らは、ひとりで犯罪に走る力量がないために、ただ群れているだけである。そこには、かつての少年たちを犯罪へと駆り立てたような、仲間を統合しつつ牽制させあう強固な紐帯は見当たらない。これは、むしろ脱集団化とでも呼ぶべき現象である。

2　非行副次文化の消滅

　かつてのように強固な非行グループが成立しえなくなっているということは、そこを母胎とした往年のような非行副次文化の学習機会も、現在の少年たちは逸しているということである。たとえば、持ち主に暴行を加えることに伴うリスクを避け、「安全」にクルマやバイクを盗むためには、接点に細工をして電気系統を直結させるなど、始動キーを使わずにエンジンをかけるテクニックを学んでいなければならない。しかし昨今は、このような犯行の巧みな手口が非行副次文化として伝承されなくなっている。だから、エンジンのかかった状態で持ち主から暴力的に奪うしか術をもたず、それが第四の波当時の強盗事件の多さの一因ともなっていたのである。

　もちろん、非行グループは、たんに犯罪の巧みな手口を伝授する場であっただけではない。犯罪に許容的な態度を醸成する場でもあった。だからこそ、非行グループに加わることは、非行副次文化に慣れ親しむことを意味し、したがって反社会的な態度や信念の確立を促すことにつながっていたのである。いかにも非行少年らしいパーソナリティは、いきなり単独の少年の内面に形成されるものではない。それは、仲間集団という母胎のなかで文化

学習をつうじて初めて形成されるものだったのである。

　かつて、非行少年たちの逸脱キャリアは、非行副次文化の母胎たる非行グループのなかで深化していった。逸脱キャリアの深化とは、少年たちによる逸脱的な行為のたんなる累積を意味するわけではなく、少年たちのアイデンティティの変容をも意味していた。非行少年たちは、逸脱的なパーソナリティを形成してから非行グループへ加わったのではない。非行グループの世界に慣れ親しむなかで逸脱的なパーソナリティを形成していったのである。

　以上のことから見えてくるのは、少年犯罪の稚拙化傾向と脱集団化傾向とが、きわめて密接にリンクしているという事実である。少年たちの脱集団化傾向は、まずは軽微な犯行から始まって、非行グループの空気のなかで徐々に深みへとはまっていき、ついには凶悪な犯罪にも手を染めるようになるといった、逸脱キャリアの深化の結果としての重大事犯を、相対的に減じせしめているのである。

○コラム8　非行副次文化

　従来、少年たちの逸脱性向は、日常世界を共に生きるピア・グループが共有するサブ・カルチャーの影響を大きく受け、その文化学習によって形成される側面が強かった。少年たちの逸脱的パーソナリティの形成に寄与してきたこのようなサブ・カルチャーを非行副次文化という。逸脱行動への接近を容易ならしめる文化要素が非行副次文化に必ず含まれていたのは、それが支配文化への対抗文化として形成されるものだったからである。支配文化の下で自己承認を得にくい少年たちは、その価値観を反転させた独自の下位文化に同調することで、自らの安定感を得ようとしてきた。だから、世間では非難される行為が、彼らの仲間内では賞賛の的となった。しかし、現在の日本では、たとえば学校的価値観の揺らぎにも見受けられるように、支配文化それ自体の影響力が弱まってきている。そのため、それに反旗を翻すことで成立してきた非行副次文化も、その基盤を失ってきた。

　かつて、非行文化とは大人社会に対する反動形成であり、少年犯罪とは大人の支配文化に対する反動的な副次文化を学習した結果だった。しかし今日では、非行副次文化によるネガティヴな意味での社会化を経て、いかにも非

行少年らしいパーソナリティを身につけた少年は減っている。また、その結果として、犯罪行為それ自体の中身も稚拙化している。たんなる仲間集団とは違い、対抗文化を備えた非行集団が少年たちの世界に成立しうるためには、彼らにとっていわば共通の敵となる存在が必要である。かつてその敵役を担ったのは、学校の教師であり、地域社会の大人であり、また親でもあった。大人と子どもの敵対的な関係が、そこでは自明の前提とされていたのである。

ところが、そのような視点から大人と少年の関係を改めて眺めてみると、現在ではその前提が成り立たなくなっていることに気づく。戦後の高度経済成長を経て日本社会が豊かになっていくにつれ、日本人の価値意識も大きく変容してきたからである。端的にいえば、伝統的な枠組みから解放された結果、価値観の多元化が進んだのである。しかも、その変化の推移を世代別に眺めると、現在へと近づくにつれて親子間の意識ギャップが縮小していることも分かる。大人と子どもとの価値観の対立という構図は、もはや今日では成立しえなくなっているのである。

このような世代間ギャップの縮小は、今日の親子関係のあり方を大きく変えてきた。たとえば、従来の常識からすれば、ちょうど思春期にあたる中学生や高校生にとって、友人関係の比重は親子関係よりはるかに大きいものだった。ところが昨今の中高生には、自分の悩みを友人に相談するのではなく、母親に相談する者が増えている。母親は自分のことをよく分かってくれ、優しく接してくれる存在だと感じられるようになってきたからである。

親の側の視点に立っても、同様の傾向が見受けられる。1980年代の親たちと比較すると、2000年以降の親たちでは、子どもと意見が合わないと感じる者が激減している。このような事態が進んだ結果、家族関係に対する若者の満足度は上昇してきた。とくに2003年以降はその上昇率が激しいが、これは少年刑法犯の検挙件数が激減しはじめた時期と完全に重なっている。満足度が上昇するにつれ、犯罪が減少するのは当然の道理であろう。ちなみに同様の傾向は、教師と生徒の関係においても見受けられる。今日では、学校生活を楽しいと感じる中高生が増加しているのである。

では、なぜこのような事態が進行してきたのだろうか。そこで我が国の経

済成長率を振り返ってみると、戦後の高度成長期を経てオイルショックを機に安定成長期へと移行し、さらにバブル崩壊を機に低成長期へと移行してきたことが分かる。経済成長のこのような鈍化こそが、親子関係のあり方に大きな影響を与えてきたのである。かつて成長期の社会を生きた親子には、それぞれが思春期を迎えた頃の社会状況に大きな落差があった。その間に社会は急激な変貌を遂げていたからである。しかし今日では、そこにさほど落差が存在しなくなっている。その間に社会はほとんど成長していないからである。

晩婚化が進んでいる今日では、親子間の年齢差がかつてよりも広がっている。しかし、かつてと今日の親子を比較すると、社会変化の速度がまったく違うため、意識のギャップは逆に小さくなっている。このような社会状況の落差の縮小が、親子間での意識ギャップを縮減させてきたのである。そして、世代間のギャップのこのような縮小は、日本社会における価値観の多元化とも相まって、かつてのような激しい世代間対立を終結させた。その表われの一つであった非行グループも弱体化させた。たとえば、かつて非行グループの象徴的な存在として君臨してきた暴走族は、今日では減少の一途をたどり、その構成員となる少年たちの数も激減している。

ちなみに、非行グループから受ける影響力は、初犯の少年より再犯の少年のほうが強いと考えられる。それだけ非行文化に強く染まっていると想定されるからである。しかし、その再犯少年もまた、2003年以降は減少の傾向にある。近年、再犯者率の増加が大きな問題としてしばしば指摘されるが、それは再犯者の減少率よりも初犯者の減少率のほうが激しいからである。たとえ緩やかではあっても、再犯者もまた確実に減少しつつあるという事実は、それだけ非行文化の影響力が失われてきたことを示唆している。

このセクションを終えるに当たり、最後に注目しておくべきなのは、社会が高度成長期を終えて安定成長期に入った頃に思春期を迎えた世代が、現在の日本では親の立場になっているという事実である。なぜなら、その子どもたちが思春期を迎えはじめた時期こそ、じつは2000年を越えた辺りからだからである。そして、非行の第四の波以降、少年刑法犯の検挙件数の減少が急激に始まったのもこの頃からである。もちろん少子化の影響もあるだろう

が、その激減傾向は少年人口比で見ても著しくなっているのである。

　警察による統制活動が弱まった結果、窃盗事件などの暗数が増えて、刑法
犯全体の検挙件数が減少したと考えることはできない。少年犯罪にも厳罰を
求め、統制強化を望む社会の風潮は、今日ではむしろ逆に強まっているし、
万引き犯についても警察の取り締まりは厳しくなっているからである。だと
すれば、検挙件数の減少は、少年たちの側の実態の変化を反映したものだと
推測してもよい。そして、今日のその変化の背後には、おそらく大人と少年
との世代間ギャップの縮減を見出せるはずである。

参考文献
・法務省法務総合研究所『犯罪白書』（国立印刷局）。
・土井隆義『若者の気分　少年犯罪〈減少〉のパラドクス』（岩波書店、2012）。
・大村英昭・宝月誠『逸脱の社会学』（新曜社、1979）。

（どい・たかよし）

(2) アメリカ

キーワード

アメリカ／非行の動向／背景要因

1 少年非行に関わるデータ

少年非行の現状について、今度は海外に目を向けて、アメリカの状況をみてみよう。アメリカでは、世界で最初に少年裁判所が設立され、少年非行に対する立法や政策が多くなされ、少年非行に関わる調査研究も多くなされてきた。アメリカは少年非行の状況等について最も情報が得られる国であり、その状況を紹介し、我が国の少年法制や非行対策を考える上で参考としたい。

アメリカの少年非行の状況を知るためのデータは、我が国と比べて多く存在するが、次の2種類のデータを用いることにする。

① 警察統計　これは、警察が犯罪を行ったとして検挙した少年について、その属性や犯した犯罪の態様などについて集計したものである。こうした警察による少年非行の統計は、我が国でも用いられており、少年非行の現状をみる上で最もよく利用されている。しかしながら、警察統計の数字はあくまでも警察によって認知され、検挙された少年の統計にすぎないことを理解すべきである。また、少年の行動自体が変わらなくても、警察が少年非行に対する対応を変えることによって、少年の検挙者数が変動しうることにも留意する必要がある。

全米レベルの警察統計として、「統一犯罪報告」（Uniform Crime Reports）があり、その統計データを分析した結果を示すことにしたい。「統一犯罪報告」について説明すると、これはFBI（連邦捜査局）が毎年取りまとめる犯罪統

計であり、FBI は全米各地の警察から、発生を認知した犯罪、ならびに犯罪
で検挙した被疑者について情報提供を求め、集計を行っている。なお、全米
各地の警察が情報を FBI に報告することは義務でないため、全ての警察機
関から毎年情報が提供されるわけではない。ちなみに 2011 年の集計では全
米の 8 割の警察機関から統計データが提供されている。したがって、FBI は
各警察から報告されたデータを基にして、全米で警察が認知したり、検挙し
た犯罪の数を統計学的に推定している。この犯罪統計では、重要な犯罪とし
て、殺人（murder and non-negligent manslaughter）、強姦、強盗、加重暴行
（aggravated assault）、不法目的侵入（burglary）、窃盗（larceny—theft）、自動車盗
（motor vehicle theft）、放火の 8 罪種を指標犯罪（Crime Index offence）に指定し、
このうち、初めの四つが暴力指標犯罪、後の四つが財産指標犯罪を構成して
いる。

　②　自己申告データ　　代表性のある未成年者を抽出して、生活実態を尋
ねる調査がいくつか実施されており、その調査項目の一部として、暴力や窃
盗や薬物乱用などについて、最近自分自身が行った経験を尋ねている。この
種の調査のうち、定期的に長年実施されているものとして、ミシガン大学社
会調査研究所が実施する "Monitoring the Future" や、連邦健康福祉省が実施
する "Youth Risk Behavior Surveillance System" があげられるが、ここでは、
ニューヨーク州立大学オーバニー校のソーンベリー（Thornberry）教授らが実
施したロチェスター青少年発達研究（Rochester Youth Development Study）のデ
ータを紹介したい。なお、こうした自己申告調査のデータには、警察によっ
て認知や検挙がされなかった犯罪も含まれることになり、少年非行の広がり
についてより正確な情報を提供してくれるが、こうした調査のほとんどは学
校で実施されており、不登校の生徒などが含まれないことに留意する必要が
ある。

　これら 2 種類のデータのうち、紙幅の都合もあり、警察統計、すなわち
「統一犯罪報告」のデータ（Charles Puzzanchera : Juvenile Arrests 2011, U.S.
Department of Justice, Office of Juvenile Justice and Delinquency Prevention, December
2013）を中心に紹介し、自己申告データについては補完的に紹介したい。

○コラム9　アメリカ犯罪統計の見方
　米国の連邦司法省がとりまとめる犯罪統計では、18歳未満を未成年者として扱い、我が国で20歳未満を未成年者と定義することと異なっており、注意が必要である。さらに、米国の犯罪統計では、殺人（murder and non-negligent manslaughter）、強姦、強盗、加重暴行（aggravated assault）の4罪種を暴力指標犯罪、不法目的侵入（burglary）、窃盗（larceny-theft）、自動車盗（motor-vehicle theft）、放火の4罪種を財産指標犯罪に指定し、これらを指標犯罪として重視している。これらの罪種のうち、加重暴行は我が国の傷害に相当するが、我が国の犯罪統計では傷害に含まれる傷害致死は米国では殺人に含まれている。したがって、加害者に殺意がなくても傷害や強盗や強姦の遂行に伴って被害者が死に至った場合は米国の犯罪統計では殺人として扱われている。また、不法目的侵入は我が国の侵入盗に相当するが、重罪あるいは窃盗を行う意図をもって、他人の地所に許可無く入ること（未遂を含む）を意味しており、窃盗を実際に遂行すること自体はその構成要件ではないことに留意したい。

2　少年非行の動向

(1)　全般的動向

　FBIが集計した「統一犯罪報告」によれば、2011年に全米で警察が検挙した少年（10歳以上18歳未満の者）は延べで147万人と推定される。2011年に全米の警察が行ったと考えられる検挙のうち、少年が占める割合は、全罪種で11％であり、暴力指標犯罪では13％、財産指標犯罪では20％を占めている。2011年に全米で警察に検挙された少年の犯罪の内訳をみると、暴力指標犯罪が5％、財産指標犯罪が23％を占め、残りを非指標犯罪が占めている。また、少年の全検挙者のうち、女子少年の占める割合は29％であり、15歳未満の少年が占める割合は27％である。
　ちなみに、少年の総検挙人員数（全罪種の合計）について、1970年以降2011年までの推移をみると、我が国の非行統計とは異なったパターンが示されている。すなわち1970年の205万人から1974年まで増加して、最初の

表 3 (2) -1　日米両国の少年検挙者の発生率（2011年。人口10万人あたり）

	日本	アメリカ
指標犯罪全体	548	1,205
暴力指標犯罪	52	204
財産指標犯罪	496	1,001

ピークを迎えて 246 万人を記録し、それ以降 1983 年まで減少して 197 万人
になった。それから 1983 年以降は増加に転じ、1996 年に第 2 のピークを迎
えて 286 万人を記録したが、1996 年以降は減少傾向が続いている。

　さらに、我が国との比較のために、人口 10 万人当たりの少年の検挙者数
を日米両国について算出すると、表 3 (2) -1 の通りとなる。我が国のデータ
については、2011 年の警察庁の統計（警察庁生活安全局少年課「平成 23 年中
における少年の補導及び保護の概況」）を FBI の指標犯罪の類型に準拠するよ
うに構成し直し、検挙人員数（犯罪少年と触法少年を合算）を 10 歳以上 20 歳
未満の人口で割って、人口比とした。まず、指標犯罪全体でみると、我が国
の値は 548 であるのに対して、アメリカの値は 1,205 となり、アメリカは我
が国の 2.2 倍となる。さらに、少年による暴力指標犯罪と財産指標犯罪のそ
れぞれについて、アメリカの人口比は我が国の 3.9 倍と 2.0 倍であることが
明らかとなった。あくまでも警察が検挙した少年の数にもとづく推計である
が、これらの数字は我が国と比べて、米国の少年非行の現状がより深刻であ
ることを示唆していると理解できよう。

　米国の少年非行の現状については、以下、罪種別や少年の属性別の動向を
みてみよう。

（2）　罪種別の動向

　まず、2011 年の全米の少年検挙人員のうち、暴力指標犯罪によるものは
68,150 人と推定されており、殺人が 1％強、強姦が 4％、強盗が 35％、加重
暴行が 60％を占めている。2002 年と比較して暴力犯罪による少年検挙人員
は顕著に減少しており、暴力指標犯罪全体では 27％減少している。さらに、
罪種毎に人口 10 万人当たりの人口比を 1980 年から 2011 年まで算出し、

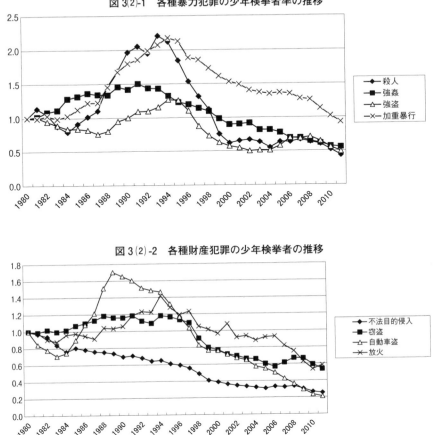

図3⑵-1　各種暴力犯罪の少年検挙者率の推移

図3⑵-2　各種財産犯罪の少年検挙者の推移

1980年の値を1とする指標に変換してプロットしたものが、図3⑵-1である。図3⑵-1をみると、罪種によって若干異なるものの、1990年代の中盤をピークに暴力犯罪の少年検挙者が大きく減少していることが明らかである。4罪種のうちで検挙者発生率の低下は殺人で最も著しく、1993年と比べて殺人の検挙者発生率は80％減少している。

　次に、2011年の全米の少年検挙人員のうち、財産指標犯罪によるものは334,700人と推定されており、不法目的侵入が19％、窃盗（代表的なものは

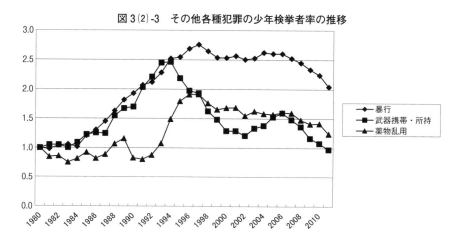

図 3 (2)-3　その他各種犯罪の少年検挙者率の推移

凡例:
- 暴行
- 武器携帯・所持
- 薬物乱用

万引き）が 76%、自動車盗が 4%、放火が 2% を占めている。財産指標犯罪の罪種毎に人口 10 万人当たりの人口比を 1980 年から 2011 年まで算出し、1980 年の値を 1 とする指標に変換してプロットしたものが、図 3 (2)-2 である。図 3 (2)-2 をみると、罪種によって推移のパターンは異なるが、いずれも 1990 年代の中盤以降、少年の検挙者の人口比が低下している。ちなみに財産指標犯罪全体では、1994 年と 2011 年の間で検挙者発生率は 60% 減少している。

　最後に、指標犯罪以外の罪種の中から、暴行、武器の携帯・所持、薬物乱用のそれぞれについて動向をみてみよう。2011 年の全米の少年検挙人員のうち、暴行によるものが 190,900 人、武器の携帯・所持によるものが 28,200 人、薬物乱用によるものが 148,700 人と推定されている。これらの罪種毎に人口 10 万人当たりの人口比を 1980 年から 2011 年まで算出し、1980 年の値を 1 とする指標に変換してプロットしたものが、図 3 (2)-3 である。暴行の検挙者発生率をみると、1980 年以降増加して、1990 年代後半にピークに達して以降、2000 年代半ばまであまり大きく変動しなかったが、その後減少に至っている。一方、武器の携帯・所持については、1994 年まで検挙者発生率は大きく増加し、1994 年以降 2002 年まで大きく減少し、さらに 2002 年以降 2006 年まで増加に転じ、その後減少に至っている。また薬物乱用に

ついては、1990年代に入って検挙者発生率が大きく増加して1997年にピークに達し、それ以降減少に転じているが、2011年は1980年と比較して検挙者発生率が24%高くなっている。

　以上の罪種別の動向をまとめると、1990年代の中盤以降、殺人等の凶悪な暴力犯罪が減少し、それと概ね連動するように武器の携帯・所持が大きく減少していることが明らかとなった。詳しい分析によれば、減少した少年の殺人の大部分は銃を使用したものであり、銃を使用した少年による殺人の多くは大都市のスラムで薬物密売に関わる少年同士の抗争によるものと理解されている。1990年中盤以降、アメリカ経済が大きく回復し、スラム街に住む青少年が合法的な仕事を得る機会も増えたためにこうした抗争が減少し、少年による銃使用の殺人が減少したと考えられる。同時に、ボストンを代表とするいくつかの大都市では、青少年の銃使用や暴力に焦点をあてて、厳しい取り締まりと就労支援等の立ち直り対策が実施されており、こうした対策が効果を発揮している可能性もあるだろう（詳しくは、辻義之「ボストン市警による若年者暴力対策」警察学論集55巻10号58-83頁（2002）を参照）。

(3) 男 女 差

　次に、男女別にアメリカの少年非行の状況をみてみよう。2011年に、全米で警察は43万人ほどの女子少年を検挙しており、先述したように、少年の全検挙人員の29%を占めている。男女別に罪種毎に検挙者の人口比を計算し、2011年の値を2002年のそれと比較すると、表3(2)-2の通りとなる。いずれの罪種についても、男女ともに検挙者発生率の減少が近年みられる

表3(2)-2　2002〜2011年における主要罪種の検挙者発生率の変動（男女別）

	女子少年	男子少年
加重暴行	− 31%	− 35%
暴行	− 11	− 23
窃盗	− 16	− 30
自動車盗	− 72	− 69
武器の携帯・所持	− 25	− 19
薬物乱用	− 16	− 21

注）Charles Puzzanchera : Juvenile Arrests 2011 の P.5 の表から抜粋した。

が、加重暴行、自動車盗、武器の携帯・所持、薬物乱用の4罪種では、変動のポイントが男女で5〜6ポイント以内の違いとなっており、大きな違いは見られない。一方、暴行と窃盗の2罪種については、変動のポイントが男子では女子の約2倍となっており、暴行と窃盗の減少が女子よりも男子で顕著であることが窺える。

　まとめると、近年、アメリカでは男女とも非行が減少しているが、相対的に数の多い窃盗や暴行の動向をみると、男子よりも女子で非行の減少幅が小さく、これは他の先進国でもみられる現象である。男女平等の考え方が社会で浸透するにしたがって、女子少年の行動が男子少年のそれに近づいていることや、社会全般が女子少年の非行を従来よりも厳しく取り締まるようになったことの両方を反映していると考えられる。

(4)　人種間格差

　今度は、人種別に、特に黒人と白人の対比で、アメリカの少年非行の状況をみてみよう。アメリカの少年人口の構成を2011年時点でみると、黒人が17%を占め、白人が76%、その他（アジア系やアメリカ先住民）が7%を占めている。ところが、2011年の少年検挙人員に占める黒人の割合をみると、黒人は暴力指標犯罪全体の51%（罪種別では、殺人の54%、強盗の68%、強姦の35%、加重暴行の42%）を占め、財産指標犯罪全体の35%を占めている。これは、相対的に白人と比べて黒人で警察に検挙される者が多いことを意味している。

　これは、検挙人員の人口比を算出した場合に明らかであり、暴力指標犯罪の検挙者発生率では、黒人は白人の5.0倍であり、アジア系の15.4倍となっている。同様に、財産指標犯罪の検挙者発生率では、黒人は白人の2.6倍、アジア系の6.6倍となっている。ちなみに、近年、殺人や強盗について減少傾向がみられることを先に指摘したが、この傾向が白人よりも黒人で顕著である。具体的な数字を示すと、殺人の検挙者発生率は1993年から2011年の間に、白人で26%に減少したのに対して、黒人では16%に減少している。さらに強盗の検挙者発生率は1980年から2011年の間に、白人で52%減少したのに対して、黒人では55%減少している。

　したがって、近年、黒人と白人の格差が多少とも縮小したとはいえ、依然

図3(2)-4　白人と黒人の子どもがおかれた境遇

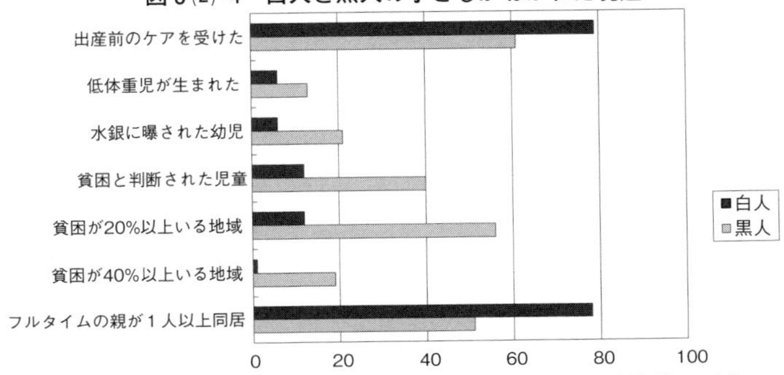

出典：Joan McCord et al（eds）：Juvenile Crime , Juvenile Justice, p. 239, Figure 6-2

として、白人よりも黒人は非行、特に暴力的な非行で検挙される者が相対的に多いことが示されたが、白人よりも黒人で非行を行う者が多い傾向は、"Monitoring the Future" や "Youth Risk Behavior Surveillance System" といった自己申告にもとづく調査でも確認されている（詳しくは、Sourcebook of Criminal Justice Statistics 2003［Online］. Available: http://www.albany.edu/sourcebook/ の Section 3 を参照）。ではどうしてこのような人種間の格差が生じるのであろうか。アメリカの専門家は、こうした人種間格差の背景として、アメリカ社会で黒人が白人と比べて劣悪な境遇に置かれている現実を指摘している（Joan McCord et al: Juvenile Crime, Juvenile Justice, National Academy Press, 2001, chapter 6）。具体的な状況を図3(2)-4 に示したのでみて頂きたい。

　図3(2)-4 では、上から順に、「出産前の医療・福祉的ケアを受けた女性」、「低体重児が産まれた女性」、「水銀に曝された幼児」、「貧困と判断された児童」、「貧困と判断された者が 20％以上いる地域に住む児童」、「貧困と判断された者が 40％以上いる地域に住む児童」、「フルタイムの職をもつ親が少なくとも 1 人は同居している児童」のそれぞれに該当する個人の割合を示してある。いずれも、1990 年前後の全米レベルの統計から抽出し、黒人と白人で分けて示してあるが、これらの数字から、黒人が白人と比べて、生育上の早い時期から、健康面で劣悪な生活環境に置かれ、貧困が集中する地域で育つ者の多いことが明らかである。こうした劣悪な生育環境が、相対的に黒人の少年が非行に走るリスクを高めていると考えられる。

3　少年非行の背景要因

　これまで、FBI が集計した「統一犯罪報告」のデータにもとづいて、アメリカの少年非行の現状をみてきたが、警察がとりまとめた統計データには、検挙した者の基本的属性や犯した犯罪の態様に関する情報が含まれるだけであり、少年が非行を行うに至るプロセスを示唆する背景要因は含まれていない。そこで、代表性のある少年の自己申告データを紹介し、アメリカの少年非行の主要な背景要因について考察してみよう。

　紹介するデータは冒頭で述べたように、ニューヨーク州立大学オーバニー校のソーンベリー教授らが実施したロチェスター青少年発達研究のデータである。まずこの研究の概要を説明すると、この研究は、ニューヨーク州ロチェスター市で公立中学校の 1〜2 年（13〜14 歳）に在学する男女 1,000 人を 1988 年から継続的に調査しているものである。ロチェスター研究では、少年非行に関連する背景要因として、家庭、学校、交友関係や地域特性など様々な要因が検討されているが、ソーンベリー教授らは、特に重要な背景要因として、家庭内の被虐待経験と非行集団である少年ギャングの問題を指摘している（Terence P. Thornberry et al, The Causes and Correlates Studies: Find-ings and Policy Implications, Juvenile Justice, 9（1）, U. S. Department of Justice, Office of Juvenile Justice and Delinquency Prevention, September 2004, p. 3-19）。そこで、この二つの要因に絞って研究知見を紹介しよう。

　まず、家庭内の被虐待経験であるが、ロチェスター研究の調査対象者のうち、22％は過去に虐待の被害（身体的虐待、性的虐待、ネグレクトのいずれか）にあっており、内訳を示すと、11％は 12 歳以前に被害に遭って 12 歳以降は被害のない者、8％は 12 歳以降のみで虐待の被害を受けた者、3％は 12 歳前後の両方で継続的に被害を受けた者である。虐待の被害経験の態様で調査対象者を分けて、それぞれについて、16〜18 歳時に非行（対人的暴力や万引き等を含む）を行ったと自己申告した者の割合と、同時期に警察に検挙された者の割合を、図 3(2)-5 に示した。図 3 (2)-5 をみると、自己申告非行と検挙歴のいずれについても、12 歳以前の被害の有無にかかわらず、12 歳以降

図3⑵-5　被虐待経験と非行

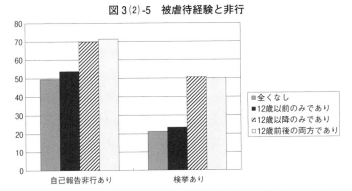

出典　Terence P. Thornberry et al, The Causes and Correlates Studies: Findings and Policy Implications の p. 9 の Figure 2

図3⑵-6　少年ギャングへの加入と非行頻度

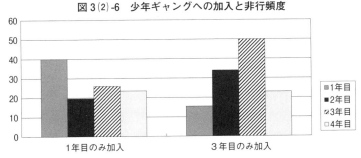

出典　Terence P. Thornberry et al, The Causes and Correlates Studies: Findings and Policy Implications の p. 11 の Figure 3

に被虐待経験のある者が16歳以降で非行に走る傾向が顕著である。従来、アメリカでは、幼児期に虐待の被害を受けた者が犯罪や非行を犯しやすいと考えられてきたが、今後は思春期の被虐待経験を非行の関連要因として注目する必要があるだろう（詳しくは、小林寿一「犯罪・非行の原因としての児童虐待」犯罪と非行第109号111-129頁（1996）を参照）。

　次に、少年ギャングの問題であるが、ロチェスター研究の調査対象者のうち、30％の者（男子の32％、女子の29％）が4年間に少なくとも1回は少年ギャングに加入した経験があった。もっとも、加入経験者のうち、加入期間

が1年未満である者は過半数に上った。図3(2)-6に、研究開始の初年のみに少年ギャングに加入した者と、研究開始から3年目のみに少年ギャングに加入した者について、各年毎に自分が行ったと申告した非行の頻度を示した。図3(2)-6をみると、少年ギャングに加入していた時期に非行の頻度が突出して高いことが明らかである。したがって、少年ギャングといった非行集団に加入することで、非行傾向のある少年の非行行動が大きく促進されることが明示されており、非行を行う個人だけでなく、少年ギャングといった集団に向けた対策が重要であると考えられる。

○コラム10 アメリカの少年ギャング

アメリカの少年ギャングは、歴史的には、ロサンゼルスやシカゴなどの大都市のスラムで発生し、同じ人種やエスニック集団（特にヒスパニック系）の青少年によって構成されるものが多かった。こうした大都市のスラムで発生する少年ギャングは、強盗などの凶悪犯罪や薬物取引や窃盗に従事し、縄張りを巡って、ギャング間の暴力的な抗争（銃を用いたもの）を繰り返してきた。このような大都市における少年ギャングの抗争は1990年代半ばにピークを迎えたが、その後沈静化する傾向が見られる。しかしながら、1990年代以降、少年ギャングは大都市よりも中規模都市、小都市の方で多く発生するようになり、全米に拡散する傾向が見られる。周辺部に拡散するに伴い、少年ギャングの構成員が低年齢化し、複数の人種やエスニック集団で構成される傾向が見られ、ギャングが関わる犯罪では凶悪犯罪や薬物取引が減少し、銃の使用も減少している。2012年の推計によれば、全米で30,700の少年ギャングが存在し、その構成員は85万人に上り、女子が1割程度を占めている。

これまで、アメリカの少年非行の現状をみてきたが、若干のまとめを行うと、我が国と比べて、アメリカの現状はより深刻であるが、近年その状況が若干改善していることが明らかとなった。しかしながら、男子少年と比べて女子少年の非行は減少幅が小さく、白人少年と比べて黒人少年の非行が相対的に多い状況はあまり大きく変わっていない。家庭内の被虐待経験や少年ギャングの問題が少年非行の背景となっていることが明らかであり、今後もアメリカでは非行対策が精力的に進められることが期待される。アメリカにお

ける今後の少年法制や非行対策の動向に注目したい。

参考文献

・前田雅英『少年犯罪―統計からみた実像』11〜12 章（東京大学出版会、2000）。

・矢部武『少年犯罪と闘うアメリカ』（共同通信社、2000）。

・R・ローレンス著、平野祐二訳『学校犯罪と少年非行―アメリカの現場からの警告と
　提言』（日本評論社、1999）。

（こばやし・じゅいち）

第4講◆少年法の改正

キーワード

大正少年法／改正少年法／検察官関与／刑事手続化／
年齢引下げ／特定少年

1 少年法改正の経緯

1 少年法改正の議論

　戦後成立した現行少年法は大正少年法の改正の形式で行われ（大正少年法の内容については、第2講参照）、1948（昭和23）年に成立し翌年に施行されたが、発足当初からさまざまな議論を内包していた。なぜなら、占領軍の指示の下に、アメリカ法を多大に取り入れたために、大正少年法との継続性、一貫性の観点から、直ちに改正論議が起こり、1950年代にはすでに改正を視野にいれた当局の活動がみられたからである。

　大正少年法の改正作業においては、1946（昭和21）年、司法省保護課によって、大正少年法が新憲法に抵触しないかどうかの検討が行われ、少年法改正要綱案が作成されたのち、さらに翌年少年法改正草案として、連合国司令部のルイス博士に提出された。その後、同博士よりルイス提案・草案が示され、それに対応して日本側も反論や再提案を行った結果、1946年6月に「少年法を改正する法律案」が一部修正の後、国会で成立し、公布された。結果的に、少年法と大正少年法との相異点として、①少年に対する保護処分の決定を行政機関である少年審判所から司法機関たる家庭裁判所に移行させたこと、②検察官先議、刑事処分優先主義から、裁判官先議、保護処分優先に変更されたこと、③少年年齢を18歳未満から20歳未満に引き上げたこと、を指摘しうる。

2 少年法改正の動き

(1) 1970年代前後における論争

法務省は、当時少年事件の凶悪化がみられるとして、1966（昭和41）年に「少年法に関する構想」を発表し、1970（昭和45）年には「少年法改正要綱」を法制審議会に諮問した。その主要な内容として、①18歳以上の「青年層」を設置し、検察官が関与した審判を行うこと、②保護事件の審判において、検察官の意見陳述権、立ち会い権を認めること、③審判決定に対する検察官の抗告を認めること、など刑事裁判化の傾向が示された。しかし、青年層の新設が少年の一部厳罰化に連なることや検察官の関与をめぐって日本弁護士連合会などからの強い反発がみられたため、その後、法制審議会の1977（昭和52）年「中間答申」が示されるにとどまった。中間答申は、①少年の権利保障の強化および一定限度内の検察官関与の両面から現行少年法の審判手続を検討すること、②18歳以上の年長少年事件については、少年審判の手続上18歳未満の中間・年少の少年事件とはある程度異なる特別の取り扱いをすること、③一定の限度内で捜査機関による家庭裁判所への不送致処分を認めること、④保護処分の多様化及び弾力化を図ること、などを骨子とした（瀬川晃「改正少年法成立の意義」現代刑事法24号24頁〈2001〉参照）。この中間答申にも強い批判が向けられ、結局、この時期、少年法改正は実を結ばなかったのである。

○コラム11 　青年層の設置

わが国の少年年齢が法律上、20歳未満に設定されていることから、これを細分化して、18歳、19歳を青年層として、他の年齢層とは異なった扱いをしようとする試み。1970年の法務大臣から法制審議会に諮問された「少年法改正要綱」の中で明らかにされた。とくに、当時の時代背景として、少年連続射殺事件が発生し、同年齢層の凶悪化が強調されるにつれて、18歳、19歳の少年には成人の刑事裁判に近い検察官の関与する審判を行うことが提案されたが、激しい対立をうみ、結局は見送られた。なお、イギリスでは近年、同様に、少年の一定年齢層を準成人（nearadult）として、他の年齢層とは異なった処遇を行う制度がみられる。

その後、1980年代中半および1990年代初期には、少年非行の状況の変化や各機関の思惑も伴って、激しい論争を巻き起こした少年法改正の動きは一時的に沈静化した。

---

(2)　1990 年代前後以降における論争

2000（平成 12）年の少年法改正を実現させる契機を直接後押ししたのは、世論の論争を巻き起こした神戸連続児童殺傷事件（1997 年）と思われるが、それ以前にも、名古屋アベック殺人事件（1988 年）、女子高校生監禁殺人事件（1989 年）など少年による特異事件が社会的な動揺を与え、その後、調布駅南口事件（1993 年）や山形マット死事件（1993 年）のように事実認定が困難な事件も続発した（これらの事件の詳細については、資料 1 参照）。この時期の論争は、当初は、このような少年審判に対する事実認定のあり方をめぐる議論から出発し、その後、処分のあり方や被害者への対応が課題とされるようになった。

　このような状況を踏まえ、1998（平成 10）年法務大臣の諮問を受けて法制審議会少年法部会では少年法改正の議論が開始され、そして、「少年審判における事実認定手続の一層の適正化を図るための少年法の整備等に関する要項骨子」をまとめた。その内容は、①裁定合議制度の導入、②長期 3 年超の事件等一定の範囲の事件における検察官の関与と国選付添人制度の導入、③観護措置期間の 12 週間までの延長、④検察官への抗告権の付与、⑤保護処分終了後の救済措置の整備、⑥少年審判の結果等についての被害者等への通知制度の導入、などであった。政府はこれに基づき、1999 年閣議決定のうえ国会に「少年法等の一部を改正する法律案」を提出したが、翌年廃案となった。

　これとは別に政権与党の間で少年法改正が日程に上るようになり、政府案の廃案を受けて、プロジェクト・チームが結成されていたが、その後に少年事件の増加、凶悪化がみられるとして、政府案に加え、年齢区分や処分・処遇の見直しがその論点にされた。そして、ついに 2000（平成 12）年 11 月 28日「少年法等の一部を改正する法律案」（平成 12 年法律第 142 号）が第 150回国会の衆議院本会議で可決成立し、同年 12 月 6 日に公布、2001（平成 13）

年 4 月 1 日から施行された。1948（昭和 23）年 7 月 15 日に公布された少年
法からほぼ 50 年ぶりの抜本的な改正であった。このような重大な改正が、
法制審議会の議論を経た政府案によるものではなく、与党案による議員立法
という形式の改正であったことは大きな特色といえる。とくに短期間で国会
を通過したことで、十分に議論が尽くされていないという批判もある。政府
案と与党案には、かなりの重複はみられるものの、根本的な相違は、前者よ
り後者が「少年の刑事処分可能年齢の引き下げ」や「処分の見直し」等を含
めた厳罰化を強めている点であろう。

　この 2000 年の改正において、1970 年代前後における改正論議に比し、比
較的円滑に改正作業が行われた背景には、法務省の検察官関与の思惑、最高
裁判所の少年審判の困難さに対する認識といった事情のほか、凶悪事件や理
解しがたい動機の少年事件が多発しているという一般市民の理解が浸透して
いたこと、少年事件の被害者の声や運動が高まってきたこと、捜査が困難な
事件がみられたこと、などが指摘できるが、いずれにせよ、改正少年法はか
なり政治色を強めた法律であるといえる。とくに、2000 年法の改正論議に
おいて、従来から少年法をめぐる根本的な論争である、少年の司法か福祉か
という議論が抜け落ちている点は、その証左であろう。

2　2000 年改正の内容

　改正少年法（2000 年）は、「ア　最近の少年犯罪の動向等にかんがみ、少
年およびその保護者に対し、その責任について一層の自覚を促して少年の健
全な成長を図ること、イ　少年審判における事実認定手続の一層の適正化を
図ること、ウ　被害者等に対する配慮を充実することを目的とするもの」
（入江猛「『少年法等の一部を改正する法律』の趣旨及び概要」現代刑事法 24 号 29
頁〈2001〉）で、要するに、その大きな柱は、①少年事件の処分等の在り方
の見直し、②事実認定手続の一層の適正化、③被害者への配慮の見直し、で
ある。以前からとくに裁判所内外で論議をよんでいたのは、このうち②であ
って、事実認定の困難な事件が続発したことから、従来の要保護性重視の姿
勢から非行事実重視への方向が強まった点を反映したと思われる。また、③

は近年の被害者運動にみられるように、被害者の権利を主張する動きと連動したものであるが、ただ、文言も内容も実質的な「権利」ではなく、「配慮」にとどまっている。最も論争が大きいのは①であり、少年事件の「凶悪化」傾向に対する政治的対応とみるのが妥当であろう。

1　少年事件の処分等の在り方の見直し

(1)　刑事処分可能年齢の引き下げ（20条1項）

改正以前の制度では、刑事処分が可能な年齢は、終局決定時16歳以上とされ、16歳未満の者の検察官送致（いわゆる「逆送」あるいは「検送」）は許されなかったが、改正後は、14歳、15歳の年少少年も可能となった。結局、刑法41条の規定と歩調が合わされ、実質的な刑事責任の引き下げとなり、刑事処分対象者の拡大が図られた。その結果、「但し、送致のとき一六歳に満たない少年の事件については、これを検察官に送致することはできない」（旧法20条但書）の文言が削除された。また、これにより、16歳未満の者の刑事処分による収容場所が検討されたが、懲役または禁錮の言渡しを受けた少年が16歳に達するまでは少年院に収容可能として（少年院収容受刑者）、少年院を刑の執行の場とする規定が新たに盛り込まれた。但し、当該少年は刑罰を受けた者であるが、矯正教育を受けるものとされる（56条3項）。このような流れは、凶悪な事件を起こした年少少年の責任の自覚を促すものと説明されるが、年少少年に対する刑事処分には、当該少年の法廷における心理的萎縮や刑事手続に対する不理解等の懸念や課題が示されている。

(2)　原則検察官送致（20条2項）

現行少年法を貫く理念は第1条がうたうように保護主義であり、保護優先主義が採用されてきた。その結果、少年事件は全て家庭裁判所に送致され、そこで判断が行なわれるという全件送致主義を原則としてきた。本項は、重大事件に限定されているとはいえ、この著しい例外をなすものである。すなわち、犯行時16歳以上の少年が、殺人、傷害致死、強盗致死等の故意による重大犯罪を行った場合で、かつ被害者を死亡させた場合には、原則として検察官に送致する手続がとられるようになった。これも、刑事処分可能年齢の引き下げと同様に、少年に対する重罰化の一場面といえる。

(3)　抗告受理申立制度（32 条の 4）

家庭裁判所による保護処分の決定に対しては、従来、少年側にのみ抗告が認められていたが、これを検察官にも認める制度が改正法において新設された。すなわち、「家庭裁判所が誤った審判をした場合であって、非行なし不処分決定であるために少年も抗告できない場合や少年側が抗告しない場合に、上級審による見直しの機会が全くないのでは、被害者やその遺族をはじめとする国民の納得が得られるところではない」（甲斐行夫他『少年法等の一部を改正する法律及び少年審判規則等の一部を改正する規則の解説』192 頁〈法曹会、2001〉）として、検察官関与の決定がなされた事件において、家庭裁判所により不処分決定又は保護処分決定がなされた場合、事件の非行事実に関し、決定に影響を及ぼす法令の違反又は重大な誤認があることを理由とするときは、検察官が 2 週間以内に高等裁判所に抗告受理の申立てができるとした（32 条の 4 第 1 項）。

検察官に抗告権という権利を認めるものではないにせよ、家庭裁判所の決定に対する異議申立であって、この規定新設は少年審判が一段と刑事裁判化したことを示すものであろう。

(4)　審判の方式（22 条 1 項）

従来、少年法の健全育成目的と成人の刑事手続との違いが明瞭に現れていた規定が 22 条 1 項であり、従来は「審判は、懇切を旨として、和やかに、これを行わなければならない」と定められていた。今回の改正では、これに加えて、「非行のある少年に対し自己の非行について内省を促すものとしなければならない」とする文言が追加された。「和やか」という語感には少年を甘やかすという印象があるとされ、ときに裁判官に毅然たる態度を求めることを明記したものと説明されている。

(5)　保護者に対する措置（25 条の 2）

いわゆる「親の責任」を問う規定である。他の諸国でも、親の責任を追及し子が犯罪を行った場合、親に対して刑事罰を科すところもあることから、この規定がおかれたものと思われる。すなわち、少年非行の背後には親の怠慢や管理不行届の側面が否定できないとして、保護者に責任の自覚を促すための規定である。そのことから、家庭裁判所や家庭裁判所調査官は保護者に

対して、訓戒、指導その他の適当な措置をとることができるとした。もっとも、これらの措置は改正前においても事実的措置として実務上行われていたものを明文化したものである。

(6) 刑の緩和および仮出獄可能期間の見直し（51 条 2 項および 58 条 2 項）

　少年に対しては、成人に対するよりも刑が一般的に緩和されている。犯行時 18 歳未満の者に対して、死刑を無期刑に減軽する（少 51 条 1 項）などがこの例である。無期刑についても、改正前においては、犯行時 18 歳未満の少年については、必要的に 10 年以上 15 年以下の範囲で有期刑が科された。しかし、改正法では、これを必要的とせず、裁判官の裁量において、無期刑にするか有期刑にするかを決定することが可能となった（改正少年法 51 条 2 項）。少年にとっては実質的に刑が引き上げられたということになる。

　他方、仮出獄の要件に関しても、従来緩和規定がみられ、無期刑については成人では 10 年経過後に仮出獄が可能であるところを少年では 7 年、有期刑については 3 年、不定期刑については短期の 3 分の 1 の経過で可能とされた（旧 58 条 1 項 1 号、2 号、3 号）。しかし、改正法では、死刑を無期刑に減軽する事案においては、さらに仮出獄可能期間を緩和するのは二重に緩和することになるとして、成人と同様に 10 年経過後に統一された。すなわち、死刑を緩和して無期刑を科す場合には、仮出獄期間の緩和は認めないこととなった（改正法 58 条 2 項）。「本来死刑に処すべき者が相当短期間で社会復帰をする可能性を認めることとなって、罪刑の均衡という点からも、被害者感情、国民感情の点からも適当ではないと考えられた」（甲斐他・前掲書 233 頁）と説明されるが、仮釈放は地方更生保護委員会によって受刑者、被害者、社会感情などを総合的に判断されるのであり、必ずしも短期であるとは限らないし、また少年の可塑性を考慮する必要から、従来の規定で不都合はなかったように思われる。

2　少年審判における事実認定の適正化

　1990 年前後に発生し、かつ処分が二転三転した山形マット死事件、調布駅南口事件、あるいは草加事件は、少年審判のあり方に大きな影響を与え、少年事件における非行事実認定の難しさを示した。そこで、事実認定の適正

化および迅速化を図るための改正が行われ、結果として、少年審判の刑事裁判化が図られた。論者によっては、これらの動きを「厳罰化」と評する者も少なくない。

(1)　裁定合議制度（裁判所法 31 条の 4）

これまでの審判では、裁判官が一人で審判を行う単独制が採用されてきたが、今回の改正では、事実認定が困難な事件については三人の裁判官が関与することが可能となり、裁定合議制が採用された。これによって、多角的な視点で判断の客観性を高めることができるとされる（瀬川・前掲論文 25 頁）。しかし、一方で、裁判官側においては、事実を否認する少年側の付添人の活動に対する一種の対抗措置ともいえよう。

(2)　検察官及び弁護士（付添人）の関与する審理（22 条の 2、22 条の 3）

今回の改正の最大の特徴は、少年審判に、一部の事件ではあるが、検察官が関与するようになったことである。戦前は別として、従来の少年審判に検察官が関与することはなく、裁判官による職権主義がとられてきた。なぜなら、少年事件の審判廷は、少年の行った犯罪・非行行為を追及する場ではなく、少年に保護を与える場として考えられてきたからである。現に、旧 22 条 1 項は「審判は、懇切を旨として、和やかに行う」と規定した。しかし、少年事件においても非行事実についての争いがみられるようになり、その結果、事実認定を精密にするために当事者主義を前提に、一方で検察官が他方で弁護士（付添人）が主張しあう審判構造が採用され、また前述したように、22 条 1 項に「非行のある少年に対して自己の非行について内省を促すもの」という文言が追加された。

検察官が関与する事件は、故意の犯罪行為により被害者を死亡させた事件および死刑又は無期若しくは短期 2 年以上の懲役若しくは禁錮に当たる事件である。検察官が関与すれば、対象少年の立場は弱体化することから、少年に付添人がいない場合には、必ず国選付添人（弁護士）を付すことが規定された。これは、少年の弁護権の保障強化とされる。

(3)　観護措置期間の延長等（17 条 3 項、4 項、9 項）

少年審判において、事実認定を慎重かつ適正に行うためには、従来の最長 4 週間の観護措置期間では不十分であるとして、最長 8 週間とする改正が行

われた。近時、非行事実の存否を争う事件が増加しており、少年の身柄拘束による審判の一定の準備期間が必要であるとされるためである。また、少年審判関与者の人数が増加している点にも配慮したものと思われる。観護措置期間が原則2週間、更新が1回までみとめられる点は従来と同様であるが、4週間を越えてみとめられる例外的な場合として、死刑、懲役又は禁錮に当たる事件であり、更新がさらに2回まで認められ、結局、通算で8週間まで少年鑑別所に収容可能となった。観護措置はいうまでもなく身柄拘束を伴う措置であるから、勾留的な機能に加え、保護的予防的色彩もあるとはいえ、長期の拘束はとくに成長期にある少年の心理に多大な影響を与える可能性がある。他方で、「少年審判の運営に携わる者は、この期間内に審理を終えるように務めるべきであり、（中略）、身柄の釈放が審判に及ぼす悪影響をできるだけ押さえるように配慮しなければならない。」（浜井一夫「少年審判における事実認定手続の一層の適正化」現代刑事法24号43頁（2001））とされる。法制審議会で提案された最大12週間の案は短縮されたが、慎重な運用が求められることはいうまでもない。

(4) 観護措置決定等に対する異議申立制度 (17条の2)

観護措置決定およびその更新決定に対しては、少年、その法定代理人及び付添人は、保護事件の係属する家庭裁判所へ異議を申し立てることができるようになった。観護措置期間が延長されたことに伴う対抗措置を認めたもので、少年の権利保護という観点からは、一歩前進ということができよう。

(5) 保護処分終了後の救済手続 (27条の2)

従来では保護処分の継続中に限定していた保護処分の取消（旧27条1項）を、改正法では保護処分の終了後にも認める規定が新設された。すなわち、「保護処分終了後の取消しであっても、当該保護処分決定が誤りであったことを事後的に明らかにし、本人の情操保護という観点から救済措置を認めることが適当」（入江・前掲論文33頁）であり、再審類似の事後的是正措置としての救済手段が整備された。したがって、保護処分の継続中に加えてその終了後においても、非行事実がなかったことを認めうる明らかな資料が新たに発見されたときは、保護処分が取消可能となった。

もっとも、その趣旨は刑事訴訟法の再審と同旨ではなく、本人の名誉回復

を図るものではないとされるが（甲斐他・前掲書 168 頁〜169 頁）、保護処分による強制的な少年院収容等が社会的には不名誉であることには変わりなく、あえて両者を区別する必要はないように思われる。

3　被害者への配慮の充実

　改正少年法では、「被害者への配慮」を伺わせる規定が新設され、これに伴い関連する少年審判規則も改正・新設された。しかし、これはあくまでも「配慮」にすぎず、少年手続に被害者を積極的に関与させ、あるいはその権利の実現としての性格を有するものではない（守山正「少年事件被害者への配慮」現代刑事法 52 号 45 頁以下〈2003〉参照）。

(1)　事件記録の閲覧又は謄写（5 条の 2）

　家庭裁判所で扱われる少年保護事件の場合、非公開の法廷で審判が行われるため、外部に伝えられる情報量は、一般の刑事事件に比し圧倒的に少なく、被害者においてさえ、事件そのもの、あるいは処分の内容等につき、十分に知ることが困難である。これまで、少年審判規則 7 条 1 項により、家庭裁判所の許可を受けた場合、閲覧又は謄写が可能であり、同項では附添人が審判開始決定後に保護事件の記録・証拠物を閲覧することができるとされたが、実質、被害者等が閲覧・謄写することは困難であった。

　保護事件の記録・証拠物への閲覧・謄写制限は、審判非公開、記事等の掲載禁止と同様の少年保護の理念に基づくものであるが、しかし、被害者が民事訴訟で損害賠償請求等を行う場合などにはその記録が必要になる場合がある。そこで、被害者等による事件記録の閲覧・謄写が認められた。すなわち、被害者等の申出により、審判の継続中も含め、一定の範囲で非行事実に係る事件記録の閲覧及び謄写をさせることができる制度が新設された。この規定は、法制審議会の答申には含まれなかった事項である。

　閲覧・謄写の申出ができる者は、犯罪少年又は触法少年に係る事件の被害者やその法定代理人、もしくは被害者が死亡した場合、心身に重大な障害がある場合はその配偶者、直系の親族・兄弟姉妹、さらにはこれらの者から委託を受けた弁護士である。また、閲覧・謄写の対象となるのは、犯罪少年又は触法少年に係る保護事件の記録のうち、当該保護事件の犯行の動機、態様

及び結果その他の当該犯罪に密接に関連する重要な事実を含む非行事実に係わる部分である。

　もっとも、被害者がその心情から、単純に事件の内容を知りたいとして上記の申出を行うことはできない。なぜなら、その申出の要件の1つとして、「当該被害者等の損害賠償請求権の行使のために必要があると認める場合その他正当な理由がある場合」に限定されているからである。

(2)　被害者からの意見の聴取（9条の2）

　被害者等が被害体験を契機に、その心情を吐露し、当該事件に対して意見を述べたいという感情や希望をもつことが少なくない。また、被害者の心情や意見が示されることによって、それらが少年審判にも反映し、ひいては国民一般からの少年司法に対する信頼回復も可能である。さらに、当該少年の心理にも建設的な影響を与えうることも期待できるであろう。そこで、被害者からの意見聴取を行う制度が新設された。但し、この方法は二つあり、家庭裁判所裁判官が自ら行う場合と同調査官に命じて聴取する場合とがあり、前者にはさらに審判期日に行う場合と審判期日外に行う場合とがある。裁判官が審判期日に被害者等の意見聴取を行うのは、まさに審判廷において被害者が少年を前にして意見を述べることであるから、被害者等からみれば最も直接的な意見表明といえよう。しかし、その分だけ少年に対する威圧感も強いと考えられ、このような運用には慎重な見解もみられる（最高裁判所事務総局家庭局「資料・改正少年法運用状況報告会結果」家庭裁判月報54巻4号155頁〈2002〉）。

(3)　被害者等への審判結果等の通知（31条の2）

　事件記録の閲覧・謄写と同様の問題性をもつものとして、審判の非公開に伴う被害者等からの事件情報へのアクセスの制約は、被害者の不満が強まる要因であったことから、被害者等への情報の開示を進めて、被害者等への審判結果を通知する制度が導入された。これは、事件の内容やその処分結果等を純粋に知りたいとする被害者等への配慮であるとされる。しかし、これも被害者等の権利として構成されるものではなく、通知の申出を行った者に対して、少年の健全な育成を妨げるおそれがない場合に、通知されることになっている。

3　2007 年改正の内容

1　改正の経緯

　2007 年 5 月、第 166 回国会において、「少年法等の一部を改正する法律」
が可決、成立し、2000 年改正後、再び本格的な改正が行われた。2000 年改
正法では経過規定がおかれ 5 年後の見直しを行う旨が規定されていたが、今
回の改正はこれとは直接の関係がみられない。

　改正の主要な内容は 14 歳未満の少年の事件、とりわけ触法少年の事件の
扱いに関する部分である。改正の契機としては、2003 年から 2004 年にかけ
て、長崎幼児殺害事件や佐世保小学生女児殺害事件などの低年齢の少年によ
る重大事件が発生したことがその背景にあると思われるが（各事件について
は、末尾「資料 1」参照）、今回の改正ではこれに止まらず、従来つみ残され
てきた議論をまとめる内容も含まれている。また、治安の悪化に対する国民
の不安と犯罪被害者運動などの高まりといった社会的要因とこれらの事件と
が相まって、政府部内に少年犯罪対策のための機関が組織されるなどの全体
的な改正の機運もみられた。この中で、種々の提言がなされ、その一つに、
2003 年 8 月に設置された青少年育成推進本部が取りまとめた「青少年育成
施策大綱」（同年 12 月）および設置全閣僚が構成員となった犯罪対策閣僚会
議の「犯罪に強い社会の実現のための行動計画」があり、これらで検討され
た事項には、今回の改正対象事項である一部が含まれていた。

　他方、このような動きを受け、2004 年 9 月法制審議会に法務大臣より少
年の保護事件に係る調査手続等の整備に関する諮問がなされ、少年法部会に
おける審議を経て、2005 年 2 月に「少年の保護事件に係る調査手続等の整
備に係る要綱（骨子）」が答申された。この答申に基づき改正法案が作成さ
れ、一度は廃案に追い込まれたものの再度の国会提出と衆議院の修正によ
り、可決し成立したのである。なお、政府の提出案にはみられた虞犯少年の
警察官による調査権限については、国会の審議過程で、調査権限の及ぶ範囲
が不明確で、対象の範囲が過度に拡大するなどの批判がみられて削除され
た。

そこで、今回の改正の主要な内容は、①触法少年に係る調査、② 14 歳未満の少年の少年院送致、③保護観察中の者に対する措置、④国選付添人制度の導入の 4 点となった。以下に概観する。

2 改正の内容

(1) 触法少年事件についての警察権限の整備

(i) 警察官等の調査（少年法 6 条の 2）

触法少年事件に関して、警察官の一般的な調査権限について規定したものである。触法少年の行為は犯罪ではなく、従って刑事訴訟法に基づく捜査ができないとされてきた。しかし、少年保護事件の事案の真相の解明は必要であるとして、これまで警察の調査権限の具体的な根拠が少年法上あいまいであった点を改めたものとされる。

もっとも、調査を開始する要件では、「客観的な事情から合理的に判断して」触法少年であると「疑うに足りる相当の理由がある者を発見した場合」と規定された。そして、触法少年は犯罪少年と異なることから、それを明らかにするために、触法少年の調査はもっぱら事案の真相を明らかにし、少年の健全育成のための措置に資するという目的規定が盛り込まれた（2 項）。さらに、低年齢の少年の特性に配慮するために「少年の情操の保護に配慮しつつ」という配慮規定もみられる。また、警察官のほかに少年補導活動を行う少年補導職員とよばれる警察職員も、警察官の指揮命令により任意の調査を行うことができるとした（3 項）。

(ii) 調査における付添人（少年法 6 条の 3）

政府の提出案には含まれなかったが、国会の審議過程で追加された規定である。すなわち、本改正によって触法少年の事件に対する警察の強制調査権限が強化されたこととの均衡として、少年の利益保護が図られたものである。つまり、警察の調査段階で、少年及び保護者は弁護士である付添人を選任できることとなった。その際、少年は保護者の同意がない場合でも単独で選任でき、保護者はこれを取り消すことができない。

(iii) 呼出し・質問・報告の要求（少年法 6 条の 4）

触法少年の事件に関し、警察官による呼出し、質問、公務所等への照会な

どの任意による調査権限を規定する。警察の一般的な調査権限は別に定められるが、これらの事項は調査の中でも重要であるとして、法律上明確化したものである。しかし、警察による質問等がしばしば強権的に行われる場合があり、低年齢の少年事件ではとくにその点に留意が必要であることから、「強制にわたることがあってはならない」という一文が設けられた。

（iv）押収、捜索、検証、鑑定嘱託（少年法 6 条の 5）

強制処分として、警察官の押収、検証及び鑑定の嘱託に関する規定であり、その手続については刑訴法の規定が準用される。従来、触法少年の事件に関して、このような強制力を伴う処分を行うことができなかったため、凶器等の物件を捜索押収し、これらの物や現場等を検証し、死体解剖等の処分を行う必要がある場合に困難があったとされる。それを可能にする規定である。但し、この規定はあくまでも物に対する処分であり、少年の逮捕・勾留等、調査のための身柄拘束は認められていない。また、逮捕に伴う捜索・差押え・検証、さらには通信傍受等も認められていない。

（v）警察官の送致等（少年法 6 条の 6）

少年法 22 条の 2 第 1 項に掲げられた一定の重大な罪に係る刑罰法令に触れる事件、家庭裁判所の審判に付することが適当と思料される事件について、児童福祉法上の通告のほかに、警察官から児童相談所長への送致を可能とする規定である。これは、従来の児童福祉機関先議の原則を修正するもので、一定の重大事件については警察から送られた事件につき児童相談所かぎりで処理するのではなく、児童相談所を経て家庭裁判所へ送り、家庭裁判所での司法手続によって少年の処分を決定しようとするものである。

（vi）都道府県知事又は児童相談所長の送致（少年法 6 条の 7）

少年法 22 条の 2 第 1 項の罪に係る重大な触法行為を行った触法少年について、事件の重大性に鑑み、家庭裁判所において非行事実の存否、内容を認定した上で、適切な保護を施す必要性が特に高い場合、被害者保護の観点からも家庭裁判所の審判を行い、事実解明を行う必要があるとされる。そこで、本条は、送致を受けた都道府県知事又は児童相談所長は、原則として、事件を家庭裁判所に送致しなければならない旨を規定するものである。原則家裁送致の制度といわれる。

但し、少年の年齢や心身の発達の程度、事案の内容およびその解明の程度等に照らし、家庭裁判所の審判を経るまでもないと考えられる場合は、児童福祉法上の措置にとどまることも認められている（1項但書）。

(2)　14歳未満少年の少年院送致等

（i）少年院収容年齢の引下げ等（少年院法1条の2、2条）

改正前の少年院法2条は、少年院に収容可能な年齢を14歳以上としていたが、本規定により保護処分時に14歳未満の者であっても、初等少年院・医療少年院に保護処分として送致が可能となった。その理由として、14歳未満の少年であっても、性格に深刻・複雑な問題があり、それが原因で殺人等の凶悪重大な非行に及んだり、幼少の頃から悪質な非行を繰り返し、何度も施設に入所してもなお非行に及ぶなど、非行性の進んだ少年や深刻な問題を抱える少年については、早期に矯正教育を授けることがその健全育成を図る上で必要かつ相当と認められる場合があるとされる。但し、収容年齢の下限が設けられ、「おおむね12歳以上」とされた。

（ii）14歳未満少年に対する少年院送致の保護処分（少年法24条1項）

現行法において、家庭裁判所が保護処分に付する場合、何ら制約がないが、今回の改正で14歳未満の者にも少年院送致が可能となる規定が設けられた関係で、あくまでも14歳未満の者の処遇については児童福祉施設で行うことが原則であることを明記するために、家庭裁判所が14歳未満の者を少年院送致の保護処分に付す場合は、「特に必要と認める場合に限り」という限定が設けられた。

（iii）保護者に対する措置（少年院法12条の2）

少年非行の背景には保護者にも問題があるという観点から、2000年改正で家庭裁判所や家庭裁判所調査官による保護者に対する措置が規定されたが、この趣旨を保護処分の執行段階にも拡張する規定である。すなわち、少年院の長による保護者に対する措置が規定された。もっとも、少年院の実務ではすでに保護者に対する指導は行われているが、明文の規定を設けることで各執行機関においてさらに積極的に同様の措置を行うことを期待する趣旨とされる。

(3)　保護観察中の者に対する措置等

　(ⅰ)　保護観察中の者に対する措置（少年法 26 条の 4、更生保護法 67 条）

　保護観察中に遵守事項を遵守しない少年に対して、保護観察所の長が警告を発することができ、それでもなお遵守しない場合には、新たな事由が生じたものとして、保護観察の長の申請により、家庭裁判所において、遵守事項の重大な違反があり、その程度が重く、保護観察の継続では本人の改善更生を図ることができないと認める場合に、児童自立支援施設等送致又は少年院送致の決定をすることができる。これは、保護観察中の少年が保護観察官や保護司による再三の指示に反して遵守事項の不遵守を繰り返し、所在さえ. めないなどの社会内処遇としての保護観察が実質的に機能しない状況に対応するものとされる。

　なお、保護観察中で 20 歳を超えている者に対して、このような少年院送致の保護処分を決定する場合は、収容期間を定めなければならないこと（少年法 26 条の 4 第 2 項）、保護観察中の者に対する措置を行う手続は、少年の保護事件と同様であること（同条 3 項）が規定されている。

　(ⅱ)　保護者に対する措置（更生保護法 59 条）

　少年院の長が行う保護者に対する措置と同様に、保護観察中の者についても少年の健全育成を図る目的から、少年の保護者にその責任を自覚させ、少年の改善更生に向けた努力を行わせることが必要として、保護者に対する指導、助言等の措置に関する規定が設けられた。

(4)　国選付添人制度

　(ⅰ)　国選付添人制度の整備（少年法 22 条の 3 第 2 項）

　一定の重大事件について、少年鑑別所送致の観護措置がとられる場合において、少年に弁護士である付添人がいないときは、家庭裁判所の職権で少年に弁護士である付添人をすることができるようになった。2000 年改正では、少年審判への検察関与決定がなされた場合にのみ、少年に弁護士付添人がないときは必要的に弁護士付添人が選任されることとされたが（少年法 22 条の 3 第 1 項）、これに加え、今回はとくに重大事件で少年に観護措置がとられている場合には、少年院送致や検察官送致等の処分が予想され、また社会的影響も大きいことから、身柄拘束を受けた少年に対する国選の付添人を家庭裁

判所が選任することとなった。なお、身柄拘束が解かれた場合でも、国選付添人の効力は失われない。さらには、抗告審・再抗告審においても国選付添人制度は適用される（少年法32条の5、35条）。

　(ii)　総合法律支援法の改正

　平成16年に総合法律支援法が成立し、必要に応じて弁護士を迅速かつ確実に確保する仕組みを備えた日本司法支援センター（法テラス）が行う総合法律支援体制が整備されつつあるが、今回の少年法における国選付添人制度の拡充に伴い、前回改正の検察官関与決定の場合も含め、国選付添人の選任に関する業務を日本司法支援センターが行うこととした。

3　2007年法改正の問題点

　本改正の問題点については、「少年法等の一部を改正する法律案に対する附帯決議」が示しており、さまざまな懸念や批判がみられる。附帯決議では、①触法少年は一般に被暗示性や被誘導性が強いなどの少年の特性があり、警察官の調査では少年の供述に配慮する必要があること、児童心理学者等の専門家の意見を踏まえて少年に配慮すべき事項の準則を策定すること、②他の取り調べ状況に対するのと同様に、触法少年に対する警察の調査も可視化を検討すべきこと、③保護観察中の少年の遵守事項違反を理由とする少年院送致等につき保護司や保護観察官と少年との信頼関係を基礎とする保護観察の理念を後退させないようにすること、④低年齢の少年には発達段階に応じた個別処遇が必要であり、14歳未満の少年の少年院送致については、児童自立支援施設との連携を図り、教育・情操に配慮すべきこと、⑤少年に対する保護観察を充実させること、⑥少年非行の防止・抑止には児童福祉的対応が緊要であり、児童福祉機関の人的物的体制の整備・拡充を図ること、⑦触法少年には虐待経験、発達障害などの医療ケアが必要な児童も含まれており、児童福祉機関における医療的な人的物的体制の整備・拡充を図ること、⑧少年非行の背景には家庭・学校・地域社会等の複雑な問題があり、その防止や少年の処遇には関係機関や地域社会の連携が必要であること、などが示されている。まさしくこれらは、法案作成段階において議論された問題点であり、今後の運用を十分注視する必要があるように思われる。

　この 2007 年改正に対しても厳罰化の批判がみられる。また、改正によって相対的に児童福祉機関の権限や活動は大幅に縮小されることとなり、その存在意義を失うことが懸念される。児童福祉機関先議の原則が修正されたからである。とりわけ、警察の調査権限が明記され、かつ警察官から児童相談所への送致が通告とは別に認められたことにより、警察の調査権限と事件送致が結合して、触法少年の取り扱いにおいて司法が主、福祉が従という関係に変化し、この領域でも警察主導の状況が生じるものと思われる（改正に対する個別の評価・問題点については各講参照）。

　1899 年アメリカ・イリノイ州で生まれた世界初の少年法および少年裁判所の理念は、非行少年を社会の被害者として扱うところから出発した。まさしく「非行は社会を映す鏡」なのである。要するに、低年齢の少年ほど、家庭、両親、地域の影響を受けやすい。低年齢の少年事件の背景にはこれらの問題性が反映しているからである。そこで、いま一度、子どもは自分の育つ家庭、両親を選ぶことはできないことを想起して、宿命論として処理することがないように注意すべきであろう。

4　2008 年改正の内容

1　改正の内容

　平成 20 年 6 月 11 日、少年法改正案が国会を通過し成立した（平成 20 年 6 月 18 日公布、法律第 71 号）。2000 年の大改正の後、2007 年に続く改正である。今回の改正は、法務省によると、平成 16 年に成立した被害者等基本法などを踏まえて、少年審判における犯罪被害者等の権利利益の一層の保護を図るための措置とされる。被害者等基本法は政府に犯罪被害者等基本計画の策定を求め、これにより政府は平成 17 年に同計画を策定した。このうち、法務省は、被害者などの少年審判の傍聴の可否を含め、被害者の要望・意見の取り入れを検討した結果、今回の改正に至ったのである。また、従来から議論のあった児童の福祉を害する成人の刑事事件（児童福祉法違反等）の第一審の管轄を、家庭裁判所から地方裁判所等に移管することも改正の内容とした（37 条から 39 条まで削除。詳細については第 14 講参照）。この改正に関連

して、家庭裁判所の裁判権に関する裁判所法31条の3第1項4号が削除された。これらの変更とともに、関係する章や条文、内容が改めている（巻末新旧対照表、および少年法の該当規定を参照）。

　これを除いて、2008年改正の主要な柱は被害者に関する諸規定の導入であり、その内容は次の4点である。

　①　被害者等の少年審判の傍聴（22条の4）

　家庭裁判所は、殺人事件等一定の重大事件（故意の犯罪行為により被害者を死傷させた罪（殺人、傷害致死、傷害等）、自動車運転過失致死傷等の罪（いずれも、被害者を傷害した場合については、傷害により被害者の生命に重大な危険を生じさせたときに限る）の被害者等から申出がある場合に、少年の年齢や心身の状態等の事情を考慮して、少年の健全な育成を妨げるおそれがなく相当と認めるときは、少年審判の傍聴を許すことができる。この場合、裁判所は、あらかじめ弁護士である付添人から意見を聴取しなければならないとする（22条の5）。

　②　被害者等に対する説明（22条の6）

　被害者等からの申し出がある場合、裁判所は審判の状況について説明することができる。

　③　閲覧・謄写の対象範囲の拡大（5条の2）

　被害者等には、原則として、記録の閲覧又は謄写を認めることとするとともに、閲覧又は謄写の対象となる記録の範囲を拡大し、非行事実に係る部分以外の一定の記録についてもその対象とした。前者については、従来民事訴訟の損害賠償請求の目的に限定していた記録の閲覧・謄写を、目的の内容を問わず、被害者には全面的に認めることとした。また後者の点でも同様に、改正前の少年法においては、閲覧・謄写の対象とされている記録は、保護事件の記録のうち、犯行の動機、態様及びその結果その他当該犯罪に密接に関連する重要な事実を含む非行事実に係る部分とされていたが、今回の改正では、これまで閲覧・謄写の対象とされていた記録に加え、少年の身上に関する供述調書や審判調書、少年の生活状況に関するその保護者の供述調書等についても、その対象が拡大された。但し、少年のプライバシーに関する社会記録等は除外されている。

④　意見聴取の対象者の拡大（9 条の 2）

　被害者等の申出による意見の聴取の対象者を拡大し、被害者の心身に重大な故障がある場合に、被害者に代わり、被害者の配偶者、直系の親族又は兄弟姉妹が意見を述べることができることとした。改正前の少年法では、「被害者又はその法定代理人若しくは被害者が死亡した場合におけるその配偶者、直系の親族若しくは兄弟姉妹」が意見の聴取の対象とされていたが、被害者の心身に重大な故障があり、被害者本人が意見を陳述することが困難な場合も考えられるうえ、刑事事件における被害者等の意見の陳述や少年法における被害者等による記録の閲覧・謄写の制度においては、「被害者の心身に重大な故障がある場合における配偶者、直系の親族又は兄弟姉妹」も対象とされていることから、その均衡上、それらの者も意見聴取の対象とすることとしたとされる。

　なお、改正案の審議段階で、衆議院による修正が行われ、①触法少年のうち 12 歳未満の少年に係る事件を傍聴の対象から除くこと、②傍聴の許否の判断基準として、「少年の健全な育成を妨げるおそれがない」ことを明示すること、③ 12 歳以上の触法少年に係る事件について傍聴の許否を判断するに当たっては、触法少年が、一般に、精神的に特に未成熟であることを十分考慮しなければならないものとすること、④裁判長は、傍聴する被害者等の座席の位置、職員の配置等を定めるに当たっては、少年の心身に及ぼす影響に配慮しなければならないものとすること、⑤家庭裁判所は、被害者等による傍聴を許すには、あらかじめ、弁護士である付添人の意見を聴かなければならないこととし、この場合において、少年に弁護士である付添人がないときは、少年及び保護者がこれを必要としない旨の意思を明示したときを除き、弁護士である付添人を付さなければならないこととすること、などの趣旨が新規定に反映された。

2　2008 年法改正の問題点

　いずれにせよ、2008 年法改正は、近年の被害者重視の基調で彩られ、刑事裁判に続き、少年審判にも被害者の意思が反映することとなった。少年事件における審判・記録の非公開制の原則は大きく修正され、ここにも少年審

判の刑事裁判化の流れがみられる。しばしば指摘されるように、被害者等に
少年審判の傍聴を認めると、少年が萎縮して自らの心情を述べにくくなった
り、プライバシーにかかわる事項を取り上げにくくなったりしないか、ある
いは、被害者等が少年の言葉で傷ついて二次的被害が発生するなど、過度の
負担を与えることになるのではないのではないか、などの問題点が示されて
いる。しかし、そのような事実的な問題にとどまらず、そもそも少年法の本
質とは何か、少年審判の性格は何かといった原点について議論すべきと思わ
れる。少年法に限らず、被害者の意向が余りに強く反映しすぎると、少年の
社会復帰には大きな障害となり、「健全育成」の理念が損なわれることが懸
念されるからである。

5　2014年改正の内容

　平成26年4月11日に「少年法の一部を改正する法律」が成立し、同年4
月18日に公布された。本改正の中心は、①家庭裁判所の裁量による国選付
添人制度および検察官関与制度の対象事件の範囲拡大（同年6月18日施行）、
②少年刑事事件の処分規定の見直し（同年5月8日施行）である。

1　国選付添人制度および検察官関与制度の対象事件の拡大
　従来、これらの対象は「故意の犯罪行為により被害者を死亡させた罪」若
しくは「死刑又は無期若しくは短期2年以上の懲役若しくは禁錮に当たる
罪」の事件であった。しかしながら、実際の事件では多数の者が関与し、そ
の供述が相互に異なるような傷害、詐欺、恐喝等の事案では弁護士の付添人
や検察官の関与が必要なこと、少年が暴力団に所属しているような事例では
少年の改善更生には法律専門家である弁護士の関与が必要なこと、少年が被
疑者である段階では国選弁護人が付されることができるが家裁送致後、観護
措置がとられた場合、弁護人選任の効力はなくなり、自動的に付添人として
活動できないこと、など種々の支障が生じているとされた。
　そこで、改正では対象事件は、「死刑又は無期若しくは長期3年を超える
懲役若しくは禁錮に当たる罪」に拡大され、これによって、従来の殺人、強

姦、強盗、放火、強制わいせつ、脅迫、監禁およびそれらの結果的加重犯などに加え、新たに窃盗、恐喝、詐欺、傷害、過失運転致死傷罪なども含まれることとなった。かなり広範囲に少年事件に検察官や付添人が関わることとなり、当事者主義がいっそう進められたといえよう。

2 少年刑事事件の処分規定の見直し

　基本的には、不定期刑（52条）の改正と無期刑の緩和（51条2項）である。前者に関しては、従来、少年事件において裁判時に「長期3年以上の有期の懲役又は禁錮をもって処断すべきとき」に実刑を言い渡す際には不定期刑を言い渡すと規定されていた。しかし、今回の改正で、「長期3年以上の有期の懲役又は禁錮をもって処断すべきとき」が「有期の懲役又は禁錮をもって処断すべきとき」に変わり、不定期刑の長期の上限が「10年」から「15年」、短期の上限が「5年」から「10年」へと引き上げられた。また不定期刑の幅について「長期の2分の1（長期が10年を下回るときは、長期から5年を減じた期間）を下回らない範囲内」という制限が設けられた。但し、不定期刑の短期については、「少年の改善更生の可能性その他の事情を考慮し特に必要があるとき」は、処断刑の短期を下回ることが可能となった。

　次に無期刑の緩和であるが、犯行時18歳未満の者に対して、処断刑が無期刑である場合に裁量的に有期刑に緩和でき、その場合10年以上15年以下の範囲で言い渡すとする規定がみられたが、本改正では、この上限を引き上げ20年とした。これに関連して、58条1項2号の仮釈放の要件につき、つまり無期刑が緩和された者を仮釈放する場合、従来「有期の刑については3年」とされた要件が「その刑期の3分の1」に変更された。

　これらの背景には、成人に比べて少年の刑は著しく軽いという指摘がみられたことであり、成人に対する刑罰との格差を縮小する趣旨があるものと思われ、最近の少年事件の一部凶悪化への対応であって、厳罰化であることには変わりがない。

○コラム12 **不 定 期 刑**

　不定期刑は、自由刑の執行方式の一つであり、刑期を不確定のままにして、刑の執行後における受刑者の改善・更生の具合で事後的に刑期満了を決定するやり方である。その方式には刑期を全く定めない絶対的不定期刑と長期・短期を定める相対的不定期刑があるが、前者は罪刑法定主義に違反するとして、ほとんどの国は採用しない。わが国の少年法も短期と長期を定めており（特定少年には適用されない）、短期経過後はいつでも釈放が可能である。諸外国の中には、成人に対しても自由刑を不定期刑で実施する国があり、その代表例はイギリスである。これも刑罰の執行を弾力的、柔軟に運用する趣旨と考えられる。

6　少年院法の改正と少年鑑別所法の制定

　2014年には同じく、旧少年院法が廃止され、新たに新少年院法と少年鑑別所法が制定された。旧少年院法は昭和23年以来、ほとんど改正されることもなく、社会情勢の変化との齟齬が生じており、また内容的に少年鑑別所についても規定し、このため、旧少年院法の改正が必要とされてきた。その結果、少年院法は全面的に改正され、また別に少年鑑別所法が成立した。

　まず新しい少年院法では、主要な内容として、少年院の種類が変更され（初等、中等を一種、特別を二種、医療を三種、受刑者を四種）、刑務所の刑事施設視察委員会に相当する少年院視察委員会が導入され、また権利義務関係が明確化された。他方、少年鑑別所法では、少年院の目的やその在院者の法的地位とは異なることから、第1条には目的を定めたほか、鑑別、観護処遇、地域における非行・犯罪防止への援助（法務少年支援センターの設置）などついての規定と並んで在所者の権利義務関係も明確化した。またあわせて少年鑑別所視察委員会も設置されている。

　これらの法は成立（平成26年6月）後、平成27年6月1日に施行された。

7 2021 年の少年法改正

1 改正の概要

2021 年 5 月 21 日通常国会において、「少年法等の一部を改正する法律」が成立し、少年法が改正された（2022 年 4 月 1 日施行）。今回は 2000 年改正にも匹敵する大きな改正である。その改正の中核は、18 歳、19 歳という「特定少年」（かつての区分では、しばしば「年長少年」と呼ばれる）の年齢層を設け、他の年齢層（18 歳未満）と区分して扱うことにある。この直接的な背景には、2007 年国民投票法改正、2015 年公職選挙法改正、2018 年民法改正による 18 歳以上（成年）の年齢区分の変更などの影響があげられる。もっとも、少年法上「少年」とは依然として「20 歳に満たない者」とする概念が維持され、その結果、民法では「成人（成年）」とされる 18 歳、19 歳は少年法上、依然「少年」に留まったが、多くの特例が設けられ、実質的には 18 歳未満と 20 歳以上との中間層としての扱いとなった。なお、少年法の条文上、従来「成人」とされていた文言は、全て「20 歳以上」に書き換えられた。

少年法改正の歴史的経緯をみると、これまでにも年齢引下げがたえず議論されてきた。かつて、1970 年代の少年法改正論議では、いわゆる少年と成人との「青年層」（18 歳以上 20 歳未満）の設置など、これらの者による犯罪行為に対して成人同様に幅広い起訴を可能とする提案もみられた時期があった。その後も、年長少年による、社会が耳目を集める凶悪事件が発生するたびに、保護主義の対象から外すべきとする厳罰化の意見が散見され、また、外国の主要国の大半で少年法適用年齢が 18 歳未満であることも、有力な根拠とされてきた。

今回の少年法改正の議論の中で、以下にみるように、18 歳、19 歳の年齢層を格別に取り扱うのか、18 歳以上は一律、成人として通常の刑事手続で扱うのかが焦点となった。しかし、弁護士や非行少年を扱う実務家などから、この年齢層も少年院などの処遇で更生しうる可能性が高いとの意見が強調され、年齢引下げの積極論と消極論の妥協の産物として、結果的には、特

別の扱いとする「特定少年」（18 歳以上 20 歳未満の者）の概念が生まれたのである。まさしく 2021 年改正は、「特定少年」の法的地位の問題といえよう。

　なお、今回の改正事項につき、施行 5 年後に見直しが行われることになっている（附則 8 条）。

2　変更された事項

　改正法では、「特定少年」について具体的には次の点で特例がみられる（詳細については、本書の関連する各講を参照のこと）。

(1)　検察官送致の特例（第 12 講参照）

　①逆送対象犯罪が拡大され、罰金以下の刑に当たる罪の事件も逆送が可能となった（62 条 1 項）。

　②原則逆送事件の範囲も拡大され、従来の「故意の犯罪行為により被害者を死亡させた罪の事件で犯行時 16 歳以上の少年に係るもの」に加え、「死刑又は無期若しくは短期 1 年以上の懲役・禁錮に当たる罪の事件で犯行時特定少年に係るもの」が新たに規定された。

(2)　保護処分に関する特例（第 13 講参照）

　①保護処分の根拠規定（64 条）が新設された。すなわち、保護観察については、6 月の保護処分観察、2 年の保護観察処分の 2 種が規定され、その言渡しでは、「犯情の軽重を考慮して相当な限度を超えない範囲内」で行うこととされている。この意味は、犯した罪の責任に照らして許容される限度を超える収容を制度的に抑制するものである。なお、2 年の保護観察処分については、遵守事項違反に対する少年院収容が可能であるとされ（66 条 1 項）、また家庭裁判所が 2 年の保護観察処分を言い渡す際に、予め 1 年以内の範囲で遵守事項違反に対する少年院収容の期間を定めるとされた（64 条 2 項）。なお、罰金以下の刑に当たる罪の事件は、6 月の保護観察の対象となる（64 条 1 項但書）。

　②特定少年には虞犯を理由とする保護処分は行わないこととなった（65 条 1 項）。

　③特定少年の少年院送致は、3 年以下の範囲内で「犯情の軽重を考慮し

て」収容期間を決定することとなった（64 条 3 項）。

　④観護措置による収容日数および未決勾留日数の全部または一部を少年院収容期間に参入できることとなった（64 条）。

(3)　刑事事件の特例の不適用（第 12 講参照）

　特定少年が保護処分による改善更生に見込みがない場合、保護処分が適当ではない場合に、「逆送決定された場合にまで健全育成を図る特例を認めるのは適当ではない」とされ、従来、少年法上で認められていた成人刑事手続に適用される規定を少年に適用しないとされた刑事事件の特例の大半が特定少年には不適用となった。基本的には逆送事件における少年法上の刑事事件の特例は原則として適用しないということである（表 2（7)-1 参照）。主要な事項では、被告事件における他の被告人・成人との分離、不定期刑、労役場留置（換刑処分）の禁止、懲役・禁錮の執行分離などの規定を適用しないことになり、実質的に成人手続と同様に扱われる。

表 2（7)-1 特定少年の扱いに関する新規定（67 条、68 条）の概要

事項	一般規定の概要	「特定少年」規定の概要
司法警察職員の家裁送致	41 条　司法警察員は、少年の被疑事件について捜査を遂げた結果、罰金以下の刑にあたる犯罪の嫌疑があるものと思料するときは、これを家庭裁判所に送致しなければならない（以下、省略）	67 条 1 項　特定少年の被疑事件には適用しない
勾留請求の要件	43 条 3 項　検察官は、少年の被疑事件においては、やむを得ない場合でなければ、裁判官に対して、勾留を請求することはできない	67 条 1 項　逆送決定された特定少年の被疑事件には適用しない
勾留状発付の要件	48 条 1 項　勾留状はやむを得ない場合でなければ発することができない	67 条 2 項　逆送決定がなされた特定少年の被疑者・被告人には適用しない
取り扱い及び収容の分離	49 条 1 項　少年の被疑者又は被告人は、他の被疑者又は被告人と分離して、なるべく、その接触を避けなければならない	67 条 2 項　逆送決定がなされた特定少年の被疑者・被告人には適用しない

	49 条 3 項　刑事施設、留置施設及び海上保安留置施設においては、少年を 20 歳以上の者と分離して収容しなければならない	
被告事件の手続分離	49 条 2 項　少年に対する被告事件は、他の被告事件と関連する場合にも、審理に妨げない限り、その手続を分離しなければならない	67 条 3 項　特定少年に対する被告事件については適用しない
不定期刑	52 条 1 項　長期 3 年以上の懲役・禁錮をもって処断すべきときは長期と短期を定めて言い渡す（以下、省略） 52 条 2 項（短期の修正）、3 項（執行猶予の際の前項不適用）（省略）	67 条 4 項　特定少年については適用しない
労役場留置の禁止	54 条　少年には労役場留置の言渡をしない	67 条 4 項　特定少年には適用しない
懲役・禁錮の執行分離	56 条 1 項　懲役・禁錮の言渡しを受けた少年は、刑事施設・留置施設内の分界を設けた場所で刑を執行する 56 条 2 項　本人が 26 歳に達するまでは、分界による執行を継続することができる	67 条 4 項　特定少年には適用しない
仮釈放	58 条　無期刑には 7 年、有期刑には 3 年、不定期刑には短期の 3 分の 1 で仮釈放をすることができる 59 条　省略（仮釈放期間の終了）	67 条 5 項　特定少年のときに刑の言渡しを受けた者には適用しない
資格制限	60 条　少年時の犯罪で刑の執行（執行猶予を含む）、執行の免除による資格制限法の適用を受けない	67 条 6 項　特定少年のときに刑に処せられた者には適用しない
記事等掲載禁止の特例	61 条　家裁審判に付された少年・犯行時少年で公訴提起された者につき、本人と推知できる記事・写真を新聞紙等に掲載してはならない	68 条　特定少年のときに犯した罪により公訴提起された場合には適用しない。但し、刑訴法 461 条の請求を除く

3 変更されなかった事項

「特定少年」も少年法の対象にとどまったことから、次の事項は、ほぼ従来と同様で変更なく据え置かれ、特定少年にも適用される。

①少年の定義（2 条 1 項）

②全件送致主義（42 条）

③家庭裁判所調査官の調査（8 条）

④観護措置（17 条 1 項 1 号）

⑤少年鑑別所の鑑別（17 条 1 項 2 号）

⑥試験観察（25 条 1 項）

⑦検察官関与（22 条の 2）

⑧国選付添人（22 条の 3）

⑨抗告・再抗告等（32 条以下）

⑩逆送後の起訴強制（45 条 5 号）

⑪刑事事件における審理の方針（50 条）

⑫少年鑑別所の収容日数の本刑算入（53 条）

⑬裁判所による家庭裁判所への移送（55 条）

4　「年齢引下げ」をめぐる議論

2017 年法務大臣により、①少年法における「少年」の年齢を 18 歳未満にすること、②非行少年を含む犯罪者に対する処遇を一層充実させるための刑事実体法、手続法の整備の在り方等につき法制審議会に諮問されたのを受け、2019 年法制審議会は計 58 回の開催の議論を経て、上述のように、これらに関する答申（「諮問 103 号に対する答申」）を行っている。

その議論の過程において、年齢引下げを是とする積極論と否とする消極論の根拠の概要は以下のとおりである。

(1) 積 極 論

少年が一般的に判断能力において不十分であることは認めつつ、民法改正などによって 18 歳以上という年齢区分が新しく設けられ、画一的な運用として法令を横断する年齢の統一性が求められており、また国民にもわかりやすい点から、少年の年齢引下げを支持する。とくに民法改正では、18 歳以

上の者が親権対象から外れ、行為能力が認められるなど成人としての社会的な自覚が促されている点に鑑み、少年法のパターナリズム、保護主義を過剰な介入であり、重大な犯罪を行った場合にまで刑罰の減軽が行われるのは不当であるとする。他方、犯罪被害者を含む一般国民からの視点として年齢引下げが犯罪抑止につながること、保護処分として寛容に扱うことは国民の理解が得られないことなどが指摘されている。このほか、脳の発達度が低下傾向にあるとされる18歳、19歳でも脳の発達だけで犯罪責任を決定することは相当ではないこと、諸外国における成人年齢、少年法適用年齢についても積極論の根拠として利用されている。そして、年齢引下げで生じる刑事政策的懸念については代替措置で賄うことが可能とする。

(2) 消極論

法律の一体性よりも個別の法律の立法趣旨（法の個別性）によって検討すべきであるとの意見のほか、家庭裁判所や少年院などの実務家や研究者からは18歳、19歳の少年といえども、少年審判手や保護主義がその立ち直りや再犯防止に有効に機能しているという事実を重視し、これに基づき少年の資質、生育歴、環境上の問題点などを考慮した教育的な措置が引き続き必要であるとされた。逆に、成人同様の手続を適用すれば、起訴猶予、罰金、執行猶予などにおいて実質的に少年の資質、生育歴、環境上の問題点などを正確に把握した教育的措置の機会が奪われること、実刑による刑務所内の処遇では少年院のような個別問題への働きかけは困難であること、などが指摘された。また、積極論とは反対に、近年の知見や少年処遇機関の意見によれば、この年齢層の社会的、身体的な成熟度は低下しており、この時期における脳の発達は発達途上で可塑性が高いという点が強調された。

(3) 折衷論

このような議論は、結果的には、①18歳、19歳は少年法の対象から削除する、②従来どおり少年の対象として残す、③少年と成人の中間層とし、①・②の立場をとらず、重大事件などにおける犯罪の軽重などにも考慮して新しい制度改革を行う、という3つの選択肢が準備されたが、上述のように、法制審議会でも法案でも、最終的には③の折衷的な立場が採用された。

このように、18歳、19歳の者（特定少年）は引き続き少年法の適用対象

である点では他の少年年齢層との違いはなく、第1条の「健全な育成」を期することも共通であるし、「性格の矯正又は環境の調整に関する」保護処分を受けることも同様であるが、そのため逆に混乱がないわけではない。論者の中でも、法制審議会では十分な議論が行わなかったとの批判も見られる。このような混乱を避けるために、「健全育成」概念や保護処分の正当化根拠に関して、一つに、18歳、19歳の者と18歳未満の者への国家介入として保護原理（パターナリズム）と責任原理（行為に対する責任非難）の使い分けが提案されたり、また、その関係で「健全育成」の概念も同様に18歳、19歳への保護原理の適否が議論されたりしており、今後、これらの原理の少年法適用への理論的検討が行われ、改正内容との整合性が求められることであろう。

8　今後の課題

　少年法改正は2000年大改正以降、今回の2021年改正を含め5回を数える。種々の社会変化への対応ともいえるが、これまでの数度の改正の内容をみると、触法少年への介入の強化、被害者権利の重視、さらには少年審判における当事者主義化、年齢層別の扱いの変化（14・15歳への刑罰適用、18歳・19歳の成人手続への接近）など、傾向的には厳罰化の動きとみることができよう。

　近年、これらの改正のうち、とくに2014年改正では裁判員制度の影響もみられ、一般市民の非行少年観が反映しているようにも思われる。すなわち、凶悪事件を起こした少年への保護主義の違和感である。このような傾向は少年事件を結果からみる視点だと思われるが、少年事件は結果だけでなく、過程（少年の育成環境、犯行時の心理）からみる視点も重要であり、そのために少年法は社会調査を重視しているのである。言い換えると、少年の生まれ育った家庭環境、養育環境の違いでその後の人生が決定されるという不合理を少しでも修正する努力は必要だと思われる。

　また、2021年の改正は、公職選挙法や民法等の改正に伴う18歳、19歳少年に対する社会的責任の自覚への応答であり、これらによって、成人と少年

の扱いの相違の幅が確実に縮小し、少年法適用の範囲が狭められる結果となった。しかしながら、現代社会の変化はむしろ若年層が直かにインターネットを通じて大人社会と接触する機会を増やしており、しかも保護者の監視範囲を超える状況が出現しており、その意味で、少年が十分に社会的倫理を習得する時間は失いつつ、他方で犯罪に直面する機会が増加していると言わざるを得ない。したがって、それぞれの法律の特性に応じて対象年齢を検討することが重要であり、必ずしも他の法令と同調する必要はないように思われる（実際、未成年者喫煙禁止法や未成年者飲酒禁止法は20歳未満の喫煙・飲酒の禁止を据え置いている）。

　そのような社会情勢の中で、今回の法改正では、上述したように、精神的、肉体的さらには社会的には未熟な若年者の行為に対する国家の介入の在り方に対する検討が不足しているという指摘が少なくない。その結果、各種の疑問を残したままの法改正となった。たとえば、18歳、19歳が少年法の枠組みに留まり、社会的未熟と可塑性を特徴とする少年の「健全育成」が期待されるという法体系の中で、18歳・19歳の少年と他の少年層をどのような観点から区別するべきかという論点が生じる。一例として、少年法における保護処分として、18歳未満の者と18歳、19歳の者の間で、少年法の正当化根拠としての保護原理と侵害原理をどのように機能させるのか。さらには、少年法第1条の「健全育成」は両年齢層で同一に論じてよいのか。

　要するに、公職選挙法、民法の改正との年齢整合性によって「18歳以上の者は自律的判断能力を有する責任ある主体」を既定路線として進められた結果、18歳未満の者とも20歳以上とも異なるとする18歳、19歳の中間層が「人間として」どのように異なるのかに答えることなく、「特定少年」を創設したことに混乱や分かりにくさの原因があり、今回の改正作業が多くの課題を残したことは間違いないであろう。

参考文献（上記に示したものを除く）
・「特集　少年法の見直し —— 法制審議会の答申を受けて —— 」刑事法ジャーナル67号 32頁以下（2021）
・「特集　2021年少年法改正」論究ジュリスト37号92頁以下（2021）
・「特集　少年法・少年院法の改正」刑事法ジャーナル41号（2014）

・親家和仁「『少年法の一部を改正する法律』について」警察学論集 61 巻 9 号（2008）123 頁以下。

・「特集　少年法改正」ジュリスト 1341 号（2007）

・「特集　平成 19 年改正少年法」法律のひろば 60 巻 10 号（2007）

・「特集　改正少年法の運用の現状」現代刑事法 45 号（2003）

・全司法労働組合編『「改正」少年法の施行運用状況調査結果』（2003）

・甲斐行夫他著『Q&A　改正少年法』（有斐閣、2001）

・「特集　改正少年法の今後の課題」現代刑事法 24 号（2001）

・「特集　少年法改正の諸問題」犯罪と刑罰 14 号（2000）

・団藤重光他著『「改正」少年法を批判する』（日本評論社、2000）

（もりやま・ただし）

第 5 講◆少年事件と犯罪被害者

キーワード

被害者支援／記録の閲覧・謄写／意見聴取／
審判結果の通知／被害者の視点を取り入れた処遇

1 少年法における犯罪被害者の地位

1 少年法と犯罪被害者

　少年法は、犯罪被害者（遺族も含む）の存在を長い間無視してきた。それには、少年自身が社会や親の被害者だと理解されていたことと無関係ではない。非行少年を被害者として見る視点は、少年院入院者の調査で、「家族から身体的暴力、性的暴力及び不適切な保護態度のいずれか一つでも受けた経験のある者」は、調査対象者の7割にも上っていることからすれば、依然として正当な見方であることには間違いはない（法務総合研究所紀要11号、10頁（2001））。しかし、それはあくまで非行少年を中心に考えた場合であって、犯罪被害者にとっては、行為者の属性や、動機や背景がどのようなものであったとしても、発生した被害は、それによって変化するものではない。

　少年法は、非行をきっかけとして非行少年に強制的な介入を開始する。このことは、きっかけとなった「非行」に、多くの場合犯罪被害者が存在することを同時に示している。少年法が予定している制度では、被害者の犠牲によって、国家ははじめて少年が健全に育成されていないことを知る。そして、国家の責任として、少年に更生の機会を与える。犠牲になった被害者は、「応報感情を心の奥底に捻じ込み、裁判所の判決を受け入れ」、「個の感情を犠牲にすることで、社会や国家に貢献」し、「その意に反して、社会の犠牲になる」（本村洋「解説」土師守『淳』273頁（新潮文庫、2002））。少年法においては、このように犯罪被害者は、何度も社会の犠牲になることを強い

られるのである。

　このため、少年非行の被害者にとっては、少年法の存在自体が二次被害を与える大きな原因となっている。特に死亡といった重大な被害の場合にその傾向が強い。

　被害者にとって、まず大切なのは、死亡やけがという事実である。その衝撃的な事実を受け止めるために、誰が加害者なのか、一体何が起きたのか。なぜ大切な人が死ななければならなかったのか。それを知りたいと思う。さらには、司法過程における少年への対応についても知りたいと思っている。加害少年は家庭裁判所に送致されたようだが、なぜ私たちは審判に参加できないのだろう。少年院を出てきたら当然謝りにくると思っていたら、仮退院の日一度来ただけでそのあとは来ない。少年を再教育するために少年院に送ったと裁判官はいっているが、国家は一体何をしているのだろう。

　このように被害者には、少年司法手続に関して「なぜ」という疑問が数多く生まれる。しかし、少年法は、少年の健全育成を理由として、被害者の疑問や被害者の応報感情に適切に答えてこなかった。

　犯罪被害者が注目され、法的地位の再確認や権利保障が進む中、少年法においても、様々な形で被害者の法的地位を確立しようとする動きが見られる。しかし、少年法のそもそもの性質から、少年法における被害者の法的地位の確立や権利保障には本質的に対立する点が存在する。

2　行為者主義と被害者

　少年法は、国家が「戦争により児童少年に不幸をもたらしたことへの反省」を行うという雰囲気のなかで立案され、それが1条の「少年の健全育成」という文言に現れているとされる（森田宗一『砕けたる心―青少年明暗50年』130頁（信山社、1991））。そこでは、国家による戦争の犠牲者、被害者としての子どもと、保護・教育する責任のある国家とが問題となっており、犯罪被害者の存在は無視されている。

　さらに、少年法においては、少年を保護・教育する必要上、非行事実のみならず、要保護性についても審判の対象とし、その調査のために家庭裁判所調査官をおいている。家庭裁判所調査官は、少年が非行に至る過程や当該少

年が抱える問題点を明らかにしていく。その場合、注目されるのはあくまで少年本人のおかれた状況であり、少年自身の抱える問題性である。また、審判では非行事実についても審理されるが、そこでより重要なのは、少年にとって当該非行事実がどのような意味を持つのかである。そのため、被害者にとって重要な非行事実自体が問題とされる余地は相対的に小さくなる。

3　保護処分優先主義と被害者

少年法は、保護処分優先主義を採用している。保護処分は刑罰とは異なり、行った行為の重さのみに比例して処分が行われるわけではない。応報的で回顧的な刑罰に対して、予防的で展望的な保護処分は、少年の特別予防を中心とした制裁としての意味をもつ。少年が将来再非行や犯罪を行わないことが、安全な社会の実現に役立つことはいうまでもない。しかし、応報的対応が行われないことで、犯罪被害者は自分の犯罪被害が正当に評価されないばかりか、犯罪被害が少年の更生に利用されるとの感覚を持ってしまう。

4　審判・情報の非公開

少年法は、非行を契機として介入することで非行少年を再非行・犯罪から遠ざけることを目的としている。そして、その責任を家庭裁判所に代表される国家機関が負っている。家庭裁判所には、少年に関する情報をできるだけ収集し、少年の要保護性を判断する責任がある。そのため、少年の生育歴や生育環境、親の生育歴などについての情報を収集することが不可欠になる。

これらの情報は、通常は人に明かされることない極めてプライベートな情報であるが、それを非行少年の再非行・犯罪防止のために強制的に収集する。強制的に収集する際、その情報の正確性をできるだけ担保するために、情報を公開しないという制度を構築している。この情報の正確性・豊富さの確保のために、裁判を公開することによる公平性を犠牲にしているのである。

このような考え方を前提としている少年法が、被害者への支援をどの程度まで行うことができるのかが問題となる。以下では、現在実施されている少年事件被害者への法的支援を刑事事件の場合と対比させながら見ていくこと

にしたい。

　なお、2004 年に犯罪被害者等基本法が制定され、2005 年に同基本計画（以下基本計画）が策定され、現在は第 3 次基本計画が進行中で、犯罪被害者に対する支援は確実に進んでいる。

2 警察による被害者支援

1 経済的支援

　日本における犯罪被害者保護制度の歴史は、比較的浅く、1980（昭和 55）年の「犯罪被害者等給付金支給法」の成立がその始まりとされる。

　犯罪被害者等給付金制度は、「通り魔殺人等の故意の犯罪行為により不慮の死を遂げた被害者遺族又は身体に重大な障害を負った被害者に対して、社会の連帯共助の精神に基づき、国が遺族給付金又は障害給付金を支給し、その精神的、経済的打撃の緩和を図る制度」である（警察庁犯罪被害者対策室監修『警察の犯罪被害者対策』46 頁（立花書房、新版、2000））。なお、同法は、2001（平成 13）年に、「犯罪被害者等給付金の支給等に関する法律」となり、犯罪行為により重傷病（加療 1 月以上その他の要件を満たす重大な負傷又は疾病）を負った場合に支給される重傷病給付金に関する規定が創設されるなど、給付金の支給の範囲の拡大、額の増加と共に、犯罪被害者等早期支援団体の指定など被害者支援の枠が広げられた。

　さらに、2004 年の犯罪被害者等基本法、2005 年の同基本計画の策定を受けて、重傷病給付金に関する支給要件の緩和、支給対象期間の延長等の政令改正及び親族間犯罪に係る支給制限の緩和に関する規則改正が行われ、これらの改正は 2006 年 4 月から実施されている。

　2008 年には、同法は「犯罪被害者等給付金の支給等による犯罪被害者等の支援に関する法律」と題名が改められ、療養のために就業できなかった場合の給付金の加算や申請期間の徒過の特例を認める等、一層の被害者支援が行われることとなった（同年 7 月 1 日施行）。

○コラム13　犯罪被害者等基本法と同基本計画

　2004年12月に、議員立法で犯罪被害者等基本法が成立した（2005年 4 月 1 日施行）。同法は、その前文で、国が中心となって、「犯罪被害者等の視点に立った施策を講じ、その権利利益の保護が図られる社会の実現に向けた新たな一歩を踏み出さなければならない」とし、犯罪被害者等は、「その尊厳にふさわしい処遇を保障される権利を有する」（第 3 条 1 項）ことが明記されている。

　2005年12月には、犯罪被害者等基本計画が策定・閣議決定された。基本計画では、4 つの基本方針、5 つの重点課題の下に、258に上る具体的施策が位置付けられている。これらの施策は、少なくとも 3 年以内に検討を終え、実施されることが求められており、2007年の刑事裁判への被害者参加に関する刑事訴訟法改正もこの施策のひとつである。

2　警察による基本的被害者支援

　犯罪被害者等給付金制度によって犯罪被害者の経済的援助は、不十分ながら実現したが、犯罪被害者の存在は社会的にはまだ認知されてはいなかった。1991（平成 3）年の「犯罪被害給付制度発足 10 周年記念シンポジウム」において、交通事件の被害者遺族が日本における被害者支援の不十分さを指摘したことで、ようやく被害者の制度的支援の必要性が認識されるようになった。

　もっとも早く被害者支援に乗り出した機関は、警察であった。犯罪被害者実態調査研究会での調査（宮澤浩一・田口守一・高橋則夫編著『犯罪被害者の研究』（成文堂、1996））や、警察の被害者対策に関する研究会での議論を経て、1996（平成 8）年 2 月に「被害者対策要綱」を策定し、同年 5 月には警察庁に犯罪被害者対策室を設置した。

　犯罪被害者要綱では、「警察が『個人の権利と自由を保護する』ことを目的に設置された機関」であり、被害者対策は、警察本来の業務であり、警察は被害者を保護すべき立場にある」とし、「捜査活動への被害者の協力」を確保するためには、「捜査過程における被害者の第二次的被害」を軽減し、被疑者のみならず、被害者の人権に配慮することを基本としている。

　1999（平成11）年には犯罪捜査規範を改正し、「捜査を行うに当たっては、被害者又はその親族（略）の心情を理解し、その人格を尊重しなければならない」などの被害者等に対する配慮（10条の2）、「捜査を行うに当たっては、被害者等に対し、刑事手続の概要を説明するとともに、当該事件の捜査の経過その他被害者等の救済又は不安の解消に資すると認められる事項を通知しなければならない」とする被害者等に対する通知（10条の3）、被害者等の保護等（11条1項）などの規定を追加した。

　警察は、要綱に基づき、被害者に対して罪種別の「被害者の手引き」を配布し、今後の事件処理についての情報の提供を行うだけではなく、一定の事件については、被害者連絡制度を設けて、事件に関する情報を被害者に提供をしている。また、相談・カウンセリング窓口を設置したり、民間の被害者支援団体を紹介するなど、精神的支援も行っている。さらには、被害者のプライバシーに配慮した事情聴取室の整備など、特に性犯罪捜査における被害者への配慮の充実、捜査員とは別の危機介入を行う「指定被害対策委員制度」の実施、「お礼参り」を防ぐための身辺警護や住居周辺のパトロール、関係機関との被害者支援ネットワークの構築など、犯罪被害者の多様なニーズに応える活動を行っている（椎橋隆幸・高橋則夫・川出敏裕『わかりやすい犯罪被害者保護制度』10頁（有斐閣、2001））。

　さらに、2001（平成13）年10月からは、被害者等の保護（再被害防止）を図るための出所情報通知制度が導入され、行刑施設及び地方更生保護委員会等から警察に対し、受刑者の釈放予定の通知が行われることになった。それに伴い警察庁は「再被害防止要綱」（2002年）を制定し、再被害対象者を指定した上で、防犯指導や必要に応じた警戒措置を講じている。なお、開示を求められた場合や必要な場合には、関連情報を被害者に開示することも可能となった。

　なお、暴力的性犯罪に関しては、2005年6月1日から、13歳未満の子どもが被害者の場合、懲役・禁錮の刑の執行を受けた者で、「再犯防止に向けた措置」（所在確認等）の必要があると警察が認めた場合には、「再犯防止措置対象者」として、警察庁に登録されることになった。

3 警察による支援と少年事件被害者

　少年事件被害者に対しても、要件が満たされれば犯罪被害者等給付金が支給される。また、殺人、傷害、強制性交等などの身体犯の被害者・遺族、ひき逃げ事件の被害者・遺族又は交通死亡事故の遺族に対しては、被害者連絡制度を利用して、被害者連絡担当係が、捜査状況、被疑者検挙情報、被疑者の氏名、年齢等、被疑者の処分状況について情報が提供される。

　被疑者の氏名、年齢等について、被疑者が少年であっても原則として成人と同様に被害者に通知されるが、「被疑少年の健全育成の観点から、その保護者の氏名等の連絡にとどめる場合」があるとされる（前掲『警察の犯罪被害者対策』42頁）。なお、相談・カウンセリングについては対象に限定がない。

　出所情報に関しては、少年刑務所から出所するのが少年であったとしても、被害者が再被害対象者となった場合には、成人と同様の対応が行われる。

4 被害少年への支援

　被害者対策要綱では、被害者の中でも特に少年に対して特別な配慮を行う必要性を明記している。「被害少年の保護に関することを少年警察部門の事務」として位置づけ、「犯罪の被害が少年に与える影響の緩和等を図るため、少年相談専門職員、婦人補導員等による継続的なカウンセリングの実施等によるフォローアップを行う」こととしている。

　これを受けて、2002（平成14）年に制定された少年警察活動規則（少年警察活動要綱を改訂したもの）においては、第4章で「少年の保護のための活動」として、被害少年についての活動（36条）、福祉犯の被害少年についての活動（37条）、要保護少年についての活動（38条）、児童虐待を受けている児童等についての活動（39条）を警察が行うことを明記している。

3　検察による被害者支援

1　検察による基本的被害者支援

　検察による一般的被害者支援は、まず、被害者等通知制度から始まった。被害者等通知制度は、一部の地検では 1991（平成 3）年から行われていたが、1999（平成 11）年に法務省は被害者等通知制度実施要領（2 月 9 日付刑事局長依命通達）を定め、希望や照会があった被害者に対して、事件の処理結果、公判期日、刑事裁判の結果等が通知されることになった（同年 4 月 1 日から実施）。2001（平成 13）年からは、出所情報（同年 3 月 1 日より実施。同年 1 月 22 日付刑事局長・矯正局長・保護局長通達）や、再被害防止のための出所情報（同年 10 月より実施）の通知も行われている（同年 8 月 1 日付刑事局長・矯正局長・保護局長通達）。

　被害者等通知制度では、事件の処分結果（公判請求、略式請求、不起訴、家庭裁判所送致等）、裁判を行う裁判所及び裁判が行われる日、裁判結果（裁判の主文と上訴・確定の有無）、犯人の身柄の状況、起訴事実、不起訴の理由の概要など上記に準ずる事項、犯人の刑務所からの出所情報（懲役、禁錮などの自由刑の執行終了予定時期（満期出所予定時期）、実際に釈放された段階では釈放事実及び釈放年月日）が通知される。

　不起訴事案については、捜査・公判に支障が生じない、もしくは関係者のプライバシーを侵害しない範囲で、民事裁判に必要な場合等に、不起訴情報が開示される（2002（平成 14）年 2 月 4 日刑事局長通知）。

　また、1999 年 10 月から、犯罪被害者保護のための施策の一環として、各検察庁では、被害者に対して、元検察庁職員を中心とした「被害者支援員」を置き、被害者支援員は、被害相談、法廷への案内・付添い、事件記録の閲覧、証拠品の返還などの各種手続の手助け、精神面、生活面、経済面等の支援を行っている関係機関や団体等を紹介するなどの支援活動を行っている。さらに、2000 年 4 月からは、被害者ホットラインを設置し、電話での被害相談を受け付けている。

2 検察による支援と少年事件被害者

　警察の被害者支援と異なり、検察の被害者支援は検察が特権的に有する情報の被害者への開示が中心となる。対象となる事件については、限定を設けていないため、犯罪少年の事件はすべてその対象となる。ただし、この場合でも、被害者が暴力団関係者であり報復が予定されているような場合には、例外的な場合通知を行わないこともあるとされる（田野尻猛「検察における犯罪被害者保護への取組み」法律のひろば 54 巻 6 号 19、20 頁（2001））。

　触法事件・虞犯事件は検察に事件が送られないため、検察による情報の開示の対象とならない。犯罪少年の事件については、家庭裁判所への送致結果が通知されるほか、検察官送致決定の場合は、起訴という処分の結果や、裁判期日等が通知される。

4　裁判所における被害者支援

1　刑事裁判所における被害者支援

　刑事裁判所においては、被告人・弁護人及び検察官が訴訟当事者である一方で、事件当事者である被害者には当事者としての法的な地位が与えられてこなかった。そのため、被害者は証人としての地位に甘んじてきた。もちろん、証人としては一定のプライバシーや二次被害に対する配慮はこれまでも行われてきた。裁判の公開停止（憲法 82 条 2 項）、証人尋問の際の退席・退廷（刑訴 281 条の 2・304 条の 2、刑訴規 202 条）、公判期日外での証人尋問（刑訴 158 条・281 条）等がそれに当たる。しかし、それらの規定はあくまで証人に対する配慮であり、被害者のニーズではなく、刑事裁判のニーズに応えたものであり、被害者は「証人として訴追者と被告人の双方から、それぞれの思惑によって利用され」てきたのであった（渥美東洋「被害者の刑事法運用全システムに関する理論の発展に与えた影響の大きさ」宮澤浩一先生古稀祝賀論文集第 1 巻 10 頁（成文堂、2000））。

　このような状況を変えたのが、2000（平成 12）年に成立した犯罪被害者保護関連二法である刑事訴訟法及び検察審査会の一部を改正する法律（以下、刑訴法等改正法）及び犯罪被害者等の保護を図るための刑事手続きに付随す

る措置に関する法律（以下、犯罪被害者保護法）である。

　刑訴法等改正法では、1）性犯罪の告訴期間の撤廃（刑訴235条1項但書）、2）証人尋問の際の証人の負担を軽減するための諸措置の導入、3）被害者等による心情その他の意見の陳述（刑訴292条の2）、4）検察審査会の審査申立書の遺族への拡大及び資料の提出が、犯罪被害者保護法では、1）公判手続の優先傍聴（2条）、2）公判記録の閲覧・謄写（犯罪被害保護3条）、3）民事上の争いについての刑事訴訟手続和解（4条〜7条）が新たに設けられた。

　証人尋問の際の証人の負担を軽減するための措置には、証人尋問の際の証人への付添い（刑訴157条の2）、証人尋問の際の遮へい（刑訴157条の3）、ビデオリンク方式による証人尋問（刑訴157条の4第1項）、ビデオリンク方式による証人尋問の録画（刑訴157条の4第2項）とその証拠能力（刑訴321条の2）がある。

　ビデオリンク方式による証人尋問とは、「証人を法廷外の別室に在席させ、その別室法廷を回線で接続し、テレビモニターを介して証人尋問を行う方式」で、性犯罪・児童に対する罪の被害者（刑訴157条の4第1項1号、2号）と、裁判所が法廷で供述するときに「圧迫を受け精神の平穏を著しく害されるおそれがあると認められる者」（同3号）に認められる（松尾浩也編著『逐条解説犯罪被害者保護二法』16頁（有斐閣、2001））。

　これらの措置は、被害者が証人になる場合に関する配慮であるため、被害者に限定されない。また、これらの措置は法定の要件を満たせば、併用可能である（松尾・前掲書18頁）。

　被害者等（被害者又はその法定代理人）による心情その他の意見の陳述は、被害者等の権利であり、裁判所は申し出があるときには、原則として公判期日にその意見を陳述させることが必要となる。ただし、裁判所が書面での意見陳述を求めたり（たとえば、被害者が多数の場合）、意見陳述をさせないこと（たとえば、既に行われた被害者証人尋問で同様の目的が達せられた場合）も可能である（松尾・前掲書25、26頁）。

　なお、2007年の刑事訴訟法の改正で、刑事裁判への被害者参加制度が新たに導入された（2008年12月1日施行）。この制度では、犯罪被害者が「被害者参加人」として、法廷に在廷し、一定の事項について証人や被告人に質

問ができるだけではなく、検察官とは別に量刑についての意見を述べることができるようになる。

　この制度では、一定の事件の被害者のみが「被害者参加人」として参加可能だが、その場合、「被害者参加人」は、「検察官の権限の行使に関し、意見を述べることができる」だけではなく、検察官は、「当該権限を行使し又は行使しないこととしたときは、必要に応じ、当該意見を述べた者に対し、その理由を説明しなければならない」（刑事訴訟法 316 条の 35）。

2　刑事裁判所における被害者支援と少年事件被害者
(1)　告訴期間の撤廃

　刑事手続においては、親告罪の告訴は訴訟条件であるが、少年保護事件において、親告罪における告訴が審判条件かどうかについては争いがある。裁判例には、強姦罪の事例において、少年の健全育成が少年法の目的であることから、「告訴がなく又は告訴が取り消された場合」であっても検察官は事件を送致し、家庭裁判所は調査・審判を行うべきだとしたものがある（東京高決昭 29・6・30 高刑集 7 巻 7 号 1087 頁）。被害者の保護の観点からは、告訴を審判条件ではないとすることで、行為者が成人である場合と少年である場合に不均衡を生じる可能性が生じる。さらには、告訴なく審判が行われた場合、証人尋問などの負担を被害者に負わすことが可能か、告訴がない場合、どこまで捜査が可能か（強制捜査の制限が認められるか）等が問題となる。

　検察官送致決定後において、告訴が取り消されれば起訴できない。また、起訴後、告訴がなかったことが明らかになった場合は、刑訴法 338 条 4 号により公訴が棄却される。だたし、家庭裁判所に再送致（少 55 条）された場合には、家庭裁判所は審判を行うことができる（田宮裕・廣瀬健二『注釈少年法』349 頁（有斐閣、第 3 版、2009））。

(2)　証人尋問の際の証人の負担を軽減するための諸措置の導入

　今回の証人に対する諸措置（証人への付添い、証人への遮へい及びビデオリンク方式の規定）は、少年法 14 条 1 項によって、少年審判においても適用される。

　検察官送致事件について、これらの規定の適用があることはいうまでもな

い。

(3)　その他被害者に対する支援

　被害者の意見陳述及び記録の閲覧・謄写については、少年審判において
は、刑事裁判と異なる配慮が必要となるため、2000（平成 12）年の少年法改
正で新たな規定が創設された（後述）。少年審判では、一般の傍聴が認めら
れないため、優先傍聴の規定の適用はないが、検察官送致事件では、当然適
用される。なお、現在犯罪被害者の少年審判への在廷についての国会審議が
行われている。

　また、検察審査会法の改正に関しては、少年事件は刑事処分相当の逆送事
件の場合には起訴強制が働くため（少 45 条 5 号）、年齢超過逆送事件を除い
ては問題とならない。刑事訴訟手続における和解については、検察官送致事
件の場合には適用がある。

5　少年審判における被害者の支援

1　改正少年法と被害者支援

　公開が原則の刑事裁判とは異なり、加害少年への教育的配慮によって、非
公開である少年審判では、被害者の支援を刑事裁判とパラレルに考えること
は難しい。けれども、同じ被害を受けても、加害者がたまたま少年であった
ことによって、司法における被害者への支援の必要性に差があるわけでな
い。

　1997（平成 9）年の神戸連続児童殺傷事件やその被害者遺族の手記、時を
同じくして結成された少年事件に特化した被害者の自助グループなどによ
り、少年事件における被害者にも注目が集まり、少年審判においても、何ら
かの被害者支援が必要であることが認識された。おりしも少年司法に関して
は、非行事実の認定の適正化をめぐって、改正論議がまさに展開されてい
た。

　1998（平成 10）年 7 月になされた法務大臣から法制審議会への諮問内容に
は、被害者への配慮は盛り込まれていなかったが、法制審議会での議論を経
て、1999 年 1 月に法務大臣に答申された「少年審判における事実認定手続

の一層の適正化を図るための少年法の整備等に関する要綱骨子」（以下「要綱骨子」）において、少年審判結果等を被害者に通知することが盛り込また。さらに、「要綱骨子」を受けて、1999（平成 11）年 3 月に国会に上程された「少年法の一部を改正する法律案」（内閣提案立法、以下「旧法案」）には、被害者に対して、①少年及びその法定代理人の氏名及び住居、②決定の年月日、主文及び理由の要旨、通知する規定が盛り込まれた（旧法案 31 条の 2）。

　衆議院の解散により旧法案は廃案となったが、2000（平成 12）年 9 月に「少年法の一部を改正する法律案」（議員立法、以下「新法案」）が上程された。新法案には、2000（平成 12）年 5 月に成立した犯罪被害者保護関連二法を受けて、記録の閲覧・謄写、被害者による意見陳述という被害者への配慮に関する規定が新たに導入され、新法案はそのまま可決・成立し、2001 年 4 月 1 日から施行された改正少年法となった。

　司法制度における被害者の法的地位を改善するためには、1）被害者への情報の提供、2）被害者の保護、3）被害者の参加・関与、4）被害者の回復が必要だとされている（瀬川晃「刑事司法における被害者への配慮」前掲・宮澤古稀 1 巻、99 頁）。2000 年の改正は、被害者への情報の提供と被害者の手続への関与を一部実現したものである。

　もっとも、審判の在席の許可（少審規 29 条）のように、被害者が審判に在席することがまったく不可能というわけではなく、また、家庭裁判所は従来から被害者調査という制度を有していた。1960 年代には、業務上過失致死事件において照会書を出すなど、積極的に被害者調査が行われたが、「被害者の調査を行うと被害者が自らの応報感情を処分に強く求めてくる場合があり、被害者感情が強ければ強いほど処遇意見の形成に影響を受け、いきおい厳罰化や社会防衛の観点が強まり、少年の更生という理念からは好ましくない方向に傾くのではないかという危惧」などから、次第に消極的になっていった（「〈座談会〉少年事件における被害者調査について」家裁月報 52 巻 12 号、2 頁（2000））。

2 改正少年法における被害者への配慮

2001（平成13）年4月に施行された改正少年法では、被害者への配慮として、被害者の記録の閲覧・謄写（少5条の2）、被害者の申出による意見の聴取（少9条の2）、被害者等に対する通知（少31条の2）の3つが新たに盛り込まれた。

(1)　記録の閲覧・謄写（少5条の2）

記録の閲覧・謄写は、損害賠償の必要がある場合、もしくはその他正当な理由がある場合で、しかも、「少年の健全な育成に対する影響、事件の性質、調査又は審判の状況その他の事情を考慮」して、許可される。また、記録の閲覧・謄写を行ったものは、「正当な理由がないのに閲覧又は謄写により知り得た少年の氏名その他少年の身上に関する事項をもらしてはならず、かつ、閲覧又は謄写により知り得た事項をみだりに用いて、少年の健全な育成を妨げ、関係人の名誉若しくは性格の平穏を害し、又は調査若しくは審判に支障を生じさせる行為をしてはならない」（少5条の2第3項）とされている。

これらの規定は、犯罪被害者保護法3条におけるものとほぼ同様で、同法3条でも、損害賠償等の正当理由が必要であること、「犯罪の性質、審理の状況その他の事情を考慮して」裁判所が判断するとされている。さらに、同条3項で、閲覧・謄写したものは、「不当に関係人の名誉若しくは性格の平穏を害し、又は捜査若しくは公判に支障を生じさせることのないよう注意しなければならない」と規定されている。

刑事事件における記録の閲覧・謄写と、少年事件の閲覧・謄写では、閲覧・謄写の許可の要件として、「少年の健全育成に対する影響」が考慮されること、閲覧・謄写によって知り得た情報の利用について、少年の身上に関する事項をもらすこと、少年の健全育成を妨害することが禁止されているという違いがある。この違いは、少年法の目的である健全育成と、審判の非公開（少22条2項）の要請によるものである。

この点について、「保護事件の記録は、本来少年の処分を適正に判断するために裁判所又は捜査機関の権限の行使として収集され、その吟味に服するもの」であるから、「少年の審判目的外」の利用には「慎重な配慮が必要」

であると説明している。そして、「一般的に閲覧・謄写を認めれば、少年の
健全な育成に対する影響、調査・審判への支障や、関係者の名誉・プライバ
シーへの侵害等のおそれがあるため、そのような支障のない相当な範囲での
みこれを認めることとするのが適当である」ため、「記録の閲覧・謄写は法
律上の権利とはされていない」としている。その一方で、民事訴訟の準備の
ための正当な権利行使のために、必要な場合は、従来からも記録の閲覧・謄
写に応じる運用を行ってきたとしている（甲斐行夫他著『少年法等の一部を改
正する法律及び少年審制規則等の一部を改正する規則の解説』44、45 頁（法曹会、
2001）。

　被害者への情報の開示は、非行少年の更生にも役立つ。非行少年が社会に
再統合されるためには、関係当事者に、非行少年についてできる限り理解し
てもらうことが大切である。特に、少年事件の場合、加害者と被害者の生活
圏が接近していることに特徴がある。被害者が生活している環境に少年が戻
ることを考えれば、正しい情報によって、少年の実像を描けるような状況が
存在することの方がのぞましい。もちろん、情報が転々流通する性質を持っ
ていることも考慮に入れる必要があるが、それは、明文で禁止されている
（少 5 条の 2 第 3 項）。

　改正少年法施行 5 年間（2001（平成 13）年 4 月から 2006（平成 18）年 3 月ま
で。最高裁判所事務総局家庭局『改正少年法の運用の概況』による。巻末資料 3）
の事件記録の閲覧・謄写の申出人数は、2880 人で 98％が認められた。認め
られなかったのは、審判開始決定がされなかった、法定の申出資格のないも
のからの申出などである。

(2)　被害者の意見聴取（少 9 条の 2）

　今回の改正で、被害者の手続への参加という点から唯一認められたのが、
被害者からの意見聴取の規定である（少 9 条の 2）。

　そこでは、被害者や遺族等から「被害に関する心情その他の事件に関する
意見の陳述の申出があるときは、自らこれを聴取し、又は家庭裁判所調査官
に命じて聴取させるものとする」と規定されている。ただし、「事件の性質、
調査又は審判の状況その他の事情を考慮して、相当でないと認めるときは、
この限りではない」とされている。

これを、刑事手続における被害者の意見陳述と比較すると、「被害に関する心情その他の事件に関する意見の陳述の申出があるときは、公判期日において、その意見を陳述させるものとする」（刑訴 292 条の 2）となっており、少年審判においては、必ずしも審判廷で意見を聴取することが保障されていないという相違がある。

少年事件における意見聴取は、被害者多数の事件などの場合に、すべての被害者から意見を聴取すると、「少年審判手続の遅延を招くおそれがある」ことから、原則としては、意見を聴取し、特段の理由がない限りこれには応じなければならないが、それは法的権利とは認められていない。

ただ、実際は改正少年法施行 5 年間に意見の申し出があった 825 人のうちの 96％に対して意見聴取が実施されている。意見聴取が実施されなかったのは、事件後の申し出、法定の申し出資格がないものからの申出である。

聴取の方法としては、審判期日外に裁判官が聴取（46％）、家庭裁判所調査官が聴取（43％）、審判期日に裁判官が聴取（11％）がある。

(3) 被害者等への通知（少 31 条の 2）

被害者等の申出により、家庭裁判所は審判の結果等を通知するものである。通知されるのは、少年及び法定代理人の氏名及び住居、決定の年月日、主文及び理由の要旨である。

ただし、意見の聴取と同様に、「当該事件の被害者等から申出があるとき」には通知を行うが、「ただし、その通知をすることが少年の健全育成を妨げるおそれがあり相当でないと認められるものについては、この限りではない」と規定している。また、情報を知りえたものには、少年法 5 条の 2 第 3 項を準用することによって、守秘義務と注意義務を課している。通知が認められない場合として、「被害者等が少年に報復するおそれがあるような場合又は被害者等が通知内容をみだりに公表する危険性が高いと認められるような場合」や、プライバシーなどが当てはまるとされている。

審判結果等の通知に関しては、従来、裁判所が司法行政の一環として、マスメディアに審判結果や理由の要旨について公表していた。そのため、耳目を集める事件では、これまで被害者は審判の結果等をメディアを通じて知るというのが通常であった。今回の制度の導入により、はじめて被害者が直接

家庭裁判所から情報を得ることが可能となった。

改正後 5 年間に、3180 人から通知の申出があり、99％のものについて通知が認められている。通知がされなかったのは、法定の申出資格がないものからの申出などである（巻末資料 3）。

(4) 被害者への支援

今回、少年審判規則 13 条の 4 において、意見聴取の際には、「申出人の心身の状態に配慮するものとする」という規定が新設された。この規定は、2000 年に導入された被害者支援制度において、被害者に接触することが増大することが予想されることから、これまで被害者に接触する機会の少なかった少年審判関係者に、被害者に対する 2 次被害を与える可能性を認識させ、それを避けることを期待する趣旨の規定である。

3 2008 年改正における被害者への配慮

犯罪被害者等基本計画を踏まえて、2008（平成 20）年 12 月 15 日に施行された 2008 年改正少年法では、一層の被害者への配慮が行われることとなった。これまでの書面での情報の提供や意見聴取だけではなく、自らが少年審判に在席して審判を傍聴したり、審判について説明を受けたりするなど、一歩進んだ対応が可能となった。

(1) 少年審判の傍聴 （少 22 条の 4）

これまで、少年審判は非公開（少 22 条 2 項）とされ、審判傍聴は認められてこなかった。もっとも、裁判所は、「少年の親族、教員その他相当と認める者」に在席を許可する権限を有しており（少規 29 条）、従来でも被害者が在席を認められる余地はあったが、その場合、あくまでも、被害者としてではなく、審判の協力者としての出席が前提であった。今回の改正で、被害者は「犯罪被害者」という資格で審判を傍聴することができるようになった。

対象少年は、犯罪少年及び 12 歳以上の触法少年で、対象事件は、「故意の犯罪行為により被害者を死傷させた罪」及び業務上過失致死傷等の罪（傷害に関しては、生命に重大な危険を生じさせた場合）である。また、審判傍聴は、「少年の健全な育成を妨げるおそれ」がないと判断された場合に行われる（同条 1 項）。

さらに、傍聴に際しては、座席の位置への配慮（同条4項）や付添人からの意見聴取及び付添人の付与等（少22条の5）を行うことで、「少年の心身に及ぼす影響に配慮」する必要があるとされた。

(2) 被害者等に対する説明（少22条の6）

被害者は審判に出席できなかった場合でも、事件終局3年以内であれば、申し出によって、家庭裁判所から、「審判期日における審判の状況」についての説明を受けることができるようになった。説明に関しては、犯罪少年及び触法少年の事件であれば、事件に制限はない。この説明は、書記官が行うことになる。

(3) 被害者等による記録の閲覧・謄写範囲の拡大（少5条の2）

2000年の法改正により、記録の閲覧・謄写が認められたが、その範囲は、限定されていた。今回の改正で、非行事実に関する記録の閲覧・謄写は、「犯行の動機、態様及び結果その他の当該犯罪に密接に関連する重要な事実」に限定されないことになった。なお、社会記録の閲覧・謄写は認められない。さらに、「損害賠償請求権の行使」という例示を削除したことで、被害者の単に知りたいという要求にも答えることができるようになった。

6　矯正施設における被害者支援

1　矯正における被害者支援

矯正における被害者支援としては、情報の提供、被害者の視点を取り入れた処遇、被収容者との面会等がある。

(1) 情報の提供

これまで、矯正施設による被害者への情報の提供は、基本的には行われてこなかった。一般的に刑務所が行っている処遇については、犯罪白書等で広く公表されているが、個別事件の被収容者についての情報が当該事件の被害者に説明されることはない。被収容者の情報が被害者に一定の範囲で伝えられる機会として、①保護観察環境調整における関係者調査（更保法82条）、②地方更生保護委員会による仮釈放の際の関係人調査（更保法36条）、③恩赦の申出における被害者感情調査（更保法90条）が存在する。ただし、いず

れの場合も、被害者支援を目的としたのものではなく、更生保護の一環として行われてきた。

　しかし、基本計画等を受けて、2007 年 12 月 1 日からは、被害者は、検察官から、①収容されている刑事施設の名称等の事項、②刑の執行終了予定時期及び受刑中の刑事施設における処遇状況に関する事項（おおむね 6 か月ごとに通知）、③仮釈放（仮出場）又は刑の執行終了による釈放に関する事項及びこれに準ずる事項（釈放された年月日及びその事由等）、④執行猶予の言渡しの取消しに関する事項に関する通知を受けることができるようになった。

(2)　被害者の視点を取り入れた処遇

　矯正施設は、自由刑の執行の場所として位置づけられ、懲役の場合は、刑務所内での定役が義務づけられている（刑 12 条 2 項）。この法的時間的制約により、処遇の多様化に限界があったことから、刑務所においては、従来は刑務作業を処遇の中心においた集団処遇が中心であった。その中でも、罪名や性行など同じ類型に属する受刑者の小集団を編成して、「社会適応上の問題点」を改善する「処遇類型別指導」を実施してきた。その中で、被害者の視点からの指導が 2000（平成 12）年から順次各庁で実施されている。2003（平成 15）年度においては、75 庁中 45 庁で、被害者の視点からの指導が処遇類型別指導として、また刑執行開始時や釈放前指導として実施されていた（法務省矯正局の HP より）。

　さらに、2003 年 12 月に出された行刑改革会議提案において、「刑務作業のあり方の見直し」が提言され、これまでの週 40 時間労働を短縮し、刑務所においてもカウンセリングや教科・生活指導などの多様な処遇を行うことの必要性が指摘された。それを受けて成立した「刑事施設及び受刑者の処遇等に関する法律」及び現行の「刑事収容施設及び被収容者等の処遇に関する法律」においては、受刑者について「矯正処遇」を行うこと（84 条）とし、作業以外に改善指導（103 条）や教科指導（104 条）をも行うこととされた。

　なお、「処遇類型別指導」は、「特別改善指導」となり、「被害者の視点を取り入れた教育」が現在では、すべての刑務所で行われている。

(3)　被収容者との面会

　被害者が死亡した重大事犯の場合、なぜ自分の家族が殺されたのか、死亡

したときの状況はどうだったのか、加害者に直接会って聞きたいという希望を被害者遺族が持つ場合もある。このような被害者に対して、これまで、例外として死刑囚と被害者の弟が拘置所内で面会したケース、娘を殺された両親と加害者が民事裁判の和解協議のために刑務所内で面会したケースなどがあるが、制度としては認められていない。

○コラム14　矯正・保護に関する法律の改正

　法改正がなされる契機となるのは、耳目を集める事件であることが多い。監獄法の改正は、名古屋刑務所事件（2001・2002年）が、更生保護関連法の改正は、保護観察中の対象者の重大な再犯事案（2005年）がきっかけとなった。

　監獄法は、2005年に「刑事施設及び受刑者の処遇等に関する法律」として改正され（代用監獄等未決に関する規定は、「刑事施設ニ於ケル刑事被告人ノ収容等ニ関スル法律」として存続。この時点で監獄法は消滅）、さらに、2006年には、未決に関する規定が統合され、同法の題名も「刑事収容施設及び被収容者等の処遇に関する法律」となり、監獄法改正が終了した（2007年6月施行）。

　更生保護に関しては、犯罪者予防更生法と執行猶予者保護観察法を統合する形で、2007年に「更生保護法」が成立した（2008年6月1日施行）。

2　少年矯正における被害への支援

(1)　情報の提供

　従来、少年矯正においては、被害者への情報の公開は一般の場合と同様に、①保護観察環境調整における関係者調査（更保法82条）、②地方更生保護委員会による仮釈放の際の関係人調査（更保法36条）を行うにあたって、被害者に一定の範囲で、情報が提供されることがあるほか、基本的には行われていなかった。しかし、基本計画等を受けて、2007年12月1日からは、少年院の長が、①収容されている少年院の名称等の事項、②少年院における教育状況等に関する事項（おおむね6か月ごとに通知）、③出院に関する事項及びこれに準ずる事項（出院年月日及び出院事由等）を、希望する被害者に通

知する制度が導入された。

(2) 被害者の視点を取り入れた処遇

　少年院は、1997（平成9）年9月に生活訓練課程に新たにG3という処遇課程が設けられて以来、G3過程を中心に、しょく罪教育や生命尊重教育に力を入れてきた。G3は神戸連続児童殺傷事件を契機に設けられた処遇課程で、「非行の重大性等により、少年の持つ問題性が極めて複雑深刻であるため、その矯正と社会復帰を図る上で特別の処遇を必要とする者」がG3に分類されてきた。

　2015年に新しい少年院法が施行され、新法において大幅な矯正処遇の見直しが行われた。

　矯正教育課程として、法務大臣が、「在院者の年齢、心身の障害の状況及び犯罪的傾向の程度、在院者が社会生活に適応するために必要な能力その他の事情に照らして一定の共通する特性を有する在院者の類型ごとに、その類型に該当する在院者に対して行う矯正教育の重点的な内容及び標準的な期間」を定めた（院法30条）上で、どの少年院でどのような矯正教育課程を実施するのかを指定し（院法31条）、各少年院において、具体的な実施方法等を定める（院法32条）とした。そのために従来のG3過程は姿を消した。

　新しい少年院法においては、矯正処遇の内容が5つ規定され、従来から実施されていた生命教育やしょく罪教育は「被害者の視点を取り入れた教育」として、生活指導の中で実施されることとなった。少年院法24条3項は、「次に掲げる事情を有する在院者に対し第一項の生活指導を行うに当たっては、その事情の改善に資するよう特に配慮しなければならない。一　犯罪又は刑罰法令に触れる行為により害を被った者及びその家族又は遺族の心情を理解しようとする意識が低いこと。」として、少年院での矯正教育が犯罪被害者に対する理解を促進するものでなければならないことが明記されている。

　その方法としては、従来のように、課題作文の作成、個別面接、役割交換書簡法、VTR視聴、被害者の手記などの読書指導、講義・講話、内省などを通じて、被害者の存在を意識させることで、被収容少年のしょく罪意識等を芽生えさせる働きかけが行われている。犯罪被害者又はその支援者等によ

る講演やワークショップがかなりの少年院で実施されており、被害者等が矯正教育の一端を担う状況が存在する。

　ただし、多くの働きかけが、新法後も被害者一般についての理解を深めるにとどまり、自分の被害者に手紙を出すなどの直接的交流は極めて例外的にしか行われていない。

7　更生保護における被害者支援

1　更生保護における被害者支援

　更生保護は、国家が加害者と強制的にかかわることのできる最後の段階であるだけでなく、社会内処遇で身柄の拘束がなくなるため、被害者と同じ地域で生活するなど、被害者にとっては新たな葛藤が生じる段階でもある。さらに、施設での加害者の状況や今後の社会内での生活、謝罪の可能性など、被害者が知りたいと思うことも多岐にわたる。しかし、これまでは、極めて限定された支援しか予定されてこなかった。

　まず挙げられるのは、前述の検察官による出所情報通知制度と再被害防止制度である。更生保護官署によるものとしては、①保護観察環境調整における関係者調査（更保法82条）、②地方更生保護委員会による仮釈放の際の関係人調査（更保法36条）、③恩赦の申出における被害者感情調査（更保法90条）がある。ただし、これらはあくまで仮釈放や恩赦を実施するために行われるものであって、被害者のために行われるものではない。

　保護観察においては、補導援護の内容として、更生保護法以前は「本人の更生を完成させるための必要な措置を採ること」（犯予法36条1項7号）が定められており、必要な場合には被害者への謝罪や被害弁償の促進のための援助を行うことも必要とされていた。もちろん、更生保護法においても同様のことは可能である。現在の保護観察における指導援護の内容は、保護司等と接触を持つこと、遵守事項を守り、専門的処遇を受けることが中心となっており、被害者に対する適切な対応を学ぶ機会は、性犯罪や暴力等の専門的処遇の中で強化されることが予定されている。しかし、現在の保護観察における直接の被害者支援は、更生保護官署が被害者へ積極的に働きかけを行っ

ているよりは、被害者からの問い合わせに対応したり、保護観察対象者が被害者とかかわる場合に支援を行うという受動的なものが中心である。

　なお、被害者からの更生保護官署への問い合わせは、多岐にわたっており、その中には対応できるものと現在の更生保護の限界を超えるものがある（辻裕子「被害者の視点を取り入れた保護観察について」更生保護と犯罪予防 141 号 6 頁以下（2003））。たとえば、加害者本人に関する照会について答えることは、現在の法制度においては守秘義務との関係でかなり難しい。しかし、実務においては、個別具体的な名称等を避けた上で、開示する情報を選別して伝えるなどの工夫をして、できるだけ被害者の要望に応える努力をしてきた（辻裕子・前掲論文 14 頁）。

　基本計画等を受けて、2007 年 12 月 1 日からは、次のような通知を希望する被害者は受けることができるようなった。地方更生保護委員会からは、①仮釈放審理の開始に関する事項（仮釈放の審理を開始した年月日、審理を行う地方更生保護委員会の名称等）、②仮釈放審理の結果に関する事項（仮釈放を許す旨の決定年月日等）、保護観察所の長からは、①保護観察の開始に関する事項（保護観察開始年月日及び保護観察終了予定時期等）、②保護観察中の処遇状況に関する事項（おおむね 6 か月ごとに通知）、③保護観察の終了に関する事項（保護観察が終了した年月日等）の通知を受けることができる。

　さらに、同日から、地方更生保護委員会が行う加害者の仮釈放・仮退院の審理において、意見等を述べる意見等聴取制度、被害に関する心情等を聴き、保護観察中の加害者に伝える心情等伝達制度等も開始された。

2　少年更生保護における被害者支援

　これまで、少年院仮退院者（2 号観察）の場合には、基本的には成人と同様に更生保護官署が関与し、被害者調査等を行ってきた。しかし、それでは成人同様十分ではないと兼ねてから指摘されてきた。神戸連続児童殺傷事件のように、耳目を集めた事件については、少年が退院する時期が、被害者のみならず、一般に公表されたこともあったが、これまでは、成人同様、環境調整や、仮退院の際の地方更生保護委員会による関係人調査が、被害者に対する基本的な対応であった。

　もっとも重要だと指摘されてきたのが、情報の提供である。この点に関しては、成人に対するのと同様に、2007 年 12 月 1 日から、被害者に対する情報の提供が行われるようになった。地方更生保護委員会は、①仮退院審理の開始に関する事項（仮退院の審理を開始した年月日、審理を行う地方更生保護委員会の名称等）、②仮退院審理の結果に関する事項（仮退院を許す旨の決定年月日等）を、保護観察所の長は、①保護観察の開始に関する事項（保護観察開始年月日及び保護観察終了予定時期等）、②保護観察中の処遇状況に関する事項（おおむね 6 か月ごとに通知）、③保護観察の終了に関する事項（保護観察が終了した年月日等）を希望する被害者へ通知を行うこととなった。

　さらには、成人同様に、仮退院に際して、意見を述べる機会が被害者には認められるほか、保護観察中の少年に対して、被害者の心情を伝える制度を被害者は利用することができるようになった。

　少年院仮退院者は、必ず保護観察となるため、被害者は少年院在院中の少年の様子だけではなく、保護観察中の少年の状況についても知ることができるようになる。このことは、少年院で行われている教育の成果が保護観察においても問われることになることを意味する。特に、少年院で重大な結果の事件の少年に対して行われている「被害者の視点を取り入れた教育」が、少年が実際社会に戻った時にどのような効果をもつのか。また、少年院で行われた教育が、引き続き行われる保護観察において、どのように発展・展開していくのか。矯正と保護の継続性に関しても、まだまだ課題は多い。

　保護処分としての保護観察（1 号観察）の場合には、保護観察を通じて、被害者の存在にいかに直面させるのかが課題となる。特別遵守事項に被害者宅への訪問や親と被害者について話すこと等を盛り込み、保護観察官や保護司が積極的に指導するなどしている。ただ、少年の場合、近接している自宅に戻ることが多いなど、被害者と加害少年・家族が偶然出会う可能性も高く、それが被害者にとっては新たな被害となる場合も少なくない。その意味では、欧米で行われている修復的司法の手法を用いて、被害者・加害者・地域社会の関係を問いなおすことも必要となる。

　少年法においては、非行少年の健全育成が中心となり、それを害さない範囲で被害者の法的地位を認めるという原理的限界が存在する。2008 年改正

少年法における被害者の審判の傍聴は、その限界事例ということができる。被害者への情報開示が進む中、被害者に情報を開示しないことが、健全育成を実現するために必要だという理論が成り立ちにくくなっている。今後は、被害者に情報を開示することが、少年の健全育成を疎外しないために、何が必要かを考えることが重要になってくる。

参考文献
- 川名壮志『謝るなら、いつでもおいで』（集英社、2014）
- 後藤弘子編著『犯罪被害者と少年法』（明石書店、2005）
- 土師守『淳』（新潮文庫、2002）
- 少年犯罪被害者当事者の会『話を、聞いてください―少年犯罪被害当事者手記集』（サンマーク出版、2002）
- 少年犯罪被害者支援弁護士ネットワーク編『少年犯罪と被害者の人権―改正少年法をめぐって』（明石書店、2001）
- 大谷實・山上晧（編集代表）『講座被害者支援 1〜5』（東京法令出版、2000）
- 河原理子『犯罪被害者―いま人権を考える』（平凡社新書、1999）

（ごとう・ひろこ）

第 **6** 講◆非行少年の発見

キーワード

児童相談所／送致／通告／報告

1 発見活動の意義

1 はじめに

　非行少年その他の介入の必要な少年に対する公的介入は、児童福祉法上の介入にせよ、少年法上のそれにせよ、そのような少年を発見し、そのような手続に乗せないことには始まらない。非行少年の発見は、様々な保護、介入の前提である。

　とりわけ、発見過程は、介入の初期の段階であるから、どのような介入が望ましいかがまだ明確でないことが多い。そのため少年法6条1項は、審判に付すべき少年を発見した者に対し、一律に家庭裁判所への通告義務を課し、他方、児童福祉法25条は、要保護状態の児童を発見した者に対し、やはり一律に児童相談所等への通告を義務づけている。その場合でも必要に応じて、家庭裁判所から児童福祉機関へ送致したり（少18条1項）、逆に児童福祉機関から家庭裁判所への送致（児福27条1項4号）等を規定しているのは、このことを反映しているともいえよう。

　しかも、上記の通告義務は、いずれも、一般人に対しても向けられている。これは、問題を抱えた少年、児童の健全育成を図ることが社会全体の責務であるという考え方に基づくものとされるが、こうした一般人からの通告はあまり使われず、保護者が、一般人として通告主体となることがあるのみであるとされる（関力編『非行少年はこう扱われる』78頁（有信堂高文社、1987））。

2 発見活動の諸相と原理

　発見とは、当該の少年が「非行少年」等であることの認識と、そのような認識に向けた活動（発見活動）を含む。それは、非行のある（と疑われる）少年と公権力が接触する最初の段階であり、非行の有無・内容、要保護性の有無・程度を明らかにしつつ、それに応じて当該少年を法の定める手続きの中に取り込み、あるいは取り込まないという選別、インテイクの過程である（「インテイク」という概念、およびそのあり方については、澤登俊雄『犯罪者処遇制度論（上）』（大成出版社、I975）参照［とくに253頁以下］）。すなわち、発見活動は、「通告」、「報告」、「送致」といった個々の「手続き」の単なる集積であるにとどまらず、発見活動の主体が対象少年の非行や要保護性について「心証」を形成する過程であり、また、その心証に従って少年を分類、選別してゆく過程でもある。そして、その過程において、少年に対して様々な働きかけがなされ、それを契機とする少年との相互作用が生じる。こうして、発見活動自体、すでに一種の処遇であるという性格が明らかである。

　上記のような複合的な性格を有する過程を論じるに当たっては、3つの視点が重要であるとされる（服部朗・佐々木光明「ハンドブック少年法』134頁（明石書店、2000））。

　まず、この過程が少年の自由に対する公的な介入過程であり、他方においては、それが少年の成長発達権を保障するべきものでもあるというところから、「少年に対する権利保障」という視点が重要である。そこでは自由権的側面と社会権的側面の関係という基本的問題が提起されることはいうまでもない。子どもの権利条約が、無罪の推定、嫌疑の告知を受ける権利、弁護士などの援助・立ち会いへの権利、黙秘権保障、無料通訳、プライバシー保護等を保障することを要求していることも想起するべきである。

　つぎに、発見過程は、司法機関である家庭裁判所による少年の福祉実現に向けた手続であるから、「司法福祉」の政策が問われる場面でもある。

　さらに、それは、少年の再非行を防止することを通じて犯罪を抑止し、社会秩序を維持するという意味で、刑事政策的要素を有することも明らかである。

　発見活動を検討するに際しては、このようなそれぞれの視角からの検討が

必要となる。

3 発見活動の対象と犯罪関連性

　児童・少年保護の手続きは、成長発達途上にあって様々な歪みを抱え、困難な情況に陥っている児童・少年が自らその困難を克服し、自立した大人に成長してゆくことを支援しようとするものであり、このような性格は、もとより発見過程にも及ぶ。

　他方、保護のための介入は、その目的において、少年を支援し、その幸福に資することであるにせよ、少年の意思に反してその自由を制限、剥奪することが多い。この点に注目する限り、目的が少年の利益の実現にあるというだけでは、その正当化には限界がある（パターナリズムによる介入の限界の問題という、少年法に関わるあらゆる問題の出発点となり、その根底にある基本問題である）。

　そこで、現行少年法は、その介入を、犯罪関連性で限界づける。犯罪少年（少3条1項1号）、触法少年（同2号）及び虞犯少年（同3号）がこれである。犯罪少年はもちろん、触法少年も、行為者の年齢が14歳未満であるために刑事責任を問われない（刑41条）だけで、それらの者の行為自体は犯罪の構成要件に該当し、かつ違法であるし、虞犯少年も、将来、犯罪を犯すおそれのある少年である。そして、犯罪とは、法益を侵害する行為であり、個人であれ、社会ないし国家であれ、「他者」を侵害する行為である。少年法は、こうして、介入を、少年が何らかの意味で他者を害する場合に限ろうとしている。

　しかし、他方、必ずしも「犯罪関連性」は認められなくても、親から遺棄されたり、虐待される少年、その他、他者加害性を有してはいないが、成長発達上の問題を抱え、介入の必要性が否定できない少年が存在することもたしかである。

　そこで、法は、あくまで犯罪関連性、他害性を前提とする非行少年に対する、少年法によるいわばハードな介入と、犯罪危険性には直結しないものの、自他、特に自己自身に好ましくない影響のある不良行為、さらには保護者による監護の不適切等の要保護状態にある少年の成長発達上の困難克服の

援助のための、児童福祉法によるソフトな介入メニューとを用意した。こうして、犯罪少年を除く少年について、児童福祉法と少年法との連携が意図されているのである。

図6-1 刑事・少年・児童福祉手続と年齢（前掲『少年法実務講義案（改訂版）』28頁参照）

	14歳未満	14歳～16歳未満	16歳～18歳未満	18歳～20歳未満	20歳以上
不良行為少年	児童相談所	児童相談所			
虞犯少年	児童相談所（二次的に家庭裁判所）	児童相談所 家庭裁判所			
触法少年	児童相談所（二次的に家庭裁判所）				
犯罪少年		家庭裁判所（二次的に刑事裁判所）			刑事裁判所

　上述のように、とりわけ発見活動は介入の初期の段階であるから、対象少年が、犯罪少年、触法少年、虞犯少年のいずれなのか、また、不良行為少年、要保護少年なのかがいまだ明確化していないこともある。その意味で、発見段階は、上記のような児童福祉法と少年法との連携が特に求められる過程であるといえよう。

2　発見活動の諸態様

1　総　　論

　(1)　実際上、発見活動の中心となるのは捜査機関である。司法警察員や検察官は、「少年の被疑事件についての捜査を遂げた結果、……犯罪の嫌疑があるものと思料するときは、これを家庭裁判所に送致しなければならない。犯罪の嫌疑がない場合でも、家庭裁判所の審判に付すべき事由があると思料するときも、同様である」（少41、42条）とされ、捜査機関が、犯罪少年を発見、捜査したとき、また虞犯少年を発見した場合の家裁への送致義務が定められており、これが発見活動の中核をなす。

　(2)　「家庭裁判所調査官は、審判に付すべき少年を発見したときは、これを裁判官に報告しなければならない。」(少7条)。家裁調査官も発見活動の一環を担っていることになる。

　(3)　保護観察所長は、「少年法第二十四条第一項第一号の保護処分を受けた者について、新たに同法第三条第一項第三号に掲げる事由があると認めるときは、本人が二十歳以上である場合においても、家庭裁判所に通告することができる。」(更生保護法68条)。保護観察所長が非行少年（本条では対象は「少年」に限定されないが）の発見機関として位置づけられていることになる。

　(4)　児童福祉法は、「要保護児童（保護者のない児童又は保護者に監護させることが不適当であると認める児童〔同法6条の3第8項〕）を発見した者は、これを市町村、都道府県の設置する福祉事務所若しくは児童相談所又は児童委員を介して福祉事務所若しくは児童相談所に通告しなければならない。」(児福25条)としている。「ただし、罪を犯した満十四歳以上の児童については、この限りでない。この場合においては、これを家庭裁判所に通告しなければならない。」ので、犯罪少年はもっぱら家庭裁判所の審判の対象となるが、それ以外の非行少年（虞犯少年や触法少年）を発見した場合においては、一定の場合（保護者不在、保護者監護不適という事情がある場合）、児童福祉機関、とくに児童相談所への通告が求められている。通告者が児童相談所への通告に至る過程、そして、通告を受けた児童福祉機関が、児福法上の処遇を図る（児福26条以下）のか家庭裁判所の審判を求めて家裁送致を行う（児福27条1項4号）のかを判断する過程も、非行少年の発見過程であるといいうる。

　以下、これらの発見活動について、その主体、客体等による類型別に、もう少し詳細にみてみよう。

2　発見活動の主体と態様

(1)　捜査機関による送致・通告

　上記のように、「犯罪少年」について、捜査機関が「捜査」という発見活動を行うことが規定され、さらに、少年に犯罪の嫌疑があることが確認され

た場合は、家庭裁判所に送致することが義務づけられている。いわゆる「全件送致主義」であるが、昭和 25 年より、最高裁、最高検および当時の国家地方警察本部の協議により、簡易な送致の処理手続きが定められ（「簡易送致」）、その後昭和 44 年の簡易送致基準の改正を経て現在に至っている（全件送致主義、簡易送致についても、第 7 講を参照されたい）。

　捜査を遂げた被疑事件がもっぱら罰金以下の刑罰に当たる罪であれば、司法警察員から直接に家庭裁判所に送致される（少 41 条）。これを直送と呼ぶ。他方、被疑事実が禁錮以上の罪に当たる場合は、司法警察員は、検察官に送致し、検察官から、家庭裁判所に送致される（少 42 条）。本来検察官から送致されるべき事件が警察から直送され、誤って受理された場合の取り扱いについては、このような送致は違法ではあるが、少年事件における早期送致、早期処理の趣旨に照らし、有効な送致として扱われるとされている（裁判所職員総合研修所監修『少年法実務講義案』71 頁（法曹会、改訂版補正版、2004））。

　さらに、少年法 41 条後段、42 条後段によれば、「犯罪の嫌疑がない場合でも、家庭裁判所の審判に付すべき事由があると思料するときは、同様である。」これは、捜査機関が犯罪捜査の過程で発見した 14 歳以上の虞犯少年について、家庭裁判所に送致することを定めたものである。

　いずれにせよ、発見活動において、圧倒的に重要な機能を営むのは捜査機関、とくに警察であり、その様々な活動について、その法的根拠を一層明確化し、またはその権限を強化する方向での改革が進んでいる。これらについては、第 7 講において検討される。

(2)　児童福祉機関への通告・児童福祉機関からの送致

　①　児童福祉機関は、児童福祉法に定める児童（18 歳未満の者）の福祉に関する業務を担当する機関である。中でも重要なのが、都道府県およびその他の大都市に設置されている児童相談所である（詳しくは後掲「コラム 1」参照）。そして、上記のように、「少年の健全な育成を期し」ている少年法と、児童が「健やかに……育成」されることへの国民や国、地方公共団体の責務を規定する児童福祉法とは、共通の目的があり、その連携が図られている。

　(a)　少年法は、触法少年および 14 歳未満の虞犯少年については、家

庭裁判所は、知事または児童相談所長から送致を受けたときに限り、これを審判に付すことができる（少3条、2項）として、年少少年の非行については、司法機関である家庭裁判所よりも、まず児童福祉機関の判断を先行させることにしている（福祉機関先議主義）。児童福祉法は、これを受けて、児童福祉機関が、受理した少年について調査、判定を行い、児童福祉機関で処遇（25条の7、8）するか、または、家庭裁判所に送致（27条1項4号）するか判断するものとしている。したがって、警察等がこれらの少年を発見した場合は、児童相談所に通告することになる（もっとも、警察が認知した触法少年のうち、児童相談所に通告されるのは2割くらいであるともいわれる）。

　なお、この少年法3条2項に反し、14歳未満の触法・虞犯少年が、直接に家庭裁判所に送致されてきた場合の処理については見解の対立がある。つまり、家庭裁判所は、審判不開始決定（少19条1項）をした上で、児童福祉法25条により、保護者のいない少年ないし保護者に監護させることが不適当な少年として、児童相談所に通告するべきであるとする見解と、少年法18条1項（本来、この規定は、適法に家裁に送致された少年に対して家裁で調査を行った結果、児童福祉法上の措置の方が相当であると判断された場合の規定である）を準用して、児童福祉機関（知事または児童相談所長）に送致するべきであるとする見解とがある。より柔軟な処理を指向する後者が多数説であり、判例にも同旨のものがある（東京家決昭44・6・26家月22巻2号97頁、大阪家決昭46・1・20家月23巻8号100頁等）。ちなみに、この14歳という年齢は、行為時ではなく、事件受理時を基準とするという処理が支配的である（前掲『少年法実務講義案』81頁）。

　他方、これと関連して、殺人など重大な触法少年の扱いについて法改正がなされた。すなわち、従来、重大な触法事件が児童相談所に通告されたような場合、十分に事実を調査する必要があるところ、現実には、「犯罪」でないため、警察は捜査をすることなく直ちに児童相談所に通告せざるを得ず、他方、福祉機関として十分な調査を期待される児童相談所は、人的物的資源の不足等の現実から、十分な調査をしないまま、直ちに家庭裁判所に送致し、結局、事実についての解明が十分に行われないまま、処遇が決定されてしまうとされる。そこから、2007年には、犯罪ではない14歳未満の児童の

触法事件であっても、捜査機関である警察に対し強制的な調査権を付与し、家裁送致を前提として（児福 27 条 1 項 4 号）警察から児童相談所に送致するという司法重視の方向での法改正が行われた。この少年法改正により、従来、法律上の根拠規定のなかった触法少年に対する警察の調査権限が規定され（少 6 条の 2 以下）、少年、保護者等を呼び出して質問したり（6 条の 4）、押収、捜索、検証、鑑定嘱託という強制的な処分を行うことができるようになった（6 条の 5）。そして、一定の重大事件等については、警察は必ず児童相談所長に送致するものとされ（6 条の 6、第 1 項 1 号）、その場合は知事、児童相談所長は、原則として事件を家庭裁判所に送致しなければならないものとされた（6 条の 7、第 1 項）。なお、これらの改正に伴い、少年警察活動規則（15 条～26 条）に「触法調査」の項目が新設され、それを受けて「少年警察活動推進上の留意事項について」（警察庁次長通達）に所要の規定が盛りこまれた。もちろん、児童相談所の事実認定機能について改革が求められていることは明らかであるが、改革の方向が、捜査、治安機関である警察の強制権限拡大であるべきかはなお検討を要しよう（2007 年改正については「第 4 講」および「第 7 講」参照）。

　(b)　14 歳以上 18 歳未満の虞犯少年が発見された場合、発見者である警察官（または保護者）は、家庭裁判所、または児童相談所のいずれに通告、送致するかを選択することができる（少 6 条 2 項）。この場合、警察の選別責任者は、事案の態様、非行の動機・原因、再非行危険性、保護者の事情やその方針、希望等を斟酌したうえ、情状が悪く、家庭環境に少年の福祉を害するような事情がある場合は家裁に送致し、そうでない場合は、児童福祉法、25 条により児童相談所への通告が行われるとされる（前掲『少年法実務講義案』74 頁）。

　②　上記のような形で警察から通告された（警察は処遇意見を付ける）場合、また、一般的に、保護者不存在または保護者による監護不適として児童が児童相談所に通告される等によって（児福 25 条）、ケースが児童福祉機関に係属した場合に、児童福祉機関においては、児童、保護者等への聞き取り等を中心に調査を行い、児童福祉法上の措置よりも家庭裁判所の審判に付す方が適当だと判定したときには、都道府県知事からこれを家庭裁判所に送致

しなければならないことになっている（児福27条1項4号）。これは、児童を児童自立支援施設に入所させる必要があるが、親権者の同意が得られないため、少年法24条1項2号の保護処分として児童自立支援施設送致が必要と思われる場合や、児童自立支援施設入所中の児童について、保護処分として少年院送致（少24条1項3号）が求められる場合等であるとされる（桑原洋子・田村和之責任編集『実務注釈児童福祉法』164頁（信山社、1998））。

③　強制的措置を求める送致

児童福祉法27条の3は、「都道府県知事は、たまたま児童の行動の自由を制限し、又はその自由を奪うような強制的措置を必要とするときは、第33条、第33条の2及び第47条の規定により認められる場合を除き、事件を家庭裁判所に送致しなければならない。」と規定し、少年法6条の7第2項にも、同様の規定がおかれている。少年法では、児童相談所長にも送致の権限が認められ、実際にも、児童相談所長から送致されるのが通例である。

児童福祉施設の長は、入所中の児童の親権代行者として、児童の監護、教育、懲戒に関しその児童の福祉のために必要な措置をとることができ（児福47条3項）、また、必要があるときは、児童相談所長か、児童に一時保護を加えることができる（児福33条）が、それ以外は、児童福祉法に基づく施設では、強制力の行使は認められない。上述の児童福祉法27条の3、少年法6条の7第2項は、親権の行使を超えた強制的措置をとるための特別監護の許可申請の規定であり、司法機関である家庭裁判所に事件を送致し、家裁においてその当否を判断することにしている。児童自立支援施設に収容された児童に無断外泊の性癖があったり、行状が粗暴なため、通常の開放寮では教護が困難なため、特別な強制措置をとる必要が生じるような場合が想定されている。家庭裁判所は、この許可にあたって、物理的拘束のできる居室のある特定の児童自立支援施設を指定し、これらの施設は、家庭裁判所の認める期間等の範囲内で、児童の行動の自由を制限、剝奪しうるが、家裁の認めた限度まで強制措置を継続する義務はない。全国12箇所の児童自立支援施設がこの施設として指定されているが、実際は、2つの国立児童自立支援施設（武蔵野学院ときぬ川学院）が引き受けている（前掲『実務注釈児童福祉法』175頁』）。

　この強制的措置を求める送致については、「送致」の意味をめぐって説が対立している。送致説は、「送致」という文言を一つの根拠に、本条の送致を、一般の保護事件の送致（少3条2項、41条、42条）と同様のものと解し、送致を受けた家裁は、観護措置、試験観察等、通常の保護事件と同様の手続をとることができ、また、保護の方法その他の措置を指示して事件を知事または児童相談所長に送致する決定（少18条2項）、さらには、保護処分の決定をすることも可能であるとする。しかし、多数説は、保護処分を求めて行う送致は上述の児童福祉法27条1項4号によるのであって、少年非行の存在を要件としない27条の3の送致はこれとは性質が異なり、行政機関が強制的措置を行うことについて司法機関の許可を申請する行為であると解し（許可申請説）、判例も同旨である（最判昭40・6・21刑集19巻4号448頁）。この見解では、家庭裁判所は、もっぱらこの申請の当否について決定するのであって、少年法18条2項の決定だけを行うことができることになる。もっとも、実務上、許可申請説を基本としつつ、送致書に審判に付しうる事由が含まれているような場合には、予備的または択一的に一般の保護事件の送致の趣旨が含まれていると解し、新たな立件手続をせずに保護手続を進めることができるという立場も有力である（団藤重光＝森田宗一『新版少年法』74頁（有斐閣、第2版、1984））が、このような取扱いが、手続の明確性を犠牲にした安易な運用に流れることへの警戒も有力である（澤登俊雄『少年法入門』80頁（有斐閣、第6版、2015）、前掲『実務注釈児童福祉法』176頁）。

○コラム15　児童相談所

　児童福祉法第12条は、「都道府県は、児童相談所を設置しなければならない。」とし政令指定都市にも設置義務があり、さらに、中核市もこれを設置することができる。2021（令和3）年4月現在、全国に225か所設置され、児童福祉司等、さまざまの専門的職員が配置され、都道府県、市町村が行う児童福祉関連業務（児福法10、11条）の実施に関する連絡調整、支援を行うほか、①児童に関する問題につき家庭その他からの相談のうち、専門性の高いものへの対応、②児童及びその家庭につき、必要な調査並びに医学・心理学・教育学・社会学及び精神保健上の判定、③児童及びその保護者につき、上記の調査、判定に基づく必要な指導、④児童の一時保護などの任務を行っ

ている（児福法12条2項）。このような4つの機能を兼ね備えた福祉機関は他にはないとされる。児童相談所が受付ける上記の「相談」は、(a) 家庭等から相談を受け、自庁のケースとして受付けるほか、(b) 児福法25条による「通告」、(c) 福祉事務所長や家庭裁判所からの「送致」等、(d) その他機関からの援助依頼、調査依頼、照会、届出などに大別できる（前掲「実務注釈児童福祉法」148頁（山口幸男）。

　また、児童相談所が扱うケースには、親子分離の必要な困難なものもあり、緊急対応のために、都道府県、政令指定都市には最低1か所の一時保護施設（一時保護所）が設置されている（2021（令和3）年4月現在、全国に145箇所）。一時保護の期間は、原則として、二月を超えてはならず（児福33条3項、4項）、また、警察での一時保護委託については、1950（昭和25）年の当時の国家地方警察本部刑事部長通知により、原則として24時間を超えない範囲で運用される。

　2020（令和2）年度の受付相談件数の総数は52万7,272件で、そのうち、養護相談が28万950件で最も多く、障害相談（16万2351件）、育成相談が続く。非行相談は、1万615件（2％）であるが、最近では、児童虐待事件への対応に追われ、非行問題への対応力不足も指摘され、それが触法少年への警察権限の強化を含む少年法改正につながっている。これに関連して2006年、児童虐待への対応の強化をも目指して、児童虐待防止法、児童福祉法の改正が行われ、児童相談所と市町村の関係が整備され、児童相談所の役割が要保護法の高い事件や市町村への後方支援に重点化された

---

(3)　保護観察所長からの通告

　保護観察官や保護司が、少年法24条1項1号の保護観察処分に付されている少年について、新たに虞犯事由を発見した場合は、保護観察所長は、これを家庭裁判所に通告することができる（更生保護法68条）。新たな虞犯事由が発見され、保護観察を継続することでは少年の健全な育成を期し得ない場合などに、保護観察所長からの通告により、家庭裁判所があらたな保護処分決定を行うものであり、保護処分の事後変更的な性格を有している。なお、2007年の少年法改正により、保護観察所長は、保護観察の保護処分を受けた者が遵守事項を遵守しなかったときは、児童自立支援施設等送致又は

少年院送致の決定を家庭裁判所に申請することができ、不遵守の程度が重く、その保護処分によっては本人の改善、更生を図ることができないときは、家庭裁判所は、施設収容の決定をするものとされた（少年法26条の4、更生保護法67条2項）。

　この通告は、対象者が20歳を超えている者であっても可能である。なお、この保護観察所長による「通告」は、その効果の点で「送致」に相当するとされ、形式上の瑕疵がなければ、家庭裁判所による特別の「受理」手続なしに当然に家裁に係属する。

(4)　家庭裁判所調査官の報告

　家庭裁判所調査官が、裁判官の調査命令により、少年に関する調査活動を行っている過程において、少年の共犯者や交友関係等の中に、審判に付すべき少年を発見することがある。このような場合、調査官は、これを裁判官に報告する義務を負う（少7条）。もっとも、犯罪事実を発見した場合は、本条の報告よりも、捜査機関に通報して捜査を促すのが通例であるとされ（前掲『少年法実務講義案』89頁）、この「報告」が用いられるのは、所在不明により審判不開始となった少年の所在がその後判明したような場合などである（前掲『少年法実務講義案』195頁）。また、触法少年や14歳未満の虞犯少年を発見したときは、児童相談所への通告を行う（少3条2項、児福25条）。

　家庭裁判所は司法機関であるから、なんらかの具体的な問題が生じ、当事者からその解決、裁定を申し立てられるのを待って関与するのが原則である。旧少年法では、少年審判所が「審判ニ付スヘキ少年ヲアリト思料シタルトキハ事件ノ関係及本人ノ性行、境遇、経歴、心身ノ状況、教育ノ程度ヲ調査スヘシ」とするいわゆる自庁認知の制度があったが、現行法では、上記のような趣旨から「不告不理」の原則が採用され、それに伴いこの報告制度が設けられた。なお、家裁調査官が調査中の少年本人について新たな非行事実を発見した場合もこの報告をなすべきか、それとも、その場合は少年法6条1項による通告を行うべきであるかについては議論があるが、むしろ実務上は、すでに係属している少年について本条の報告がなされる場合が多いとされる（前掲『少年法実務講義案』89頁）。

(5)　一般人の通告

少年法6条1項は、「家庭裁判所の審判に付すべき少年を発見した者は、これを家庭裁判所に通告しなければならない。」と規定している。これは、発見者が上記の機関とは関係のない一般人であっても、家庭裁判所へ通告することを義務付けたものであり、少年の健全育成に対する社会全体の共同の責務を前提としたものである。

さらに、児童福祉法25条は、「要保護児童」を発見した者に対して、児童相談所その他に「通告」するよう義務づけている。「要保護児童」とは、「保護者のない児童又は保護者に監護させることが不適当」（児福6条の3第8項）な児童であり、①家出児童のように現に監督保護する者がない児童、②保護者の虐待や保護能力の不十分さによって危険な状態あるいは福祉上好ましくない状態にある児童、③保護者の保護能力を越えて不良行為（触法・犯罪・虞犯を含む）をし、またはする慮れの大きい状態にある児童等がこれに当たる（前掲『実務注釈児童福祉法』148頁）。また、ここで「保護者」とは、親権者・親権代行者・後見人・児童福祉施設の長など法律上監護教育義務をもつ者および住込稼働先の雇主・寄宿先の寮長・補導委託先の施設責任者等、現に継続して少年を監護している者をいう。なお、本条に反して通告を怠っても、罰則は設けられていない

3　対象からみた発見活動

1　犯罪少年の発見

犯罪少年については、捜査機関に権限が集中される。家裁に通告があった場合や、児童相談所に通告があった場合でも、これらから警察に通報が行われ、また、通告者に警察に通報させたうえ、警察で捜査を遂げて、検察官または家庭裁判所に送致することになるのが適切であるとされる（澤登・前掲『少年法入門（第6版）』72頁、田宮裕・廣瀬健二編『注釈少年法』103頁（有斐閣、第4版、2017））。なお、犯罪少年については、第7講を参照されたい。

2　触法少年の発見

触法少年を発見した者は、児童相談所に通告する（児福25条）。同条の通

告は、保護者不在ないし保護者監護不適が要件であり、触法少年がこれに当たるとは限らないが、これらの要件は一義的には判断できないので、触法少年は、児童相談所通告を原則とするべきであるとされる（澤登・前掲『少年法入門（6 版）』72 頁）。

　捜査機関が犯罪容疑で捜査中に、対象者が 14 歳未満の少年であることが判明した場合や、当初から触法少年であることが明らかな場合には、犯罪捜査は行い得ない。その場合、少年法 6 条 1 項による家庭裁判所への通告、児童福祉法 25 条による児童相談所への通告、犯罪捜査規範 215 条および少年警察活動規則 8 条 2 項の継続補導の 3 つがありうるが、触法少年の場合は、児童福祉機関先議原則があるので、少年法 6 条 1 項による家裁通告は行われず（犯罪少年ではないから、少年法 41 条の家裁送致、42 条の検察官送致も行われない）、結局、やはり保護者不存在ないし保護者監護不適として児福法 25 条により児童相談所に通告するか、警察において、警察限りとしもしくは継続補導を行うことになる（澤登・前掲『少年法入門』69 頁）。なお、これに関する警察の調査権限についての少年法改正については、本書 125 頁以下および第 7 講を参照。

　なお、触法少年であっても、緊急に保護を必要とする場合があるが、その場合は、事件を直ちに児童相談所に通告し、その委託のもとに「一時保護」に付する（児福 33 条）。そして、とくに緊急の場合は、通常の「児童通告書」による通告の前に、とりあえず電話等で通告を行い、ただちに児童相談所長から児童福祉法 33 条による一時保護の委託を受けるという方法がとられている（法制審議会少年法（触法少年事件・保護処分関係）部会第 1 回議事録）。

3　虞犯少年の発見

　虞犯少年は、警察の街頭補導や少年相談（少年警察活動規則 7 条、8 条）が発見の端緒となることが多いが、触法少年と同様、警察官の発見活動は犯罪予防の範囲で行われる（「少年警察活動推進上の留意事項について」第 4-1 は、捜査活動と区別して、「調査」と呼ぶ）。虞犯少年が 14 歳未満であれば、触法少年と同様に児童福祉機関先議主義がとられ（少 3 条 2 項）、14 歳未満

の虞犯少年を発見した者は、児童相談所に通告する。その後、場合により、都道府県知事を通じて、家裁に送致される。これに対して、虞犯少年が14歳以上18歳未満の場合は、発見者（警察官または保護者）は、家裁に送致もしくは通告するか、児童相談所に通告するかを選択しうる。さらに、18歳以上の虞犯少年については、児童福祉法の適用はなく、もっぱら少年法の規定による。すなわち、司法警察職員（少41条後段）または検察官（少42条後段）から家裁に送致され、また、誰でもこれを発見した場合は、家裁に通告する（少6条1項）。もっとも、2022（令和4）年4月から、18歳以上の少年（特定少年）は、虞犯の対象から外される。なお、前述した保護観察所長による家裁への通告（更生保護法68条）は、保護処分として保護観察中の者に虞犯事由が認められる場合に、対象者が20歳以上であっても行うことができる。

　なお、虞犯少年についての警察官の任意調査権限を明文化することが、2007年の少年法改正において提案されたが、審議過程で見送られた。しかしこれに伴い、少年警察活動規則に「ぐ犯調査」の項が設けられ（27条〜34条）、「少年警察活動推進上の留意事項について」も改正された。

4　不良行為少年の発見

　飲酒、喫煙、深夜徘徊、暴走行為、不良交友、薬物乱用、家出、怠学など、非行少年（犯罪少年、触法少年、虞犯少年）に当たらなくてもその前段階として何らかの介入が求められる問題行動のある少年を「不良行為少年」という。これについても警察による補導活動の対象とされ、「少年警察活動規則」（国家公安委員会規則）は、上記のような「……自己又は他人の徳性を害する行為をしている少年」を不良行為少年と定義し、これに対して注意・助言等の補導措置を講じるとしている（同規則2条6号、14条）。

　他方、児童福祉法においても、「児童自立支援施設は、不良行為をなし、又はなすおそれのある児童及び家庭環境その他の環境上の理由により生活指導等を要する児童を入所させ、……。」とされ（児福44条）、児童自立支援施設は、非行少年のほか、不良行為少年も入所対象となるので、都道府県は、このような少年を含めて、児童自立支援施設等に入所させる権限がある

（児福 27 条 1 項 3 号［3 号措置］）。そして、このような措置に向けたインテイクのルートに乗せるために、このような少年を発見した者が、これを「保護者のいない児童又は保護者に監護させることが不適当」な「要保護少年」であると認める場合には、これを児童相談所または福祉事務所に通告しなければならない（児福 25 条）。

○コラム16　送致、通告、報告

⑴　送　致

　送致とは、ある問題をある機関から他の機関に移すことである。家庭裁判所への送致といえば、既に権限ある官庁に係属している事件を家庭裁判所の係属に移し、その権限行使にゆだねる行為である。既に係属（存在）している事件を移転するものであり、実質的にも、すでに専門的な機関によって、捜査を遂げ（少41条、42条）、または審判に付するのが適当であると認めて（児福27条 1 項 4 号）なされるものであるから、定められた方式が満たされている限り、家庭裁判所が新たに事件として立件するかどうかの判断を要せず、直ちに受理手続をとり、事件も直ちに家庭裁判所に係属することになる。なお、2020（令和 2 ）年度における一般保護事件中、検察官からの送致が 3 万人余、司法警察員からの送致は 2 千人余、知事・児童相談所長からの送致は約250人である（令和 2 年度司法統計年報による）。

⑵　通告及び報告

　通告及び報告は、いずれも家庭裁判所等に対して非行少年の存在を通報し、その職権行使を促す通知行為である。通告と報告は、前者が外部からのものであり、後者が裁判所内部からのものである点に違いがあるにすぎない（少 6 条、 7 条）。令和 2 年度において、一般人からの通告は 3 人、家裁調査官からの報告は65人である（一般保護事件）。

　家庭裁判所への通告と報告は、送致とは異なり、あくまでも家庭裁判所に対し職権発動を促すものにすぎず、直ちに事件が裁判所に係属するものではない。裁判官が、当該少年を「審判に付すべき少年であると思料」して立件命令を行ったとき、初めて事件が家庭裁判所に係属すると解されている（前掲「少年法実務講義案」69頁参照）。もっとも、保護観察所長からの「通告」（更生保護法68条）は、「送致」の性格を有する。令和 2 年度において 2 人が通告されている。

参考文献

・澤登俊雄『少年法入門』（有斐閣、第 6 版、2015）
・裁判所職員総合研修所監修『少年法実務講義案』（司法協会、改訂版補正版、2004）
・村尾泰弘＝廣井亮一編「よくわかる司法福祉」（ミネルヴァ書房、2004）
・田宮裕＝廣瀬健二編『注釈少年法』（有斐閣、第 4 版、2017）
・服部朗＝佐々木光明『ハンドブック少年法』（明石書店、2000）
・桑原洋子＝田村和之責任編集「実務注釈児童福祉法」（信山社、1998）
・関力編『非行少年はこう扱われる』（有信堂高文社、1987）
・平場安治『少年法』（有斐閣、新版、1987）
・団藤重光＝森田宗一『新版少年法』（有斐閣、第 2 版、1984）
・佐藤進＝高沢武司『児童福祉法 50 講』（有斐閣、1976）
・沢登俊雄『犯罪者処遇制度論（上）』（大成出版社、1975）
・澤登俊雄＝谷誠＝兼頭吉市＝中原尚一＝関力『展望少年法』（敬文堂、1968）

（さかい・やすゆき）

第 7 講 ◈ 捜査・予防活動

キーワード

非行防止活動／捜査・調査活動／
被害少年・被虐待児童等の保護活動

1 少年司法における警察の活動

　少年司法の領域における警察の活動を大きく分けると、非行の発見活動、非行防止活動、対象少年の捜査・調査活動、そして被害少年・要保護少年の保護活動の4つに分類される。ここではこの4つの活動を少年警察活動と定義しておこう。

　少年警察活動は、少年法をはじめとして、警察法、警察官職務執行法、刑事訴訟法、児童福祉法、犯罪捜査規範、少年警察活動規則、各県青少年保護育成条例、その他の法令を根拠に行われている。このうち、2003（平成15）年1月から施行されている少年警察活動規則（2007（平成19）年10月改正により条文数は39に増えた）は、少年の非行の防止及び保護を通じて少年の健全育成を図る少年警察活動に関して必要事項を定めている（この施行に伴って、1960（昭和35）年以来少年警察活動の基準となっていた少年警察活動要綱は廃止された）。そして規則の内容を補完する「少年警察活動推進上の留意事項について」（以下、留意事項とする）と題する依命通達が平成19年11月に出されており（これにともなって平成14年10月の旧通達は廃止された）、各都道府県警における少年警察活動の指針となっている。もっとも、少年警察活動規則3条5号にも記されているように、国際的動向に配慮することも今日的要請であるので、国連児童の権利に関する条約（以下、子どもの権利条約）をはじめ、少年非行の防止に関する国連指針（以下、国連指針とする）、少年司法運営に関する国連最低基準規則（北京ルールズ。以下、国連規則）等の国

際準則を遵守することも重要である。

　ところで少年警察活動は、いうまでもなく、少年法1条に掲げられた「少年の健全育成」の目的に則って行われなければならない。このことは、少年警察活動規則3条1号においても確認されている。少年警察活動に携わる者は、少年の規範意識の向上だけではなく、少年の立ち直りのためにその特性に配慮し、プライバシーを保護しつつ、健全育成のために取り組まなければならないのである。また、ともすれば、警察官は、捜査・保護の対象となる少年（以下、対象少年）から厳めしいイメージで見られがちであるので、最初の接触時での配慮が少年の健全育成のためには重要である。このことは、国連規則10条が「法執行機関に携わる者は、その接触にあたって、少年の法的地位を尊重し、少年の福祉を増進し、そして少年を害さないようにしなければならない」と規定していることからもうかがえる。少年警察活動においてはこれらの観点が忘れられてはならないのである。

　本講では、上記の4つの活動について、少年法の健全育成の理念に基づいて説明する。

○コラム17　少年司法に関する国連準則

　1989年に国連児童の権利に関する条約（子どもの権利条約）が成立して、子どもの自由権・社会権に関する総括的な人権文書がもたらされた。この条約自体に、自由を奪われた子どもの権利（37条）、少年司法上の子どもの権利（40条）が規定されている。もっとも少年司法については、1985年の少年司法運営に関する国連最低基準規則（北京ルールズ）、1990年の少年非行の防止に関する国連指針（リヤド・ガイドライン）、同年の自由を奪われた少年の保護に関する国連規則、1997年の刑事司法制度における子どもの扱いに関する活動指針がある。これらは、それぞれ、司法運営、非行防止、処遇、被害者としての子どもの扱いに関する国連準則であり、法的拘束力はないものの、国際社会では子どもの権利条約同様に重視されている文書である。2010年に出された国連子どもの権利委員会（子どもの権利条約の実施状況を監視する機関）の第3回最終意見及び2019年に出された第4回・第5回統合定期報告書に関する総括所見は、わが国がこれらの国際人権文書を遵守すべきことを勧告している。

2　非行の発見

対象少年の発見活動は様々な人・機関によって行われるが、中心的な担い手は警察である。警察は、学校、家庭裁判所、児童相談所その他少年の健全育成に関係する業務を行う機関、さらに、少年の健全育成のために活動するボランティア組織等と密接な連携をとりながら活動する。

ここで対象となる少年は、少年法 3 条に規定される非行少年、すなわち「犯罪少年」、「触法少年」、「虞犯少年」、18 歳以上の犯罪少年である「特定少年」（少 62 条）だけではなく、飲酒・喫煙・深夜はいかいその他自己又は他人の徳性を害する行為をする「不良行為少年」、犯罪その他健全育成を害する行為で被害を受けた「被害少年」、そして児童虐待を受けた児童、保護者のいない少年などの「要保護少年」である（少警規 2 条 2 号乃至 8 号）。

ところでこの発見活動は、少年司法を担う機関にとっては、すべての保護過程、すなわち少年の健全育成のスタートラインであるという意味を持っている。一方で、対象少年にとってみれば、自らが所属している環境に何らかの変容を外的に加えられることを意味する。その担い手が警察官である場合には強い反発を示す場合もある。その意味で、一連の保護過程がうまく機能して、対象少年が健全に成長するか否かは、発見活動において働きかける者の最初の接触がうまくいくか否かにかかっているといっても過言ではない。

それゆえに先にも触れたとおり、国連規則 10 条の意味は大きいものがあると言わなければならない（同趣旨・少警規 3 条、犯捜規 203・204 条）。街頭補導及び少年相談を実施して、関係各機関との連携を図りながら対象少年を早期に発見すべきである（少警規 6 条）とする警察の基本姿勢も、このような観点から考える必要がある。

❍コラム18　非 行 少 年

少年法の対象となる非行少年は、①犯罪少年、②触法少年、③虞犯少年に分類される。①は14歳以上20歳未満の少年で刑法上の犯罪行為を行った者を指すことになる。具体的には、殺人罪、強盗罪はもちろんのこと、道路交通

法に違反する罪、毒物・劇物取締法に違反する罪を行った者がこれにあた
る。なお、18歳以上の者を特定少年として、特例化している（少62条乃至68
条）②は14歳未満の少年（刑事未成年）で、上記のような刑罰法令に触れる
行為を行った者を指すことになる。③は18歳未満の少年で、ⓐ保護者の正当
な監督に服しない性癖のあること、ⓑ正当の理由がなく家庭に寄り附かない
こと、ⓒ犯罪性のある人もしくは不道徳な人と交際し、又はいかがわしい場
所に出入すること、ⓓ自己又は他人の特性を害する行為をする性癖のあるこ
とのいずれか1つの虞犯事由に該当し、かつその性格又は環境に照らして、
将来、罪を犯し、又は刑罰法令に触れる行為をする虞（虞犯性）のある者を
指すことになる。

3　非行防止のための活動

1　総　　説

　国際化・グローバル化が進む世界情勢の中にあっては、少年非行の防止も
また国内情勢のみならず、国際的動向にも配慮する必要があることはいうま
でもない。これは少年警察活動規則3条5号も認めるところである。このよ
うな観点からすると、少年非行の防止にあたっては、前記国連指針がその模
範とされるべきである。国連指針は、少年中心主義を唱えて、少年は単なる
社会化の対象とされるべきではなく、社会の中で積極的な役割を担う主体で
なければならないとしている（国連指針3条）。そして少年は、その社会化の
過程で、大人との関係において全面的かつ対等のパートナーでなければなら
ないとして、そのパートナーシップ性を認めているのである（同10条）。し
たがって、わが国の少年非行防止活動も、少年を単なる保護の客体とするの
ではなく、主体的社会化を果たす社会の一員として接することが前提とな
る。

　以下ではこのような観点から警察による街頭補導、少年相談・継続補導そ
の他の活動を見ておくことにする。

2 街頭補導

　街頭補導とは、行為が単純で非行性（不良性）のごく軽いものについて、その場限りで注意・助言を行う警察の措置である。少年に反省を促し、再び過ちを起こさないように適切な訓戒を行う必要があるとされている。法的な根拠は警察法 2 条（警察の責務）、警察官職務執行法 2 条（質問）及び 3 条（保護）、そして少年警察活動規則 7 条に見いだすことができる（少年実務研究会編著『少年事件捜査等一件書類作成の手引き（改訂版）』35 頁（立花書房、2008））。

　もっとも、街頭補導を行う場合には、警察官は自らの身分を明らかにして、少年の権利を不当に侵害することがないように注意しなければならない（少警規 7 条 1 項）。街頭補導によって、少年に注意、助言、指導などを行う場合もあるので、責任の所在は事前に明確にしておく必要があるからである。街頭補導を行う場所は、道路その他の公共の場所（公園、広場等）、駅その他多数の客が集まる施設（デパート等）、風俗営業所その他非行が行われやすい場所（性風俗営業所、カラオケボックス、コンビニエンスストア等）である（留意事項第 3-1）。これらの場所を重点として、関係機関、ボランティアと連携して、計画的に実施することが警察に求められている（少警規 7 条 2 項）。

　特に街頭補導の場合には、国連指針 10 条及び少年警察活動規則 7 条 1 項を遵守する意義は大きい。多くの少年は補導によって自己に否定的なイメージを持ちがちであるので、大人が対等のパートナーとして少年に語りかけているという姿勢を前面に打ち出すことは重要である。

3 少年相談・継続補導

　さらに警察は、少年または保護者から非行・学校問題等について様々な相談を受けている。これを少年相談という。少年相談を受けた場合には、当該事案の内容に応じて、指導・助言、関係機関への引き継ぎその他適切な処理が行われることになっている（少警規 8 条 1 項）。相談を受けるのは少年サポートセンター等少年警察部門の職員であり、当該施設内で実施するのが原則である。

　相談を受けた警察は、少年相談に係る少年で、その非行の防止を図るため

に特に必要と認められる場合には、保護者の同意を得た上で、家庭、学校、交友その他の環境について相当の改善が認められるまでの間、本人に対する助言又は指導その他の補導を継続的に実施することができる（少警規8条2項）。この継続補導ではカウンセリング等も行うことがあるので、専門的な知識や技能が必要とされる。実施者は原則として、少年サポートセンターに配置された少年補導職員である（少警規8条3項）。また同サポートセンターが必要があると判断する場合には学校関係者その他適当な者と協力して継続補導を行うことになる（少警規8条4項）。なお、これらの継続補導は少年のプライバシーに関わる活動を実施するので、保護者の同意を得ておくことが前提となる（丸山直紀『注解・少年警察活動規則』46頁（立花書房、2008））。また、特定少年の場合は民法上の成年となることから、本人の同意を得て実施されることになる（少警視8条5項）。

4　その他の活動

　街頭補導、少年相談、継続補導の他に警察が行う非行防止のための活動としては、①少年の規範意識の向上のための活動（少警規9条）、②情報発信（少警規10条）、③有害環境の排除に係る都道府県知事への連絡（少警規11条）がある。

　①は、少年非行防止のために、少年の身体的・精神的よりどころとなる居場所を提供することを目的として、公園の清掃、落書き消し等の環境美化運動、福祉施設の訪問、警察署道場での柔剣道教室などを効果的に実施しようとするものである（前掲・『注解・少年警察活動規則』47頁）。しかし、規範意識向上のために、実質的な社会奉仕活動を「強制」してしまうことになると法的根拠のない処分を少年に課すことになってしまいかねない。居場所の内容も含めて、非行に代わる興味ある活動にすることが課題であるように思われる。

　②は、少年警察活動は、家庭、学校、地域社会と一体となって取り組むことが重要であるという認識に基づいて、少年の健全な育成に関する国民の理解を深めるために、少年非行及び犯罪被害の実態に関する情報を発信するというものである。情報発信の手段としては、各種マスメディア、インターネ

ットによる広報活動の他、パンフレット配布による意識啓発、学校警察連絡協議会を活用した意見交換などが考えられている（前掲・『注解・少年警察活動規則』48-49 頁）。

③は、少年の心身に有害な影響を与える環境（性的好奇心をそそる写真、記憶媒体その他の物品の販売など）を排除するための、都道府県知事その他の関係行政機関との協力、民間業者による有害環境の自主的な排除への支援に関する活動である。具体的には、青少年保護育成条例違反の有害図書の陳列を発見した場合の関係行政機関への連絡、関係業界団体による未成年者飲酒・喫煙防止キャンペーンの支援などである（前掲『注解・少年警察活動規則』50頁）。

4　非行少年の捜査・調査活動

1　非行少年についての活動

非行少年についての少年警察の捜査・調査活動には、犯罪少年による刑事事件の捜査（少年被疑事件の捜査）、触法少年についての少年法及び児童福祉法に基づく措置のための調査（触法事案の処理）及び虞犯少年についての同様の調査（虞犯事案の処理）がある。また、非行少年の適切な処遇に必要な範囲で、時機を失することなく、本人又は保護者に対する助言、学校その他の関係機関への連絡その他必要な措置をとることができる（少警規 13 条 1 項）。もっとも、少年法 41 条及び 42 条で全件送致主義がとられているので、非行少年については、原則として検察官又は家庭裁判所に送致されるべきであるし、要件を満たす限り児童相談所に通告される。したがって、ここでの必要な措置とは、他機関による措置に至るまでの時間的空白を無為にしないために、まさに「時機を失することなく」行われる措置である。少年の健全育成のための任意措置であることに注意する必要がある。

○コラム19　全件送致主義

少年法41条・42条は、捜査機関は少年の被疑事件について捜査を遂げた結果、犯罪の嫌疑があるものと思料するときは、これを家庭裁判所に送致しな

ければならないと規定している。これを全件送致主義と呼んでいる。少年事件については、少年の処遇決定・手続の選択などは専門的な調査システムを有している家庭裁判所が行なう必要がある。そこで現行法は、警察における微罪処分制度や、検察官の起訴猶予裁量を少年法に持ち込まずに、むしろ、すべての事件の送致を義務づけたのである。

2　少年被疑事件の捜査

(1)　総　説

　少年被疑事件の捜査については、基本的に犯罪捜査規範第11章の少年事件に関する特則が適用される。すなわち、家庭裁判所に送致することを念頭において、少年の健全育成の精神に則って、他人の耳目に触れないように、取調べの言動に注意する等温情と理解をもって少年の心情を傷つけないように努めなければならないのである（犯捜規203条・204条）。呼出しを行う場合には、場所、時期、時間、方法等に配慮して、少年が無用な不安を抱かないようにしなければならないし、面接においても分かりやすい言葉を使って少年の話のよい聞き手とならなければならない。またやむをえない場合を除いて、保護者その他適切な者を面接に立ち会わせるのが原則である。

(2)　少年の身柄拘束

　少年の被疑者については、できる限り、逮捕、留置その他の強制措置を避けるべきであるというのが原則である（犯捜規208条）。もっとも、例外的に強制措置を決定する場合には、少年の年齢、性格、非行歴、犯罪の態様、留置の時刻等から当該少年に及ぼす精神的影響を判断して、執行の時期、場所、方法等について慎重に配慮しつつ、少年の心情を傷つけることがないようにしなければならないことになっている（留意事項第5-5）。そのために、少年（特定少年を除く）を留置する場合には、少年法49条1項に基づいて、成人と分離して収容するようになっているし、勾留についても、少年法48条によってやむを得ない場合でなければ許されないことになっている。このことは、子どもの権利条約37条、国連規則17条、19条、26条にも同様の規定があることから、国際的な人権水準であることがわかる。

　しかし、実際には、任意による実質的身柄拘束をはじめ、逮捕・勾留も多く行われていて、勾留場所には警察の留置場である代用監獄が利用されるのも珍しいことではないとの指摘もある（村山裕・伊藤俊克・宮城和博・山下幸夫編著『新版・少年事件の法律相談』29 頁以下（学陽書房、2008））。家庭裁判所に身柄付き（逮捕・勾留済）で送致される一般保護事件は、終局決定数中、2020 年には総数 1 万 9,000 件中の 4,000 件程度（約 21%）で、2012 年の総数約 4 万 1,000 件中の 8,000 件程度（約 19.5%）に比べて実数こそ減少したものの、送致率は依然として増加傾向にあることがわかる。国際人権基準に則って、少年の自由剥奪は最終手段として必要最小限の期間に限定する運用を確立する必要がある。

(3)　取　調　べ

　少年の被疑者について取調べを行うときは、原則として保護者等に連絡をすることになる（犯捜規 207 条）。そして、やむをえない場合を除いては、少年と同道した保護者その他適切な者を立ち会わせることに留意するような運用になっている。これは、少年に無用な緊張を与えることを避け、真実の解明のための協力や事後の効果的な指導教育の効果を期待するという趣旨に基づくものであり、保護者の他に、少年の在学する学校の先生、少年を雇用する雇主等が立会を認められる（留意事項第 5-4（2））。

　しかし、実際には、やむを得ない場合が広く適用されていて、少年事件の取調べで親・保護者の立会いが認められるのは争いのないあまり問題のない事例に限られているという指摘もある。また、立会いのない取調べでは、暴行、脅迫による自白の強要が後を絶たないことも指摘されている（日本弁護士連合会・子どもの権利委員会編『少年警察活動と子どもの人権』30 頁以下（日本評論社、1998））。少年は手続のあらゆる段階で弁護人依頼権を保障され、親・保護者は手続のあらゆる段階で立会権を保障されているのが、国際人権基準の到達点である（国連規則 7 条）。事案の重大性や少年の否認等にかかわらず、これらの権利を保障して少年の納得を得ることこそが、真に少年の健全育成に資する手続であると思われる。

(4)　事件の送致

　少年事件は全件送致主義によって処理されている。司法警察員は、禁錮以

上の刑にあたる事件については検察官に送致しなければならないし（少40条）、罰金以下の刑にあたる事件の場合には、捜査を遂げた結果、家庭裁判所に直接送致することになっている（少41条）。ただし、特定少年については直接送致することはできない（少67条1項）。

　前者の場合は、犯罪を捜査した場合は、速やかに書類及び証拠物とともに事件を検察官に送致することになる（刑訴246条）。この場合、検察官に勾留請求を求める場合には、送致前に検察官に電話連絡をして、「少年被疑者の勾留請求と勾留場所についての連絡書」を作成する実務が行われている（前掲・『少年事件捜査等一件書類作成の手引き（改訂版）』15頁）。なお最終的には、検察官が捜査を遂げたうえで、事件を家庭裁判所に送致することになる（少42条）。一方で後者のいわゆる「家裁直送事件」の場合は、原則として勾留はとられない。身柄付きで直送する場合には、逮捕後48時間以内に、身柄と送致書類を家庭裁判所に届けなければならない。

　書類としては、検察官送致の事件の場合、少年事件送致書、現行犯人逮捕手続書（現行犯の場合）、弁解録取書、被疑者供述調書、参考人供述調書、被害届、実況見分調書、非行歴照会結果報告書、補導歴照会結果報告書、身上調査票等が作成される（前掲『少年事件捜査等一件書類作成の手引き（改訂版）』46頁以下）。

　なお、実務上、事件が数個に及んだり、共犯者がいる場合、年齢切迫少年である場合の扱いが問題となる（以下、前掲『少年事件捜査等一件書類作成の手引き（改訂版）』12頁以下を参照）。

　まず、数個の少年事件が関連する場合は、禁錮以上の刑と罰金以上の刑が含まれていても、これらを一括して検察官又は家庭裁判所に送致することになる。つぎに、共犯による複数の少年事件が関連している場合は、一方が禁錮以上で他方が罰金以下の場合は、各別に検察官又は家庭裁判所に送致されることになる。その際には一方の事件の記録の謄本又は抄本が添付される。さらに少年事件と成人事件が関連する場合には、各別の記録として分離して送致することになる。この場合、成人事件において少年事件の記録が必要なときは、書類の謄本又は抄本を添付する。

　年齢切迫少年については、できるかぎり速やかに捜査を遂げて、検察官に

送致しなければならないので、実務上は、事前に電話連絡するとともに、送致記録に年齢切迫少年である旨の付箋が付けられる運用になっている。なお、年齢切迫事件とは、身柄事件で20日後、在宅事件で2ヶ月後、簡易送致事件で3ヶ月後に、それぞれ成人に達する事件を指すのが一般的である。

(5)　簡　易　送　致

少年事件については、最高裁判所、最高検察庁及び警察庁の三者協議に基づいて、いわゆる簡易送致が行われている。事実が極めて軽微であって、犯罪の原因及び動機、当該少年の性格、行状、家庭環境等からみて再犯のおそれがなく、刑事処分又は保護処分を必要としないことが明らかな場合に認められる。具体的には、窃盗・詐欺、横領等で、被害額がおおむね1万円以下のもの、暴行事件に関しては、犯情が軽微なものなどに適用がある。もっとも、凶器を使用した場合、被疑事実が2個以上ある場合、過去2年以内に家庭裁判所に送致された経験がある場合（簡易送致を除く）、被疑事実を否認している場合などは通常送致によらなければならない。

簡易送致については、その運用のあり方によっては、実質的に全件送致主義の原則に反するのではないか、要保護性の判断を実質的に警察にまかせることにならないかとの批判がある（平場安治『少年法』156頁等（有斐閣、新版、1987））。これについては、被疑者ごとに「少年事件簡易送致書」を作成して、原則として1ヶ月毎に一括して、検察庁（禁錮以上の刑にあたる場合）又は家庭裁判所（罰金以下の刑にあたる場合）に送致しているので、同原則には反しないし、最終的には家庭裁判所でチェックされているので要保護性判断にも問題がないとするのが通説である。なお、警察署には、少年事件簡易送致書、捜査報告書、請書、供述調書、身上調査表等が保管される（前掲『少年事件捜査等一件書類作成の手引き（改訂版）』132頁以下）。

また軽微な事件の処理に関して、警察庁が、2005年度及び2006年度にモデル・パイロット事業として、修復的司法の考え方を採り入れた「少年対話会」を実施したことが注目される。これは、保護処分や刑事処分を要しないと認められる犯罪少年による事件を対象として、警察職員が司会者となり、非行少年、保護者、被害者等に対話の機会を提供するカンファレンスである。これによって、少年にとっては非行後の早期の段階で内省を深める機会

が与えられるとともに、被害者にとっては少年に自らの思いを知ってもらう機会が与えられることになる。実施にあたっては、当事者の参加の任意性の確保、秘密の保持、事前準備・フォローアップにおけるきめ細かな対応、関係職員の研修の確保などが重要な問題として意識されている。2007 年に各都道府県警察で制度化されたが、実務上の運営はごく少数にとどまっている。

3　触法事案の処理

(1)　総　説

触法少年は 14 歳未満で刑事責任がないので、被疑者として、逮捕、捜索、差押、検証を行ったり、刑事訴訟法に基づく取調べを行うことは許されない。触法少年は第一次的には児童相談所の措置に委ねるのが法の要請するところである（少 3 条 2 項）。もっとも、児童福祉法上は触法少年に関する独自の規定があるわけではないので、保護者がないか又は保護者に監護させることが不適当であるなどの要保護事実がある場合（児福 25 条）に限って、児童福祉法上の措置がとれる。保護者に監護させる場合が適当である限り、「署限りの措置」がとられるわけである。

(2)　触法事案の調査

触法事案に対する調査活動については、従来、少年法及び児童福祉法の明文に規定がなかったが、2007 年 6 月の少年法改正によって明文上の根拠を持つことになった（少 6 条の 2）。調査は少年の情操に配慮して、健全な育成に資することを目的として行なわれる。警察官は、少年、保護者を呼び出し、質問することができるし（少 6 条の 4、少警規 15 条）、必要がある場合は、押収、捜索、検証、鑑定嘱託の強制処分を行なうこともできる（少 6 条の 5、少警規 21 条）。これによって、法的根拠をもった調査が可能になり、強制処分も可能になったので、証拠資料の収集は改正前よりも容易になったことは確かである。もっとも、このことによって触法少年のプライバシーや心情を損ねることがあってはならないので、その運用にあたっては細心の注意を払う必要があるのはいうまでもない。その意味でも、調査にあたって、少年の付添人が選任されることは極めて重要である（少 6 条の 3、少警規 19

条）。

(3)　触法事案の通告・処理

　触法少年を児童相談所に通告するにあたって判断されるのは、少年自身の性格・行状、事案の軽重、そして保護者の監護能力である。これらを総合的に判断して、保護者に監護させることが不適当な場合には一般的な書類通告としての要件を満たすことになる（以下、前掲『少年事件捜査等一件書類作成の手引き（改訂版）』18 頁以下を参照）。

　もっとも、保護者がいない場合、再非行のおそれが極めて強い場合、保護者が収容を希望して警察もその必要性があると判断する場合など、少年を一時保護する必要があると認められるときは、児童相談所長に電話連絡して同人から一時保護の委託を受けて保護することもある。身柄通告である。この場合には、原則として 24 時間を限度として保護室で保護し、必要な調査を行った後に身柄を児童相談所の指定する一時保護所に引き渡すことになる。

　いずれの場合も、答申書、触法事案調査報告書、少年事件処理簿、児童通告書等の関係書類を作成する。

　なお、法改正によって、触法少年による故意の致死事例、死刑・無期・短期 2 年以上の懲役・禁錮に当たる事例等については、調査書類とともに児童相談所長に送致された後に（少 6 条の 6、少警規 22 条）、同所長から家庭裁判所に送致されることになった（少 6 条の 7）。触法重大事例は原則として家庭裁判所での審判に付されることになったのである。

4　虞犯事案の処理

(1)　総　　説

　虞犯は少年法に特有の概念である。未だ犯罪を行っていないが、犯罪的危険性があるので、早期発見、早期治療の原則によって、少年保護の目的を達成するために設けられているものである。虞犯事案の処理は将来の犯罪予測をもとに一定の処分を行うことになるので、少年の人権に配慮した、より慎重な対応が必要になる。

(2)　虞犯の要件

　少年法 3 条 1 項 3 号に掲げられた虞犯の要件は、虞犯事由と虞犯性であ

る。虞犯事案として処理するにあたって、警察はこれらの要件を具備するか否かをまず判断しなければならない。

　虞犯事由は、イ．保護者の正当な監督に服しない性癖のあること、ロ．正当な理由がなく家庭によりつかないこと、ハ．犯罪性のある人等と交際し、又はいかがわしい場所に出入りすること、ニ．自己又は他人の徳性を害する行為をする性癖があることの4つである。イについては家出・外泊を繰り返す者、ロについては非行集団のたまり場を転々として家庭に寄りつかない者、ハについては暴力団、ぐれん隊と交際し、事務所等に出入りしている者、ニについてはパチンコ、麻雀、飲酒等にふけっている者などが考えられる（前掲『少年事件捜査等一件書類作成の手引き（改訂版）』27頁）。

　もちろん、これに加えて虞犯性（罪を犯すおそれ）がなければ事案処理はできない。虞犯性は、実務上、少年の性格、環境等から判断される（前掲『少年事件捜査等一件書類作成の手引き（改訂版）』29頁）。性格については、凶暴性、爆発性、自己顕示性、気分易変性といった性格、特に反社会的な性格か否かが判断の対象となる。環境については、家庭環境、職場環境、地域環境が問題とされるが、特に不道徳家庭、監護能力欠如家庭、放任家庭か否かが判断の対象となる。もっとも、虞犯性については「ある程度具体性をもった犯罪の蓋然性があることを要する」とするのが判例（名古屋高判昭46・10・27家裁月報24巻6号66頁）の立場であるので、より具体的な犯罪予測ができない限り虞犯性は否定されることになる。

(3)　虞犯事案の処理

　虞犯事案に対する調査活動についても、その法的根拠が曖昧であるので、2007年の少年法改正で議論されたが、少年法上、警察の強制調査権限を付与することは認められなかった。もっとも、少年警察活動規則27条以下で、虞犯調査に関する規定が設けられることなり、警察実務はこれに基づいて行われることになった。

　虞犯少年の身柄に関する措置については、警察官職務執行法上の保護権限以外に特別の一時保護権限があるわけではない。児童相談所に通告するものについては触法少年同様に一時保護の委託に基づく保護が可能になるだけである。

虞犯少年を送致・通告する根拠は少年法6条、41条、児童福祉法25条および少警規33条にある。14歳未満の虞犯少年については、家庭裁判所は児童相談所から送致があったときに限って審判に付することができるので、警察は、児童福祉法25条の要保護性がある場合には児童相談所に通告しなければならない。14歳以上18歳未満の虞犯少年については、要保護性の強いもの（情状が悪く逃走癖がある場合）については家庭裁判所に送致し、要保護性が比較的軽く児童相談所の取り扱いに委ねる方が処遇の効果があがると判断されるものについては児童相談所に通告することになる。

また、虞犯事件処理においては、少年事件送致書（家裁送致の場合）、虞犯事件調査報告書、申述書、非行歴照会結果報告書等を関係書類として作成する。

5 不良行為少年の補導

(1) 総　説

不良行為少年とは、非行少年には該当しないが、飲酒、喫煙、深夜はいかいその他自己又は他人の特性を害する行為をしている少年のことである（少警規2条7号）。不良行為に該当するとして実際に補導の対象となる行為には、薬物乱用、粗暴行為、刃物等所持、金品不正要求、金品持ちだし、家出、無断外泊、怠学などである。

(2) 不良行為少年に対する措置

不良行為少年に対する措置としては、現場限りの措置、連絡措置、引き渡し、所持物件についての措置に分けられる。現場限りの措置以外については少年補導票が作成される。

現場限りの措置は、不良行為が単純かつ軽微なもので、その場限りの助言や注意で補導目的が達成できるような事例の場合に行われる。その際には、少年に反省を促して再び不良行為を行わないように訓戒をするのが一般的である（以下、前掲『少年事件捜査等一件書類作成の手引き（改訂版）』35頁以下を参照）。

連絡措置は、保護者、学校の教員、職場の雇い主に、不良行為の概要、原因などを知らせることによって注意を喚起し、その理解と協力を得て補導の

実効性を高めるために行われる。家庭連絡、学校連絡、職場連絡に分けられるが、通常は電話連絡によって少年係の警察官が行う。

　引き渡しの措置は、警察官職務執行法 3 条を根拠に保護者等に引き渡す場合の他、少年の非行防止の観点から直接の引き渡しが適切であると判断される場合に行われる。例えば、家出少年、自殺のおそれのある少年、飲酒等により歩行困難な少年、多額金品持ちだし少年などがこれにあたる。引き渡しの際には、少年、保護者等に適切な指導を行うのが一般的である。

　補導した少年が所持する物件について、非行防止上、そのまま所持させておくことが適当でないと認められる場合は、任意の処分を促すことになる。刃物類、有害な図書、たばこ、酒類、ライターなどがこれにあたる。保護者の了解を得て廃棄する場合もある。

　なお、不良行為少年の補導に関する法的根拠は、すでに述べたとおりである。

(3)　少年非行防止法制の動向

　ところでこの不良行為少年の補導に関しては、その早期発見・早期対応による非行防止という観点から、警察庁の主導によって開催されてきた「少年非行防止法制に関する研究会」が 2004 年 12 月に「少年非行防止法制のあり方について」と題する提言を発表している。その主要な提言内容は、①少年補導に関する手続の明確化、②「不良行為少年」の定義、③警察職員等による補導措置の明文化である。以下ではこの 3 点について検討しておくことにする。

　①は、現状でその法的根拠とされている警察法、警察官職務執行法の不明確さを解消して、新しい法令で明文をもって「警察職員等による補導手続」を定める提言である。ここでは、少年法、児童福祉法とは別の法体系での立法化が想定されている。しかし、これは少年法、児童福祉法による専門的保護機能を実質的に潜脱する形で、警察の「保護・教育」機能を法律によって認めることを意味しないだろうか。

　②は、少年警察活動規則 2 条 6 号で規定されている不良行為少年の定義を法律レベルでより詳細に規定しようとする提言である。しかし、これも本来的に少年に対する専門的な保護・教育機能を法律によって与えられていない

警察に、「ごく初期の段階の非行（＝不良行為）」についての保護・教育を行う法的根拠を与えるものではないだろうか。実質的には少年法以外の法律に非行概念を拡張することになるように思われる。

　③は、①及び②を前提として、実際の補導の際に警察がとれる措置（＝行動）を法律に明文化しようという提言である。不良行為少年に対する質問、必要な指導・助言、適当な場所への同行、所持物品の一時預かり、警察署での一時保護などの権限を法律で規定しようというものである。しかし、これは、現在、任意で行われている物品の一時預かり、警察官職務執行法3条の保護の観点から行われている同行、一時保護を新たな法律で明文化する提言であるので慎重な議論が必要である。これらが明文化されると、法的根拠をもとに、少年に対して「強制的」に同行、一時預かり、一時保護が行われるようになることも懸念される。もっとも、すでに条例レベルではこれらのことは行なわれている（例えば、奈良県少年補導条例）。

5　被害少年・要保護少年・被虐待児童の保護

1　総　説

　犯罪の被害を受けた少年（福祉犯による被害少年も含む）、保護者がない又は保護者に監護させることが不適当であると認められる少年、そして虐待を受け又は受けているおそれのある少年の保護活動については、関係行政機関への連絡、保護者・関係者への助言、少年に対するカウンセリングなどが行われている。これらの少年の保護も警察の重要な役割となっている。

2　被害少年についての活動

　警察は、現在、組織をあげて被害者対策に乗り出しているが、少年が犯罪の被害者である場合には、その情操保護に特別の配慮が必要となる。

　まず被害少年に対しては適切な助言を行うなど必要な支援がなされなければならない（少警規36条1項）。必要な支援としては、具体的に、現場における助言、関係各機関の紹介、再び被害に遭わないような指導などがなされている（前掲・『注解・少年警察活動規則』116頁以下）。そして、少年被害対

策一般については、部外専門家・ボランティアとのネットワークの構築、少年相談の充実・強化、捜査過程における被害少年の2次被害の防止、被害少年の観点に立った犯罪への取り組み強化等が目指されている（「被害少年対策の推進について」平成23年7月7日付け警察庁丙少発第18号）。

　また被害少年の精神的打撃の軽減を図るために必要である場合には、保護者の同意を得た上で、カウンセリングの実施、関係者への助言その他継続的な支援を実施することができる（少警規36条2項、「被害少年に対する継続的支援の実施について」平成23年7月7日付け警察庁丁少発第148号）。ここで保護者の同意が要件とされているのは、カウンセリングなどの継続的支援を行うことが被害少年のプライバシーに関わることが多いからに他ならない。さらにこの継続的支援については学校や地域のボランティアと行うことが効果的である場合もあるので、適切であると判断されるときには、学校関係者やその他の適当な者と協力して実施できる仕組みになっている（少警規36条3項）。この場合にも同様の理由で保護者の同意が要件とされている。

3　福祉犯の被害少年についての活動

　福祉犯としては、援助交際に起因する児童買春等の事件（児童買春4条乃至8条違反）、風俗営業にかかる18歳未満の者の使用（風俗営業適正化法50条1項4号乃至9号）、20歳未満の者に対する酒類又は煙草の提供（20歳未満の者の飲酒を禁止する法律3条、20歳未満の者の喫煙を禁止する法律3条・5条違反）などがあげられるが、いずれも加害者・被害者共に害悪認識が薄いのが特徴である。特に児童買春等の被害者の場合には、被害認識が希薄であるので保護の必要性は高いと言わなければならない。したがって、警察には、当該犯罪に対する捜査や少年警察活動規則14条の支援の他に、再被害防止のための措置として、保護者や学校関係者に配慮を求めたり、関係行政機関に連絡して必要な行政処分等を促すことが求められている（少警規37条）。これによって、例えば児童買春の被害を受けた少年については、保護者と学校が協力して再び被害に遭わないように話し合う機会が持たれることになる。

4　要保護少年・虐待を受けている児童についての活動

　要保護少年とは、児童虐待を受けた児童、保護者のない少年その他の児童福祉法による福祉のための措置又はこれに類する保護のための措置が必要と認められる少年のことである（少警規 2 条 9 号）。

　要保護少年については、児童福祉法 25 条に基づく通告及び同法 33 条 1・2 項の規定による委託を受けて行う一時保護を適切に実施するために、本人やその保護者に対する助言、学校その他関係機関への連絡その他必要な措置をとることが重要である（少警規 38 条）。なお、通告が必要と認められる少年については、少年事案処理簿に事案処理の状況が記載され、その適正処遇及び健全育成が期される（前掲『注解・少年警察活動規則』124 頁）。

　また児童虐待については、2000（平成 12）年に児童虐待防止法が制定されたことにも鑑み、その対応の重要性は警察内部でも認識されている。児童虐待を受け、又は受けているおそれのある児童については、児童相談所その他の関係機関と緊密な連携を保って、児童に対するカウンセリング、保護者に対する助言・指導などの支援を行うことになっている（「児童虐待への対応における取組の強化について」平成 24 年 4 月 12 日警察庁丁少発第 55 号）。そして児童虐待防止法 10 条に基づく援助要請があった場合には、その要請をした者と適切な役割分担をして必要な措置をとることになる（少警規 39 条）。

○コラム20　**児童虐待防止法**

　児童虐待に関する社会の関心が高まる中、従来の児童福祉法では児童虐待に対する対応が十分ではないという認識で、2000年に議員立法によって児童虐待防止法が制定された。この法律は、児童虐待が児童の人権を著しく侵害し、その心身の成長及び人格の形成に重大な影響を与えるものであるので、児童虐待の禁止、児童虐待の予防及び早期発見、児童虐待を受けた児童の保護及び自立の支援のための措置等を定めている。これによって児童虐待の防止に関する施策を促進することを目的としているのである。同法10条では、児童虐待を受けたとして児童相談所が通告を受けた児童の安全確認又は一時保護のために、児童相談所長は警察に援助を要請することができると規定している。この場合、警察は警察官職務執行法等に基づいて必要な措置をとることができる。2004年 4 月の同法改正では、ドメスティック・バイオレンス

（DV）との関連の明確化、通告対象の範囲の拡大、子どもの自立支援の必要性の明記などが達成された（後藤弘子「児童虐待防止法の改正とその問題点」現代刑事法65号54頁以下（立花書房、2004）参照）。また、2007年6月の同法改正では、裁判所の許可に基づく児童相談所の強制的立ち入り、保護者の児童へのつきまといを罰則つきで禁止することなどが認められるようになった。さらに2016年の改正により、しつけを名目とする児童虐待を禁止し、臨検・捜索手続を簡素化することで、虐待児の保護を迅速に行うことができるようになり、2017年の改正により、虐待を受けている児童等の保護に対する指導への司法関与、家庭裁判所による一時保護の審査の導入などが新設された。

5　その他の活動

　2013年6月に「いじめ防止対策推進法」が制定されたことから、学校におけるいじめ問題について警察が法的根拠を持って関わる機会が増大しつつある。学校におけるいじめ問題については学校教育において対処するのが大前提であるが、同法は、各地方公共団体にいじめ問題対策連絡協議会を設置して構成組織に都道府県警察を置くこと（第14条）、学校にいじめ行為が犯罪行為、触法行為に及ぶ場合は所轄警察と連携して対処すること（第23条6項）をそれぞれ求めている。これを受けて各都道府県警では、必要に応じて連絡協議会に参加して学校と日頃から緊密に情報共有できる態勢の構築に努めたうえで、学校から相談や通報を受けたいじめ及び警察自ら把握した事案について、事案の重大性や緊急性、被害少年及びその保護者等の意向、学校等の対応状況等を踏まえ、警察としてより一層適確な対応を行っている（「いじめ防止対策推進法の施行について」平成25年9月26日警察庁丙少発第20号）。また、いじめの防止、早期発見、対処という観点から、警察官経験者であるスクールサポーターの役割が増大しており、インターネット上のいじめへの対応も強化されている（「いじめ防止基本方針の改定について」平成29年3月29日警察庁丁少発第74号）。

○コラム21　いじめ防止対策推進法

　2011年滋賀県大津市立中学校の当時 2 年生の男子生徒が同級生によるいじめを苦に自殺した事件を契機として、2013年 6 月の第183回通常国会で議論のうえ可決成立した。法律によって「行為の対象となった児童が心身の苦痛を感じているもの」をいじめと定義（第 2 条）し、これを禁止した（第 4 条）。そのうえで、いじめを受けた側の児童を被害児童としてその生命・身体を保護する（ 3 条 3 項）とともに、いじめを行った児童を加害児童として指導、懲戒（25条・26条）、警察通報の対象とする（23条 6 項）ことを明記した。学校におけるいじめ問題に警察が深く関わることを許容する本法に対しては、教育現場におけるいっそうの教育力低下を招くとの批判もある（山口直也「いじめ問題に対する少年司法の課題」＜教育と社会＞研究23号 3 頁以下（一橋大学〈教育と社会〉研究会・2013年））。

参考文献
・大塚尚著『少年警察ハンドブック』（立花書房、2018 年）
・少年実務研究会編著『少年事件捜査等一件書類作成の手引き』（立花書房、2008）
・丸山直紀著『注解・少年警察活動規則』（立花書房、2008）
・荒木二郎監修『逐条解説・少年警察活動規則』（立花書房、2003）
・日本弁護士連合会子どもの権利委員会編『少年警察活動と子どもの人権』（日本評論社、新版、1998）

（やまぐち・なおや）

第 **8** 講 ● 家庭裁判所の役割

キーワード

全件送致主義／調査前置主義／簡易送致、ダイバージョン／
インテイク／観護措置／少年鑑別所／家庭裁判所調査官／付添人

1 家庭裁判所の意義

1 家庭裁判所の誕生

　日本国憲法の制定とともに推進された戦後の司法改革のひとつの成果は、わが国に家庭裁判所を誕生させたことである。1949（昭和 24）年 1 月 1 日のことである。これまでの「家事審判所」と「少年審判所」とを統合したものであり、家庭内における紛争と少年非行との密接な関連を考えると、家族関係にかかわる問題と少年の行動をめぐる問題とのいずれにも精通した、かつ温かみのある司法機関を生み出すことは、日本国憲法の精神にかなったものであり、基本的人権を尊重するとともに社会福祉的かつ教育的な性格をもった新しい裁判所として歓迎されたものであった。

　家庭裁判所は、①家事事件手続法で定める家庭に関する事件の審判及び調停、②人事訴訟法で定める人事訴訟の第一審の裁判、③少年法で定める少年の保護事件の審判を所管する（裁判所法 31 条の 3）。少年事件の審判はもとより重要であるが、家庭裁判所の仕事の一側面である「少年の健全な育成を期し、非行のある少年に対して性格の矯正及び環境の調整」を行うという任務（少 1 条）は、家庭裁判所が、少年非行の調査段階から審判にいたるまで、人間諸科学の専門的知見を活用して、少年や少年の周囲の人々に教育的働きかけをすることに適している機関であることから掲げられたものである。家庭裁判所は、その発足当初によくいわれたように、「家庭に光を少年に愛を」というスローガンの示す性格を有するもので、それは家庭裁判所の特徴をよ

く表すものであり、「やさしさ」と「科学的知見」の両面が備わった司法機関である。

　今日においてもなお、子どもの成長にとって重要な家庭環境に早期に光をあて、たとえば虐待を加える親や養育を放棄する親に対する司法的対応が必要な場合がある。少年非行の背景には、こうした親の養育態度が存しており、場合によっては、親権への介入など強い姿勢をもって、子どもの成長発達を支える役割が家庭裁判所に課されている。家庭裁判所が少年の後見的立場に立つとは、この意味でもある。児童虐待防止法が、家庭裁判所に、児童相談所の対応への司法的裏づけを与えるのも、さらにまた、非行のある少年の親に向けて一定の説示と指導を示すのも、家庭裁判所の役割である（少25条の2）。

2　家庭裁判所の専門家たち

　家庭裁判所には、「やさしさ」と「科学的知見」を駆使するために次のような専門家たちが集っている。コミック本『家栽の人』（毛利甚八、小学館）は、家庭裁判所に登場する人間模様をよく著していて参考になる。

○コラム22　「家栽の人」

　家栽は、家裁にあらず。「裁判所」ではなく、「栽培」すなわち「子どもを慈しみ育てる場」に通じるとする思いが本作品の作者にある。園芸や自然の草花に関心をもつ判事桑田義雄が家庭裁判所で出会う事件を中心に、家栽に送致された少年たちの背景にあるものをエピソード風に盛込みつつ、淡々と描写されてゆく。コミックとはいえ「子ども」や「家庭」「人間関係」を見る目は、少年事件や少年審判を考える原点ともいえるものをにじみ出させている。若き家裁調査官の葛藤や書記官との人間模様など、家庭裁判所で働く人々の思いもふんだんに描かれる。本作品が発表された80年代は、「戦後第3の非行の波」の時期にあたり、家庭裁判所の機能を再度確認する必要に迫られたときでもあったが、それは今日でも同様であり、十分読み応えのあるものである。家庭裁判所入門書として、勉強の合間に是非一読してほしい作品である。『家栽の人1〜10』（毛利甚八作、魚戸おさむ画、小学館文庫）

---

(1)　家庭裁判所裁判官

　家庭裁判所裁判官は、少年事件について長年の経験をもち、少年の人間性や人権に配慮でき、少年や少年を取り巻く周囲の状況の問題性を見抜いて、適切な保護的対応を行うことができる裁判官である。家庭裁判所裁判官は、地方裁判所と同様に「判事」および「判事補」で構成されるが（裁31条の2）、「懇切を旨として」、「和やかに」（少22条）審判を行うよう、単独で事案の審理にあたることが原則であり、ケースワーカーとしての役割も担わされる。判事補は単独で裁判を行い得ないのであるが（裁27条1項）、少年審判の特性から判事補でも「第20条の決定（検察官送致）以外の裁判は、判事補が一人でこれをすることができる」（少4条）ことになっている。ただし、平成12年の少年法一部改正により、複雑な事案で判断が困難であると思われる場合には、3人の合議体（うち1人が裁判長）での審理が可能になった（裁31条の4第2項）。適切な判断のための裁定合議制の導入であるが、少年にとっては抑圧的な雰囲気が生まれ、「和やかに」行われる審判とはいえなくなるおそれもあることに注意しておくべきだろう。

　さらに、平成20年の改正により、故意の犯罪行為の結果、被害者を死傷させた12歳以上の事案について、当該少年の健全育成を妨げるおそれがないことや、弁護士である付添人の意見を聞くこと（少22条の5）など、厳しい条件のもとであるとはいえ、少年審判の様子を被害者等が傍聴することが認められることになった（少22条の4）。少年審判の進行とその雰囲気が、今後ますます刑事裁判のそれに近づいていくのではないかという不安が生じるところである。

　少年審判は、厳格な証拠主義や、対審的構造をもつ刑事事件の裁判とはまったく異なるものであるので、本来、家庭裁判所裁判官と刑事法廷の裁判官とは資質面でも違いがあるべきものである。ただし、現状では、大都市部の家庭裁判所の場合には、こうした裁判官の専門性が活かされることもあるが、地方の小中都市の家庭裁判所は、少年部と家事部の区分どころか、民刑事との区別もなく執務している。理念と現実との乖離がある。

(2)　家庭裁判所調査官

　家庭裁判所調査官（以下「家裁調査官」）は、家事事件の調査と並んで少年

事件の調査を担当する。事件当事者（少年）の生活歴や家庭・学校・地域
（近隣）での状況、保護者の生活状況（いわゆる「保護環境」）といった「社会
調査」や、少年自身の性格や将来の更生可能性に関し少年を保護する必要性
があるか否か（「要保護性」の判断）をするための調査を行う。少年と面接し
て行われる調査には、ケースワーク的な機能も付せられている。少年の閉ざ
された心をゆっくりと開き、問題の奥深いところに共鳴して、少年に語らせ
てゆく仕事は、生半可なものでは勤まらない。したがって、家裁調査官の資
質として、心理学や社会学、教育学、社会福祉学などの人間諸科学の知見が
求められのは当然のこと、それ以前の人間性が要求されることになる。家裁
調査官は、自らが収集した資料や少年鑑別所の処遇意見などをとりまとめ
て、裁判官が審判を進めてゆくうえで重要な補助的役割を担っている。

　少年法上、家裁調査官の担うべき職務として、審判に付すべき少年を発見
した場合の報告（7条）、事件の調査（8条）、被害者の意見聴取（9条の2）、
同行状の執行（13条1項）、観護（17条1項1号）、試験観察（25条1項）、決
定の執行（26条1項）がある。

(3) 付添人

　刑事事件の被告人に弁護人がつく光景は誰もが知るところである。弁護人
依頼権が憲法上の権利（憲法37条3項）であることから当然の光景である
が、少年事件の審判には弁護人は見られない。しかし、少年を保護する手続
きであるとはいえ、おびえきった少年の代弁者・補助者として、あるいは少
年審判が適正に進行するための監視者として付添人をおくことが認められて
いる。付添人となる者は弁護士である必要はない。保護者自身であっても、
教師であっても、心理カウンセラーであってもよい。付添人には、少年また
はその保護者が家庭裁判所の許可を得て依頼する場合と、許可を要しない弁
護士を選任する場合（少10条1項）、そして保護者が家庭裁判所の許可を得
て付添人になる場合とがある（少10条2項）。弁護士である付添人は3人を
超えてはならない（少審規14条1項）。未熟な少年の捜査段階での対応は、
非行事実の認定を不確かなものにしてしまう危険があるが、付添人がいれば
より適切な審判が行われる可能性は高い。しかし、従来少年審判という保護
手続において付添人がつくケースは稀であった。2000年の改正で、「事実認

定手続の適正化」が促進され、検察官が審判に関与を認められたケースについては（少22条の2第1項）、弁護士である国選付添人を付すことが義務づけられることになった（少22条の3第1項）。さらに2014年の改正により、検察官関与事案が拡げられたことで、国選付添人を付す事件の範囲も「死刑又は無期若しくは長期3年を超える懲役若しくは禁固に当たる罪」に拡大されている。具体的には生命侵害事件や放火、強盗、強姦などに加え、新たに傷害、窃盗、詐欺なども対象となった。

　付添人には、記録・証拠物閲覧権（少審規7条2項）や家庭裁判所の行う証人尋問・鑑定・通訳・翻訳（少14条）および検証・押収・捜索（少15条）にかかわる権利を有するのはもちろんのこと、審判出席権（少審規28条4項）、証拠調べの申立権（少審規29条の3）、少年への発問権（少審規29条の4）、意見陳述権（少審規30条）、抗告権（少32条）、再抗告権（少35条）などが認められている。

(4)　専門家以外の当事者

(a)　保護者　少年法上の「保護者」とは、当該少年に対して法律上監護教育の義務のある親権者および現に監護する者である（少2条2項）。保護者は、少年の権利擁護者としての地位をもつとともに、少年を保護し健全に育成する責任者として保護環境を構成する重要な立場に立つ。保護者は、審判に出席する権利をもつとともに（少審規25条）、義務を有する（少11条1項）。呼び出しに応じない保護者に対しては「同行状」が執行される（少11条2項）。少年法は、保護者に付添人選任権・就任権（少10条）のほか、抗告権（少32条）、再抗告権（少35条）、意見陳述権（少審規30条）などの少年の権利擁護者としての諸権利を認めているが、その反面、少年の非行に責任を負うべきものとして、家庭裁判所による訓戒・指導その他適当な措置を受ける対象ともする（少25条の2）。保護環境の調整を行うことも少年法の目的であることからすれば（少1条）、当然のことである。

(b)　検察官　戦後の少年法は、犯罪の捜査・立証を行う検察官を徹底して排除してきた。戦前の「大正少年法」との大きな違いである。せいぜい、事件送致に際して「少年院送致がのぞましい」、あるいは「刑事事件として検察官送致（いわゆる「逆送」）の決定が適当である」といった「処遇意見」

を付するに留まっている。家庭裁判所だけが、非行のある少年への処遇を検討する専門家組織という位置づけであるので、検察官が少年事件に関与することは遮断され、事件は、全て家庭裁判所に送致されるという原則が確立されたのである（全件送致主義：少 41 条および少 42 条）。検察官の「処遇意見」も、審判結果を見ると、「検察官送致」などの厳しい対応については、その半分以上が空振りに終わっている。保護主義の「聖域」に検察官が近づくことは微塵も許されなかったのである。

○コラム23　大正少年法

　20世紀のはじめは、世界に少年裁判所運動が展開された時期である。わが国でも1907年、マサチューセッツ州少年裁判所を視察した穂積陳重博士が「米国の小供裁判所」と題する講演を行い、以後少年法制定の動きが展開され、1922（大正11）年、最初の「少年法」が誕生した。大正少年法の下では、当初東京と大阪の２カ所に「少年審判所」が置かれたが、その後全国８カ所に拡張された。少年年齢は18歳未満とされた。少年の刑事事件は、検察先議であり原則的に刑事手続がとられたが、教育改善のための特則も認められ、かつ少年審判所へ送致して、保護処分を付す道を設けた。保護処分としては、訓戒、学校長訓戒、書面誓約、保護者引渡し、寺院等保護団体委託、少年保護司観察、感化院送致、矯正院送致、病院送致があった。

　しかし、2000（平成 12）年の少年法改正では、全件送致主義の否定を意味する「検察官先議」へと回帰しなかったとはいえ、16 歳以上の少年による故意の生命犯罪については「原則逆送」とする規定が新設され（少 20 条 2項）、事実認定の適正化を目的として少年審判に検察官を出席させる道をひらくこととなった（少 22 条の 2）。故意の生命犯罪のほか、死刑又は無期若しくは短期 2 年以上の懲役・禁錮にあたる罪については、家庭裁判所が必要と判断すれば検察官の審判への出席が可能となったのである。検察官は、審判の場において当該少年および証人その他の関係者に対して発問し、意見を述べることができる（少 22 条の 2 第 3 項）。この場合に「付添人」が立会うことはすでに述べたが、少年審判のありようが、事実認定に限られた場合とはいえ揺らいでしまった観は否めない。さらには、2021（令和 3）年の改正

により、18歳・19歳の「特定少年」について原則逆送事件の範囲は強盗や強制性交、放火事件などにも拡大した（少62条2項2号）。

2 家庭裁判所の事件受理

1 保護手続のはじまり

　家庭裁判所の保護手続は、「通告」「報告」「送致」によってはじまる（不告不理の原則）。「通告」とは、違法行為など家庭裁判所の審判に付すべき少年を発見したものが何人であれ、家庭裁判所に対して行うべきとされるもので（少6条）、書面または口頭で、審判に付すべき事由のほか「少年及び保護者の氏名、年齢、職業及び住居並びに少年の本籍を明らかにする形で行われる（少審規9条）。これは、少年の健全育成という社会的責任を、保護者および一般人に向けて発するものである。また、保護観察の処分を受けた少年につき新たに虞犯性が認められる場合に保護観察所長によってなされる通告もある（更生68条1項）。「報告」とは、調査官が行う配偶者間暴力などの調査や他の少年事件の調査に際して、審判に付すべき少年を発見した場合に、調査官によって行われるものをいう（少7条）。「送致」には、罰金以下の刑にあたる犯罪の嫌疑にかかわる事件に関し行われる司法警察員の送致（少41条）や、それ以外の犯罪の嫌疑にかかわる事件について行われる検察官の送致（少42条）、14歳未満者の触法行為および虞犯行為について都道府県知事又は児童相談所長から行われる送致（少3条2項）がある。

　これらの通告・報告・送致を受けた家庭裁判所は、自己の管轄にあるものと認めるときはこれを受理し、後述の「観護措置」などの決定を行うとともに、調査官に受理事件の調査を行わせるのが通例である。審判前にこの調査を行うのは、非行の早期発見と早期処遇が非行のある少年の更生保護に役立つばかりでなく、非行のない少年をいたずらに司法の手にゆだねないためである。少年への対応は、迅速さが鍵である。これに資するため、審判に先立って「調査」を行うとする「調査前置主義」がとられている。調査の結果、非行事実が存在しないなど、審判に付すべき事由がない場合には「審判不開始」の決定がなされることになる（少19条1項）。家庭裁判所が受理した一

般保護事件のうち、例年5割を超えるものが「審判不開始」として処理されている。

2 保護手続の対象

保護手続の対象として、家庭裁判所の審判に付されることになるのは、以下のとおり①犯罪少年、②触法少年、③虞犯少年である。

(1) 犯罪少年（少3条1項1号）

「罪を犯した少年」とは、刑法上の非難が可能な者である。したがって、刑事責任年齢に達していない14歳未満の少年が除外されるほか（刑41条）、精神の障害により責任能力を問い得ない少年についても、ここでいう「犯罪少年」とは言い得ない。したがって心神喪失状態で行われた少年の行為は、保護手続の対象にはならないことになる（神戸家裁決昭56・10・15家裁月報34巻7号101頁）。しかし、「有責性」という刑法上の要件は、保護手続の前提として果たして必要であるのかどうかには疑問がある。刑事責任とは別個の視点から保護手続を進めるものである以上、責任非難の可能性を問題にするのは筋が違うからである。「触法少年」や「虞犯少年」についても要保護性を根拠に、保護処分の対象とするのであるから、家庭裁判所の審判の対象から「有責性」に欠ける少年を除外するのは理解しがたい。大正少年法4条1項が「刑罰法令ニ触ルル行為ヲ為シ又ハ刑罰法令ニ触ルル行為ヲ為ス虞アル少年」としていた事情が変更されたわけでもない。

(2) 触法少年（少3条1項2号）

14歳未満の者で刑罰法令に反する行為を行った場合、触法少年として保護手続の対象になる。触法少年は、まずは児童福祉法上の措置としての児童相談所長の措置（児福26条）および都道府県知事の措置（児福27条）によって適当な処理が行われるのが本則であるが、事案の特性から家庭裁判所に送致したほうが適当であると、都道府県知事または児童相談所長が判断して送致を行ったとき、この場合に限って家庭裁判所が触法少年を審判の対象とすることができる。この場合にも、触法少年が精神に障害がある場合の問題が生じるが、保護処分を受ける適応能力があるかどうかの判断をすればよいものと思われる。

(3)　虞犯少年（少３条１項３号）

　少年法は、親権の対象者ではない 18 歳・19 歳の「特定少年」を除き（少65 条１項）、18 歳未満の少年が以下に示される要件を充足する場合には、これを「虞犯少年」とし、家裁送致の対象としている（2021 年の少年法改正前には要保護性を重視する観点から、18 歳・19 歳でも虞犯を理由とした送致は可能であり、保護処分の道筋もあった。）。それらの多くは喫煙・飲酒や深夜徘徊などの「不良行為」によって街頭補導されたもののうち、保護者による少年への虐待や、これから逃れるための少年の家出などのように、少年の資質や保護環境の問題性が顕著である場合には、家庭裁判所での保護手続を進めたほうが良い場合もある。その判断基準は必ずしも明確ではないが、少年の問題が深刻化しないうちに保護的対応を進めるという早期処遇の典型的場面がここにある。虞犯といえるためには、(i) 虞犯事由に当てはまらなければならないという形式的要件と、(ii) 将来の犯罪にかかわる高度の危険性が認められるという虞犯性、つまり実質的要件の両者を満たさなければならない。

(i)　虞犯事由①保護者の正当な監督に服しない性癖のあること

②正当の理由がなく家庭に寄り付かないこと

③犯罪性のある人若しくは不道徳な人と交際し、又はいかがわしい場所に出入りすること

④自己又は他人の徳性を害する行為をする性癖のあること

(ii)　虞犯性 その性格又は環境に照して、将来、罪を犯し、又は刑罰法令に触れる行為をする虞（おそれ）のあること

　家庭裁判所が虞犯として保護手続を進めた数（処理人員）は、昭和 50 年代に 3,000 人を超えているが、平成期には 1,000 人を下回っており、平成 22 年には 500 人を割り込む数字となった（各年の犯罪白書による。以下も同様）。令和２年には 151 人となったが、案件自体の減少とともに、虞犯性をめぐる判断が慎重になっているという事情もあろう。また女子少年のほうに要保護性が高く認められる傾向にあり、その比率（女子比）は、平成 22 年で46.0％（令和２年までには 27.8％まで漸減してきている。）となっている。さらに、女子少年の場合には、虞犯を理由とした送致事案であっても、少年院に送致される比率が比較的高く、とくに年少少年（14 歳・15 歳）においては少

年院送致された女子の 25.0%（令和 2 年）であった。それだけ送致された女子少年の背後には、家庭に戻せず、施設内での教育とともに環境調整をすすめなければならない事情があるものと推察される。

3 受理の手続

少年事件を受理した家庭裁判所は、調査官による社会調査を進めることになるが、その前に必要な手続がある。その主要なものは、「インテイク」と呼ばれる事件の「ふるいわけ作業」と、少年の身柄の確保と調査・鑑別を目的とした「観護措置」である。ここでは以下に「インテイク」について説明する。

1 「インテイク」の意義とその特性

本来「インテイク」とは、アメリカの少年裁判所制度において発展した制度である。少年裁判所が正式な事件の受理を行う前に、熟練したプロベーション・オフィサーが予備的審査を行って裁判所の正式手続を必要とするものか、それともプロベーション・オフィサーによる非公式な処理が適当か、あるいはまた他の福祉機関での対応が望ましいのか、どのような措置も必要なく保護的介入を必要としないのか、といった判断を行うものである。これにより、少年裁判所の機能は、真に保護的処遇が必要な少年に対してのみ働くことになり、本来有する早期処遇の効率性は高まるであろうし、保護を必要としない少年には無用の介入を避けることができる。そこに「インテイク」の長所がある。少年保護にかかわる実務部門が、早期に少年と面接することにより、そのケースワーク機能も高い。

わが国では、全件送致の建前がとられているがゆえに、家庭裁判所が事件受理をする前に「インテイク」を行うことは困難である。あくまでも事件受理後に家庭裁判所の機能として、「インテイクもどき」の事件選別を進めるほかはない。

最高裁事務総局の「少年事件処理要領モデル試案」（1984（昭和 59）年）は、「適正かつ迅速な処理」と「同質事件の同質処理」という基本原則を示

したが、これは形式的な「ふるいわけ作業」を促進させた。裁判官が調査官に対して行う調査命令の判断に先立って、選別を担当する主任調査官が、「移送・回付相当事件（調査官調査不要）」、「記録調査のみを行う事件（調査官調査不要）」、「少年・保護者への書面照会を行う事件（調査官の簡易調査）」、「少年・保護者への短時間面接を行う事件（調査官の簡易面接）」「通常調査が必要な事件（調査官調査）」にふりわけている。受理事件が「身柄事件」である場合には、「インテイク面接」と呼ばれる受理面接が調査官によって行われてもいる。このようにわが国における「インテイク」は調査官による調査の必要性があるか否かの視点でもって行われているのが特色ともいえる。

2 ダイバージョンの促進

(1) 簡易送致の処理

事件があらかじめ選別されて無用の措置や処遇をさけることは、少年や保護者にとっても家庭裁判所にとっても有益である。司法的処理を回避する処理は「ダイバージョン」（司法前処理）といわれるが、ソフトな刑事政策を促進して犯罪者の社会復帰の効果をあげるという理念と司法にかかるコストを削減する目的にもかなうことから欧米でも推進されてきたところであり、わが国では、一定の成人の軽微な事件は「微罪処分」として警察段階だけで処理されているところである（刑訴246条但書）。しかし、どんなに軽微な事件であっても少年の場合には家庭裁判所に送致しなければならない。なぜならそれが契機となり当該少年の問題性が明らかになって、保護の必要性が生じる場合もあるからであり、不介入の処理をするか否かは、家庭裁判所が判断すべきだからである。これが「全件送致主義」の鉄則である。

しかし、早期処遇の趣旨からすれば、「微罪処分」と同様の措置にも魅力がある。そこで1950（昭和25）年、最高裁判所、最高検察庁および警察庁との協議の結果、成人の「微罪処分」に準ずる「簡易送致」手続が実施されることになった。これは、捜査した事件が極めて軽微であり、犯罪の原因や動機、少年の性格、行状、家庭の状況や環境などから見て、再犯のおそれがなく、刑事処分あるいは保護処分のいずれも必要でないことが明らかな場合、かつ検察官または家庭裁判所からあらかじめ指定されたものについて

は、被疑事件ごとに少年事件簡易送致書を作成して、1ヶ月ごとにまとめて
検察官または家庭裁判所に送致するというものである（犯捜規214条1項）。
この措置を警察が行うにあたっては、①被疑少年に対し、厳重に訓戒を加えて将
来を戒めること、②親権者、雇主その他監督の任にあたる者を呼び出して、将来
の監督につき必要な注意を与え、その請け書を提出させること、③被疑少年に対
し、被害者に対する被害の回復、謝罪その他適当な方法を講ずるよう諭すこと
（犯捜規200条および214条2項）をしなければならない。

　簡易送致を受けた家庭裁判所は、原則として書面審理を行ってとくに問題
がない限り、「審判不開始」の決定を行うものである（昭和25年8月14日付
け最高裁家甲第235号家庭局長通達および昭和44年5月27日付け最高裁家3第
103号家庭局長通達）。

(2)　交通反則通告制度の適用

　道路交通法違反事件の迅速な処理のため、成人についてはすでに1967
（昭和42）年、道路交通法の改正によって「交通反則通告制度」が導入され
た。これは一定の軽微な違反行為を「反則行為」とし、「反則者」に対し
「反則金」を警察本部長に納付させることによって、公訴提起を回避する制
度である。これにより、おびただしい数の「反則者」に対して刑事手続をす
ることなく、迅速な処理ができることとなった。この制度は、1970（昭和
45）年から、少年についても適用されており、反則金を納付した場合には、
審判に付されることはない（道路交通法128条2項および130条）。また期限
までに反則金を納付しなかった少年に対しても、審判を開始した場合に、期
限を新たに定めて反則金を納付させることができるとするものである（同
130条の2）。

　こうした制度は、家庭裁判所の保護手続を回避するものとして機能する
が、運用に際し、画一的な処理が少年の問題性を見逃してしまうことになる
のではないか、という懸念がある。

4 観護措置について

1 観護措置とは何か

　家庭裁判所が調査および審判を行うために、少年の身柄を確保する必要が
ある場合にとられる措置が、「観護の措置」（少17条）である。観護措置に
は、調査官の観護（少17条1項1号）と少年鑑別所送致（少17条1項2号）
とがある。前者は調査官による在宅観護であり、後者は少年鑑別所に収容し
て行う収容観護である。実務上、ほとんどが収容観護であり、観護措置とい
えば、少年鑑別所への収容措置をいうのが通例である。少年の身柄の確保を
も目的とするので刑事手続における「勾留」にちかいものがある。少年の自
由を拘束するものである以上、運用に際しては少年の人権に十分な配慮が必
要なことはいうまでもない。しかし、収容観護の主要な目的は、非行原因の
調査・解明であり、少年の資質の鑑別を行うことにあることに留意しておく
べきである。

　少年鑑別所では、心身鑑別および行動観察を行い、調査・審判に必要な情
報を提供する。少年の資質の鑑別では、医学、心理学、教育学、社会学など
の専門的知識に基づいて、面接や心理検査が繰り返して行われる。鑑別結果
は、少年鑑別所内の判定会議を経てまとめられ、少年が非行にかかわること
になった背景や要因、再非行の危険性の有無・程度などが明確にされる。ま
た改善更生のための適切な処遇方針等が鑑別判定意見として決定され、「鑑
別結果通知書」が作成されて家庭裁判所に提出される。この鑑別結果は、保
護処分の決定がなされた場合、少年院や保護観察所にも送付され、処遇にも
活かされる。また新たに整備された少年鑑別所法（2014年）により、観護処
遇の態様について法制化されている。

　少年鑑別所に収容される少年の数は、年間約1万人（2014年）である。家
庭裁判所が終局処理する人員が約10万人（2014年）であることから推察す
ると、収容観護は全事件の約10％ということになるであろうか。

2　観護措置の手続と期間

　観護措置は、少年の同行および身柄送致を受けたとき（少年が到着したとき）から 24 時間以内にこれを決定しなければならない（少 17 条 2 項）。観護措置の決定に際しては、調査官による受理面接（「インテイク面接」）と裁判官の審問が行われる。受理面接では、調査官が、少年および保護者に面接し、非行に関する弁解や考えていることなどを聴取するものであるが、調査官はこれを踏まえて観護措置の要否につき意見を述べる。これを受けて裁判官は、人定質問、黙秘権および付添人選任権の告知、非行事実の告知、少年の弁解の聴取、決定の告知を行うものである。

　収容観護の期間は、原則として 2 週間以内である。ただし継続の必要がある場合には、決定をもって更新することができる（少 17 条 3 項）。この更新は、1 回に限られる。したがって 4 週間以内が原則ということになる。2 週間以内に少年鑑別所での観察・鑑別をすることは実務上無理があり、期間の更新は一般的である（少 17 条 4 項本文）。それでも、少年の重大事件（死刑、懲役または禁錮にあたる罪の事件）においては、事実認定の適正化をめぐる議論の結果、2000（平成 12）年の改正により、非行事実の認定に関して証人尋問、鑑定、検証を行うものにつき、少年を収容しなければ審判に著しい支障が生じるおそれがある場合、更新をさらに 2 回まで可能とした（少 17 条 4 項但書）。この結果、収容観護は、最長 8 週間まで行うことができるようになったものである。

　改正では、この収容観護の決定について、適正手続の観点から、少年および法定代理人である保護者、付添人に「異議の申立て」ができることとしている（少 17 条の 2）。

参考文献

・毛利甚八『「家裁の人」から君への遺言』（講談社、2015）
・藤原正範『少年事件に取り組む─家裁調査官の現場から』（岩波新書、2006）
・井垣康弘『少年裁判官ノオト』（日本評論社、2006）
・寺尾絢彦『家裁調査官が見た少年法 50 年』（現代人文社、2003）
・山田博監修・家庭問題情報センター編『家裁に来た人びと』（日本評論社、2002）
・読売新聞社会部『ドキュメント裁判官』（中公新書、2002）
・藤川洋子『わたしは家裁調査官』（日本評論社、1996）

（あべ・てつお）

第 9 講◆社会調査

キーワード

科学主義／ケースワーク／社会記録

1　調査の意義

1　調査の種類

　家庭裁判所が少年非行事件を受理した後に、捜査機関等が作成した事件記録（調書等）を精査し、少年の年齢等の審判条件及び非行事実の存否につき、審査・検討を行う。これを法的調査と呼ぶ。なお、これは 2007 年の改正少年法が定めた警察による触法少年事件についての調査（詳細は第 7 講参照）とは異なるものである。

　この法的調査の結果、裁判官が審判条件・非行事実が存在する蓋然性ありと判断した場合には、少年法 8 条に基づき、教育・社会・心理学等について専門性を有する家庭裁判所調査官（以下、家裁調査官）に調査命令を発する。この家裁調査官によって担われる調査のことを特に社会調査と呼ぶ。

　社会調査は少年や関係者等のプライバシーに関わる部分も対象とするため、その前提として、審判条件や非行事実存在の蓋然性が確認されねばならない。従って、法的調査は社会調査に先行して行われ、必要があれば、家裁は証人尋問、鑑定（少 14 条）の他、検証、捜索、押収を行うこともできる（少 15 条）。こうした法的調査の結果、非行事実存在の蓋然性すらないとの判断に裁判官が至った場合には、審判不開始を決定しなければならない。

❍コラム24　法 的 調 査

　法的調査に際して、家庭裁判所は鑑定の他、捜索・押収といった強制的な手段を取ることができ、保護事件の性質に反しない限りで刑事訴訟法中の規

定が準用される。しかし、犯罪少年の事件については捜査機関が捜査を遂げて事件を送致する原則があるため（少 41条）、こうした強制的な手段が取られる場面は多くなく、刑事責任能力の存否が問われる事案で鑑定留置がなされることが目立つ程度と言えよう。そのため、法的調査の中心は、捜査機関から送付された調書を裁判官が読むことになっている。もっとも、強制的な手段を持たない児童相談所から送致される事件の場合は事情が異なる。そこで、こうした場合に、公正中立であるべき家庭裁判所による強制的な証拠収集手段の意義が問われるはずである。しかし、触法少年事件に関する警察による強制的な調査権限を定めた 2007年改正少年法が成立に至る議論においては、その意義が取りあげられることはほとんどなかった。

2　社会調査の役割

　少年非行は、成長期の不安定な状況にある少年が育った家庭、学校及び職場等の周囲の環境といった社会的な要因と、少年本人の人格特性といった個人的要因とが複雑に絡み合って生じるものと考えられてきた。そこで、少年法の目的である、「非行少年の健全育成」が達成されるためには、当該非行の背景にどのような事実が存在したかが明らかにされ、そうした事実がどのように当該非行に結びついているのかが分析される必要がある。なぜなら、このような作業抜きにしては、裁判官によって言い渡される処分も、当該非行に走ったとされる少年によるさらなる非行を防ぐ効果を十分に持ちえないからである。こうした要請に応えるために導入された制度が家裁調査官による社会調査であり、少年法制を整備した諸国においても、少年非行の社会的背景等を調査する同様な制度が存在している。その意味で、これは少年司法制度が持つ特徴の 1つといえよう。

　しかし、社会調査は少年の生育環境や特質を把握し、非行要因を分析する点だけに意義があるわけではない。従来から、家裁調査官による調査活動は、少年審判と同様に、少年が社会環境の中で当面している問題を理解し、これを解決できるように少年の能力の発展を援助するケースワークとしての役割も果たすものと考えられてきた。というのも、調査に際して行われる少

年との面接は、少年と家裁調査官との対話であり、その対話が深まる過程で少年が家裁調査官を信頼し、家裁調査官に自分の内心をありのままに話せるようになり、それが少年の自己認識、さらには少年の周囲の人々への認識を深め、非行から立ち直るきっかけとなりうる。このように、社会調査過程は少年の成長発達を促すことにもつながるからである。なお、こうしたケースワークを通してこそ、少年の生育環境や特質を十分に把握し、非行要因分析をより確度の高いものにすることも可能となる。このように社会調査には2つの役割を同時に果たすことが求められているのである。

○コラム25　ケースワーク

　ケースワークとは、正確にはソーシャルケースワークといい、本来は生活保護等の社会福祉領域における用語で、貧困等の問題に直面した個人を援助する方法を指し、個人と環境との相互作用に焦点をあて、個人の内的変化と社会環境の変化の双方を同時に視野に入れて援助を行う点にその特徴がある。これが、日本国憲法下の少年法の理念として、設立当初の家庭裁判所内部では強調され、家裁調査官はケースワーカーとして位置づけられるようにもなった。ところが、80年代以降、少年審判において非行事実に関する判断を行なう司法的機能が強調され、ケースワーク機能に関する議論は下火となった。その際、ケースワークは少年の権利を不当に制限しがちなものであると位置づけられたように思われる。しかし、少年非行への社会環境の影響を無視し、援助的な措置を少年司法から排除することには無理がある以上、むしろケースワークが真に少年の権利保障と矛盾するのかが改めて検討される必要があろう。

3　全件調査主義

　社会調査については、8条2項で、「家庭裁判所は、……調査官に命じて、……必要な調査を行わせることができる」と規定されている。しかし、実務上は、移送・回付が行われることが明らかな場合や満20歳の誕生日まで数日しかない場合を除いて、家裁が受理した全ての少年事件について原則とし

て社会調査が行われる運用となっている。このように、社会調査の重要性から導かれる原則を全件調査主義と呼ぶ。従って、収容継続申請事件（少年院138条、139条）や戻収容申請事件（更生保護法71条）についても社会調査が行われることになる。

　もっとも、改正少年法（2000年）施行後、20条2項に該当する重大事件について、裁判官が調査命令を発しないまま検察官送致決定を行った事例があった。しかし、検察官送致後の刑事裁判においても、50条に基づき、社会調査の結果が活用されうる。また、社会調査の欠如は、55条に基づく家裁への再移送を困難にさせる等の問題をも生じさせる。したがって、どんなに重大な事件であっても、それを理由として調査命令が発されないことは妥当とはいえないであろう。このことは、2022年改正少年法における特定少年の事件についても妥当する。特定少年の事件において、犯情が考慮されることになったとしても、社会調査が省略されてはならない。

2　社会調査の方法

1　科学主義

　非行の要因をできるだけ明らかにし、それと当該非行との結びつきを分析するだけでなく、ケースワークでもある社会調査の方法については、9条に規定があり、医学、心理学、教育学、その他の専門的知識特に少年鑑別所の鑑別の結果を活用することとされている。このように、少年法は社会調査において、客観的な学問としての裏打ちがある経験諸科学の活用を求めている。つまり、少年法は常に経験諸科学の活用を必要とする科学的な性格を持っており、このような少年法の性格を科学主義と表現することもできる。

　従って、具体的な事件において行われた、非行の背景にある事実の発見や非行要因の分析も、後日検証可能でなければならず、こうした検証を繰り返すことによって、社会調査の意義も高まることになる。

　しかし、いかに客観的な科学といえども、常に発展途上にある点で一定の限界をもつことは否定できない。また、ナチスドイツの司法だけでなく日本での「らい予防法」にも見られたように、「科学」の名の下に、様々な人権

侵害が行われたことも決して忘れられてはならない。したがって、少年司法
における諸科学の活用は、あくまで少年の成長発達のためのものでなければ
ならないし、諸科学が少年の立ち直りの可能性を安易に否定し、少年の権利
を不当に侵害するために活用されることがないようにしなければならないの
である。

2 社会調査の対象事項

　社会調査の対象事項は、9条に少年、保護者又は関係人の行状、経歴、素
質、環境等が掲げられているが、さらに具体的な事項については、少年審判
規則 11 条に規定されており、それによれば次の 3 つに分類が可能である。
第 1 が、当該非行に至る人間関係、非行場所等の問題行動発見時に関する事
実。第 2 が、家族と少年の関係や、近隣地域の社会的文化的条件等の少年を
めぐる社会的背景に関する事実。第 3 が、少年の年齢、性別、学職歴、性
格、生育歴、非行歴とその処遇経過等の当該少年の特性に関する事実であ
る。なお、20 条 2 項該当事件に関する社会調査においては、被害者遺族と
事件の社会的影響についても対象事項に加える必要があるとも指摘されてい
る（山崎朋亮「改正少年法の実務上の諸問題」調研紀要 74 号 41 頁〈2002〉）。

　したがって、調査対象事項は大変広く、観護措置の期間内に社会調査を終
えようとするならば、全ての項目を調査することは困難になる。そこで、社
会調査を始めるにあたり、調査の方針を立てる目的で予備的調査や選別手続
が行われ、交通事件や軽微事件に関しては、各家庭裁判所が定めた基準に基
づき、調査対象が絞られることになる。これを実務上インテイクと呼ぶこと
もある。

　ところで、調査対象事項に非行事実も含まれることは当然としても、非行
事実が存在するか否かについてまで、裁判官が家裁調査官に調査（証拠資料
の収集）を命じることができるかが問題となる。多数説は、これが法的調査
に属することなどを理由に、消極的に解しているが、例外的に、このような
調査の必要性が高く、代替手段が無いなどの事情があれば可能であると解す
る説もある（浜井一夫他『少年事件の処理に関する実務上の諸問題』226 頁〈法
曹会、1997〉）。しかし、例外といえども、非行事実を認定するために法的調

査を行わせることは、家裁調査官のイメージを損ない、社会調査そのものにも支障を来すことになり妥当ではないであろう。

　なお、特定少年事件の場合、犯情を社会調査の対象とすべきとの主張もありうるが、非行事実についての社会調査に屋上屋を重ねる必要はない。

3　社会調査の方法

　社会調査の方法は、家裁調査官が、少年の居宅、学校や勤務先等に出かけて少年、保護者及び関係人に面接し、それぞれの話を聴くなどして、調査対象項目に関する情報を入手するのが基本である。先述したように、この面接には任意に応じてもらうより他ないので、少年等との信頼関係の構築が何より重要である。

　なお、面接等のために、少年や保護者を呼出状によって家庭裁判所に呼び出すこともできる（少11条1項）。呼出に正当な理由なく応じない者には、家裁が同行状を発して、強制的に出頭させることができる（少11条2項）。同行は、少年が保護のため緊急を要する状態にあって、その福祉上必要な時は、呼出抜きで行うことも可能である（少12条）。これを緊急同行と言う。

　この他、家庭裁判所は警察官、保護観察官、保護司、児童福祉司、又は児童委員に対して、必要な援助をさせることができ（少16条1項）、学校等の公私の団体に、必要な協力を求めることができる（少16条2項）。これにより、保護観察中の少年による事件に関して保護観察官に必要な情報の提供を求めたり、少年が通う学校や勤務先等に照会書を郵送して必要事項を書面に記入してもらう書面照会も行われる。

　こうした調査のあらゆる段階で、家裁調査官は家庭裁判所に対し少年の処遇に関して意見を述べることが義務付けられている（少審規13条3項）。これを通して、裁判官は、家裁調査官と綿密な連絡を取り、調査の状況を把握することができ、少年の成長発達に資する社会調査が行われると同時に、社会調査によって少年の権利が不当に侵害されることがないように適切な指示を出すことが可能となるのである。

　そして、面接等により得られた情報を家裁調査官は書面にまとめることになるが、少年と保護者を家庭裁判所に呼び出して面接し、後は学校等から得

られた照会書だけを手がかりに調査が済まされることも少なくないと指摘されている（梶田英雄「保護主義の現実と課題」刑法雑誌33巻2号286頁以下〈1993〉）。しかし、調査の基本は、少年の生活状況や生育環境を家裁調査官が家庭裁判所から出かけていって、自らの目で見、肌で触れることである。家庭裁判所の中でのみ行われる社会調査では、少年の生活状況や生育環境に潜んでいる非行の要因を明らかにすることさえ至難の技といえよう。

　なお、社会の関心を集めた重大事件や、共犯者等の関係者が多数の事件、少年の性格や環境に複雑な問題が窺われる事件等では、複数の家裁調査官が調査事項を分担する等して共同調査を行うことが一般的となっている。

4 鑑　別

　鑑別とは、従来は資質鑑別と呼ばれていたものが、少年鑑別所法によって鑑別と定義されたものであり、それによれば、医学、心理学、教育学、社会学その他の専門的知識及び技術に基づき、対象者について非行に影響を及ぼした資質上及び環境上問題となる事情を明らかにした上、その事情の改善に寄与するため、その者の処遇に資する適切な指針を示すこととされる（少年鑑別所法16条1項）。この鑑別は、観護措置が取られ少年鑑別所に少年が収容されている事件だけでなく、いわゆる在宅事件でも少年鑑別所に通わせる形で、社会調査に並行して行われる。

　この鑑別の調査事項は、対象者の性格、経歴、心身の状況及び発達の程度、非行の状況、家庭環境並びに交友関係、少年鑑別所在所中の生活および行動の状況、その他の必要な事項とされており（少年鑑別所法16条2項）、社会調査の対象事項と似通っている。このため、家裁は、少年を少年鑑別所に送致する際に、少年鑑別所に対し、なるべく鑑別上の注意その他参考となる事項を示さなければならない（少審規11条4項）。

　鑑別に際しては、少年鑑別所職員による少年との面接に加え、知能検査、心理テスト及び行動観察等を行い、家庭裁判所等から得られた資料をも踏まえ、非行の背景にある性格や環境の問題についての仮説に基づく鑑別計画を立て、さらに面接を重ね、必要に応じ精神医学的検査等を実施する。そして、少年鑑別所長が主宰する判定会議において、これらの結果が総合され、

当該少年の資質の特徴及び問題点、有効な処遇方法、予後の見通し等の分析と処遇意見が鑑別結果通知書にまとめられ、家裁に送付される。こうして、資質鑑別の結果も、家裁調査官による社会調査において活用されることになる。

　ところで、鑑別と社会調査とを比べると、鑑別が少年鑑別所法の明文で少年の環境上問題となる事情をも対象にするようにされたとはいえ、それが専ら少年の性格の矯正に向け心身の状況に関する調査と行動観察に重点が置かれてきたのに対し、社会調査は、環境の調整に向けて、より幅広いものを対象とするという違いがある。したがって、両者がよりよく協働できるよう、家裁調査官と少年鑑別所職員との間で、情報交換だけでなく、ケースカンファレンスが行われることが重要である。

5　処遇意見

　家裁調査官は、社会調査の結果を書面で裁判官に報告しなければならない（少審規13条1項）。そして、その際、意見を付さねばならない（少審規13条2項）。この意見は、少年の処遇に関する意見であり、処遇意見と呼ばれる。実務上、処遇意見は、当該非行に関する様々な事実、家庭の状況、生育歴、学業・職業・友人関係、性格・心身の状況等とともに少年調査票という書面にまとめられている。なお、不処分相当との意見に至る場合には、通常、調査の終わりにあたって、少年や保護者等に対して個別的な助言、指導を与える等の保護的措置が取られる。また、共同調査が行われ、その結果や処遇意見等について家裁調査官の間に相違点がある場合には、それぞれの意見が併記されることもある。

　この処遇意見は、家裁調査官として専門の研修を積んだ人間関係諸科学の専門家によって形成された専門的・科学的なものであるだけでなく、当該少年の成長発達を実現する、最もその人権制約の小さい処遇の選択肢を提示するものであることが求められよう。なぜなら、科学的な根拠といえども、それが予測を伴うものである限り、絶対確実なものではなく、日本国憲法や権利条約に照らせば、過剰な人権制約が少年に及ぶことは避けられねばならず、また、社会調査や鑑別を通して関係人のプライバシーや少年の内心に立

ち入る以上、少年の成長発達を実現する点で少年に利益をもたらし、当該少年による再非行・再犯が防止される点で社会全体にとっても利益とならねばならないからである（岡田行雄『少年司法における科学主義』125 頁、151 頁以下〈2012〉）。なお、そうした処遇意見は、少年が直面している問題を克服していくための具体的なプランとも言える。そこで、こうした処遇意見を書けるようになるためには、家裁調査官は平素から保護観察や少年院における実際の処遇等について関心を持ち、動向視察（少審規 38 条 1 項）等を積極的に行い、保護観察官や少年院の法務教官等と連携を取らなければならない。

　ところで、20 条 2 項該当事件に関する処遇意見において、家裁調査官が保護処分相当とできるのは、犯行の動機・経緯、犯行の態様等から刑事処分以外の措置が許容される特段の事情が認められる場合に限られるとの見解も説かれている（少年実務研究会・家裁調査官研修部「原則検察官送致事件の少年調査票の記載の在り方」総研所報 5 号 84 頁〈2008〉）。しかし、こうした見解は、社会調査の意義を失わせ、家裁調査官の処遇意見を検察官の処遇意見と大差ないものにさせる点で妥当でないだけでなく、刑事処分以外の措置を相当と認める根拠を犯行の動機・経緯、犯行の態様等の狭義の犯情に限ってはいない 20 条 2 項但書の文言じたいにも反する点で妥当ではない（岡田・前掲書 140 頁）。やはり、この場合も、他の事件と同様に処遇意見は形成されなければならないのである。このことは、特定少年にかかる 62 条 2 項及び 63 条 2 項該当事件についての処遇意見にも妥当する。

6　社会調査における適正手続保障

　社会調査は、経験諸科学と、家裁調査官と少年との間の信頼関係に基づいて行われる必要があるが、少年法には社会調査における細かな手続保障の規定は置かれていない。個々の少年に合った処遇が考察される社会調査においては、非形式的であることが重視されたからであろう。しかし、だからといって、少年を調査の客体として、一方的に調査を行い、その内容について一切知らせずにいて良いのだろうか。そこで、社会調査において適正手続を保障すべきか否か、保障するとすれば、そこでの適正手続とはどのようなものかが問題となる。

　まず、社会調査における面接を始めるにあたって、少年に黙秘権を告知すべきかについては争いがあり、消極説は、黙秘権告知によって少年との心の交流を重視する面接の雰囲気が損なわれることを問題視し、社会調査を円滑に行うべきことをその論拠とする。一方、積極説は、社会調査の項目には非行事実も含まれており、自己に不利益な供述を強制できないことは調査段階でも当然であり、黙秘権の告知が直ちに家裁調査官と少年との間の信頼関係を阻害することにはならないこと等を、その論拠にしている。なお、実務上、家裁調査官によって黙秘権が実質的に告知されることも少なくない（田宮裕＝廣瀬健二編『注釈少年法』139 頁〈有斐閣、第 4 版、2017〉）。

　次に、社会調査の一環として少年や保護者に面接するにあたり、少年司法や社会調査の趣旨を説明する必要性については、一般に肯定されている。さらには、社会調査の本質を損なわず、かつ少年に対する基本的公正さを失わないためには、少年・保護者の知る権利を充足する必要があるとも指摘されているのである（原口幹雄「少年事件調査における適正手続の研究」調研紀要 27 号 9 頁〈1973〉）。

　また、社会調査の結果をまとめた少年調査票やその基礎となる資料は、裁判官が少年の処遇を決定する際の重要な証拠となるが、これを少年に開示すべきかも問題となる。確かに、家庭裁判所の許可があれば少年はこれらの資料を閲覧可能であるが、（少審規 7 条 1 項）、実務上、少年に対する少年調査票等の閲覧許可には慎重であるべきとの見解が支配的と言える（田宮＝廣瀬編・前掲書 61 頁）。その理由としては、関係人・関係諸機関から少年の問題点を示す資料提供の協力が得られにくくなる、あるいは、出生の秘密等を知ることで少年の情操が傷つけられる等の弊害が生じることが考えられる。しかし、少年に開示しない結果、真実と異なる資料が処遇意見の前提とされることで、家裁調査官が誤った結論を導く危険性も否定できない。したがって、開示による弊害を回避するための工夫がまず試みられるべきであり（岡田・前掲書 161 頁）、社会調査の客観性を担保し、その信頼性を高めるために、こうした資料の開示を進めていくことも考慮されるべきである。

　ところで、児童の権利に関する条約（以下、権利条約）の批准以降、少年を単なる保護の客体ではなく、少年司法手続に積極的に参加する主体と位置

づけることが、権利条約、さらには日本国憲法の観点から求められるように
なった。したがって、社会調査においても手続参加の主体として位置づけら
れ、そのための適正手続が保障されねばならない。とすれば、単に、社会調
査における家裁調査官の分析・判断の客観性・信頼性担保の観点だけでな
く、少年が社会調査に積極的に関われるようにするためにも、少年調査票や
その基礎となる資料の開示は積極的に行われる必要が生じる。こうすること
で、初めて家裁調査官と少年との間で真の信頼関係が構築され、そのこと
が、より質の高い社会調査につながり、結果として少年の成長発達にも良い
影響を与えるものと思われる（菊池和典「法の公正手続の導入と『調査』の問
題点」『家庭裁判所の諸問題下巻』179 頁〈1974〉）。

7 社会調査をめぐる課題

　ところで、70 年代終わりから、家庭裁判所においても事件の形式的かつ
迅速な処理が強調されるようになり、80 年代に入ると、事件処理基準を定
めた少年事件処理要領が各家裁で策定されるとともに、家裁調査官への上司
による指導監督の強化、家裁調査官の養成期間の短縮化が進められた。さら
には、家裁調査官の広域かつ頻繁な異動も行われるようになった（全司法労
働組合『家裁少年審判部』159 頁以下〈大月書店、1984〉）。その上、少年非行が
「凶悪化」したと騒がれる割には、40 年近くも家裁調査官の全体数はほとん
ど増員されることなく、成年後見制度や人事訴訟の移管等を通して家事係家
裁調査官が増加する一方で、少年係の家裁調査官が家事係へ配置転換され続
けた。そして、2004 年には調査官研修所は書記官研修所と統合され、2012
年には家裁調査官独自の採用試験も廃止され、他の裁判所職員のそれと統合
された。

　このように、家裁調査官の専門性を低下させかねない状況下、社会調査の
過程で、家裁調査官が少年との信頼関係を構築し、少年の生活領域に自ら出
向き、その生育環境等を丹念に調査することが困難になっている。とりわ
け、頻繁な異動によって、長期間同一地で社会調査を続けないと見えてこな
い地域に潜む非行の要因は見落とされがちになっているともいえよう。既に
指摘されているように、家裁調査官が家裁に閉じこもり、少年と保護者を呼

び出して面接し、後は事件に関する捜査機関作成の調書と、学校等からの書面照会の結果を読むだけの、いわば形式的な調査に陥ることは無理もない。

　そして、そうした形式的な調査の結果まとめられる少年調査票においては、事件の軽重や少年の性格及びその取り巻く環境の問題面等、一見してわかる点にばかり焦点があてられ、処遇意見も、一定の重大事件であれば、少年院送致あるいは検察官送致相当にならざるを得なくなる。なぜなら、そうした調査では、少年の長所や少年の地域での立ち直りを支える社会資源を発見することができず、したがって、社会内で環境を変えること等による成長発達の可能性を説得的に展開することができないからである。

　また、度重なる少年法改正や裁判員裁判の実施が、社会調査の規定には手が加えられていないにもかかわらず、20条2項対象事件などの重大な事件に関するものを中心に、それを、犯行態様等の非行事実を特に重視し、被害者やその遺族のみならず、裁判所全体の意向に合わせたものに変容させている実態も明らかになっている（岡田・前掲書44頁以下）。

　しかし、そのような調査や、それに基づく処遇意見は、果たして科学主義の名にふさわしく、かつ、少年の成長発達の可能性を導き出すものなのであろうか。仮に、捜査機関によっても明らかにできる程度のことを前提に、捜査機関の処遇意見と変わるところのない意見しか出せないのであれば、社会調査及び少年係家裁調査官の存在意義すら疑われることになりかねない。

　そこで、先に述べたような家裁調査官をめぐる状況を変えることはもちろん必要であるが、それは別としても、少年の成長発達に資する丹念な調査を行うために、今後取り組まれるべき課題を4点挙げておきたい（岡田・前掲書161頁以下）。

　第1点は、科学主義の名にふさわしく、かつ、少年の手続参加が保障された、あるべき社会調査に向けた専門的研修を家裁調査官が受けることである。この研修を通して、諸科学の専門的知見を身につけるだけでなく、その活用を通して、少年の成長発達可能性を解明できるようになることと、権利条約の理念などの学びを通して、少年の手続参加のために与えられた裁量を適切に行使できるようになることが求められる。

　第2点は、個々の社会調査において、あるべき社会調査がなされたのかに

関する検証作業を行うことである。科学が科学たるゆえんは、絶えず検証に
さらされることにある以上、科学を活用する社会調査のあり方も、絶えず検
証にさらされねばならないはずだからである。その方法としては、家裁調査
官の間におけるケースカンファレンスの活性化だけでなく、家裁内部での検
証結果が、関係者を特定できないような工夫がなされた上で公表され、第三
者によっても検証されうる制度の創設が考えられる。

　第3点は、家裁調査官によるあるべき社会調査活動を保障することであ
る。とりわけ、重大事件に関する社会調査が調査不尽に陥らないようにしな
ければならない。したがって、調査官に社会調査を命ずる立場にある裁判官
などは、個々の家裁調査官が、その事案との関係で許される限りで、あるべ
き社会調査を十二分に行えるようにしなければならないのである。また、家
裁調査官が、家裁の外に出て、あらゆる活動を行えるような人的・予算的手
当ても必要である。

　第4点は、社会調査における、付添人との協働を進めることである。具体
的には、調査過程で付添人が家裁調査官と積極的に意見交換し、家裁調査官
による少年や関係人との面接に付添人が同席すること等が考えられる。とり
わけ、捜査段階から弁護人として少年と接見を繰り返して、少年やその保護
者などと信頼関係を構築してきた弁護士付添人からは、調査官も貴重な情報
を入手することができるし、現実に、それが社会調査をより充実させ、少年
の適切な処遇選択に役立った事例もある。また、異動が激しい家裁調査官と
違って、弁護士付添人は、地域に根ざしていることが多く、家裁調査官以上
に非行少年が育った地域に関する重要な情報を持っていることもありうる。
限られた時間を前提にする限り、丹念な調査を行うには、家裁調査官と付添
人との協働が不可欠となろう。家裁調査官による面接に付添人の関与を禁じ
る規定もないのであるから、なおさら調査への付添人の積極的な関与が考慮
されるべきである。また、弁護士付添人が社会調査に関与することは、社会
調査における適正手続保障にも資すると考えられる（澤登俊雄『少年法入門』
126頁〈有斐閣、第6版、2015〉）。但し、少年院送致決定を受けた少年の場合
ですら付添人選任率は100%に達しているわけではない。国選付添人制度の
拡充は進んでいるが、可能な限り多くの少年に付添人が選任されることが、

社会調査を充実させるためにも必要不可欠であろう。

3 試 験 観 察

1 試験観察の意義

　試験観察とは、25条に規定されている家裁調査官による観察のことをいい、終局処分である保護観察官による保護観察とは区別されている。というのも、少年を保護処分に付すべき蓋然性は認められるが、直ちに保護処分を言い渡すことが困難、または相当でない時に、家庭裁判所が、少年に対する終局処分を一定期間留保し、少年の社会内での生活態度等を家裁調査官に観察させる中間処分だからである。もっとも、観察の結果、保護処分が言い渡されることもある点で、保護観察制度の源流とされる英米のプロベーションに近いものともいえる。

　こうした制度が設けられた理由としては、少年法が保護処分の種類を限定し、保護処分決定後は原則としてその取消・変更を認めないので、保護処分の選択には、より慎重な判断が必要となり、そのために、少年の非行背景に関する資料を十分に収集し、少年の予後について相当の見通しをつける必要があることが挙げられている（団藤重光＝森田宗一『新版少年法』261頁〈有斐閣、第2版、1984〉）。その意味で、試験観察も、また社会調査の一環として位置づけられるのである。

　従って、試験観察中に、家裁調査官はただ少年を漫然と観察するだけでなく、少年に対するケースワークの一環として、彼が抱える問題を緩和・解消するために様々な教育的な働きかけを行う。そうした働きかけが効を奏すれば、試験観察終了後に改めて少年を保護処分に付する必要はなくなる。他方で、それが効を奏さず、少年に対して収容保護が必要となれば、少年院送致がとられることもある。したがって、試験観察は、少年にとって、大きな心理的な負担となるけれども、同時に保護処分がなくとも自律的に非行から立ち直れることを示すことができる大切な機会ともいえよう。

2 試験観察の要件

　このように、試験観察は、少年に心理的な強制をかけた上で教育的な働きかけを行うものでもあるから、本来であれば保護処分に付す蓋然性があることが、その要件となる。すなわち、合理的な疑いを超える程度に非行事実が認定され、保護処分に付すことができる程度の要保護性が認められなければならない。

　ただし、試験観察は、どの保護処分が適切か、または、保護処分に付すべきか否かに迷われる場合に選択されるべきものであるから、直ちに保護処分に付すことができず、または相当でない事情が存在し、さらに試験観察という形で社会調査を継続する必要があり、一定の期間試験観察を行うことでより適切な処遇が明らかになることも要件として加えられる。

　なお、少年法の規定上、少年審判を開かずに試験観察に付すことは禁じられていない。しかし、非行事実存在については、合理的な疑いを超える程度の心証を裁判官は得ていなければならないのであるから、審判期日において、少年の意見を聴取し、反論の機会を与えるために審判を開く必要があるというのが通説である。但し、特に必要があり、やむをえない場合には例外的に審判を開くことなく、試験観察に付すことも可能とする見解もある（澤登・前掲書 131 頁）。

3 試験観察の方法

　試験観察を行うには、まず、家裁裁判官が試験観察を命じる決定を行う必要がある。そして、この決定に際して、裁判官は担当の家裁調査官を指定する（少審規 40 条 1 項）。この調査官は、一般的には当該事件の調査を命じられた者であるが、他の調査官を指定することも可能である。指定を受けた家裁調査官は、試験観察結果を書面で家庭裁判所に報告しなければならない（少審規 40 条 5 項、同 13 条）。

　25 条は、試験観察の期間について「相当の期間」としか定めておらず、必要・相当と考えられる期間で行われることになる。しかし、試験観察は終局処分を決めるための暫定的な措置であり、少年の自由や心理面に一定の制約をかけるものでもあるから、不必要に長期化しないようにしなければなら

ない。

この試験観察の期間に、調査官は少年の特性や事案に応じて、様々な教育的働きかけを行うが、その主なものには、少年や保護者と面接しその相談に応じる他、家庭訪問の際に日記や作文を書くよう指導し、あるいは心理テストを行うこと、また、交通事件や薬物乱用事件において集団討議や集団講習を行うこと等がある。なお、調査官が、学校の教師、職場の雇主等の援助を得て、教育的働きかけを行うこともある。

4 試験観察の付随措置

家庭裁判所は、試験観察に際して、(1) 遵守事項を定めてその履行を命ずること、(2) 条件を附けて保護者に引き渡すこと、(3) 適当な施設、団体または個人に補導を委託すること、の3つの付随措置を選択・重畳的にとることができる（少25条2項）。また、必要に応じて、追加・変更することもできる。もちろん、これらの措置をとることなく試験観察を行うこともできる。

(1) 遵守事項の履行

遵守事項の履行を命じる際には、少年が自発的に遵守する心構えを持てるように、その事項を具体的かつ明瞭に指示するよう努めることが求められている（少審規40条2項）。なお、例えば、「学校にまじめに通うこと」という遵守事項に違反したことが認められた場合、その違反の程度に応じて、試験観察決定を取り消し、保護処分決定を行うこともありうる。

(2) 条件付保護者への引渡し

ここで保護者に提示される条件も、具体的なものでなければならない（少審規40条3項）。この条件には、保護者に関するものだけでなく、「少年の日常生活を書面で報告すること」等、少年に関するものも含まれる。なお、条件への違反があった場合は、遵守事項違反と同様の扱いがなされうる。

(3) 補 導 委 託

補導委託には、少年を委託先に宿泊・居住させる場合と、在宅のまま補導のみ委託する場合とがある。例えば、住み込み可能な事業所等で働きながら様々な指導を受ける場合が前者で、居住地から社会福祉施設等に出向いてボ

ランティア活動を行なう場合が後者にあたる。

　委託を受けて少年の補導を行う者には、少年の補導上参考となる事項を指示しなければならない（少審規 40 条 4 項）が、補導のあり方については、補導委託先の選定も含めて家庭裁判所の運用に委ねられている。

　補導委託先は、少年を受け入れた際に、家庭裁判所から補導委託によって生じた費用の支給を受けることができる（少 29 条）。但し、これには、少年が委託先に与えた損害の補償費用は含まれないと解されており、その損害の補償を行えるような解釈や立法的解決が必要と指摘されている（田宮＝廣瀬・前掲書 329 頁）。

　なお、補導委託先で少年が作業に従事する場合であっても、この作業が、専ら生活指導・職業指導の一環として行われている場合には、一般に労働基準法の適用はないと解されている（団藤＝森田・前掲書 270 頁）。しかし、だからといって、少年の労働力が不当に搾取されるようなことは許されない。

5　試験観察の現状と課題

　試験観察を受けた少年の人員は 1970 年代中期以降、顕著に減少し、現在に至っている（岡田・前掲書 234 頁以下）。また、一般事件における試験観察実施率が家裁によってかなり異なることも明らかとなった（福岡県弁護士会『少年審判が変わる』60 頁以下〈商事法務、2006〉）。その要因としては、補導委託先として試験観察中の少年を受け入れてくれる個人や団体が減少しているだけでなく、1980 年代に最高裁の「少年事件処理要領モデル試案」に基づき、少年事件の画一的で迅速な処理が進められ、裁判官だけでなく調査官までも頻繁に異動するようになり、試験観察における成功体験が共有されにくくなったために、試験観察が敬遠されるようになったこと、さらには、管轄地域が広大であるにもかかわらず、人的・物的手当てが十分でない家庭裁判所があることが考えられる。

　しかし、試験観察は、自由を制約する処分の安易な選択を避けることができる点で、少年司法に関する国際準則や権利条約の精神に合致する制度であり、とりわけ調査不尽を避けるために、再非行少年など、少年院送致が検討される少年については、可能な限り実施されることが望ましい。

　そこで、試験観察の活性化が課題となる。本来的に言えば、家裁調査官や裁判官の頻繁な異動が改められ、人的・物的手当てがなされることが必要不可欠である。しかし、これらが直ちに実現しないとしても、試験観察の主たる担い手である家裁調査官が、付添人のみならず、医療、福祉などの専門家や少年を取り巻く地域の人々と、いわばチームを組んで試験観察を実施することが、試験観察の活性化に向けた1つの方策として考えられる（岡田・前掲書254頁以下）。こうした共同試験観察が、試験観察のバラエティを増やし、多様な少年への試験観察を可能にすることは疑いない。そして、こうした試験観察における成功体験が家裁調査官や裁判官に共有されるようになれば、試験観察の活性化につながるのではないだろうか。

○コラム26　補導委託

　補導委託は、委託先の担い手の高齢化や世代交代によって、委託先の数が先細っていることが指摘されてきた。もっとも、そうした先細りは、家庭裁判所が補導委託先を管理するという色彩が強く、少年院とは決定的に異なる塀も鍵もない所から少年が飛び出すことを「事故」と呼ぶような姿勢（寺尾絢彦『家裁調査官が見た少年法 50年』102頁〈現代人文社、2003〉）に基づく、最高裁判所の1980年の通達が、補導委託先を締めつけたことにも原因があるように思われる。だとすれば、補導委託先の新規開拓のためには、まずこうした最高裁判所の姿勢が改められるべきであろう。

　さらに、補導委託先の新規開拓を、家裁調査官にのみ期待することには、現在の異動政策を前提にする限り、無理が大きい。そこで、これにあたっては、むしろ、地域に長く根付いている可能性が高い、弁護士付添人や、家庭裁判所友の会のメンバーなどとの共働がなされていくべきであろう。また、少年の就労と生活の場という2つの機能を1つの補導委託先に求めることも見直されるべきであろう。2つの補導委託先がこれらの機能をそれぞれ分担することも認められるべきである。補導委託先の連携パターンを増やすことも、試験観察を活性化することにつながると言えよう。

4　社会記録の活用

1　社会記録とその扱い

　社会調査の結果や家裁調査官の処遇意見とその理由をまとめた少年調査票
は、その根拠となる鑑別結果通知書、身上調査表、本籍照会回答書、学校照
会回答書等とともに家裁調査官の手によって編綴される。これを社会記録と
呼び、少年事件送致書及びその添付書類で編成される法律記録とは別個の扱
いがなされる。例えば、法律記録の場合、付添人に対しては一般的に謄写の
許可（少審規 7 条 1 項）がなされているが、社会記録の場合、付添人であっ
ても原則として謄写の許可は不適当と解されており、実務上も許可は消極的
な運用が多い。したがって、多くの場合で、付添人は少年調査票を閲覧した
際に、その内容を記録する労苦を払っているのである。
　ところで、この社会記録は、裁判官が少年審判において少年の要保護性を
判断する資料として、まずは用いられるが、審判後、保護処分決定がなされ
た場合には、保護処分の執行機関に送付されうる。なお、送付された社会記
録は保護処分の執行終了後、あるいは家庭裁判所の執務上必要な時に返還さ
れねばならない（少審規 37 条の 2）。
　また、家庭裁判所において検察官送致決定がなされ、少年が刑事裁判所に
起訴された場合であっても、少年法は少年の刑事裁判も 9 条の趣旨に従っ
て、つまり、諸科学を活用して行われねばならない旨規定している（少 50
条）。そこで、家裁への再移送相当性や量刑に関する判断のために、刑事裁
判所が家庭裁判所に社会記録の取り寄せを嘱託し、刑事裁判における証拠と
されることもある。

2　社会記録の活用のあり方

　このように社会記録は様々な場面で活用されうるが、その活用にあたって
は、いくつかの論点がある。

(1)　非行事実認定への活用の是非

　まず、社会記録が非行事実を認定する資料としても活用されうるかが問題

とされてきた。これについては積極説（名古屋高決昭 50・3・27・家月 27 巻
10 号 91 頁）もあるが、消極説が多数であり、実務の大勢も消極説で運用さ
れている。消極説の論拠としては、社会記録がその目的外の非行事実認定に
用いられることで、少年や関係者との信頼関係を傷つけ適切な調査を阻害す
るおそれがあること、調査過程で表れた事項を必要に応じて証拠調べをする
ことも可能であること等が挙げられている。

　ところが、非行事実を否定する方向に社会記録を活用することは認められ
てよいとする異説もあり（澤登・前掲書 125 頁）、このような見解に立つ審判
例も見られる（静岡家沼津支決平 3・10・29 家月 44 巻 3 号 103 頁等）。その論
拠としては、この場合、少年や関係者の信頼を裏切ったとはいえないこと等
が挙げられている。

　確かに、家裁調査官との面接で少年が非行事実を疑わせる契機となる事実
を話すことも実務上少なくないといわれる。しかし、社会調査は捜査や証拠
調とその本質が異なるのであり、このような場合、直ちに法的調査をやり直
すことが本筋である。たとえ、非行事実を否定するためであっても、社会記
録を直ちに事実認定の資料とすることは、許されるべきではないであろう。

(2)　処分決定への活用

　社会記録、とりわけ少年調査票に記載された家裁調査官の処遇意見がどの
ように活用されるべきかについては、少年に対する処分決定権は裁判官にあ
るから、諸科学に基づく家裁調査官の処遇意見は参考とされるにとどまり、
それに拘束されないとの見解が通説といえよう。

　しかし、一定の水準を満たした諸科学に基づき、非行要因の仮説にも検証
が加えられ、家裁調査官自身が処遇の現状を十分に認識した上で導き出され
た処遇意見を、裁判官が一顧だにせず、あるいはその正当性は認めつつも、
犯情ないし、一般予防効果のみを重視して、より人権の制約の大きな処分を
選択するのであれば、社会調査は無意味なものとなってしまう。そこで、基
本的には家裁調査官の処遇意見に基づいて処分決定がなされるべきとの見解
も見られる（澤登・前掲書 129 頁）。実務上も、多くのケースで調査官の処遇
意見に沿った処分決定がなされている。

　もちろん、裁判官の役割は少年に対する過剰な人権の制約をチェックする

点にもあるから、たとえ家裁調査官が少年院送致の処遇意見であったとして
も、裁判官が把握しえた事実から見て社会内処遇が相当であると判断する場
合にまで家裁調査官の処遇意見に拘束される必要はない。

(3)　刑事裁判での活用のあり方

　検察官送致後に少年が刑事裁判所に起訴された場合に、刑事裁判所によっ
て社会記録はどのように活用されるべきであろうか。

　近時、裁判員裁判を念頭に、この場合、社会記録全体ではなく、少年調査
票の調査官の意見欄のみを証拠として採用すれば足りるとの指摘がある（佐
伯仁志＝酒巻匡＝村瀬均＝河本雅也＝三村雅緒＝駒田秀和『難解な法律概念と裁
判員裁判』〔司法研究報告書第 61 輯第 1 号〕59 頁以下〈法曹会、2009〉）。そし
て、少年事件の裁判員裁判において、社会記録がいわばつまみ食い的に証拠
として採用されるケースも散見される（武内謙治他『少年事件の裁判員裁判』
37 頁〈現代人文社、2014〉）。

　しかし、こうしたつまみぐい的な社会記録の証拠採用を許容する見解は、
少年の刑事手続における科学主義を定めた 50 条に反するだけでなく、事案
の真相を明らかにするために家庭裁判所の取り調べた証拠を取り調べる旨の
規定（刑訴規 277 条）にも反し、妥当とは言えない（武内他・前掲書 275 頁）。

　また、社会記録が証拠として採用された場合に、それはどのように活用さ
れるべきかについては、刑訴規 277 条にいう「事案の真相」とは、良いも悪
いも包括した、少年の実像や環境を意味するものと見られることから、これ
を有利な情状に限定するべきではなく、どう活用するかは刑事裁判官の裁量
に委ねられているとの見解が通説といえよう（横田信之「刑事裁判における少
年調査記録の取り扱いについて」家月 45 巻 11 号 15 頁以下〈1993〉）。

　しかし、社会記録が処罰を重くする根拠に使われれば、当該少年が自身の
成長発達のために頑張ってくれていると信頼したはずの家裁調査官に裏切ら
れたと感じ、社会調査制度や、ひいては少年司法制度全体への不信に陥り、
さらには、20 条 2 項該当事件のような重大な事件に関する社会調査におい
ては、家裁調査官と少年との信頼関係を構築することは極めて困難になるこ
とが懸念される。したがって、社会記録の活用を刑事裁判官の裁量に全く委
ねることは妥当とは言い難い。そこで、原則としてその活用は再移送相当性

判断に限られるべきであり、例外的に量刑判断に用いる場合でも、あくまで刑罰を軽減する方向に限定されるべきであろう（岡田・前掲書 271 頁以下）。

参考文献
・岡田行雄『非行少年のためにつながろう！』（現代人文社、 2017）
・岡田行雄他『再非行少年を見捨てるな』（現代人文社、2011）
・服部朗「少年事件処理要領の検討」刑法雑誌 33 巻 2 号 310 頁以下（1993）
・矢口洪一「家庭裁判所三〇周年を迎えて」家裁月報 31 巻 9 号 1 頁以下（1979）

（おかだ・ゆきお）

第10講◆少 年 審 判

キーワード

福祉的機能／非行のある少年／要保護性／職権主義

1 少年審判とは何か

1 少年審判の意義

「少年審判」という言葉は、多義的であって、場面によっていろいろな意味に使われる。

最も広くは、家庭裁判所が少年保護事件を受理した後、調査と審判の過程を経て、その事件についての最終的な結論（終局決定）を出すまでの全体を少年審判と呼ぶ（最広義）。

また、最広義の審判から調査過程までを除いた部分、すなわち審判開始決定から審判期日における審理・判断を経て、終局決定に至るまでを指すこともある（広義）。

さらに、広義の審判の中心的な部分である裁判官による審判期日における審理・判断のための手続だけを指すこともある（狭義）。

本講では、広義ないし狭義の審判を意味するものとして使用する。

2 少年審判の機能

少年審判の機能として福祉的機能と司法的機能とがあること、家庭裁判所はこれらを共に発揮することが期待されていることについては特に争いはない。しかし、この2つの機能が持つ意味やその優劣関係については深刻な対立がある。これは少年法の性格をどう捉えるかに起因する対立であり、ここでは、狭義の審判の機能を考えるにあたって必要な限りでこの2つの機能が

図 10-1   少 年 審 判
1 裁判官   2 裁判所書記官   3 家庭裁判所調査官   4 廷吏   5 少年   6 保護者   7 付添人

持つ意味を検討するにとどめる。

(1)　福祉的機能

　少年法１条は、「少年の健全な育成」を同法の目的とし、それを達成する
ための手段として「性格の矯正及び環境の調整に関する保護処分」を掲げて
いる。これは、教育的、保護的、福祉的な措置・処分によって非行に陥った
少年の抱える問題性を解消させることで少年を改善更生させるというプログ
ラムを示しているものといえる。このような少年法の福祉的な側面は、審判
においても少年に対する改善更生に向けての適切な措置、働き掛けなどを行
うことによって実践されなければならず、少年審判はこのような福祉的機能
を発揮することが要請されているのである。少年法が審判について「懇切を
旨をして、和やかに行うとともに、非行のある少年に対し自己の非行につい
て内省を促すものとしなければならない。」（少22条１項）と定めているのは
この趣旨である。

(2)　司法的機能

　司法的機能については、社会防衛的機能と人権保障的機能の２つの面から
理解されることがある。

社会防衛的機能とは、少年審判も刑事訴訟と同様に国家の刑事司法制度の一翼を担うものとして、犯罪の防圧、社会の犯罪に対する安全・安心確保という政策的役割を担っているというものである。この機能をどの程度重視するかについては厳しい見解の対立があるが、少年審判がこの機能を十全に果たすためには、家庭裁判所は当該非行事実そのものの重大性のみならず、その事件が社会にどのように受け止められたか、どの程度の影響を与えたか、さらには同種犯行に対して科されると思われる刑罰との対比・均衡、選択する結論に対する社会の納得といったことまでを把握し、評価しなければならないことになる。

人権保障的機能とは少年の人権ないし利益を保障するという観点から審判に要請される機能であって、その内容として、非行事実の存否について正確な認定が行われること、終局決定に至る一連の手続が適正に行われることの2つがあるとされる。

前者は、審判の対象の箇所で述べるように、保護処分は一面で少年の人権を制約するものであるから、保護処分に付すには、それによる人権制約を正当化するための根拠として非行事実の存在が必要であり、そのために、審判においては、非行事実の存否が正確な認定に基づいて間違いなく確定されることが審判の機能として要請されるというものである。

後者は、少年にとって人権が制約される不利益な処分としての側面もある保護処分を決定するにあたっては、その手続そのものも少年の権利を保障するものでなければならないということである。少年審判における適正手続の保障といわれるものである。少年審判の運営については刑事訴訟におけるような詳細な手続規定がないこともあって、家庭裁判所の裁量に委ねられていることが多いが、それは合理的な裁量でなければならず、適正手続の保障が確保されなければならないのはいうまでもない。

3　少年審判の原理

(1)　職 権 主 義

少年審判は、家庭裁判所が自ら手続を主宰し、少年に対する広範な調査と審問を行ったうえ、終局決定を行う「職権主義」の構造を採っている。これ

は、検察官と被告人・弁護人が対立当事者として攻撃防御を尽くし、そのうえで裁判所が両当事者から独立した第三者として判断する刑事訴訟の「当事者主義」の構造とは全く異なる。少年審判においてこのような職権主義が採られたのは、少年審判の目的が、個々の少年の抱える問題を解消して、その健全育成を図るために国家によって予め準備された各種の保護処分のメニューから最適なものを選択することにあるところ、そのためには関係者を刑事訴訟のように当事者として対立させる手続よりも、少年の健全育成という共通の目的に向かって協力し合う手続がより適切であるからとされている。

(2) 個 別 化

非行の原因は、突き詰めれば性格と環境（少1条）に求められることになるが、それらは個々の少年によって実に様々である。したがって、性格的、環境的な問題を解消して、健全な育成をはかるためには、当然のこととして、それぞれの少年が抱えている個別的な問題に即応した個別的な対応・処遇を行わなければならない。

このような個別化は、処遇の場面でいわれることが多い（「処遇の個別化」）。しかし、少年審判の持つ福祉的機能を考えれば、審判もまた少年の改善更生に向けた処遇過程の一環として捉えるべきであるから、個々の少年が抱える問題情況に即して個別的に行われなければならないということになる（後述する個別審判の原則の根拠はここにも求められる）。

また、審判における個別化は、終局決定をするにあたっても重要な意味を持つ。すなわち、少年審判では、具体的な処遇の選択も、主として少年の抱える個別的な問題の内容・程度を基準としてなされることになる。そのため、仮に非行事実の内容・程度が変わらないとしても、個々の少年に選択される処遇が必ずしも同一のものになるとは限らないのであり、さらには、非行事実が軽微であっても少年院送致等の収容処遇が選択される少年もあれば、非行事実は重大であっても審判不開始や不処分といった決定がなされる少年もあるということにもなるのである。もっとも、非行事実との均衡をあまりに失するような処遇選択は、非行事実を審判の対象とした意味を失わせるから許されないというべきである。

4　審判の諸原則

(1)　審判非公開の原則

　少年法は「審判は、これを公開しない。」（少 22 条 2 項）と定めている。こ
れは、人格的に未成熟で傷つきやすい少年の情操を保護するとともに少年の
非行そのものを秘密にすることによって少年の更生と社会復帰をより容易に
するためである。また、少年審判では要保護性についても審理するため、少
年や家族についての極めてプライベートな事実も詳細に明らかにされる。そ
のためにも手続内容の秘密性が確保されなければならないのである。同様の
趣旨から出版物への掲載も制限されている（少 61 条）。

　なお、2008 年改正によって、被害者等による少年審判の傍聴が認められ
ることになった（22 条の 4）。詳細については第 5 講の説明に譲るが、この
制度は少年審判のあり方を大きく変える契機となりうるものであり、今後と
も慎重な実務運用が強く望まれるところである。

(2)　併合審判の原則

　同一少年に対する 2 個以上の事件（＝非行事実）は、なるべく併合して審
判しなければならない（少審規 25 条の 2）。要保護性についての審理は、少
年の性格や保護環境といった点が中心となるが、それは非行事実ごとに異な
るものでない。それにもかかわらず、非行事実ごとに審理するとすれば、要
保護性に関しては重複して審理することとなり、少年の負担の増加や審判経
済に反する等の弊害が生ずる。また、要保護性の審理は非行の動機や態様等
をも対象とするから、要保護性を正確に判断するためにはその少年に関する
全ての非行事実を全体的に把握する必要もある。これらのことから、原則と
して併合審判が要請されるのである。

　もっとも、事件を併合して審判しても、終局決定まで 1 個でなければなら
ないわけではない。少年の改善に最適な選択がなされるべきである。例え
ば、オートバイを盗んだという窃盗事件とそのオートバイを無免許で乗り回
したという道路交通法違反事件とが併合審理された場合に、前者について保
護観察、後者について検察官送致というように分離して別々の決定をするこ
とも行われている。

(3)　個別審判の原則

少年審判は、少年ごとに審理すべきであり、他の少年の事件を併合して審判することは原則として許されない。法令上の根拠規定はないが、他の少年や関係者に対する秘密保持の要請に基づくもので、非公開の原則と共通の基盤に立つ。また、少年審判の個別化の原理にも由来することは前述のとおりである。もっとも、併合するについての合理性・必要性があり、他方で秘密保持の要請がないか又は弱い場合には、例外的に併合できる。例えば、非行事実の認定の場面で、共犯少年に共通する証人の尋問を行う場合などに、要保護性の認定の場面で、同一家庭で生活しているきょうだいに対して審判を行う場合などにそれぞれ併合が許されこともありえよう。

なお、交通事件（道路交通法違反事件、業務上過失致傷事件）では、非行事実が同種で、抱える問題性もほぼ共通する少年を集めて、集団で審判を行い、共通の終局決定を一括して全員に告知するという併合審理も行われている。これについては個別審理の原則に反するとする見解もあるが、大量の交通事件を迅速に審理できることによって早期に少年の保護を図ることができるなどの合理性がある反面、秘密保持の要請は事件の性質等からみてさほど強くないから例外的に許される併合であるとする見解もある。

(4)　直接審判の原則

「少年が審判期日に出頭しないときは、審判を行うことができない」（少審規28条3項。刑事訴訟法284、285条参照）とされ、また、出頭を確保するために必要であれば、少年を強制的に連行できる同行状を発することもできる（少11条2項）。この原則は、審判が人権保障機能や福祉的機能を発揮するために、そしてまた、裁判所が要保護性を判断するために不可欠の前提をなすものである。なお、同行状は保護者に対しても発することができる（同条項）。

5　審判に付すべき少年

(1)　対　象　少　年

家庭裁判所の審判に付される少年は、犯罪少年、触法少年、虞犯少年（少3条1項）である。これらが少年法1条の「非行のある少年」である。20歳未満の者が少年とされている（少2条1項、19条2項）が、年齢の下限につ

いては規定がない。10 歳程度が目途とされるべきであるとする見解もある。
「審判に付す」とは家庭裁判所が審判の対象とすることができるということ
であり、必ず審判に付さなければならないわけではない（少 19 条 1 項）。

(2)　犯 罪 少 年

　犯罪に該当する行為をした少年である（少 3 条 1 項 1 号）。14 歳未満の者
は含まれない（刑 41 条）。一般に犯罪が成立するには構成要件該当性、違法
性、責任の各要件を具備することが必要とされるが、犯罪少年についても構
成要件該当性と違法性を具備する必要があることに争いはない。問題は責任
の要件である。

〔責任要件不要説〕

　触法少年や 14 歳未満の虞犯少年に対して強制力を伴う保護処分を許容し
ながら、14 歳以上の犯罪少年についてのみ責任要件を必要とするのは一貫
しないことなどを理由として、責任の要件は不要であるとする。

〔責任要件必要説〕

　保護処分は少年を保護・教育して、その改善更生をはかるための処分であ
るから、少年に利益な処分ではあるが、強制的に人権・利益が侵害されると
いう点では不利益処分としての性格を持つから、それを正当化する根拠とし
て社会的な非難を帰せられるべき事由が必要であることなどを理由として、
責任の要件が必要であるとする。

　この説が多数説とされているが、実務上は適切な精神医療が行われてい
ず、またはそれを期待することができない事件について不要説に立った決定
例も少なくない。

(3)　触 法 少 年

　行為当時 14 歳未満の少年が刑罰法令に触れる行為をしても刑事責任能力
を欠くため犯罪は成立しない（刑 41 条）。しかし、その行為が構成要件に該
当し違法であるときは触法少年として保護手続の対象となる（少 3 条 1 項 2
号）。

(4)　虞 犯 少 年

(a)　虞犯の意義

　虞犯少年とは、一定の事由（①保護者の正当な監督に服しない性癖のあるこ

と、②正当の理由がなく家庭に寄り附かないこと、③犯罪性のある人若しくは不道徳な人と交際し、又はいかがわしい場所に出入りすること、④自己又は他人の徳性を害する行為をする性癖のあること。これらを虞犯事由という。）があって、その性格又は環境に照らして、将来、罪を犯し、又は刑罰法令に触れる行為をする虞（これを虞犯性という。）のある 18 歳未満の少年を指す（少 3 条 1 項 3 号、65 条 1 項）。したがって、犯罪事実、触法事実が過去の 1 回的な行為を評価の対象とするのに対し、虞犯事実は「虞犯事由」というその当時における一定の不良な行状（生活状態）と「虞犯性」という将来における犯罪的危険性の存在の 2 つの要件によって構成される。

　虞犯事由が虞犯事実の要件とされたのは、一般的に虞犯性が認められるような類型的な不良行状を法文上に提示することによって、あいまいになりがちな虞犯性の判断に客観性を与え、人権保障を強化しようとしたためである。

　しかし、虞犯事由そのものが「犯罪性のある人」「不道徳な人」「いかがわしい場所」「徳性を害する」といった判断者の評価に委ねざるを得ない文言によって規定されているため、依然として相当なあいまいさが残ることは否めない。また、虞犯性は、犯罪・触法行為の可能性すなわち将来的な犯罪の危険性であるが、それを正確に予測することは現在の科学水準によっても不可能である。さらに、虞犯事実は犯罪事実・触法事実と比較すると他者の権利・利益に対する侵害性が類型的に低いから、保護処分による人権制約を正当化する根拠としては犯罪事実・触法事実よりも脆弱である。

　虞犯事実についてはこれらをはじめとして様々な問題が指摘されている。そこで、虞犯は廃止すべきある、ないしは選択可能な保護処分を制限し施設送致処分は除外すべきであるといった見解も主張されている。

　他方、犯罪・触法行為は少年の人格的成長にとって重大な障害となるものであるから、それに至る危険性が極めて高く、保護処分による矯正教育の必要性が強く認められる少年を保護手続の外に放置することは少年法が拠って立つ保護主義とは相容れない。虞犯の問題性はつまるところ人権侵害の懸念にあるのであるから、虞犯事由、虞犯性を慎重に認定することで対応できる。したがって、虞犯制度は維持されるべきであるとする見解もある。

　実務的には、虞犯送致するにあたって送致機関に萎縮的傾向があるようで
あり、一般に家庭裁判所に送致されてきた虞犯少年は相当に大きな問題性を
抱えていることが多く、保護処分に付さないという結論がそもそも採りにく
いというのが実情である。虞犯事件における少年院送致率は他と比べて高い
が、その原因はこのようなところにもあるものと思われる。

　(b)　虞犯の認定

　(i)　虞 犯 事 由

　虞犯事由が虞犯事実の要件とされた理由からして、4個の虞犯事由は限定
的に列挙されたと考えるべきである。したがって、いかに虞犯性が強く認め
られても、いずれの虞犯事由にも該当しない場合には虞犯少年と認定するこ
とはできない。しかし、虞犯事由は一定期間にわたる定型的な不良行状を類
型化したものであるから、重複して認定することは問題ない。実務上はむし
ろそれが一般である。

　(ii)　虞 犯 性

　虞犯性における「罪」「刑罰法令に触れる行為」（少3条1項3号柱書）に
ついて、①窃盗罪、傷害罪といった特定の罪名を必要とする見解、②財産
犯、粗暴犯といった一定の犯罪類型によって特定すれば足りるとする見解、
③これらの特定はいずれも不要であって、何らかの犯罪でありさえすれば足
りるとする見解が対立している。ここでは人権保障の観点からの絞り込みの
必要性と将来的な予測であることによる絞り込みの困難性とが問題となって
いる。②が多数説とされるが、実務上は①まで踏み込んだ決定例が多い。

○コラム27　虞犯性と要保護性の関係

　虞犯性と要保護性（特に再非行性）はいずれも将来的な非行の可能性を問
題とする点で共通する。そこで、虞犯性は要保護性の中に解消されるとする
見解や両者は同一のものを別々の面から見たものであるとする見解なども主
張される。しかし、通説は、両者は別個のものであるとする。その理由とし
ては、家庭裁判所は終局決定をする時点で虞犯性の有無も要保護性の有無も
判断するのであるが、虞犯性については家庭裁判所に送致されるまでのある
時点における少年の将来的な非行の可能性が問題となり、要保護性について
は終局決定の時点におけるそれが問題となること、虞犯性については有無だ

けが問題となるが、要保護性については程度があって、それが処分の選択に結びつくこと、などが挙げられている。これらの理由は結局、虞犯性が要保護性の面ではなく非行事実（＝虞犯事実）の面における問題であることに由来するものといえよう。（入江正信「少年保護事件における若干の法律問題」家月5巻7号12頁〈1953〉）

2　審判の対象

1　審判の対象

　少年審判は、家庭裁判所が終局決定をなすために行われるのであるが、その終局決定は何に依拠してなされるのか。換言すれば、いかなる対象について審理・判断することによって終局決定が導かれるのか。これが、少年審判における「審判の対象」といわれる問題である。この問題は、少年法が規定している少年保護手続の性質（第1講参照）をどう見るかに関わっており、これまで要保護性が審判の対象であるとする説と要保護性のみならず非行事実も審判の対象であるとする説とが主として主張されてきた。

　〔要保護性説（人格重視説）〕　少年審判手続は少年の責任を追及するための手続ではなく、少年の再非行を防止してその健全な育成をはかるために、少年が非行に至った性格的環境的な問題を解明し、それを改善するに最適な処遇を決定するための手続である。したがって、審判においても、当該少年は改善更生のために国家による保護・教育としての保護処分を必要としているのか、必要としているとして、それはどのような内容・程度のものであるのか、つまり少年がどのような保護を要する状態にあるのかの検討が重要な課題となってくる。これが要保護性であり審判の対象であるとする。

　審判に付すべき少年を定める少年法3条は、「罪を犯した」「刑罰法令に触れる行為をした」（同条1項）等と規定しているから、罪を犯したことや刑罰法令に触れる行為をしたことといった具体的な行為すなわち非行事実について審判がなされるようにも読める。そこで、要保護性説は、この規定は何について審判をするかという審判の対象ではなく、どのように審判をするか

という審判の手続について定めた規定にすぎないとする。そして、非行事実は、それが存在することが、家庭裁判所が当該少年に対して審判手続を進めるために必要な条件（審判条件）であるとするのである。

　結局、要保護性説によると、保護処分の選択・決定は要保護性の存否、内容・程度にのみ対応してなされることとなる。

〔**要保護性＋非行事実説（非行事実重視説）**〕　この説も要保護性を審判の対象とすることは要保護性説と同じである。しかし、①全ての保護処分（少24条1項）は多かれ少なかれ少年の人権を強制的に制限する側面があるから、それを正当化するための根拠として、少年に非行すなわち他者の権利・利益に対する侵害行為ないしその危険性の極めて高い状態にあるという事実が必要であること、②具体的な少年が再非行にいたる危険性をどの程度有しているのかを正確に予測することは現在の科学をもってしても不可能であるから、そのような不確かなものだけを基準として処分を決定することは人権上問題が大きいこと、などを理由として、非行事実もまた審判の対象であるとする。

　この説からは、少年法3条1項は端的に非行事実を審判の対象（の一つ）として規定したものと理解される。

　現在、非行事実重視説が通説とされる。実務もそのように運用され、要保護性と非行事実それぞれについての存否、内容・程度がともに審判において審理・判断され、それに即して終局決定が導かれている。

　なお、この説に立つと、具体的な処遇の選択にあたって、要保護性は高いが非行事実は軽微な場合やその逆の場合に、2つの審判対象の関係が問題となる。①要保護性を重視する見解、②非行事実を重視する見解、③要保護性が保護の必要性であり、非行事実が保護の可能性であるとする見解などがある。非行事実重視説の論拠に適合的なのは③の見解であろう。③の見解によると、結論として非行事実と要保護性のいずれか低い方に即して処遇が選択されるということになる。

(1)　非 行 事 実

　審判の対象としての非行事実のうち、犯罪事実と触法事実は、検察官等から送致された非行事実（送致事実。少42条、少審規8条1項2号等）に限定さ

れず、それと同一性を有する範囲の事実を含ものとされる。この同一性は刑事訴訟における公訴事実の同一性（刑訴312条1項）の判断と同じ基準で判断される。したがって、家庭裁判所は例えば、住居侵入の送致事実に加えてこれと牽連犯（刑54条1項後段）の関係に立つ窃盗も非行事実として認定することができ、また、傷害致死の送致事実について故意を認めて殺人を非行事実として認定することもできる。これらは実務上、認定替えといわれる。なお、虞犯事実については、次項による。

(2)　要保護性

要保護性とは一般的な語義としては広く保護を必要とする状態を指すが、審判の対象としての要保護性はそれより狭い。先に述べたように少年保護手続の目的は少年の再非行を防止することにあるから、ここでの要保護性の内容としては再非行の危険性のあることがまず考えられる。これは、少年法が対象少年を「非行を行った少年」ではなく「非行のある少年」（少1条）としていることにも合致する。しかし、要保護性の内容がこの再非行性（累非行性、非行反復性、犯罪的危険性などともいわれる）に尽きるかについては、多くの見解が主張されている。そのうち主要なものは次の3説である。

〔**再非行性説**〕

再非行の危険性さえあれば、要保護性が認められるとする。

〔**再非行性＋矯正可能性説**〕

少年法が非行少年に対する保護の方法として設けたものが保護処分であるから、保護処分による矯正教育によって再非行性を除去できる可能性すなわち矯正可能性（保護可能性ともいわれる）がなければ、少年法上の要保護性を認めることはできないとする。これによると、例えば犯罪性が特に強固であるなどのために保護処分による矯正可能性が認められない（保護不能）少年は要保護性がないから、刑事処分に委ねるべきであるということになる。

〔**再非行性＋矯正可能性＋保護相当性説**〕

要保護性があるとするためには、再非行性及び矯正可能性のみならず、保護相当性すなわち少年法上の保護処分による保護が有効適切な更生のための手段であると認められることが必要であるとし、刑罰を科することが社会の法感情に合致し、ひいてはそれが少年にとっても有効な更生手段となる場合

（保護可能だが保護不当）や児童福祉法による福祉的な措置に委ねるのが相当
な場合には要保護性はないとする。

　この見解が現在の通説とされているが、この見解は非行事実の社会的影響
の重大性等といった少年自身の抱える問題性以外の要素を要保護性の中に持
ち込むものであり、他の 2 説とは質的に異なることに注意しなければならな
い。この点は、検察官送致決定（逆送）の場合に特に問題となるが、第 12
講の説明に譲る。

2　虞犯事件の審判の対象

(1)　虞犯事実の同一性

　虞犯事実は犯罪事実や触法事実とは異なり、ある一定期間継続する不良な
行状を内容としている。したがって、虞犯事実を審判の対象とする場合、こ
の継続する不良な行状のうち、どこまでを当該審判の対象とするのか、換言
すればどの範囲の虞犯行状を 1 個の虞犯事実と見るか、虞犯事件に特有の問
題が生じる。

　これには、継続性をもった一連の虞犯事実のうち、どの時点までの虞犯事
実をもって 1 個の虞犯事実と見るか、具体的には虞犯事件が裁判所に係属し
た後も同じような虞犯行状が継続する場合に、どこまでを審判の対象とする
かという問題とある一定の時点において、不良な生活行状として広がりをも
って存在する虞犯事実のうち、どこまでを 1 個の虞犯事実と見るかという問
題の 2 つがある。

　前者については、①家庭裁判所が事件を受理した時を基準にし、その時点
までの虞犯事実を 1 個の虞犯事実とする受理時説、②終局決定をした時点を
基準にする終局時説などがある。受理時説によれば受理後の虞犯事実は別個
の非行事実となるから、それに基づいて新たな観護措置を執ることもできる
が、終局時説によれば受理後の虞犯事実についても一事不再理の効力を及ぼ
すことができる等の違いがある。裁判例は分かれている。

　後者については、①少年法 3 条 1 項 3 号所定の虞犯事由に当たる具体的な
虞犯事由ごとに別個の虞犯が成立するとの説、②虞犯事由に当たる具体的な
事実と同種の虞犯性によって虞犯が画されるとの説、③特定のある時点にお

いては常に1個の虞犯だけが成立するとの説などがある。③は虞犯の制度が犯罪に至る前段階において少年を保護して将来の犯罪等を防止しようとするものである以上、同時に複数の虞犯が並存することを認める必要はないことなどを理由としており、実務もこの見解に沿った運用がなされている。

(2)　虞犯事実と犯罪事実の間の同一性

　虞犯事実についてはさらに犯罪事実（触法事実であっても同じ）との関係も問題となる。傷害致死の送致事実に対して殺人を認定することも、その間に同一性があれば可能であることは前述のとおりであるが、それと同様に虞犯事実と犯罪事実の間にも同一性が認められるのかという問題である。この同一性を広く認める裁判例もある。しかし、犯罪事実が過去の特定の日時・場所における一回的な行為によって構成されるのに対し、虞犯事実における不良な生活行状は通常、その内容や場所、期間に相当の広がりを持つものであるから、両者は基本的に一致することはない（点と線の関係、点と面の関係に立つといわれることがある）。したがって、このような関係にある両者の間に事実の同一性を認めることは一般的には困難である。もっとも、虞犯事実と犯罪事実とが日時・場所・行為態様等の基本的事実において重なり合っているような場合には例外的に同一性を認めることができる。このように原則として同一性は否定されるとするのが多数説である。

　例外的に虞犯事実と犯罪事実との間に同一性が認められる場合、審判の対象となっている事実としては1個だけということになる。したがって、虞犯事実と犯罪事実がともに家庭裁判所に送致・係属していても、双方を認定することはできない。そこで、いずれを認定するかが問題となるが、虞犯制度が犯罪の前段階において将来の犯罪等を防止するためのものであることからすると、犯罪事実は虞犯事実に優先するもの（虞犯の補充性）と考えるべきであるから、犯罪事実を認定すべきである。また、虞犯事実または犯罪事実のいずれかだけが送致・係属しているが、審理の結果、もう一方も認定できるという場合にも、虞犯の補充性から犯罪事実を認定すべきである。

　他方、同一性が認められない場合に、虞犯事実と犯罪事実がともに送致・係属しているとき、両者の関係がどうなるかも問題となる。これについては、①犯罪事実に虞犯事実が吸収されるとする説、②犯罪事実が虞犯事実の

直接的現実化と認められるときには虞犯事実は犯罪事実に吸収されるとする説、③吸収関係を認めない説などがある。②は例えば、虞犯事実については将来窃盗罪を犯す虞があるという虞犯性が認定され、犯罪事実については窃盗罪が認定されたという場合に虞犯事実が犯罪事実に吸収されるというものであり、裁判実務はこの立場をとっている。

3 審判の手続

1 審判開始決定

家庭裁判所は、調査の結果、審判を開始するのが相当であると認めるときは、審判開始決定をしなければならない（少21条）。これによって、手続は調査過程から審判過程に移行する。もっとも、観護措置（少17条1項2号）が執られている身柄事件では、観護措置の期間に制限があるため、調査命令（少8条2項）と同時に審判開始決定をするのが実務上は一般的である。

審判開始決定の要件は、①審判条件が存在すること、②非行事実が存在する蓋然性の認められること、③審判の必要性があることである。③は、保護処分に付する蓋然性がある場合、審判において非行事実の存否を確定する必要がある場合などに認められる。なお、実務上は当初から不処分決定を予定しつつ、審判を保護的・教育的措置を行う場として利用する目的で審判を開始することが少なくない。これについては学説上否定的な見解もある。しかし、審判を少年の改善更生に向けた処遇過程の一環として捉えるとすれば、むしろ望ましいあり方と見るべきであろう。

審判開始決定があると、審判期日の指定と関係者の呼出し（少審規25条）をして審判に備えることになる。

○コラム28 審判開始決定に必要な心証

非行事実存在の蓋然性が審判開始決定の要件であることについては特に争いはない。ここで蓋然性とは、審判における少年側の反証によって覆る可能性を残しつつ、現在の資料に基づけば非行事実の存在が証明されたという場合の心証をいう。調査の結果、この程度の心証に至らなければ非行なしを理由とする審判不開始決定がなされることになる。

　これに対して、要保護性に関しては議論がある。審判の教育的効果に期待して審判開始決定することを不当とする見解があることは本文のとおりであるが、これは保護処分に付する蓋然性のあることが審判開始決定の要件であるとする立場からの帰結である。また、要保護性の不存在が明らかであれば、場合によっては非行事実の存否を確定しないまま審判不開始決定をなすことも可能であるとの見解もある。しかし、非行事実が審判の対象である以上、非行事実の存否の確定は裁判所の義務というべきであろう（菊池信男「要保護性のないことの明白な場合における非行事実に関する判断の要否（大阪家決47・3・31）」『少年法－その実務と裁判例の研究』〔別冊判例タイムズ6号〕167頁〈判例タイムズ社、1979〉、田宮裕編『少年法判例百選』104頁〈有斐閣、1998〉）。

2　審判廷の構成

　審判は原則として家庭裁判所の審判廷で行われるが（裁69条）、裁判所外で行うこともできる（少審規27条）。実際には補導委託先や少年鑑別所などで行われることがある。

　審判廷には、裁判官及び書記官が列席し、少年が出頭する（少審規28条1項、3項）。裁判官は1名であるが合議決定がなされた場合には3名である（裁31条の4第1項、2項）。この3者が審判の不可欠な構成員である。家庭裁判所調査官は、裁判官（合議の場合は裁判長）の許可を得た場合を除いて審判に出席しなければならない（少審規28条2項）。しかし、実際には繁忙等のため在宅事件については出席しないことがむしろ多い。保護者・付添人は審判出席権を有している（少審規25条）。また、裁判所は一定の事件について非行事実認定のために検察官を出席させることができる（少22条の2）。ほかに裁判官（裁判長）は少年の親族、教員その他相当と認める者の在席を許すことができる（少審規29条）。少年が中学生の場合に担任教員や校長等を在席させることは比較的多い。これら関係者のうち、裁判官、家庭裁判所調査官、付添人の役割については第8講で、検察官の関与については第4講で触れる。

3 審判の方式

　審判は、懇切を旨として、和やかに行うとともに、非行のある少年に対し自己の非行について内省を促すものとしなければならない（少22条1項）。これは、審判が処分を決定するための手続であるに止まらず、それ自体として教育的、福祉的な側面を持つものであることを明らかにしたものである。その側面を実効的にするために、裁判官に審判の運営や結論について少年の納得や理解を得るべく努めることを求めたのが「懇切」「和やかに」の意味である。「常に懇切にして誠意ある態度をもつて少年の情操の保護に心がけ、おのずから少年及び保護者等の信頼を受けるよう努めなければならない。」（少年規1条2項）というのも同様の趣旨である。なお、少年法22条1項後段は2000年の改正の際に付加されたものであるが、これも審判の教育的側面を強調したものであり、前段と整合的に理解することができるものである。

　少年法、少年審判規則は、審判の方式についての具体的規定をほとんど設けていず、広く裁判官の裁量に委ねている。非行に至った少年の問題性は個々の少年ごとに区々であるから、それに即して個別的に合理的な解決方法を探ることが必要である。そのためには定型的形式的な審判運営ではなく裁判官の裁量による非形式的な審判運営によるのが適切だからである。

　もっとも、この裁量が合理的なものでなければならないのはもちろんである。ここでは、とりわけ適正手続の保障が問題となる。具体的には黙秘権の告知及び審判に付すべき事由についての告知と弁解聴取（少審規29条の2）が重要である。黙秘権についてはこれを規定する憲法38条1項が少年審判にも適用されるかに関わって少年にこれが保障されるか争いがあるが、少なくとも検察官送致（少19条2項、20条、23条3項）を経て刑事責任を追及される可能性のある犯罪少年については黙秘権を認めるべきであるとするのが多数説である。実務上は触法事件・虞犯事件についても審判の冒頭で黙秘権の意味を説明をしたうえで告知するのが一般的であったが、少年審判規則29条の2の新設により「供述を強いられることはないこと」を説明することが義務的となった。告知と弁解聴取は、通常黙秘権の告知に引き続いて行われる。少年審判においては裁判官は審判に先立って、捜査機関（少41条、

42条）等から送付された証拠書類など事件記録をあらかじめ検討し、それらによって非行事実の存在を認定するのが合理的であるとの蓋然的心証を得、その上で審判に臨んでいる（コラム28）から、この段階で少年が非行事実の存在を認めれば、一般的には裁判所の心証は合理的な疑いを超える心証、いわゆる確信に至ることになる。その場合には、非行事実についての審理はこの冒頭の手続のみで終了し、その後は要保護性についての審理が行われることになる。

　これに対して、少年が非行事実を否認した場合には、裁判所は証拠調をする必要があるか検討することになる。証拠調には証人、鑑定人、通訳人の尋問等や証拠物の取調べ等があるが、ここでは、少年側に証拠調べ請求権を認めるべきかが特に問題となる。多数説は、これを否定しつつ、一定の場合に裁判所に職権で証拠調べをする義務を認めるという形で問題の解決を図っている。少年審判が職権主義構造を採用していること、証人尋問等についての少年法14条1項、15条1項の規定は裁判所の権限を定めたものであること、少年側及び検察官関与決定があった事件での検察官は証拠調の「申出」をすることができるとされていること（少審規29条の3、30条の7）などを理由とする。

　証拠法則については、自白や伝聞証拠などが議論されている。任意性に疑いのある自白は非行事実を認定するための証拠としえないこと、自白のみを証拠として非行事実を認定することはできないこと、捜査機関が違法に収集した証拠は一定の場合に排除されることはいずれも通説である。これに対し、伝聞法則については、争いがあり、①少年審判にも全面的に適用があるとする見解、②否認事件に限って適用があるとする見解、③適用がないとする見解、などがある。伝聞法則の基礎にある証人審問権（憲法37条）は原理的には当事者主義構造の下で認められるものであること、少年審判では裁判官は既に証拠書類など事件記録を熟読したうえで審判に臨んでいることなどを理由とする③の見解が多数説となっている。もっとも、重要な供述については適正手続の趣旨から裁判所は証人尋問を実施すべき義務を負うと解すべきことは前に述べたとおりである。

4 裁定合議制と検察官の関与

(1) 裁定合議制

　少年審判は一人の裁判官が担当するのが原則である（裁 31 条の 4 第 1 項）。しかし、合議体による審理も行われ、その理由は、手続を慎重にする、多角的視点による審理・判断が可能となる、各裁判官の主観性が捨象される、審判に対する少年や社会の信頼を高められる等のメリットがあるとされるからである。そこで、改正少年法（2000 年）によって合議制を採用できることになった（裁 31 条の 4 第 2 項 1 号）。合議事件とするかどうかについて法令上の基準は存在せず、合議体の裁量によって合議決定される。

　他方、合議制に対しては、迅速性に欠ける、少年に威圧感を与える、少年審判は裁判官と少年の一対一の人格的接触によって教育的効果が発揮されるのに、それが損なわれる、調査官の位置付けが相対的に低下し、保護的教育的機能が阻害される、といったデメリットを指摘する見解もある。

　現実の個々の審判においてデメリットを押さえてメリットを伸ばせるような審判運営ができるのかが課題である。少なくとも、若い裁判官に経験を積ませることを目的に合議決定をするというような運用があるとすれば、こと少年審判においては論外であろう。

(2) 検察官の関与

　少年審判における事実認定の一層の適正化を図る必要があるとの見地から 2000 年の改正によって導入された制度である（少 22 条の 2）。否認事件における事実審理に際して裁判所と少年との間に対峙状況が発生することを回避するとともに、裁判所とは別の視点に立って事実認定をチェックする者を置くことによって判断の客観性を確保しようとしたものである。裁判所が検察官関与の決定をすることができるのは、2000 年改正時には①故意の犯罪行為によって被害者を死亡させた罪の事件（殺人、傷害致死等）、又は②死刑又は無期若しくは短期 2 年以上の懲役・禁錮に当たる罪の事件で、非行事実を認定するための審判手続に検察官が関与する必要があるときとされた。しかし、2014 年の改正で②は「死刑又は無期若しくは長期 3 年を超える懲役若しくは禁固に当たる罪」に拡大された。

　検察官は家庭裁判所の主宰する職権主義構造の審判手続の中で審判の協力

者として関与するとされる。しかし、検察官関与が決定された場合には常に
付添人が付く（少22条の3）。したがって、この審判廷の状態を形式的に見
れば当事者主義構造の様相を呈している。加えて、検察官は規定上も「少年
及び証人その他関係人に発問」することも「意見を述べること」もできる
（少22条の2第3項）のであるから、運用如何では、実質的に検察官が訴追
当事者として関与するのと変わらなくなる可能性もはらんでいる。

　審判の教育的機能を維持しつつ、事実認定の一層の適正化にも有効な運用
がなにより要請される。

参考文献
・裁判所職員総合研修所監修『少年法実務講義案』（司法協会、三訂版、2017）
・田宮裕ほか『注釈少年法』（有斐閣、第3版、2009）
・田宮裕編『少年法判例百選』（有斐閣、1998）
・『少年法─その実務と裁判例の研究』別冊判例タイムズ6（判例タイムズ社、1979）

（うえの・まさお）

第11講◆少年の権利保障

キーワード

デュー・プロセス／憲法主義／国際準則／
成長発達権／少年の「自立」と「保護」

　世界諸国に共通して、少年司法において、犯罪や非行を行った少年に対して、憲法をはじめとする諸法に規定された権利ないし適正手続の保障を行うべきか、行うとしたらどの程度行うべきかが長年論じられてきた。少年法は保護主義を採用するため、保護と権利保障が相対立する概念であると考える議論もみられた。しかし、こんにち少年の権利保障を否定する議論はほとんどなく、ただ、各国の法制度とどのように整合させるか、あるいは、社会の保護とどのように均衡させるかが焦点となっている。

1　保護主義と憲法主義

1　少年裁判所創設直後の論争

　犯罪や非行を行った少年に対して保護のみを与えればよいのか、あるいは憲法上の権利を保障すべきかの論争は、19世紀末から20世紀初頭にかけて、欧米諸国で相次いで出発した少年裁判所の創設時からみられた。すなわち、基本的には、少年裁判所は犯罪・非行を行った、あるいは放任・遺棄された少年に対する保護ないし福祉をその理念としたが、このあり方・理念に対して、当初より種々の批判が寄せられてきた。アメリカでは、イリノイ州を代表とする「社会化された少年裁判所（socialized, juvenile court）」に対して、応報、社会保護、デュープロセスという観点から、その問題点が指摘され（「社会化された少年裁判所」については、第2講「少年法の誕生」参照）、少年司法が理念とする「保護主義」と憲法上の要請である「デュー・プロセス」との間に大きなジレンマが存していたのである。少年裁判所では、少年

の個別のニーズに対して、裁判官が非公式な手続できわめて大きな裁量権を発揮してそれに対処し、介入することが必要と考えられたからである。しかし、少年裁判所創設から 1930 年くらいまでの間に、各州の少年裁判所の合憲性が、少年事件に対するデュープロセス、陪審による裁判を受ける権利、平等保護の原則、証拠法則の適用等の観点から争われた。もっとも、当時の各州最高裁判所は少年裁判所（ないしその手続）を合憲とした。要するに、少年裁判所において、陪審裁判や審判の公開など成人の刑事手続において保障される権利は少年保護にそぐわないと考えられたのである。そして、その後、この種の議論は沈静化したかのようにみえたが、戦後、再び、成人の権利保障の強化が進んだ 1950 年代以降、少年の権利をめぐって論争が活発化した。

　アメリカの「社会化された少年裁判所」に対してみられた批判の中には、少年裁判所は当該少年に「非行少年」のスティグマを貼付するものであるとか、また福祉とはいえ、実際には自由を剥奪する施設に収容するものであって、これは事実上不利益を与えるものであるなどとして、少年に保障された憲法上の権利条項を与えていないとする見解がみられたものである。すなわち、保護は国家による介入を意味するものであり、もしその介入が不必要、不適切であった場合には、少年には成人以上に権利保障が必要という見解である（F. Faust and P. Brantingham, Juvenile Justice Philosophy, p. 20. 1979）。

　確かに、少年の保護理念には、一般に、少年の人権保障という観点を軽視する傾向がみられた。なぜなら、保護は少年にとって最善の利益であり、したがって保護的措置によって人権侵害が生じるはずがないという考えが根底にあったからである。しかし、保護的措置とはいえ、内容的には強制的措置を含むのであり、またその基盤をなすパレンス・パトリエ（国親思想）概念も少年の利益に反する場面がみられることがしばしば指摘されてきた。しかし、結果的には、第二次世界大戦までは、裁判所の合憲判決が相次いだことなどから、アメリカにおいて、少年司法に関する大きな改革、とりわけ少年の権利に関する改革は必ずしも進まなかったのである。

2　第二次世界大戦後の動き

　その後、1950 年代に、アメリカにおいて、シアウタコン事件で少年手続に弁護人の関与が認められ、少年保護の強化のためには弁護人はむしろ必要との認識が進んだ。そして、1960 年代初頭には、カリフォルニア、ニューヨーク、イリノイの各州で、「社会化型」の理念は維持されたものの、実質的に少年法制を変更し、少年の権利保障条項を導入する動きがみられた。1961 年のカリフォルニアの新少年裁判所法は、少年ないし保護者が弁護士の付き添いを希望する場合や少年と保護者の間で利害が衝突する場合には裁判所が弁護人を選任できるとした。このような動きは、「法執行および司法運営に関する大統領委員会」の 1967 年報告書において、事実上、少年司法制度は成人刑事司法を特徴づける同じ目的、すなわち応報、責任非難、抑止、無害化という目的によって動機づけられているという指摘にみることができる。そして、この反射的効果として、事実の告知、弁護人依頼権、反対尋問権、黙秘権のほか、身体拘束の制限、手続の非公開、上訴権などを承認した。この大統領委員会の活動がこの時代の各州連邦裁判所の判決に影響を与えたものと思われる。

　そして、憲法主義（constitutionalism）が最も注目されたのが 1966 年のケント判決と 1967 年のゴールト判決であった（両判決の詳細については、第 16 講コラム参照）。両判決の法廷意見を執筆した連邦最高裁判所のフォータス判事は、前者の事件において「社会化された少年裁判所」の理念に不快感を示し、次いで後者の事件では、憲法主義者の方針に沿って少年裁判所手続を改訂した。その結果、ゴールト判決では、少年にも被擬事実の告知、黙秘権、反対尋問権、弁護人依頼権が認められた。さらに、1970 年のウィンシップ判決では、少年非行の事実認定においても、「合理的疑いを超える」程度の証明が必要であると判示された。

　しかしながら、これらの連邦最高裁の判決も少年司法の全面的な改革をもたらすには至らなかったといわれる。依然として社会型少年裁判所は維持されたからである。つまり、最高裁が問題としたのは事実認定段階であり、インテイクや処分については除外され、社会調査や医学調査は承認された。また、少年裁判所の現実においてもこれらの判決の影響は少なく、多く判事は

これらを無視するか、少年や両親から権利放棄の合意を獲得して、憲法主義の精神を無視する傾向がみられた。現に、1971年マッキーバー事件において連邦最高裁は、少年が求めた陪審裁判について棄却している。その理由は、「社会化された少年裁判所」の原型を変える必要はないというものであった（第2講参照）。しかしながら、このような折衷や妥協によって、少年司法は「憲法モデル」と呼ばれる新しい態様に修正されたことは間違いがない。

　少年司法の理念のこのような動揺は、成人を含めた犯罪者処遇のあり方とも共通するように思われる。すなわち、1970年代アメリカで議論された、いわゆる「Nothing works（何も機能していない）」論争が想起される。この議論は主として量刑や施設内処遇のあり方を決定したものであり、従来の社会復帰を基調とする改善モデルに対して、応報を基調とする正義モデルが主張された。この結果、犯罪者に対する福祉・支援は大きく後退し、これに代わって犯罪者に対する応報と人権保障が進んだ。これを少年司法のあり方と全く同列に論じることはできないが、この改善モデルから正義モデルへの移行は、国家の介入に対する厳しい批判という趨勢からみて、少年司法にも影響を与えたことは間違いがないように思われる。

○コラム29　「改善モデル」と「正義モデル」

　刑罰ないし犯罪者処遇に関して対立する概念であり、「改善モデル」は犯罪原因を犯罪者が有する種々の要因（生物学的、心理学的、社会学的要因）に求め、刑罰の執行によってこれらを展望的に除去して、犯罪者の将来の社会復帰をめざすのに対して、「正義モデル」は刑罰の本質は応報として、犯罪者に対する処遇といった国家の犯罪者に対する介入を回避する。1970年代、アメリカでこの種の論争が生じ、当時、人種問題も絡んで、個別処遇を基調とする「改善モデル」が差別を生み出す点、処遇技術を展開する人間行動科学が未発達な点などから、「改善モデル」が否定され、「正義モデル」に移行した。欧米では、こんにちでも依然として「正義モデル」の傾向が強いとされる。

2　国際準則と少年法

　1980 年代頃から、国連を中心として少年司法に関する国際準則を確立する動きが活発化した（コラム 17 参照）。国連には多数の国家・地域が加盟しているが、これらの加盟国はその社会的・政治的・経済的状況が種々に分かれ、南北問題などの大きな格差を抱えるために、国連の活動はどうしても発展途上国の状況を基準として行われることが多い。しかし、国連に加盟するわが国にとっても、少年司法をめぐる国連が採択したさまざまな公式文書・規則・条約の意義はきわめて大きい。これらを年代的にみると、主要なものとして、① 1985 年「少年司法運営に関する国連最低基準規則」（北京ルールズ）、② 1989 年「児童の権利に関する条約」（子どもの権利条約）、第 8 回国連犯罪防止会議（1990 年 8 月～9 月、キューバ・ハバナ市開催）で決議された③ 1990 年「少年非行の防止に関する国連ガイドライン」（いわゆる「リヤド・ガイドライン」）、および④「自由を奪われた少年の保護に関する国連規則」などがある。

　これらの国際準則に共通する事項は、第 1 に、少年にとって最善の利益を実現することが少年司法の目的であること、第 2 に、少年司法手続において少年の防御権が完全に保障されていなければならないこと、第 3 に、非行少年に対する処遇においてダイバージョンを推進すべきこと、などである（澤登俊雄・少年法研究会編『少年司法と国際準則』16 頁（三省堂、1991））。そして、わが国の少年法制の理念と構造はこれらの国際準則にきわめてよく適合しているとされるが、その運用の実際は問題とすべき点が多いとの評価がなされている（同上）。

1　少年司法運営に関する国連最低基準規則（北京ルールズ）

　少年司法全般に関わる事項を規定し、国連加盟国に対して文字通り、最低基準を示す規則である。全体の構成は、「総則」、「捜査・検察」、「審判・処分」、「施設内外の処遇」、「研究・計画・政策立案」などの 5 部から成り、その内容も以下のように、多岐にわたる。

①「総則」では、少年司法の基本理念・目的、「少年」の定義と刑事責任、少年司法機関の裁最、適正手続の保障（無罪の推定、犯罪事実の告知、黙秘権、弁護人依頼権、親・保護者立会権、証人尋問権、不服申立権）、プライバシーの保護が規定される。②「捜査・検察」では、初期段階の接触における配慮、ダイバージョン、警察の専門化、審判確保のための身柄拘束などの規定がみられる。③「審判・処分」では、少年裁判所の設置と少年審判のあり方、弁護人の援助を受ける権利、両親・保護者の手続関与権、社会調査、非行・要保護性に対応した処分、処分の多様化、最後の手段としての施設内処遇、迅速な審理、少年の記録保持などがその内容とされる。④「施設内外の処遇」では、まず施設外処遇に関する事項として、処分の効率的実施、少年に対する援助・ボランティアの活用など、次に施設内処遇に関する事項としては、その目的、条件付き釈放の適用拡大、準施設内処遇の適用等が盛り込まれている。そして、最後に、⑤「研究・計画・政策立案」が規定されている。

　内容を大別すると、「少年の防御権の保障」、「ダイバージョンの推進」、「コミュニティにおける杜会資源の活用」、「刑事裁判化の回避・刑罰使用の抑制」に分かれ、これらが重点項目といえるが、わが国の運用状況からすれば、次の諸点が論点であるとされる。すなわち、第1に、少年の利益と公共の利益、第2に、行為と処分との均衡性、第3に、適正手続の保障である（澤登・少年法研究会編・前掲書19頁）。これらの論点は、いずれも、多くの国で基本的な論争をよんでいるものばかりであり、わが国においても重要な論点であることにはかわりがない。

2　児童の権利に関する条約

　児童の権利条約（以下、権利条約）は、6条2項で「成長発達権」を規定している。すなわち、「締結国は、児童の生存及び発達を可能な最大限の範囲において確保する」と規定する。この成長発達権は、一般の少年に限らず、犯罪や非行などを行った少年にも適用され、後述するように、わが国でもこれに関する議論や主張が多い。但し、権利条約において、これらの少年の扱いに直接関わるのは、37条および40条の少年司法に関連する規定である。

　すなわち、37条は、「拷問および死刑等の禁止ならびに自由を奪われた児

童の取り扱い」に関する条項で、(a)児童に対する非人道的、残虐な刑罰の禁止、18 歳未満の者に対する死刑、終身刑の禁止、(b)児童に対する恣意的な自由剝奪の禁止、身柄拘束に対する適正手続の保障、身柄拘束の最後・最短期間の手段性、(c)児童の尊厳の尊重、とくに自由剝奪の際の成人との分離、通信・訪問による家族との接触の権利保障、(d)弁護士等との接触の権利、あるいは司法救済の権利保障、などである。

他方、40 条は、「刑事法上の取り扱い」を規定するもので、①犯罪を行ったとされる児童の尊厳・価値の意識の促進と他者の人権・自由を尊重することを強化、当該児童の社会復帰促進のための権利の保障、②(a)国内法・国際法における刑法の不遡及原則、(b)犯罪を行ったされる児童の権利、つまり(i)無罪の推定、(ii)被疑事実の告知、防御権の保障、(iii)司法機関による公平な審理の保障、弁護人・父母の立会による迅速な審理の保障、(iv)供述・証言の強要禁止、証人申請権・反対尋問権の保障、(v)上訴ないし再審理の保障、(vi)通訳の援助を受ける権利の保障、(vii)児童のプライバシー権の尊重があげられている。さらにここでは、③犯罪を行ったとされる児童に関する特別の法律・手続・機関・施設の設置を促進すること、とくに、(a)刑事責任年齢の設定、(b)司法手続以外の措置の確立、(c)「処分の多様化」として、保護、指導及び監督命令、カウンセリング、保護観察、里親委託、教育および職業訓練計画、養護に代わる措置などの設定を行うことなどがあげられる。

もっとも、これらの条項は基本的には先の「北京ルールズ」を踏襲したものであり、したがって、内容的にはほとんど同じである。わが国は、1994(平成 6) 年 5 月に権利条約を批准した。しかし、少年法などの国内法と比較すると、部分的には依然としてこれらの条項を実現していないように思われる。

3 リヤド・ガイドラインおよび「自由を奪われた少年の保護に関する国連規則」

これらの規則は、「北京ルールズ」を補完するものであり、この三者がいわば三位一体をなすとされる（澤登・少年法研究会編・前掲書 154 頁）。すなわち、内容的に北京ルールズが裁判手続の段階を規定したのに対して、リヤ

ド・ガイドラインは非行防止段階を、また「自由を奪われた少年の保護に関する国連規則」が拘禁中の児童の権利保障を扱っているという特色がある。また、これらがとりわけ1989（平成元）年の権利条約に基礎をおくものであることも疑いない。

　リヤド・ガイドラインの特徴は、児童の「早期の社会化」を重点とする点である。すなわち、その2条では、「少年非行の効果的な予防を行うには、社会の側が全体で児童の幼児期から人格を尊重し発展させることによって青少年期の調和ある発達を確保する努力が求められる」とする。このほか、一般原則として、児童の権利主体性の重視、刑罰の回避、リスクある児童への教育の機会の提供、各種社会資源を利用した非行の防止などを掲げる。少年司法に関わる個別的な事項では、ダイバージョンの促進（5条、6条）、施設内処遇の回避（46条）、オンブズマン制度の導入（57条）、社会的リスクを抱える児童に対するケア・保護（5条a）、犯罪活動への児童の利用禁止（53条）などがある。

　「自由を奪われた少年の保護に関する国連規則」は、もともと1955年の国連「被拘禁者処遇最低基準規則」を受けて、少年の被拘禁者に限定して作成されたものである。

　なお1955年の「最低基準規則」は、2015年にカタール（ドーハ）で開催された国連犯罪防止・刑事司法会議の際に大幅に拡大され、「マンデラ・ルール」として親しまれるものに改編された。この名称は会議前の数年間、ケープタウンの専門家会議において規則の拡大化が検討されてきたことに由来する。とくに、被拘禁者の積極的な人権擁護と人間の尊厳が改めて強調され、保健衛生の拡充、矯正医療の充実とともに、少年、女性、高齢者、障碍者といった脆弱な立場にある者の権利擁護規定が盛り込まれている。少年と成人との分離収容（規則11条d）のみならず、前文に続く序則4条では、施設内拘禁における基本原則をはじめ、居住空間、衛生、食糧、ヘルスケアー、行動制限、不服審査、外部者との接触、教養、宗教などにおける被収容者の権利を尊重することや、施設職員の素養、研修などに関する諸規則が少年院や少年の教育保護施設においても適用されることが明示されている。

3　わが少年法上における権利保障

　わが国において、「少年の権利保障」に関する議論は二つに大別すること
ができる。一つは、対象少年の取扱いにおいて、個々の段階・手続で刑事手
続で保障される諸権利を認めるかという問題であり、もう一つは、「少年」
そのものの見方に関わる問題であって、「少年」を成人と同様に自立的主体
として把え、これに保護という国家的介入を認めるべきかが問われている。

1　少年の法的手続の保障

　わが国では、従来より、現行少年法に適正手続の制度的保障に欠けるとい
う認識ではほぼ一致している。しかし、弁護人・検察官の関与を認めるのか
どうかについては争いがみられた。いずれの場面でも、これらの関与が少年
審判を対審化し、逆に少年法の保護主義を揺るがすことが危惧されたからで
ある。

a　アメリカ法との比較

　わが国の少年法は、アメリカ法などに比して、権利保障の点でいくつかの
利点があるとされる（松尾浩也「少年法と適正手続」宮澤浩一編『少年法改正』
189 頁（慶應通信、1972））。わが国の少年法では、第 1 に、審判に付すべき少
年として犯罪少年、触法少年、虞犯少年に限定され、放任少年や要保護少年
が含まれておらず、対象が明確なこと、第 2 に、保護事件についてある程
度、刑事訴訟法の規定が準用される旨の規定が存し、予め権利保障の範囲が
示されていること、第 3 に、抗告・再抗告の制度があり、少年の上訴権が保
障されていることである。また、刑事司法の罪刑均衡の感覚が少年司法にも
影響を及ぼし、軽微な事件に極端な処分が言い渡される危険が少ないともさ
れる。このほかにも、裁判官や検察官の質等、わが国が優位にあることの指
摘がある。

　もとより、この種の比較は、法制度の根本的基盤も考察することが必要で
あり、たとえばアメリカ法では少年手続でも事実認定と処分とが段階的に分
離されている点、検察官や裁判官の選任方法がわが国と異なる点などにも配
慮しなければならない。

b　大正少年法との比較

　大正少年法と比較すると、1949（昭和24）年施行の少年法は種々の点で少年の権利保障が強化されたといえる。これは、日本国憲法が定められ、それがうたう基本的人権の保障と三権分立の原則の徹底が少年法の成立にも大きな影響を与えたためである。

　権利保障に関する主要な変更点として、次の事項がある。第1に、少年の審判機関が、行政機関である旧来の少年審判所から司法機関である家庭裁判所に移管されたことである。少年法の採用する体制が保護処分中心であるとはいえ、実質的には身柄の拘束を伴う措置も含まれており、このため裁判所に行わせることが適正と判断された。第2に、保護処分の決定に対しては、大正少年法では認められなかったが、現行法では少年側の抗告・再抗告が認められた。強制力を伴う裁判所の判断に対する不服申立てが可能となったのである。このほか、保護処分の決定と執行を原則的に分離した点を裁判の確定力がもつ法的安定性の要請に基づくものとして、人権保障に対する配慮とする見解もあるが、これはいわば三権分立の間接的な効果と考えられ、保護処分の取消・変更が実質的に困難になった点でも少年には必ずしも有利とは思われない（澤登俊雄『少年法入門』31頁以下（有斐閣、第6版、2015））。

　そうとはいえ、わが国の少年司法の現状において、依然克服しなければならない権利保障、適正手続の問題が残存しているのも事実である。これらの事項については、個別に他の講で検討されているので、参照してもらいたい。

2　健全育成と成長発達権

　少年法1条に掲げる「健全育成」を少年の成長発達権の保障と位置づける考え方が広く見受けられる。とくに、子どもの権利条約採択後、その動きが強くみられるようになった。この思想は、基本的に、罪を犯した少年にあっても、他の一般の少年と同様に、将来の発達可能性と発達途上における人格の可塑性、さらには教育可能性を基盤に、少年にとって一種の基本的人権として成長発達権を承認しようとするものである。その根拠が少年法の「健全育成」概念であり、「健全育成」は非行少年に対し個別処遇を通じてその人

間的成長を保障するものであるが、その人間的成長は、少年本人が自己の問題状況を克服することによって可能であるとして、少年自らの働きかけが強調されている。すなわち、成長発達権とは、「少年は一人一人、成長発達過程にある子どもの人間としての尊厳として、今ある自律的人格を尊重されつつ、全面的に成長発達する権利」であるとされる（葛野尋之『少年司法の再構築』65 頁以下（日本評論社、2003））。

　子どもの成長発達権の実定法上の根拠は、憲法 13 条、子どもの権利条約 6 条である。これに基づいて、少年法は成長発達権を保障するものであり、少年の自律的成長を援助する法ということになる。そこで、少年法は少年を保護の対象とするのではなく、むしろ非行克服の主体として支援するものと理解される。したがって、成長発達権を強調する見解は、少年司法において、少年に服従を迫る介入的要素は否定され、介入的要素を有する「保護」は否定されることになる。

　しかし、このような理解に対しては十分な検討が必要である。確かに、犯罪を行った少年にも一般の少年と同様に成長発達権を認めること自体、異論はないであろう。そして、問題を抱える少年が自らの力で非行を克服することを基盤におき、それに援助を与えることもまた正しいであろう。しかし、成長発達権の内容は必ずしも論者の間で十分に議論されていないように思われる。なぜなら、少年司法から介入的要素を全く否定することは困難であり、強制的介入を伴う措置は一定の場合、むしろ必要だからである。したがって、全く介入的措置を認めないというのであれば格別、一定程度認めるというのであれば、どのような場合に認められ、どのような場合に認められないのかを明らかにすべきであろう。また、全く少年に対する関係機関の介入措置を認めず、少年にも成人と全く同様の権利を与え、手続的にも分離すべきではないという極論に至る見解がとられるとすれば、少年司法の歴史的経緯が軽視されるおそれがあるばかりでなく、さらには少年司法自体が否定され、結局は成人と同様の刑事手続が適用されることになると思われるが、これが適当ではないことは明らかであろう。

　ひるがえって考えてみると、少年法 1 条は、「少年の健全な育成を期（す）」ことを目的とするものであり、その目的達成のために、非行のある少

年に適切な保護を与え、心無い大人たちによる少年の健全な成長を阻害する行為から少年を守る、という姿勢をとっている。とくに後者は、1951（昭和26）年 5 月 5 日に制定された「児童憲章」において、健全成長を具現化するための指針を明確化している。その前文にいわく「児童は人として尊ばれる。児童は社会の一員として重んぜられる。児童は、よい環境の中で育てられる」のである。そうあらねばならない、という基本理念は、「児童の自立」とこれを「支援する」という今日の言い回しを無味乾燥なものに感じさせる。「少年の健全な育成」のための明白な「大人の責任」を「児童憲章」は示しているものである。「児童憲章」はもとより法律ではない。1949 年 6 月から児童憲章制定準備会において検討されてきたものであったが、内閣総理大臣が召集した児童憲章制定会議（衆参両議員 30 名、中央官庁推薦者 68 名、都道府県知事推薦者 228 名の計 326 名からなる）において成立したものである。そこには戦後の少年育成への強い姿勢を読み取ることができる。それは同時代に出発した日本国憲法と少年法、児童福祉法などと歩調を同じくするものである。

　40 年後の権利条約の前文においても「家族が、社会の基礎的な集団として、……特に児童の成長及び福祉のための自然な環境として、社会においてその責任を十分に引き受けることができるよう必要な保護及び援助を与えられる」ものとし、「児童が、社会において個人として生活するため十分な準備が整えられるべき」ことが強調されているのである。ここには、児童憲章の文脈に通ずるところがあることが認められると思われるが、いかがであろうか。「保護」と「自律」とを極端に対峙して捉える考え方は、「少年の健全な育成」にとって適切ではなかろう。

4　2000 年改正法と少年の権利

　2000（平成 12）年の改正少年法の個別の論点については第 4 購で詳述されているので、以下においては、少年の権利保障に関わる事項について、若干の指摘にとどめたい。

　第 1 に、少年に対する弁護権の保障の強化である（22 条の 3）。少年の弁

護権が以前に比べ強化されたといっても、これは検察官が関与した重大事件につき、その対抗措置として少年に付添人がいない場合に国選付添人を認められる制度であり、いわば検察官関与とセットとなる措置である。したがって、以前より少年に有利というよりは、当然設けられるべき規定であったということになろう。

　第 2 に、観護措置の決定ないし更新決定に対する異議申立制度の創設である（17 条の 2）。これも、従来なかった制度であり、少年の権利保障という点では一歩前進といえなくもないが、内実は観護措置期間が延長されたことに伴う対抗措置である。ともあれ、観護措置の決定、更新決定に対して、少年、法定代理人、付添人は家庭裁判所に異議を申し立てることが可能となった。

　第 3 に、保護処分終了後における救済措置の新設である。従来、保護処分の取消は保護処分の継続中にしか許されなかったが、改正法では保護処分の終了後にも認められることとなった。要するに、少年司法の再審制度ともいえる制度の新設であるが、刑事訴訟法の再審と同旨ではなく、本人の情操保護だとされる（第 4 講参照）。

　このように、少年の権利保障という観点で、改正少年法は一見進歩を示しているようにみえる。しかし上述したように、実質的に刑罰が強化されており、逆に権利面が後退した部分があることも否めない。総合的には、少年手続が刑事司法化された点が大きな特徴であろう。また、今後、たとえば少年法 61 条の問題のように、その例外規定を設け、少年被疑者の公開捜査を行うといった流れは、はたして少年法の精神に照らしてどうかにつき十分な検討が必要になるものと思われる。

5　2007 年改正法と少年の権利

　2007 年 5 月に改正少年法が成立し、11 月に施行された。その中では、少年の権利に関する部分は、国選付添人制度が整備された点であろう（本改正については、第 4 講参照）。すでに、2000 年の改正において、少年審判への検察官関与決定がなされた場合に、少年に弁護士付添人がないときには、必要

的に弁護士付添人が選任されることとされた（少年法22条の3第1項）。しかし、これ以外の場合には、公費によって付添人を付する制度がなく、日弁連などの組織から、その必要性が強く要請されていた。そこで、2007年改正法において、一定の重大事件について、少年鑑別所送致の観護措置がとられている場合において、少年に弁護士付添人がないときには、家庭裁判所が職権で少年に弁護士付添人を付することが規定された（少年法22条の3第2項）。また、審判終局前に釈放された場合も引き続き付することができるほか、抗告審や再抗告審においても国選付添人を付することができる。

このような規定が設けられた背景には、重大事件で少年に観護措置がとられると、一般に、少年院送致や検察官送致等の影響の大きい処分の決定が予想され、さまざまな困難が生じるからだとされる。もっとも、今回の改正では、とくに被暗示性、被誘導性が強いといわれる少年の事件では捜査段階におけるビデオ録画・テープ録音など取調べの可視化が必要だとされるが、これは見送られた。要するに、本改正の国選付添人制度の拡大は、少年に対する厳罰化という批判をかわし、少年の権利とのバランスに配慮したものともいえる。

6　2008 年以降の少年法改正と少年の権利

1　2008 年の改正

2007（平成19）年の第2次改正に続き2008（平成20）年6月には、少年審判における被害者等の権利利益の保護を目的として、少年犯罪被害者等の審判傍聴を認める規定を導入するべく、第3次改正法が成立した（詳細は第4講を参照。第4次改正法および第5次改正法についても同様。第3次改正法では、同時に児童福祉法違反等の「少年の福祉を害する犯罪」の裁判管轄を家庭裁判所から簡易裁判所、地方裁判所へ移管するため、少年法37条及び38条を削除し、1条（少年法の目的）における一部文言の削除を行っている。）。しかし、少年の権利保障の観点から被害者傍聴については疑念もある。なぜなら、審判の場に被害者等が傍聴とはいえ在席することで、少年の心身の状態に影響を与え、少年の健全な育成を害することになるのではないかという不安があるからで

ある。審判非公開の最大の理由は、加害者であるとしても少年の心情の安定
を重視してのことである。すでに被害者等の意見聴取がこれに先行しており
（2000 年改正、9 条の 2）、少年の審判廷における聴取に際して双方が同席する
こともある。少年の心情に配慮して家庭裁判所には慎重な対応が求められる
ところである。具体的には、この審判傍聴は、生命及び身体への危害行為や
自動車運転に伴う人身事件に限定されている（22 条の 4 第 1 項）。裁判所は
あらかじめ弁護士である付添人から傍聴について意見を聴取し（22 条の 5 第
1 項）、当該付添人がいない場合には国選付添人を付して意見を求めたうえ
で（22 条の 5 第 2 項）、少年の年齢及び心身の状態、事件の性質、審判の状
況その他の事情を考慮して、少年の健全な育成を妨げるおそれがなく相当と
認めるときに、申立人（被害者等）の傍聴を許すものとしている。あくまで
も少年の健全な育成を前提として、被害者等のみに例外的に認めるものであ
る。

2　2014 年の改正

　2014（平成 26）年 4 月に成立した第 4 次改正法では、①検察官関与制度と
国選付添人制度の対象範囲が拡大され（22 条の 2 第 1 項及び 22 条の 3 第 1
項）、②不定期刑（第 52 条 1 項）と無期刑緩和規程（51 条 2 項第 2 文）の見直
しが行われた。①では、これまで「故意の犯罪行為により被害者を死亡させ
た罪」または「死刑又は無期若しくは短期 2 年以上の懲役若しくは禁錮に当
たる罪」の事件が対象であったが、これを「死刑又は無期若しくは長期 3 年
を超える懲役若しくは禁錮に当たる罪」の事件に拡大した。これにより、詐
欺や窃盗などの財産犯や強制わいせつ、傷害、逮捕監禁、虚偽告訴、私文書
偽造、過失運転致死傷、大麻所持、児童売春の罪など幅広く適用が可能にな
った。②では、これまで「5 年以上 10 年以下」の範囲で下限と上限を定め
て刑を科すとしていた不定期刑の幅を「10 年以上 15 年以下」に引き上げ
た。上限も下限も長期化したことにより、刑罰が重く規定されたことにな
る。②の無期刑の緩和に伴う有期刑の上限も旧来の 15 年から 20 年に上限を
引き上げている。このように、重罰化を意図した改正であるが、少年事件の
適性手続をはじめとする少年の人権保護の要請がますます高まる一方で、上

述の少年事件の処理は、保護原理から刑罰原理（責任主義：責任に応じた非難）へと移行していく流れが強まったように思われる。

3　2021 年の改正

　刑罰原理への転換は、2021（令和 3）年に成立した第 5 次改正法において顕著である。それは、18 歳・19 歳の少年を少年法上の「少年」としながら、「特定少年」という成人並みの扱いをする種々の除外規定をおいたことに表れている（第 5 章 62 条以下）。健全な育成を期すとする少年法の目的、あるいは人権保障の一面である少年の成長発達権やそれゆえの刑罰回避の視点は、遠ざけられている。18 歳・19 歳の少年については、検察官送致（逆送）の対象が拡大され（62 条 1 項、2 項）、ひとたび起訴された後は社会的非難にさらされるべく、推知報道が許容され（68 条）、しかも保護処分においても「犯情の軽重」を考慮して 6 か月の保護観察、あるいは 2 年の保護観察、3 年以下の少年院送致を決定するものとされる（64 条 1 項、同 3 項）。さらには留置施設や刑事施設においても、「特定少年」には分離収容の原則は適用されない（67 条 2 項）。人権保障の観点からこの点に限ってみても、マンデラ・ルール（国連被拘禁者処遇最低基準規則）11 条 d が少年と成人との分離収容を求めているのに照らして適切ではない。たしかに国際準則にいう「少年」ないしは「子ども」の定義は 18 歳未満ではあるが、子どもの権利条約等の精神は若年成人にあたる年齢層（18 歳・19 歳）にもあてはまるものと思われる。少年法 1 条の目的規定が 18 歳・19 歳にも妥当するのであればなおさら、教育的処遇は成人とは分離して行われる必要があろう。また少年法 60 条は少年時の犯行による刑の言渡しがあった場合の資格制限をはずす規定であり、何らかの資格をとって将来社会復帰の手助けとなるものであるが、「特定少年」にはこの規定の適用をしないとする規定も新設された（67 条 6 項）。少年の社会復帰を正面から阻む規定であり、社会へと参加する少年の権利を害することになるのではないか、という懸念がある。

4　少年法院と少年鑑別所法

　ひるがえって考えてみると、2014 年 6 月には新たな少年院法改正と少年

鑑別所法が成立している。前者の旧法は全20か条に過ぎない規定であり、鑑別所に関する条項（3か条）を含むものに過ぎなかった。これまで少年院や少年鑑別所に関する運営の細部は、法務省の省令（処遇規則）によってすすめられていたが、新少年院法は147か条、少年鑑別所法は132か条の内容をもつ法律として整備された。その背景には、2009（平成21）年に発覚した少年院での不適正処遇、すなわち少年たちが法務教官による虐待や暴行の被害を受けた事件があった（広島少年院事件）。こうした事件を繰り返さないためにも、即座に発足した「少年矯正を考える有識者会議」の提言により「社会に開かれ、信頼の環に支えられた少年院・少年鑑別所へ」の構築がなされ、新法が誕生したのである。新少年院法では、少年の人権の尊重が明言され、改善更生の促進を目標とした処遇の重要性が示された（1条）。また在院者の権利義務と職員の権限が法律に明確に示され、苦情申立や救済に関する制度も整備された（少年院法120条以下、鑑別所法109条以下）。さらに外部の目を施設運営に向けるべく、処遇環境を可視化し、外部者の視察や少年本人の意見を参考に施設長に意見を示す「少年院視察委員会」（少年院法8条以下）と「少年鑑別所視察委員会」（鑑別所法7条以下）がそれぞれ設けられた。その結果、これらの施設では人権保障の面がいっそう進んだといってよいであろう。また少年鑑別所においては、鑑別所の機能を発揮して地域との連携を含め、少年の社会復帰を推進することや、非行防止に関連した相談と地域協力をすすめるため「法務少年支援センター」（鑑別所法131条）を設置された。

　このように、行刑改革が刑事収容施設処遇法を生み出して受刑者の権利擁護を推進させたのと同様に、少年矯正改革によって創出された新たな法制が、少年院等に収容された少年の人権を擁護し、再び社会への参加を促していく制度を形成している。しかしながら他方で、2021年改正法に見られるように、「特定少年」という少年層に対する人権への格別の手当ては準備されておらず、曖昧である。この点は今後の課題となろう。

参考文献

・「特集　2021年少年法改正」　論究ジュリスト37号92頁以下（2021）
・「特集　少年法・少年院法の改正」　刑事法ジャーナル41号（2014）

・山口直也『少年司法と国際人権』（成文堂、2013）

・「特集　少年法改正」ジュリスト 1341 号（2007）

・「特集　平成 19 年改正少年法」法律のひろば 60 巻 10 号（2007）

・葛野尋之『少年司法の再構築』（日本評論社、2003）

・服部朗「成長発達権の生成」愛知学院大学法学研究 44 巻 1 ＝ 2 号 129 頁以下（2002）

・リン・ワードル（佐伯・森田訳）「アメリカ少年裁判所制度の歴史的、社会・政治的概観」猪瀬慎一郎他編『少年法のあらたな展開』117 頁以下（有斐閣、2001）

・高内寿夫「少年法における『健全育成』についての一考察──保護手続の権力的側面に落目して──」澤登古稀祝賀論文集『少年法の展望』59 頁以下（現代人文社、2000）

・津田玄児編著『子どもの人権新時代』（日本評論社、1993）

・澤登俊雄・比較少年法研究会『少年司法と国際準則』（三省堂、1991）

・F. Faust and P. Brantingham, Philosophy of Juvenile Justice：Readings and Cases and Comments, 1979.

・宮澤浩一編『少年法改正』（慶應通信、1972）

（もりやま・ただし／あべ・てつお）

第12講 ◆ 逆送と刑事処分

キーワード

全件送致主義／検察官送致（逆送）／刑事処分相当／
原則逆送／特定少年

1 逆 送 手 続

1 逆送の意義

　少年法の採用する全件送致主義に従い、すべての少年の非行事件は、いったんは家庭裁判所に送致され、調査に付されるが、その事件のうち家庭裁判所の「刑事処分相当」決定によって検察官に事件が送致されることがある。これが逆送事件である。

　少年の刑事事件は、少年の保護事件と対概念をなすとされるが、両者は全く別の性質を有するわけではない。なぜなら、両事件とも家庭裁判所に送致されるまでは同じ保護事件として扱われており、また、検察官に送致された後も、検察官から家庭裁判所への再送致や刑事裁判所から家庭裁判所への移送の制度（少55条）があり、したがって刑事事件と保護事件は相互に転換可能であるから、両事件を全く性格の異なるものとみることはできない。事件が家庭裁判所から検察官に送致され、公訴提起後、刑事裁判所によって有罪が認定されたとき、はじめて刑罰が科されるにすぎない。また、後にみるように、少年事件の刑事手続、刑事処分において、成人とは異なった種々の特別規定がみられ、少年の「健全育成」に配慮している。

　もっとも、少年法の構造においては、その第4章（41条以下）で司法警察職員の送致から始まって家庭裁判所が事件を受理する段階、いわゆる「発見過程」も含め、少年事件を刑事事件として扱っている。しかし、少年法第1条がうたう少年の健全育成目的は少年事件の処理過程全体に及ぶと考えられ

るから、少年の刑事事件の処理過程にも保護主義が反映しているといわねばならない。

　検察官送致決定には、年齢超過を理由に送致される場合（形式的逆送。いわゆる年超検送）と刑事処分相当として送致される場合（実質的逆送）の二つがあるが（澤登俊雄『少年法入門』182頁〈有斐閣、第3版、2005〉）、一般に、「逆送」という場合は、後者を指す。

(1)　形式的逆送

　少年法は、家庭裁判所の審判の対象を少年、つまり20未満の者に限定するから、20歳以上であることが明らかになった場合は、手続を進めることができず、検察官に送致される。少年法19条2項および23条3項によると、家庭裁判所は、調査の結果、または審判の結果、本人が20歳以上であることが判明したときは、前項の規定にかかわらず、決定をもって、事件を管轄地方裁判所に対応する検察庁の検察官に送致しなければならない。

　ときに、実務上、受理した事件が20歳に達する直前の年齢切迫にある場合がある。この場合、迅速な処理が求められるが、やむを得ず超過した場合も同様に、検察官に送致しなければならない。逆に、少年を成人と誤認して検察官送致が行われ、これに基づいて公訴が提起された場合は、公訴棄却の決定がなされねばならない。

(2)　実質的逆送

　少年法第20条第1項は、「家庭裁判所は、死刑、懲役又は禁錮に当たる罪の事件について、調査の結果、その罪質及び情状に照らして刑事処分を相当と認めるときは、決定をもって、これを管轄地方裁判所に対応する検察庁の検察官に送致しなければならない」と規定する。この検察官送致手続を「検送」、「逆送」、「20条送致」などと呼んでいる。少年事件は全て家庭裁判所に送致されなければならないという現行少年法の保護主義の前提の下において、送致された事件を検討した家庭裁判所が刑事処分を相当と認めるときは、検察官に送致できることを規定したものであり、検察官から送致された事件を再び検察官へ戻す趣旨から、「逆送」と呼ばれるのである。

　なお、従来、逆送のとき16歳に満たない少年の事件については、これを検察官に送致することはできなかったが（旧法20条但書）、2000年の改正少

年法により、20 条但書が削除されたため、実質的に刑法 41 条の規定する刑事責任年齢を超える 14 歳以上の者に対する逆送が可能となった。もとより、刑法の刑事責任年齢（14 歳）と逆送年齢（16 歳）の差が従来設けられていた理由は不明であるが、いわゆる年少少年の改善可能性に期待したものであろう。次に、同様の改正で、犯行時 16 歳以上の少年が故意の犯罪行為により被害者を死亡させた事件に関与した場合、事情を考慮して、刑事処分以外の措置が相当と認められない限り、家庭裁判所は必要的に検察官送致の決定を行うこととなった（少 20 条 2 項）。いわゆる、「重大事件の原則逆送」の規定である。旧規定では、逆送は例外的な措置ととらえられてきたが、新規定について「原則と例外が逆転した」との解釈もみられ、事実、逆送運用のあり方に大きな影響を与えているように思われる。現に、従前に比べ、検察官に送致される範囲と適用数が大幅に拡大した。

　なお、大正少年法においては、少年の重罪事件及び 16 歳以上の少年事件は、起訴するか少年審判所に付するかは検察官が決定し、不起訴（起訴猶予相当）となった事件だけが少年審判所で審理されたが、こんにちではもっぱら家庭裁判所が検察官送致を決定する

> **○コラム30　少年審判所**
> 　大正少年法（1922）によって設置された少年事件専門の審査機関。現在の家庭裁判所に相当するが、その性格は司法機関ではなく、行政機関とされた。この機関の下に、少年審判官と少年保護司が置かれ、少年保護司は少年審判官を補佐し、少年の各種調査と観察業務を担当した。当初、少年審判所は東京と大阪にのみ設置されたに過ぎなかったが、制定後20年を経て、全国で施行されるに至った。

2　検察官送致

　ここでは、実質的な検察官送致（20 条検送）を検討する。すなわち、家庭裁判所が、犯罪を行った少年について、調査の結果、事件を刑事手続に付しその審理を通じて適切な刑事処分を科すのが相当と認められる場合に、事件を検察官に送致する決定を行うべきとする制度である。家庭裁判所が検察官

送致の決定を行うには、罪となる事実およびその事実に適用すべき罰条を示さなければならない（少審規 24 条）。

(1)　要　件

対象となるのは、法定刑として規定された死刑、懲役又は禁錮にあたる罪の事件である。この場合、選択刑または併科刑として罰金以下の刑が規定されている場合も含む。現に、実際の刑事裁判で罰金刑以下の刑が科されることはありうる。もっとも、罰金・科料にあたるだけの罪については検察官送致できない（なお、2021 年改正により、少年法 62 条 1 項で 18 歳、19 歳の特定少年については、「罰金以下の罪」についても逆送が可能となった。後述参照）。しかし、これと併せて禁錮以上の刑にあたる罪とともに検察官送致できるかが問題とされるが、これらが科刑上一罪か併合罪かによって分かれ、前者は積極、後者は消極に解されている。さらに、数個の犯罪行為のうち、一部だけを検察官送致できるかについては争いがある。

少年法 20 条によると、検察官送致が可能なのは、「その罪質及び情状に照らして刑事処分を相当と認めるとき」である。いわゆる刑事処分相当性の問題である。

(2)　刑事処分相当性

本来的に、刑事処分相当性は、「罪質及び情状に照らして」判断される。しかし、この文言をめぐって、保護主義との関係から、見解が種々に分かれている。つまり、純粋に事件の際の行為自体を重視するのか、それともこれを行った少年の人格を重視するか、言い換えると行為主義か行為者主義かの問題である。そこで、①保護処分優先主義を採用し、例外的に保護処分では改善が見込めない場合（保護不能）に限定して検察官送致を認める立場、②事案の性質、社会感情、被害感情等から保護処分で処理することが困難な場合（保護不適）に検察官送致を認める立場、とが対立する。要するに、少年法の性質自体をどのように理解するかに係わる問題である。

通説は、「罪質及び情状に照らして」という文言を重視し、かつ社会防衛さらには被害感情等にも配慮して、基本的に②の立場をとり、「保護処分によっては、もはや矯正改善の見込みがない場合のほか、保護不能ではないが、事案の性質、社会への影響等から刑事処分に付す方がより相当な場合に

も刑事処分相当性」を認める（田宮裕編『少年法 - 条文解説』127 頁〈有斐閣、1986〉）。これに対して、家庭裁判所が先議する意味を重視して、少年の要保護性および人格的判断をもって多様な処遇手段から選択できることから、①を支持する立場も有力である（澤登・前掲書 186 頁）。

(3) 効　果

　検察官送致された事件について、これを受けた検察官は原則、起訴が強制され、少年を地方裁判所又は簡易裁判所に起訴することになる（少 45 条 5 号本文）。実際には、実務上、逆送事件の多くは罰金が見込まれる交通違反事件であり、ほとんどが簡易裁判所で略式手続によって処理されている。但し、事件の一部に公訴提起に足りる犯罪の嫌疑がない場合、犯罪の情状に影響を及ぼす新たな事情が発見された場合、送致後の事情に変化が生じ、訴追が相当ではない場合などは、この限りではない（同号但書）。なお、検察官送致の決定に対する不服申立については、これについての明文がないことから、少年側は不服申立ができないと解されている（田宮裕＝廣瀬健二編『注釈少年法』〈有斐閣、第 4 版、2017 年〉）。

3　原則逆送制度

　2000 年の少年法改正において、新たに導入されたのがいわゆる「原則逆送制度」である（20 条 2 項）。少年法は、従来から、逆送制度を設けており、少年法改正（2000 年）以前も、16 歳以上の犯罪少年の場合には逆送可能であった。しかし、結果が重大な場合であっても、少年の健全育成の観点から、刑事処分相当逆送はそれほど多く利用されたわけではなかった。

　少年法改正（2000 年）における少年の処分等の見直しにおいて、逆送可能年齢を 16 歳から 14 歳に引き下げたことによって、すべての犯罪少年の刑事処分相当逆送が可能になった。しかし、それだけにとどまらず、故意で人を死亡させる行為を行った場合には、少年でも刑事処分の対象となることを示すことが、少年の健全育成や規範意識の覚醒のために必要であるとされ、逆送制度をより積極的に活用するために、いわゆる原則逆送制度が導入された。

　原則逆送制度とは、16 歳以上の犯罪少年が故意の犯罪行為により、被害

者を死亡させた場合、検察官送致しなければならないという新たに創設された制度である（少20条2項）。ただし、「調査の結果、犯行の動機及び態様、犯行後の情況、少年の性格、年齢、行状及び環境その他の事情を考慮し、刑事処分以外の措置を相当」だと家庭裁判所が判断した場合には、保護処分を行うことが可能となっている（なお、原則逆送制度において、特定少年につき対象事件が拡大されている。後述参照）。

　原則逆送制度については、保護処分優先主義のこれまでの少年法の理念を根本から覆すものであるといった批判がなされている。

　これまでの運用状況によると、原則逆送相当事件のうち、約6割が逆送されている。

　なお、第4講でも記述されたように、2021年少年法改正において、18歳、19歳のいわゆる「特定少年」の原則逆送事件につき特例が設けられ、16歳・17歳である者に対する原則逆送（20条2項）とは異なる扱いがされることとなった。すなわち、16歳・17歳には20条2項、特定少年には62条2項が適用され、とくに、後述するように、同項2号では新たに「死刑又は無期若しくは短期一年以上の懲役若しくは禁錮に当たる罪の事件」が追加され、原則逆送事件の範囲が拡大した。しかも、その逆送判断には犯行の「結果」や「犯情の軽重」も考慮すべきとなっており、特定少年において一段と「逆送の原則性」が強まったと考えられる。

4　刑事手続

(1)　検察官送致後の手続

　検察官に送致された事件については、送致前と同様の捜査が行われる。ただ、それまでに家庭裁判所においてとられた措置の扱いが問題となる。このため、さまざまな調整や移行が必要となる。

　まず、家庭裁判所調査官による観護措置（少17条1項1号）が行われていた場合、その事件が家庭裁判所に再送致された場合を除いて、検察官が事件受理後10日以内に公訴を提起しないとき、またはその事件について勾留状が発せられたときは、その効力を失う（少45条1号前段・同条2号）。10日以内に公訴が提起されたときは、この観護措置は、その事件に対する裁判が

確定するまで、少年が 20 歳に達した後もその効力が存続する（少 45 条 3 号）。そこで、裁判所は、検察官の請求もしくは職権により、いつでもこれを取り消すことができる（少 45 条 1 号後段）。

　少年を少年鑑別所に収容したまま逆送したときは、収容観護の措置（少 17 条 1 項 2 号）は勾留とみなされる。これが、いわゆる「みなし勾留」である。この期間は、検察官が事件を受理した日から起算する（少 45 条 4 号前段）。一般に、起訴前勾留はやむを得ない事由があると認められるときは、検察官の請求により 10 日を超えない期間の延長が許されるが、先に勾留状が発せられた事件であるときには、勾留の期間延長は認められない（少 45 条 4 号後段）。

　さらに、少年審判規則は、少年の人権を考慮して、収容観護が勾留とみなされる場合の手続につき、検察官送致決定の際に、裁判所があらかじめ少年に対して罪となるべき事実、勾留理由、弁護人選任権を告知するように義務づけている（少審規 24 条の 2）。

(2)　公　　判

　公判手続は、刑事訴訟法の一般手続に従う。たとえば、家庭裁判所における少年審判は非公開とされるが（少 22 条）、刑事裁判所においては、少年事件といえども公開の法廷で審理され、傍聴も許される。但し、少年事件の特殊性に鑑み、成人の刑事手続とは異なる配慮がみられ、刑事訴訟規則には「少年事件の特別手続」（同第 4 編）が存する。すなわち、「少年事件の審理については、懇切を旨とし、且つ事案の真相を明らかにするため、家庭裁判所の取り調べた証拠は、つとめてこれを取り調べるようにしなければならない」（刑訴規 277 条）。少年法自体にも、「少年に対する刑事事件の審理は、第 9 条の趣旨に従って、これを行わなければならない」（少 50 条）と規定される。要するに、少年、保護者または関係人の行状、経歴、素質、環境等について、医学、心理学、教育学、社会学その他の専門的知識を活用して、これを行うよう努めなければならない。もっとも、この規定は訓示規定とされ、実際には、わが国の刑事裁判所は判決前調査制度を有しないため、少年調査票や少年調査記録等を資料として活用し、かつ少年事件の審理においては、事案の真相を明らかにするために、家庭裁判所の取り調べた証拠を努めて考

慮することになる。

このほか、刑事事件では、刑事手続における基本的人権の保障が少年に与えられるのは当然であり、たとえば、必要的弁護事件でかつ私選弁護人が選任されていない場合には国選弁護人を付けなければ公判を開くことができないのは、成人の刑事事件と同様であるが、被告人が未成年者であるときには、必要的弁護事件でなくとも、裁判所はなるべく職権で弁護人を付さなければならないとされている（刑訴規 279 条）。これは、少年の権利保護とともに、法廷におけるやりとりを十分理解できない少年に対する配慮の一環であろう。

さらに、少年法の基本原則として少年事件の分離主義がある。この原則は、悪風感染の防止をめざし、成人と少年の分離を目的に創設された少年裁判所の歴史的精神ともいえる。そこで、少年の被疑者・被告人は、他の被疑者・被告人と分離して、なるべく、その接触を避けなければならないとされる（少 49 条 1 項）。また、共犯事件など他の被告事件と関連する場合にも、審理に妨げない限り、その手続を分離しなければならない（少 49 条 2 項）。少年特有の心理として、他からの影響を受けやすい点や群集心理などからの配慮といえよう。

5 刑 事 処 分

刑事裁判において有罪の言渡しがなされ、刑が科される点は成人と全く同様であるが、少年には刑の適用に関して、成人の刑に比して寛容あるいは固有の配慮を求める特別の規定がある。

(1) 刑 の 執 行

18 歳未満の少年に対する自由刑の執行は、原則として成人の施設とは異なる少年刑務所で行われる。「懲役又は禁錮の言渡しを受けた少年に対しては、特に設けた刑事施設又は刑事施設若しくは留置施設内の特に分界を設けた場所において、その刑を執行する」（少年法 56 条 1 項）と規定され、20 歳以上の者との混合収容による悪風感染を防止する趣旨である。もっとも、20 歳に達したからといって直ちに成人施設に移されるのではなく、満 26 歳に達するまでは収容を継続することができる（56 条 2 項）。したがって、少年

刑務所に収容される者の収容分類の J 指標（未成年の者）および Y 指標（26 歳未満の者）であるが、実際には 20 歳未満の者にはほとんどおらず、大半が成人である。また、女子に対する少年刑務所は存在せず、一般に女子刑務所で収容されている。現在、函館、盛岡、川越、松本、奈良、姫路、佐賀の各地に少年刑務所が設置されている。

　なお、2000 年改正では、16 歳未満の者に対する刑事処分を言い渡すことが可能となったが、これに伴って、16 歳未満の少年で懲役または禁錮の言渡しを受けた者を 16 歳に達するまで少年院に収容することが可能とする方法がとられている（56 条 3 項）。これにより、少年院が刑の執行の場となり、「少年院収容受刑者（Jt）」なる新たなカテゴリーが生まれた。但し、少年院収容受刑者については矯正教育が行われる。その趣旨は、このような者の多くが義務教育対象者であり、個々の少年の特性に応じて適切かつ柔軟な刑の執行を確保するために、刑務所ではなく少年院で処遇する方が適切と考えられるからとされる。しかし、本来保護処分の執行場所を刑事処分の執行に使用することは理論上も実務上も大きな問題がある。但し、2020 年末現在まで、このような少年院収容受刑者は全くみられない。

　なお、2021 年少年法改正で、新設された「特定少年（18 歳、19 歳）」については、56 条 1 項、2 項の懲役・禁錮の執行分離が適用されないことになり（67 条 4 項）、したがって、20 歳以上の者と分離されないで執行される。

(2) 刑 の 緩 和

　成人に比べ、少年は刑が緩和されているが、近年の種々の少年法改正より、成人と少年に対する刑罰の格差は縮小する傾向にある。もともと、14 歳以上 20 歳未満の少年という年齢層を中間的な責任軽減の段階とみなし、かつ少年に対する過酷な刑罰の回避という配慮から、少年に対して緩刑規定をおいたものと理解されてきた。すなわち、少年法 51 条 1 項は、「罪を犯すとき 18 歳に満たない者に対しては、死刑をもって処断すべきときは、無期刑を科する」とする。要するに、処断刑が死刑の場合、必要的に無期刑に減刑される。もっとも、18 歳以上のいわゆる年長少年（特定少年）には死刑が可能である。また同条 2 項は、「罪を犯すとき 18 歳に満たない者に対しては、無期刑をもつて処断すべきときであっても、有期の懲役又は禁錮を科す

ることができる。この場合において、その刑は、10 年以上 20 年以下におい
て言い渡す」と規定する。この規定は、従来、必要的に無期刑は有期刑に軽
減されていた規定を 2000 年の改正少年法において改めたもので、裁判官の
裁量によって、無期刑は無期刑のままでもよく、あるいは従来どおり有期刑
に軽減することも可能となったが、さらに 2014 年の改正で上限が 15 年から
20 年となり、一段と厳罰化が進行している。特定少年も同様の手続で行わ
れる。

(3) 不 定 期 刑

　少年期は、時間の経過につれて心身ともに大きく変化する時期であり、少
年によっては、刑罰の改善更生の効果が短期間に現れる者もある。そこで、
少年の健全育成を期する少年法の趣旨から、18 歳未満の少年に対する刑罰
を科す場合には、成人にはない不定期刑を科すことを可能とした。すなわ
ち、有期の懲役又は禁錮をもつて処断すべきときは、処断すべき刑の範囲内
において、長期を定めるとともに、長期の 2 分の 1（長期が 10 年を下回ると
きは、長期から 5 年を減じた期間。）を下回らない範囲内において短期を定め
て言い渡す（少 52 条 1 項）。不定期刑の範囲は、長期 15 年、短期 10 年を超
えることができない（2014 年改正、第 4 講参照）。また、不定期刑の短期につ
いては、52 条 1 項の規定にかかわらず、「少年の改善更生の可能性その他の
事情を考慮し特に必要があるときは、処断すべき刑の短期の 2 分の 1 を下回
らず、かつ、長期の 2 分の 1 を下回らない範囲内において、これを定めるこ
とができる。この場合においては、刑法第 14 条第 2 項の規定を準用する」
（少 52 条 2 項）。具体的に不定期刑は、判決の際に、裁判官が「○○以上○○
以下の刑」という形で言い渡す。

　上述のように、不定期刑は少年に対する制度であり、判決言渡時に、被告
人は 18 歳未満の少年であることが必要であり、また、不定期刑は実刑にお
ける処遇効果を考慮するものであるから、執行猶予を言い渡す場合には不定
期刑ではなく、定期刑を言い渡すことになる（少 52 条 3 項）。

　2021 年改正により 18 歳・19 歳の特定少年には不定期刑は適用されないこ
ととなり、成人と同様の定期刑が科されることとなった（67 条 4 号）。不定
期刑の適用は、したがって 18 歳未満の少年に対してのみ科されることにな

る。また、同様の趣旨から、特定少年には 52 条 3 項も適用されない。

(4) 仮 釈 放

　刑事施設からの仮釈放についても、少年は成人と比べ寛容な扱いを受ける。すなわち、20 歳以上の者や特定少年の場合、有期刑はその刑の 3 分の 1、無期刑は 10 年を経過したとき仮釈放の可能性が生じるが（刑 28 条）、18 歳未満の少年においては、無期刑については 7 年、無期刑が軽減されて 10 年以上 20 年以下の間で言い渡された有期刑についてはその刑期の 3 分の 1（2014 年改正）、また不定期刑についてもその刑の短期 3 分の 1 が経過したとき、仮釈放が可能となる（少 58 条）。なお、2000 年の少年法改正によって、死刑が減刑されて無期刑になった場合には、仮釈放が可能となるのは前記 7 年ではなく、20 歳以上の者と同様 10 年となり、この意味で少年に不利な改正となった（少 58 条 2 項）。そして、20 歳以上の者と同様、仮釈放が認められると保護観察に付される（更生保護 40 条）。

　18 歳未満の少年のとき無期刑の言い渡しを受けた者が仮釈放を許された後、その処分を取り消されないで 10 年を経過したときは、刑の執行を受け終わったものとされる（少 59 条 1 項）。同様に、有期刑を受けた者が仮釈放を許された後、その処分を取り消されないで仮釈放前に刑の執行を受けた期間と同一の期間または不定期刑の長期を経過したときは、その早い時期を執行の終了期間とする（少 59 条 2 項）。

　仮釈放においても、2021 年改正の影響も受け、仮釈放の特例（58 条、59 条）は、特定少年のときに刑の言渡しを受けた場合には適用されず、20 歳以上の者と同様の扱いとなる（少 67 条 5 項）。

(5) 家庭裁判所への移送

　家庭裁判所から検察官送致を経て刑事裁判所に送られた少年事件において、その裁判所が審理の結果、少年に対して刑事裁判の言い渡しをするよりも保護処分に付するのが相当であると認めるとき、少年法は、当該事件を家庭裁判所へ移送する途を開いている（少 55 条）。刑事裁判所は、そのような場合、事件を家庭裁判所に移送する決定をしなければならない。その結果、あらためて少年は、一般の保護事件と同様に、家庭裁判所の判断を受けることになる。この規定の弾力的な運用により、保護処分と刑事処分の有機的な

運用を図ることができるとされる（団藤重光＝森田宗一『新版少年法』416 頁
〈有斐閣、第 2 版、1984〉）。あるいは、「このように、少年の犯罪事件が保護
事件から刑事事件に、そして再度保護事件に移行することが認められるの
は、少年の司法手続の全体が保護主義の理念に裏打ちされているからであ
る」（澤登・前掲書 229〜230 頁）。

　移送決定を行う裁判所は、必ずしも第一審裁判所に限らず、控訴審、上告
審の裁判所でもよく、また簡易裁判所も含まれるとされる。さらに、移送の
決定は公訴事実の審理中、あるいは保護処分の相当性が判明した段階でも可
能である。移送を受ける家庭裁判所は事件を検察官に送致した裁判所に限ら
ず、管轄権を有する裁判所であればよい。

　しかし、他方でこのような移送を認めることは、少年を長期間、心情的
に、あるいは法的に不安定な立場に置くことになるから、その人権上の配慮
が必要である。これに関して、移送決定に対する検察官の抗告権、移送され
た事件の再々度の検察送致等の措置は回避されるべきであり、あるいは移送
を受けた家庭裁判所が命じる観護措置なども慎重な運用が必要であろう（澤
登・前掲書 230 頁）。

(6)　その他の扱い

　懲役又は禁錮の刑を言い渡す場合、少年鑑別所に収容中の日数は、これを
未決勾留の日数とみなされ、本刑に算入されるほか（少 53 条）、罰金・科料
を支払うことができない場合に科される労役場留置は、少年に科すことがで
きない。いわゆる換刑処分を禁止したものである。少年に対する教育的配慮
とされる。但し、2021 年改正では、特定少年には労役場留置についての規
定を適用しないこととした。したがって、18 歳、19 歳の少年に対しては罰
金・科料を支払うことができない場合には、労役場留置の言渡しがなされ
る。

　保護処分の継続中、自由刑が確定したときは、保護処分よりも先に刑を執
行する（少 57 条）。その際、裁判所は相当と認めるときは、保護処分を取り
消すことができる（少 27 条 1 項）。

○コラム31　**自由刑**

　懲役刑、禁錮刑、拘留刑など一定の施設に収容して犯罪者の自由を奪う刑罰を総称して、自由刑とよぶ。施設に拘束されることによって、「自由」が剥奪されるからである。歴史的には、死刑、身体刑に代わる刑罰として期待されたが、この「自由」の内容、あるいは程度をめぐっては、大きな議論をよんできた。なぜなら、施設内に拘束されて奪われる「自由」は、制度によってかなり多いからである。これは従来より自由刑の弊害として認識されてきた。一般に、奪われる「自由」は、行動の自由、つまり施設と施設外へ移動する自由を意味するとされ、近年の思想では、犯罪者の人権も考慮し、奪われる自由はなるべく限定されるべきとする見解が有力である。なお、近年懲役刑と禁錮刑を一本化する「拘禁刑」の議論が進んでいる。

2　逆送事件に関する特定少年の特例

1　2021 年少年法改正の概略

　上記でも部分的に触れたように、2021 年の改正において、18 歳・19 歳の年齢層に対し「特定少年」という概念が導入されたのに伴い、原則逆送制度にこれらの者の特例が設けられた（62 条）。すなわち、従来の 16 歳以上の者に対する扱いと同様の内容（62 条 2 項 1 号。なお 20 条 2 項）に加え、18 歳以上の少年のとき犯した「死刑又は無期若しくは短期一年以上の懲役若しくは禁錮に当たる罪」（62 条 2 項 2 号）の事件も原則逆送の対象となった。すなわち、20 条 2 項の「故意の犯罪行為により被害者を死亡させた罪の事件であって、その罪を犯すとき十六歳以上の少年に係る」事件に加えて対象範囲を拡大したものである。これによれば、故意による死亡事件のほか、たとえば現住建造物等放火罪（108 条）、強制性交等罪（177 条）、強盗罪（236 条）、組織的詐欺罪（組織的犯罪処罰法 3 条 1 項 13 号）などが加えられることになり、「調査の結果、犯行の動機、態様及び結果、犯行後の情況、特定少年の性格、年齢、行状及び環境その他の事情を考慮し、刑事処分以外の措置を相当と認めるときは、この限りでない」とはいえ（後述のように、「結果」が追加された点に注意）、対象犯罪が拡大されることとなった。この背景には、選

挙権年齢や民法の成年年齢引下げにより、責任ある立場となる特定少年が重大な犯罪に及んだ場合には、18歳未満の少年よりも広く刑事責任を負うべきとの考えや犯罪被害者等の国民への理解や配慮があるものと思われる。したがって、18歳・19歳の少年が少年法の対象でありながら、実質的には、これらの年齢層に対する厳罰化がすすめられた象徴的な改正といえよう。

2 個々の規定の変更

(1) 逆送対象事件における法定刑の制限撤廃

少年法62条1項では、特定少年に係る事件では、「調査の結果、その罪質及び情状に照らして刑事処分を相当と認めるときは、決定をもつて、これを管轄地方裁判所に対応する検察庁の検察官に送致しなければならない」とし、上述のとおり原則逆送以外の逆送事件において、第20条1項とは異なり、逆送対象の死刑、懲役、禁錮の罪の事件に限定されていた法定刑の下限が撤廃され、実質的に罰金以下の刑に当たる罪の事件も逆送が可能となった。

(2) 原則逆送の対象範囲の拡大

原則逆送事件の対象範囲も拡大され、従来の同様の「故意の犯罪行為により被害者を死亡させた罪の事件であつて、その罪を犯すとき十六歳以上の少年に係るもの」（62条2項1号）に加え、「死刑又は無期若しくは短期一年以上の懲役若しくは禁錮に当たる罪の事件であつて、その罪を犯すとき特定少年に係るもの」（62条2項2号）が新たに規定された。この理由・目的については、法制審議会の議論では、事件の重大性からではなく、18歳、19歳の者の法律上ないし社会的な位置づけの変化に相応しい逆送規定を設置することで犯罪被害者等を含む国民の理解や納得を獲得することである、とされた。

(3) 原則逆送の例外規定における犯行「結果」の付加

少年法20条2項但書では、「調査の結果、犯行の動機及び態様、犯行後の情況、少年の性格、年齢、行状及び環境その他の事情を考慮し、刑事処分以外の措置を相当と認めるときは、この限りでない」とするのに対して、62条2項但書では、「調査の結果、犯行の動機、態様及び結果、犯行後の情況、

特定少年の性格、年齢、行状及び環境その他の事情を考慮し、刑事処分以外の措置を相当と認めるときは、この限りでない」と規定する。その趣旨は、法制審議会の議論によると、新たに、死刑又は無期若しくは短期 1 年以上の懲役・禁錮に当たる罪の事件を原則逆送の対象とした結果、犯罪の結果には多様な要素が含まれ、それが刑事処分以外の措置を相当と認めるかの判断に際して重要な要素となり得ることが考慮された、とする。しかし、原則逆送規定は 18 歳未満の者にも適用されるにも関わらず、特定少年においては 20 条 2 項と異なる規定となり、故意による死亡事件においても犯罪「結果」が重視されることとなった。

参考文献

・「特集　少年法の見直し —— 法制審議会の答申を受けて —— 」刑事法ジャーナル 67 号 32 頁以下（2021 年）
・「特集　2021 年少年法改正」論究ジュリスト 37 号 92 頁以下（2021 年）
・廣瀬健二『少年法入門』（岩波書店、2021 年）
・澤登俊雄『少年法入門』（有斐閣、第 6 版、2015）
・葛野尋之編『「改正」少年法を検証する - 事件とケースから読み解く』（日本評論社、2004）
・田宮裕・廣瀬健二編『注釈少年法』（有斐閣、第 3 版、2009）
・川出敏裕「逆送規定の改正」現代刑事法 24 号 54 頁以下（2001）
・平場安治『少年法』（有斐閣、1987）
・団藤重光・森田宗一『新版少年法』（有斐閣、第 2 版、1984）

（もりやま・ただし）

第13講 ◆ 非行少年の処遇

キーワード

保護観察／児童自立支援施設・児童養護施設／
少年院／特定少年の特例

1 非行少年の処遇とは？

　非行少年の処遇とはなんだろう。「処遇」とは、ふつう、「取り扱う」といった意味を表すが、少年法では、24条1項にいう、保護処分のことを指すことが多い。もちろん、広い意味では、それまでの様々な働きかけも処遇に含めて考えている。家庭裁判所はケースワーク機能をもっているといわれるが、その機能が十分発揮されて、もう保護処分が必要ないということになれば、保護処分は付されない。例年、道路交通保護事件を除けば、終局処分（最終的な決定で、これ以上先の処分はない）の約8割は、審判不開始、不処分で占められている。

　一方で、凶悪事犯等では保護処分がしばしば用いられる。これは、一般に保護処分優先主義と言われ、たとえ凶悪事件であっても、刑事処分ではなく、少年のために特別に用意された保護処分で対応するという少年法の基本的姿勢をあらわしている。

　刑事処分については、第12講で触れているので、本講では保護処分を中心に扱うことにして（2014年改正少年法における少年刑の改正については後掲の樋口論文参照）、それ以外の処遇的な意味を持つ働きかけは、次に少し述べるだけにとどめよう。

2 保護処分以外の処遇

　保護処分以外の処遇には様々なものがあるが、ここでは、重要なものを確

認しておこう。まず、観護措置、つまり少年鑑別所における鑑別がある（少年法 17 条 1 項 2 号）。建前としては、少年の非行原因や背景にあるものなどを鑑別し、少年にとって最もふさわしい処遇は何かを考えるために行うのだが、それ自体が処遇としての役割を果たしている。2014 年に成立した少年鑑別所法では、「観護処遇」という概念を積極的に認め、その 20 条 1 項で、「在所者の観護処遇に当たっては、懇切にして誠意のある態度をもって接することにより在所者の情操の保護に配慮するとともに、その者の特性に応じた適切な働き掛けを行うことによりその健全な育成に努めるものとする。」とし、また同条 2 項で、「在所者の観護処遇は、医学、心理学、教育学、社会学その他の専門的知識及び技術を活用して行うものとする。」として、観護処遇の原則を謳っている。また、家庭裁判所調査官の行ういわゆる試験観察（少 25 条）も、保護処分がふさわしいかどうかを一定期間（おおむね 3、4 ヶ月）経過観察するものだが、これ自体、いわゆるプロベーション（終局処分を留保することにより心理強制を図り善行保持を目指す社会内処遇のひとつの形態）の役割を果たしている。そして、終局処分で、審判不開始・不処分となっても（少 19 条 1 項、23 条 2 項）、それは「何もしない」ということではなく、それ自体がいわば積極的な意味を持つ手続からの解放である。当然の事ながら、何かをすることが常に少年にとって良いことであるとは限らず、形式的には何も干渉しないことがベストな選択である場合もある。それに、多くの場合、いわゆる、「保護的措置」といわれる事実上の配慮があり、保護処分を行うまでもないとして、強制的ではない手当がなされている。訓戒、学校長への訓戒委任、誓約書、条件付き保護者への引き渡しなどがそれに当たる。

　終局処分には、児童福祉機関等への送致もある（少 18 条 1 項、23 条 1 項）。保護処分として送るほどではないが、環境上要保護性があるような場合に、児童福祉機関に対して行われる、早い段階での処遇の委託である。したがって、家庭裁判所は、その後の少年の状況について、もはや口出しできない。そのせいもあってか、この選択肢が採られることは実務上少ない。

3 保 護 処 分

　保護処分は、非行少年処遇の中心である。種類としては、保護観察、児童自立支援施設等送致、少年院の3種類があるが、社会内処遇としての保護観察、施設内処遇としての少年院送致が中心で、児童自立支援施設等送致が行われることは、前述した18条1項、23条1項による児童福祉機関等への送致と同様、極めて少ない。実際上、児童自立支援施設へ収容されている少年は義務教育中の中学生が中心で、それに対し、保護処分の対象は14歳以上の少年が中心ということがあって、少年法が予定した保護処分の一つが児童福祉法上の施設の中でうまく機能していないという現実がある。

　一方、後述する少年院からの仮退院にともなう保護観察（2号観察）は、保護観察であると同時に少年院処遇の作用も留保するもので、両者の性質を併有するものである。そこで、保護観察処分少年と少年院仮退院者に対する保護観察の状況についてみると（図3-1）、前者は平成11年以降減少傾向に

図 3-1　少年の保護観察開始人員の推移

(昭和46年～令和2年)

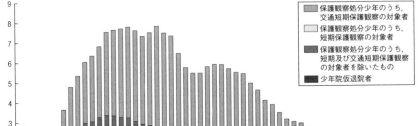

注　1　保護統計年報による。
　　2　「交通短期保護観察」及び「短期保護観察」については，それぞれ制度が開始された昭和52年，平成6年以降の数値を計上している。
出典　『令和3年版 犯罪白書』

図 3-2　少年院入院者の人員（男女別）・女子比の推移

注　少年矯正保護統計，少年矯正統計年報及び矯正統計年報による。
出典　『令和 3 年版 犯罪白書』

あり、後者は、平成 9-14 年まで増加し、その後減少傾向にある。全体で、令和 2 年は 1 万 2,425 人であった。保護観察処分に次ぐ少年院送致については（図 3-2）、昭和 49 年に戦後最低となった後、増減を繰り返し、最近 20 年間では平成 12 年（6,052 人）をピークに減少傾向が続き、令和 2 年は 1,624 人であった。

1　保護観察

(1)　保護観察とは

保護観察という処遇は、例えば少年院のように、少年法に固有の処遇方法ではなく、成人に対しても用いられるものでもあるので、まず、一般的説明を行うことにする。

わが国の保護観察には、5 種類のものがある。更生保護法 48 条の規定に対応して、保護観察処分少年（1 号）、少年院仮退院者（2 号）、仮釈放者（3 号）の場合をそれぞれ、1 号観察、2 号観察、3 号観察と呼び、さらに、執行猶予者（4 号）、婦人補導院仮退院者（売春防止法 26 条 1 項）に対する保護観察をそれぞれ、4 号観察、5 号観察と呼んでいる。少年に刑事処分が科せ

られた場合、3号、4号観察ももちろん問題になるが、これらは例年極めて数が少なく、非行少年処遇において重要なものは、1、2号観察である。保護観察は、通常の社会生活を営みながら、保護司及び保護観察官の指導監督と補導援護を受けて改善更生を図るもので、社会内処遇の伝統的な一形態である。

　指導監督は、一般遵守事項（更生保護法50条：①再犯防止のため健全な生活態度の保持②保護観察官及び保護司による指導監督を誠実に受けること③一定の住居を定め、届出をすること④届出た住居への居住⑤転居、長期旅行の際の事前許可）を守らせる等の権力的作用を担い、補導援護（更生保護法58条：①帰住援助②医療・療養援助③職業上の補導、就職援助④教養訓練の手段を得るための援助⑤生活環境の改善・調整⑥生活指導⑦その他健全な社会生活を営むために必要な助言）は非権力的な援助作用を担う。この指導監督と補導援護が車の両輪のごとく作用することにより対象者の改善更生が企図されているわけである。保護観察における処遇はソーシャル・ケースワークの実践であるといわれる。ソーシャル・ケースワークとは、本来は社会福祉の援助方法のひとつで、精神的・肉体的・社会的な諸問題に直面している個人や家族がみずから問題を解決できるように個別的に援助する専門的技術およびその過程をいうが、保護観察だけでなく、少年処遇の方法論として既に確立した実務・理論となっている。ただ、指導監督という側面を持っていることから、社会福祉場面で行われるようなケースワークと異なり、権力又は権威を背景にした「有権的ケースワーク」であるといわれる。そこでは、権力作用がケースワーク関係を破壊してしまわないような配慮が欠かせない。

　保護観察の担い手は、全国に50カ所ある保護観察所（法務省保護局）の保護観察官又は保護司で、通常は保護司が直接の担当者となり、保護観察官は、主任官として保護司のスーパーヴィジョンを行う。但し、処遇困難者の場合等については、原則として、保護観察官が直接担当して（直担事件）、その専門性を効率的に発揮している。なお、保護司は、非常勤・無給の国家公務員である。60歳以上の高齢者の占める割合の高さから（例年約8割）、特に対象者が少年の場合、世代間ギャップの問題が指摘されているが、1999年4月以降、再任上限年齢を76歳未満とする定年制が導入されている。さ

らに、2004 年以降は 76 歳以上の者への再委嘱はしないこととされている。

　基本的な処遇施策として、保護観察における事例定式化（CFP=Case Formulation for Probation）と類型別処遇が重要である。CFP については、2018 年 10 月から、保護観察所において、保護観察対象者に対して再犯防止のためのより効果的な指導・支援を行うためのアセスメントツールが試行されている。このツールは、保護観察対象者の特性等の情報について、再犯を誘発する要因と改善更生を促進する要因に焦点を当てて網羅的に検討し、再犯リスクを踏まえた適切な処遇方針の決定に活用するものである。また、類型別処遇は、問題性に応じた処遇の一つで、対象者の問題性その他の特性を、犯罪、非行の態様などによって類型化して把握し、類型ごとにその特性に焦点を当てた効率的な処遇を実施することにより、保護観察の実効性を高めようとするものである。少年に対する保護観察（1、2 号観察）については、シンナー等乱用、覚せい剤事犯、問題飲酒、暴力団関係、暴走族、性犯罪等、精神障害等、中学生、校内暴力、無職等、家庭内暴力、ギャンブル等依存の類型がある。「家庭内暴力」類型には、子どもへの暴力についての性的虐待やネグレクト、心理的虐待も含まれる。上記のうち、「性犯罪等」、「精神障害等」、「無職等」の 3 類型の割合が突出しているが、「ギャンブル等依存」については、近年、オンラインゲーム等への依存により生活に支障をきたす事例も社会問題化しており、今後の動向が注目される。

　なお、保護観察処分少年のうち、交通短期保護観察及び短期保護観察の対象者については、類型別処遇制度は適用されないが、一定期間を超えて保護観察を継続する場合等、一般の例による保護観察処遇へ移行したときは、類型の検討対象となる。

　その他にも、凶悪重大な事件を起こした少年に対するしょく罪指導プログラムによる処遇等が、自発的意思に基づいて実施されている。

　社会内処遇である保護観察には、民間の協力が欠かせない。更生保護施設、更生保護女性会、協力雇用主、BBS 会（Big Brothers and Sisters Movement）等の社会資源が重要な役割を果たしている。

(2)　1 号観察（少 24 条 1 項 1 号、更生保護法 48 条 1 項）

　1 号観察は、「保護観察所の保護観察に付すること」という独立かつ終局

の処分であり、他の処分に付随して付されるのでもない。その意味で、試験観察や4号観察のような典型的なプロベーションとは異なる。終局処分の留保がないので、心理強制がほとんど働かないが、その分、真のケースワーク関係に近い形態をもっているといえる。但し、実質的な意味で事後変更の役割を果たしているのが、いわゆる虞犯通告と警告・施設送致申請である。前者は、保護観察中の者について新たに虞犯事由（少3条1項3号）が認められるときは、18歳に達していても、18歳に満たない少年法上の少年とみなされ、少年審判を経て新たな保護処分を受ける場合であり（更生保護法68条2項）、後者は、保護観察所の長において、保護観察処分少年が遵守事項を遵守しなかった場合に、これを遵守するよう警告を発することができ、なお遵守事項を遵守せず、その程度が重いときは、家庭裁判所に対し、新たな保護処分として児童自立支援施設・児童養護施設送致又は少年院送致の決定をするように申請することができる、というものである。これらは不良措置と呼ばれるものである。逆に、期間（少年が20歳に達するまでを原則とし、決定から2年に満たないときは2年間）満了前でも、良好措置として、保護観察を終了させ（解除）または一定期間、指導監督・補導援護等を行わず経過を観察する（一時解除）することができる。なお、一般遵守事項の他に、その少年に特別の遵守事項が定められるときがある（更生保護法51条）。特別遵守事項は、これを遵守させることが必要な保護観察対象者に対して、保護観察開始時又は保護観察中の状況に応じて随時定められるものであるが、必要がない事項は取り消される。さらに、保護観察対象者には、遵守事項のほか、生活習慣や交友関係の改善等を図るため、生活行動指針が定められることがあり、生活行動指針は、本人に通知され、遵守事項とともに、指導の基準となる。

　1号観察の実施形態には、次の4種類がある。

（**a**）　短期保護観察

　これは、交通事件以外の非行により、家庭裁判所で保護観察処分に付された少年のうち、非行性の進度がそれほど深くなく、短期間の保護観察によって改善更生が期待できる者を対象としている。おおむね6ヶ月以上7ヶ月以内の短期であるが、保護観察官と保護司による個別処遇が行われる。

（**b**）　交通短期保護観察

　保護観察官と保護司による個別処遇に代えて、安全運転等に関する集団処遇を行うとともに、少年に生活状況を毎月書面で報告させ、車両の運転による再非行がなければ、原則として 3ヶ月以上 4ヶ月以内の短期間で保護観察を解除する。対象は交通関係の非行性が固定化していない少年である。

（**c**）　交通保護観察

　交通短期保護観察の対象者以外で、交通事件により保護観察に付された者が対象となる。できるだけ交通事件を専門に担当する保護観察官・交通法規に通じた保護司を指名することや、保護観察官の直接担当、集団処遇（講習）等が考慮される。指導は交通法規等交通事件に関連する内容となり、原則 6ヶ月経過すれば解除が検討される。

（**d**）　一般保護観察

　上記のどれにも当てはまらない者に対して行われ、いわば保護観察の基本的形態といえる。事例定式化（CFP）処遇、類型別処遇が行われ、保護観察官および保護司の指導監督・補導援護による個別処遇を原則とする。解除は、おおむね 1 年経過後で 3ヶ月以上成績良好であれば検討される。

（3）　**最近の動向**

　近年の動きとして、まず、社会貢献活動があげられる。これは、保護観察官と保護司による個別指導に加えて、保護観察対象者を老人ホーム等での介護補助や公園の清掃等の社会奉仕活動をはじめ、スポーツ、創作、体験活動等様々な活動に参加させ、社会性の発達を促そうとするものである。主に 1号観察の保護観察処分少年を対象に実施され、短期保護観察少年に与えられる課題の一つとされることも多い。

　次に、被害者に対する配慮として、被害弁償や慰謝の措置が講じられていない場合および被害者を死亡させたり重い障害を負わせたりして、継続的な慰謝等の措置が必要な場合などには、個別的な事情等も考慮しながら、被害弁償や慰謝についての指導・助言が行われている。過失運転致死傷の対象者が含まれる交通事件の保護観察においては、集団講習や個別指導の際に、被害弁償の責任について自覚を促すための視聴覚教材やテキストなどが活用されている。また、2007 年 12 月 1 日より、心情等伝達制度が開始され、保護

観察中の加害者に、被害者の心情を伝えることができるようになったほか、加害者に関する情報の通知を、希望する被害者に対し行い、さらに、地方更生保護委員会および保護観察所に被害者専用担当窓口を設け、専任の担当者に対して、被害者が、不安や悩み事を相談することができることとなった。

さらに、少年の社会復帰にとって重要な就労支援についても、2007 年 10 月から、農業に就く意思のある少年院仮退院者等を宿泊させて、指導監督や農業実習を通じた就労支援を行うことを目的とした沼田町就業支援センターが運営されている。また、少年の生活実態等を把握して適切にその監護に当たるべきことや、少年の改善更生を妨げていると認められる保護者の行状を改めるべきことなどについて指導又は助言を行うなどの、保護者に対する措置等も実施されている。

矯正官署と更生保護官署との連携という点では、仮退院を判断する地方更生保護委員会と少年院とで「充実強化対象者」を指定し、当該少年の問題に関連する、医療、教育、福祉関係者（家庭裁判所、少年鑑別所、保護観察所を含む）を集め、少年院入院中、少年院から出院後の支援体制の連携が図られてきたが、2021 年 3 月、法務省矯正局長・保護局長通達により、「精神障害を有するなど特別な配慮が必要であること、保護者等親族が引受けに消極的であること、本件非行の重大性により出院後の生活に課題を抱えることなどがある場合」に「調整強化対象少年」を指定して、少年院送致後の早期から、保護観察期間の満了に至るまでの各段階における継続的かつ重層的な指導および支援並びにそれらの実施体制を充実強化することとした。施設内処遇と社会内処遇の連携・協力が強化され、対象少年の社会復帰促進が期待される。

2 児童自立支援施設・児童養護施設送致

児童福祉施設（児福 7 条）の中の、児童自立支援施設（児福 44 条）または、児童養護施設（児福 41 条）に送致し、訓育、生活指導、学科指導、職業指導等を開放的な雰囲気の中で行う処遇形態である。児童自立支援施設は、「不良行為をなし、又はなすおそれのある児童及び家庭環境その他の環境上の理由により生活指導等を要する児童を入所させ、又は保護者の下から通わ

せて、個々の児童の状況に応じて必要な指導を行い、その自立を支援することを目的とする施設」であり、1997年の法改正によって、施設の目的が教護（教育・保護）から児童の自立の支援として改められ、名称が「教護院」から「児童自立支援施設」に改称された。内容的には、従来の「不良行為をなし、またはなすおそれのある児童」に加え「家庭環境その他の環境上の理由により生活指導等を要する児童」を新たに対象とした。一方、改正前は「養護施設」であった児童養護施設は、「乳児を除いて、保護者のない児童、虐待されている児童その他環境上養護を要する児童を入所させて、これを養護し、あわせてその自立を支援することを目的とする施設」として、養護に加えて自立支援が明記された。

　いずれも厚生労働省所管であるが設置者はほとんど都道府県である（個々の施設には国公私立の形態がある）。児童自立支援施設は感化院の、児童養護施設は孤児院の系譜に属する施設で、現在、児童養護施設の数は全国に約600あり、児童自立支援施設の約10倍の規模となっている。寮舎の形態として、小舎制（一寮舎の児童数が15名以下）、中舎制（一寮舎の児童数が16〜25名）、大舎制（一寮舎の児童数が25名以上）、を一応区別するが（児童養護施設では人数規模が異なり、また小舎制に近いグループホームという形態もある）、自治体や地域によってその規模は様々である。

　少年審判という裁判の執行を福祉施設で行うことになるため、司法の理念と福祉の理念の違いが困難な状況をもたらす場合がある。入所後の保護者の引取要求を拒絶できるか（拒絶できるとするのが最近の運用である）、少年が無断外出して帰宅し、保護者が連戻に応じない場合強制的に連戻できるか（福祉的処遇を選択した限界として強制は困難であると考えられる）等の問題がある。但し、少年法18条1項による入所と異なり、裁判所が児童自立支援施設か児童養護施設かを決定でき、親権者、後見人の意に反しても入所させられる。さらに、社会記録を送付することができ、また少年の成績視察や施設に対する勧告が可能で、保護処分であることによる司法の影響力は大きくなっている。

○コラム32　小舎夫婦制

　夫婦小舎制とも言われる。児童自立支援施設とその前身である教護院は、寮舎形態によって、小舎制、中舎制、大舎制、に区分されるが、夫婦制は小舎制の形態の一つであり、他には単独制、併立制、交替制を区別する。小舎夫婦制は感化事業の原初的形態ともいうことができ、児童には家庭的生活環境が望ましいという立場から教護・教母が夫婦で指導する形態を基本としている。留岡幸助が1899年（ちなみにこの年はアメリカの少年裁判所制度誕生の年である）東京の巣鴨に第6番目の感化院として創設した家庭学校においてこの収容形態が始まった。小舎夫婦制の長所は、家族的雰囲気の下で、児童や保護者との信頼関係が築きやすく、個々の児童に目の行き届いた、一貫した継続的指導が行いやすいことである。他方で、従事する職員の過重労働といった労働条件の難しさが短所とされ、近年この形態の減少傾向が指摘されている。それでもなお、現在、児童自立支援施設の約4割が小舎夫婦制を採用している。

　今後の課題として、福祉領域の施設や機関は、司法という権威を背景にしたソーシャル・ケースワークのあり方を、十分に研究発展させて行く必要がある。非行少年に対する福祉優先的な対応は、少年法18条1項や24条1項2号で送致される事件だけでなく、触法少年として通告を受けた事件などについても、事実認定の問題も含めとりわけ重要である。現行少年法が予定した福祉的処遇が求められる場合に、福祉機関がその役割と機能を十全に果たすことが、福祉と保護と刑罰のルートをそれぞれ用意した少年法の理念にもかなうのである。現在、他の機能にもまして福祉的機能の後退が危惧される状況にある。もちろん、そのためにも、少年法と児童福祉法の規定や運用の調整、そして機関相互の連携・協力は不可欠であろう。これに関連して、2007年の少年法改正では、警察官等の調査権限が規定され（第6条の2）、警察官から児童相談所長等に送致された触法少年にかかる一定の重大事件については、原則として家庭裁判所送致の措置をとらなければならないとしている（第6条の7第1項）。

3 少年院送致

(1) 総　説

　少年院は、家庭裁判所から保護処分として送致された少年及び少年法 56
条 3 項の規定により少年院において刑の執行を受ける少年（以下「受刑在院
者」という。本講では保護処分として送致された少年の処遇について扱う）に対
し、社会不適応の原因を除去し、健全な育成を図ることを目的として矯正教
育を行う法務省所管の施設であり、少年院送致とは施設内処遇としての非開
放的な収容処分を意味する。少年院は、2021 年 4 月 1 日現在、全国に 45 ヶ
所に設置されているが、非行少年の減少に伴って整理・統合の傾向にある。

　少年院には、少年の犯罪的傾向や心身の状況、年齢等により、第一種、第
二種、第三種、第四種、第五種の五つの種類があり、どの種類の少年院に送
致するかは、家庭裁判所において決定される。少年鑑別所は、家庭裁判所に
よる処遇勧告（短期又は長期等）が付された場合はこれに従い、各少年院で
実施している矯正教育課程と、少年の処遇上の必要性とを勘案して、どこの
少年院に送致するかを指定する。

　少年院法 4 条の規定によれば、少年院の種類は以下のようになっている。
2014 年の少年院法改正により、従来の初等少年院と中等少年院が第一種と
して統合され、かつての医療少年院が第三種となり、受刑在院者を収容する
第四種が新たに種別化された。そして、2021 年「少年法等の一部を改正す
る法律」による少年院法の改正で、第五種が追加された。

① 　第一種少年院は、保護処分の執行を受ける者（第五種に定める者を除
　く。以下同じ）であって、心身に著しい障害がないおおむね 12 歳以上
　23 歳未満のもの（第二種に定める者を除く）を収容する。
② 　第二種少年院は、保護処分の執行を受ける者であって、心身に著しい
　障害がない犯罪傾向が進んだおおむね 16 歳以上 23 歳未満のものを収容
　する。
③ 　第三種少年院は、保護処分の執行を受ける者であって、心身に著しい
　障害があるおおむね 12 歳以上 26 歳未満のものを収容する。
④ 　第四種少年院は、少年院において刑の執行を受ける者を収容する。

⑤　第五種少年院は、程度の重い遵守事項違反があり、改善更生を図る上
で少年院収容が必要な特定保護観察処分少年を収容する。

　収容期間に関しては、法律的には以下のようになっている。まず、原則
20 歳に達するまでとされ、送致時から 20 歳に達するまでの期間が 1 年に満
たない場合は、送致決定時から 1 年間に限って収容継続ができる（少年院
137 条 1 項）。その期間内に在院者の心身に著しい故障があり、又は犯罪的傾
向がまだ矯正されていないため、収容の継続が相当である場合は 23 歳を超
えない範囲内で収容を継続できる（少年院 138 条 1、2 項）。さらに、23 歳に
達した保護処分在院者の精神に著しい故障があり、公共の福祉のため収容の
継続が相当である場合は 26 歳を超えない期間を定めて第三種少年院での収
容を継続できる（少年院 139 条 1、2 項）。収容継続はいずれも家庭裁判所の
決定に基づくことを要する。

　従来、処遇の個別化や収容期間の弾力化を図るため、法務省通達によって
処遇区分や処遇課程が細分化され、分類処遇が行われてきた。1977 年の
「少年院の運営について」以来、1986 年、1991 年、1993 年、と改正され、
1997 年には、「非行の重大性等により、少年の持つ問題性が極めて複雑・深
刻であるため、その矯正と社会復帰を図る上で特別の処遇を必要とする者」
を対象とした生活訓練課程の細分コース（G3 級）が新設され、2 年を超える
収容期間の設定等の内容が盛り込まれた。2014 年に改正された少年院法も、
その 30 条において、法務大臣は、「在院者の年齢、心身の障害の状況及び犯
罪的傾向の程度、在院者が社会生活に適応するために必要な能力その他の事
情に照らして一定の共通する特性を有する在院者の類型ごとに、その類型に
該当する在院者に対して行う矯正教育の重点的な内容及び標準的な期間」を
定め、その 31 条において、「各少年院について、その少年院において実施す
べき矯正教育課程を指定する」ものとしている。これを受けて、各少年院の
長は、少年院ごとに、少年院矯正教育課程として、矯正教育の目標、内容、
実施方法及び期間等を定めるとともに（少年院 32 条 1、2 項）、在院者ごと
に、「個人別矯正教育計画」として、個々の在院者の特性に応じた矯正教育
の目標、内容、実施方法及び期間等を策定することとした（少年院 34 条 1、

2 項）。

(2) 少年院における処遇

　矯正教育の内容は、少年に対する必要性や施設の立地条件等に応じた特色のある様々な教育活動を含み、その指導領域は、生活指導（少年院 24 条）、職業指導（少年院 25 条）、教科指導（少年院 26 条）、学校の教育課程に準ずる教育の教科指導（少年院 27 条）、体育指導（少年院 28 条）、及び特別活動指導（少年院 29 条）から成り立っている。

　生活指導は、健全なものの見方、考え方及び行動の仕方の育成であり、少年院における矯正教育の根幹をなしている。その内容には、情操かん養や基本的生活習慣、対人関係等の指導を含む。また、改正少年法（2000 年）以降、「被害者の視点を取り入れた教育」が全庁で推進され、独立した指導内容として、指導要領等を作成して意図的・計画的に実施されてきた。改正少年院法では、薬物事犯とともに、被害者遺族等の心情理解に対する意識が低い在院者に対しては、その生活指導の実施に当たって、その事情の改善に特に配慮が必要とされている（少年院 24 条 3 項）。

　具体的な指導方法としては、課題作文、個別面接、役割交換書簡法（ロールレタリング）、VTR・CD 視聴、内省（但し内観は近年減少傾向にある）、SST、自分史作成等であり、被害者の立場に立った気持ちの理解等に関する指導が行われている。また、保護者に対する働きかけの積極化も図られている（少年院 17 条）。そのほか、職業指導は、勤労意欲の喚起、職業生活に必要な知識・技能の習得を目指すもので、現在、溶接、木工、土木建築、建設機械運転、農園芸、事務等が行われている。教科指導は、学習意欲の喚起、基礎学力の向上を図るため、義務教育未修了者に対しては、中学校学習指導要領に準拠した教科教育を系統的に実施し、進路に応じて受験指導等も行い、高等学校教育を必要とする者は、通信制の課程を置く高等学校に編入するなどしている。また、学校教育以外の知識を必要とする者は、文部科学省認定の社会通信教育を受講している。体育指導では健康管理及び体力の向上を図り、特別活動では自主的活動、レクリエーション、行事等を実施している。さらに、円滑な社会復帰を図るため、学校や事業所、学識経験者などの社会資源を活用して、院外委嘱指導（少年院 40 条）を行っている。

○コラム33　**SST**

　SST（Social Skill Training）は、「社会生活技能訓練」または単に「生活技能訓練」と訳されるが、元々は精神医学上の認知行動療法の一つであり、個々の患者に適した目標を設定して行動療法を行うことにより、対人および社会的技能を学習し、それを実際の生活に応用していくという考え方である。矯正の場では少年院や更生保護施設等で行われている。具体的には、社会生活の中で実際上起こりうる困難な場面を想定し、そこからどのようにその問題を解決していくことができるかを、役割演技を行うことで事前練習し、実際の場面でも対処できるようになることが目指される。他の参加者はそのやり取りや態度、話し方等を評価し、意見交換等を行って、改善すべき点などが把握されていく。少年の場合、例えば、かつての仲間からシンナー吸飲や暴走行為等への勧誘があった場合、トラブルにならないよう上手に断る方法などが話し合われる。

(3)　仮退院と2号観察

　少年院からの出院には、退院と仮退院の2種類がある。退院には、①在院者が法定の年齢（原則20歳）に達したときに行われる二十歳退院（少年院137条1項）、②裁判所により定められた期間が満了したときに行われるいわゆる満期退院（少26条の4第2項、少年院138条2項等）、③在院者が矯正の目的を達したと認められるときに行われるいわゆる良好退院（少年院136条1項）、がある。しかし、実務ではむしろ仮退院が常態化しており、例年90%以上の少年が仮退院で出院している。仮退院は、①在院者が処遇の最高段階に向上し、仮退院を許すのが相当であると認められるとき（少年院135条）、および、②在院者が処遇の最高段階には達していないが、自身の努力により成績が向上し、仮退院を許すのが本人の改善更生のため特に必要であると認められるとき（更生保護法41条）、に地方更生保護委員会によって認められる。施設内処遇からスムーズな社会復帰を図るためにも、積極的に仮退院を行い、社会内処遇に移行するべきであるとされる。

　なお、2007年12月1日より、地方更生保護委員会が行う加害者の仮退院審理において、希望する被害者が意見等を述べることができる、意見等聴取

制度が開始された。少年のスムーズな社会復帰と、被害者の視点との適切な
衡量が望まれる。

　少年院からの仮退院者は、必要的に保護観察に付される（更生保護法48条
2号：2号観察）。この期間は原則として20歳に達するまでであり、収容期間
が延長されている場合はその期間が満了するまでである。これは、仮退院後
の保護観察も、施設収容と一体となった保護処分と考えられているからであ
り、いわゆるパロール（parole）型の保護観察にあって、2号観察は処分執行
の一形態ということになり、少年院からの退院をもって保護観察が終了する
という論理になる。したがって、保護観察の期間が短すぎるような場合は、
収容継続申請を行い社会内処遇の期間を確保することも考えられるが、退院
以降も援助等を得るには、更生緊急保護（更生保護法85条1項9号、更生保
護事業法2条2項8号）に依るしかない。2号観察にも特別遵守事項があり、
地方委員会が定め、少年院長が書面で本人に指示し、誓約させる（更生保護
法52条2項）。まさに、パロール（誓約のことば）である。出院のタイミング
は、少年院における処遇成果だけでなく、帰住先の受け入れ状況、被害者感
情等の情報が不可欠であり、保護関係機関との密接な連携や情報交換が必要
である。

　保護観察の方法は、2号観察においても、CFP、類型別処遇等、他の保護
観察の形態と同様であるが、2号観察の場合、一旦施設収容されているの
で、入院前とは異なる社会状況の変化や周囲の環境の変化等に対応したサポ
ートが必要となる。仮退院中の成績に問題がなく、退院を相当と認めるとき
は退院となるが（保護観察所長の申出にもとづき、地方更生保護委員会が行う）、
遵守事項を遵守しなかったと認めるときは、保護観察所長の申出により、地
方更生保護委員会は、その者を送致した裁判所に対し、23歳に達するまで、
一定の期間少年院に戻して収容すべき決定の申請を行うことができる（更生
保護法71条）。準少年保護事件のひとつで、戻収容申請事件と呼ばれる。

(4)　現状と課題

　旧少年院法は、昭和23年に制定されて以来、法律の改正によることなく、
少年院処遇規則や各種省令、訓令、通達等をもって対応してきたが、法的性
質の異なる少年鑑別所に関する規定も含んでおり、在院者及び在所者に対す

る処遇の具体的内容も必ずしも明らかでなく、少年院の矯正教育、少年鑑別所の鑑別、在院者及び在所者の権利義務関係、職員の権限等も不明確であった。平成 21 年 4 月に発覚した広島少年院における不適正処遇事案を受けて法務大臣が設けた「少年矯正を考える有識者会議」は、平成 22 年 12 月に少年矯正の新たな法的基盤整備の促進を盛り込んだ提言を行い、その後平成 26 年 6 月 4 日、独立の「少年鑑別所法」とともに、新「少年院法」が成立し、同月 11 日、公布された。

　新しい少年院法は、上述のような法律未満の規範によってそれまで現場で積み重ねられ、実践されてきた基本的内容を法律レベルに格上げするとともに、在院者の人権保障に配意し、且つ処遇上必要な事項をほぼ網羅しながら、最近の処遇動向を取り入れたものとなっており、付則を除き、147 条にまで及ぶ詳細な法律として成立した。多くの重要な規定があるが、特に、(処遇の原則) が謳われる 15 条は、その 2 項で、「その者の最善の利益を考慮して」処遇がその特性に応じたものとなるべきことを規定しており、児童福祉法 2 条等と同様、児童の権利条約 3 条 1 項等にみられる理念が反映している。また、出院後の社会復帰支援 (少年院 44 条) における保護観察所長との連携義務が明記され、さらに、退院者等からの相談が可能となった (少年院 146 条) ことなどは、出院後のアフターケアの充実という観点から注目に値する。その他、84 条 (遵守事項) 2 項 9 号には、「正当な理由なく、日課に定められた矯正教育の時間帯における矯正教育を拒んではならないこと。」が明記され、矯正教育の強制的賦課に法律的根拠が与えられることとなった。現場で処遇を行っていく上での必要性や、主に侵害原理の作用として行われる「矯正」教育としての性質から理解可能である。教育の本質として強制になじむか、あるいは、今回の改正法では特に明記されていない少年の自律的な成長発達権保障といった視点等から、今後の議論が期待される。その他、少年院視察委員会の設置 (少年院 8-11 条)、賞罰 (少年院 112-119 条)、法務大臣に対する救済の申出 (少年院 120-128 条)、監査官や少年院長にたいする苦情の申出 (少年院 129,130 条) 等の規定が整備された。

　受刑在院者については、少年法 56 条 3 項が矯正教育を授けるとしていることを受けて、少年院法上もその旨明記しており (少年院 1 条)、基本的に、

内容的には他の在院者と同様の処遇が行われることになるものと思われる。しかし、法的にはあくまで自由刑の執行であることに変わりはなく（少年院2条1項3号）、執行場所が少年院の中であるというに過ぎないから、累犯認定との関係では、懲役刑の場合（刑法56、57条）前科となる。この受刑在院者の法的性質については、教育可能性という点から刑罰と保護処分、つまり少年刑務所と少年院の境界を量的なものと考えて肯定的に捉える見解と（つまり、受刑者にも教育的処遇が与えられるのであるからいいことだ）、両者の違いを、刑事施設と教育施設の差異として質的なものと考え、類型的に刑事処分は少年にとって不利益であり望ましくないとの見解が対立している。新少年院法が、刑罰と保護処分の差異を相対化するものであるか否かは必ずしも明らかでないが、受刑在院者に対する矯正教育の可能性が更に広がることは、保護処分優先主義という理念の波及という点からは好ましく、成人処遇法における改善指導等の導入といった最近の傾向とも調和的である。今後は、両者の理念が衝突する場合等を念頭に、少年にとっての刑罰の意義とは何か、議論の深化が望まれる。

○コラム34　受刑在院者

　2000年に改正された少年法は、家庭裁判所が逆送決定を行える年齢を、刑法上の責任年齢（14歳）に一致させ、送致時16歳に満たない少年、すなわち14、5歳の少年についても刑事処分が可能となる道を開いた。改正前は、旧20条1項但書の規定により検察官送致決定はできなかった。この改正により、懲役又は禁錮の言渡しを受ける可能性のある16歳未満の少年が想定されることとなったが、この年齢層の少年は義務教育を受けていることが通常であるうえ、精神的な発達も十分でなく、刑務所への収容が少年の情操上好ましくないことが容易に理解される。また、この場合収容先は少年刑務所となるはずであったが、刑事施設の側でも、14、5歳の少年に対する処遇のノウハウについては未経験であるという事情もあった。そこで少年法56条3項は、懲役刑又は禁錮刑の執行につき、刑法に対する特則として、刑事施設ではなく少年院において刑を執行することができるが、その場合は矯正教育を授けることとした。2014年の新少年院法は、旧少年法上の「少年院収容受刑者」を「受刑在院者」という名称に改めた。

4　特定少年に対する処遇

　2021 年 5 月 21 日に成立した「少年法等の一部を改正する法律」により、少年法、少年院法、少年鑑別所法、更生保護法等、12 の法律改正がもたらされた。処遇論としては、少年法 64 条所定の「保護処分についての特例」が重要である。その要諦は、18、19 歳の特定少年に対しても、従前と同様の保護処分（但し、児童自立支援施設等送致を除く）を、少年審判において付することができるが、それは、少年の要保護性というよりもむしろ主に責任に対応した新たな処分であると考えられる。すなわち、① 6 月の保護観察、② 2 年の保護観察、③ 3 年以下の少年院送致、であり、いずれかを、「犯情の軽重を考慮して相当な限度を超えない範囲内において」決定しなければならない（少 64 条 1、3 項）。6 月の保護観察については、遵守事項違反による少年院収容は認められないが、2 年の保護観察に付される者は、「特定保護観察処分少年」とされ（更生保護法 68 条の 2）、程度の重い遵守事項違反があって、改善更生の見地からその必要性がある場合、家庭裁判所は、決定と同時に犯情の軽重を考慮して 1 年以下で定めていた収容期間（少 64 条 2 項）の範囲内で少年院に収容する決定を行う（少 66 条 1 項）。少年院収容の可能性を初めからビルトインして言い渡される保護観察である。これにより少年院に収容される少年は、「収容中の特定保護観察処分少年」とされ（更生保護法 68 条の 5 第 1 項）、第五種少年院に収容される（少年院 4 条 5 号）。この少年院収容は、保護観察処分の実効性を担保し、社会内処遇における改善更生が可能な状態に戻すために機能する。第五種少年院在院者については、個人別矯正教育計画の策定が任意とされていることなども（少 34 条 4 項）、この場合の少年院処遇の従属的な性格を示している。

　特定少年に対する保護処分は、18 歳未満少年に対する保護処分と比べると処分賦課にかかる法的限界や範囲が明確で、行為責任に対応しており人権保障にとっては好ましいともいえるが、反面、犯情を重視した制裁としての側面も強く、「保護処分」といいながら、要保護性への顧慮は後退している。しかしながら、いくら犯情を重視した処分であっても、実体形成の過程は刑

事手続ではないので、そこでは侵害原理に基づいて刑事責任を追及すること
は、もとよりできない。特定少年に対する保護処分の法的性質や正当化根拠
等については、今後さらに検討が求められよう。

5　被害者と保護処分

　最後に、被害者と非行少年処遇の問題に触れておこう。非行少年の立ち直
りと、被害者への支援はどのような関係に立つのだろうか。被害者への支援
が必要であることは誰しも否定しないが、それを少年法の枠組みの中で行う
ことは、何か問題がないだろうか。被害者支援は別の路線でやるべきだとい
う考え方もありうる。少年法はあくまで非行少年立ち直りのための法である
と考えられてきたからである。しかし、一方では、これまで見てきたよう
に、既に、保護や矯正の現場では様々な試みが行われており、2000 年改正
の少年法もいくつかの被害者に対する配慮規定を置いている。今後もどのよ
うに少年の立ち直りと被害者支援とを両立させていくのか、そしてそもそも
両立可能なのかについて検討が必要であろう。この点、2008 年の改正少年
法では、一定の重大事件における被害者等の傍聴が認められている（少 22
条の 4）。

　では、両者にとって何か望ましい方法はないだろうか。もし、国家の関与
に限界があるとすれば、ダイバージョンの際や処分終了後において、民間機
関の手を借りながら、修復的司法（restorative justice）の実践によって、関係
修復を進めていくという考え方もある。但し、修復的司法の取り組みが個々
の被害者にとって満足をもたらさない場合には、その取り組みには限界があ
ることになるのと同様、非行少年の立ち直りにとって却って有効でない場合
もあることなどは、銘記しておかなくてはならない。諸外国の実践例等を参
考にしながら、どのような修復的司法が少年と被害者双方にとって有効なの
かについても更なる検討が期待される。

参考文献

・玉本将之「『少年法等の一部を改正する法律』の概要」論究ジュリスト No.37　92 頁
　以下（2021）。

・成瀬剛「特定少年に対する保護処分」論究ジュリスト No.37　99 頁以下（2021）。
・吉中信人「精神障害に罹患した非行少年処遇の望ましいあり方―刑事政策的観点から」法と精神医療 35 巻 105 頁以下（2021）
・樋口亮介「少年刑の改正」刑事法ジャーナル 41 号 111 頁以下（2014）
・内藤晋太郎・橋口英明「新しい少年院法・少年鑑別所法について」刑事法ジャーナル 41 号 125 頁以下（2014）
・太田達也「新・少年院法の制定と少年矯正の課題」刑事法ジャーナル 41 号 132 頁以下（2014）
・吉中信人「非行少年処遇における保護処分の意義」広島法学 28 巻 4 号 45 頁以下（2005）

（よしなか・のぶひと）

第14講◆少年の福祉を害する犯罪

キーワード

少年福祉阻害犯／児童買春／児童ポルノ／淫行／
出会い系サイト規制法／青少年健全育成条例

1　旧少年法 37 条

1　旧少年法 37 条の意義

　旧少年法 37 条は、「成人の刑事事件」のうち、少年の福祉を害する犯罪（「少年福祉阻害犯」または単に「福祉犯」という）を家庭裁判所に公訴提起して、刑事裁判を行うものとしていた（2008 年 6 月の少年法一部改正により、本条項は削除され、成人の刑事事件を家庭裁判所が所管することはなくなった）。少年法の目的である「少年の健全育成」を図るためには、少年の福祉すなわち健全成長を阻害するような成人の行為を家庭裁判所が所管し、当該事件の被害当事者である少年を保護しつつ、刑事裁判をすすめる必要があったからである。また、少年非行の背後には大人の搾取や放任など、非行原因を供与した「成人の刑事事件」が見受けられるのがしばしばであり、虞犯を含めた少年の保護事件の審判を進める中で、少年の福祉を害する行為が発見され、速やかにかつ適切に対応するためには、家庭裁判所において審理を行うのは合理的といえる。こうした理由から、少年の福祉を害する犯罪は、家庭裁判所の管轄とされたのである。ただし、37 条 1 項は、次に掲げる「少年福祉阻害犯」に限定していた。

(1)　未成年者喫煙禁止法（明治 33 年法律第 33 号）の罪
(2)　未成年者飲酒禁止法（大正 11 年法律第 20 号）の罪

　＊　民法 4 条（成年年齢）の改正が令和 4 年 4 月 1 日に施行されたことにともない、未成年者喫煙禁止法及び未成年者飲酒禁止法は、「二

十歳未満ノ者ノ喫煙ノ禁止ニ関スル法律」及び「二十歳未満ノ者ノ
飲酒ノ禁止ニ関スル法律」に改称されたが、本稿では、便宜上従来
の名称のまま表記することにした。

(3)　労働基準法（昭和22年法律第49号）56条又は63条に関する118条の
罪、18歳に満たない者についての32条又は61条、62条もしくは72条
に関する119条1号の罪及び57条から59条まで又は64条に関する
120条1号の罪（これらの罪に関する121条の規定による事業主の罪を含
む）

(4)　児童福祉法（昭和22年法律第164号）60条及び62条5号の罪

(5)　学校教育法（昭和22年法律第26号）90条及び91条の罪

(1)　37条規定犯罪の拡大

これらの「少年福祉阻害犯」については、以下に説明を加えるが、これら
の条項が導入されてからすでに60年の歳月が流れ、この間、少年の健全成
長を妨げる犯罪概念は新たに整備されてきている。児童買春行為や児童ポル
ノの製作、淫行や刺青などの児童（青少年）への有害行為、出会い系サイト
への児童買春誘引の書込み、風俗営業店における児童の使用や、児童の入場
黙認など、少年の福祉を阻害する犯罪行為は、新たな構成要件をもって確立
されてきたのである。こうした新たな「少年福祉阻害犯」こそ、少年の保護
と健全育成のため、家庭裁判所が所管する意義があるものと思われたが、そ
れらは1948（昭和23）年当時の「少年福祉阻害犯」に限られていて、児童
買春などの犯罪は、刑事裁判所（簡易裁判所、地方裁判所）の所管であった。

児童（青少年）の健全な成長を害する行為は、37条規定の犯罪にとどまら
ない。児童（青少年）の性的被害や健康被害、身体的な虐待、さらには生命
をも脅かす虐待のように、大人による児童（青少年）への加害行為は、もっ
と深刻な「少年福祉阻害犯」といえる。煙草や酒類にとどまらず、大麻や合
成麻薬、覚せい剤にいたる薬物被害に陥る児童（青少年）の問題は、少年の
福祉を害する大人の犯罪として、家庭裁判所でその背景にあるものを明らか
にするよう、審理が進められるべきものであろう。近年急増する児童虐待事
件にしても、家庭裁判所の関与を期待するところが大きい。少年法37条の
対象犯罪を拡げることにより、その審理を通して、児童（青少年）の健全育

成に期することが必要であると考えるのも、ひとつの道筋であった。

(2) 37 条の削除について

しかし、家庭裁判所が刑事事件を管轄することに疑念をもつ見方も根強く存在した。家庭裁判所が、司法福祉的機能を遂行するためには刑事事件を管轄することはなじまず、糾問的手続構造をもつ家庭裁判所の手続の中に、対審的構造である刑事手続を持ち込むのは混乱を招く、とされたのである（平場安治『少年法』456 頁（有斐閣、新版、1987））。この立場からは、第 37 条の規定は無用のものであり、削除すべきものということになる。しかし、それは形式主義的であり、家庭裁判所が少年の健全育成という目的を遂行するため、もっと積極的な役割を担うべきであろうから、妥当とは思われない。

しかし、少年審判へ被害者等が傍聴することの可能性を検討することを眼目とした第 3 次少年法改正作業において（2007 年 11 月の法制審議会諮問第 83 号「少年審判における犯罪被害者等の権利利益の一層の保護等を図るための法整備について」）、その答申要綱中、少年法 37 条は削除されることになり、少年福祉阻害犯の管轄を家庭裁判所からはずすことが決定された（2008 年 2 月 13 日法制審議会）。加害者である成人にかかわる他の併合事件の審理との関係上、実務的に煩瑣であることは、従来から指摘されてきた（植村立郎「司法改革期における少年法に関する若干の考察——少年法 37 条の削除について——」判タ 1197 号 60 頁以下、2006）。第 3 次改正論議をめぐっては、「被害者による審判の傍聴」という少年法の理念の根本にかかわる問題が中心であったが、その陰で、実務上の要請という理由から、37 条の削除という結論が簡単に引き出されたようである。少年法 37 条の意義について考慮したうえで、家庭裁判所の本来の機能を再生させようとする論議なども期待したいところであった。

2008 年 6 月 11 日、少年審判に被害者の傍聴を容認することを眼目とする少年法一部改正が成立した。あわせて、少年法から第 3 章「成人の刑事事件」が削除されることになった。これにより成人による少年福祉阻害犯は、すべて簡易裁判所または地方裁判所の管轄となる。少年法 37 条に規定された犯罪と、児童買春などそれ以外の少年福祉阻害犯とを区分する必要はもはや生じない。いわばシンプルな問題処理ができることになったわけである。

他方、対象となる被害少年の保護など、家庭裁判所の果たしてきた後見的機能を、今後は簡易裁判所や地方裁判所にも期待しなければならないことになるのだろう。

2 「少年福祉阻害犯」の取り締まり状況

　警察庁生活安全局少年課の「平成27年中における少年補導及び保護の概況」によると、「少年福祉阻害犯」には、少年法37条が規制するものに加え、売春防止法違反や職業安定法違反なども見られる。さらに薬物関連の取締法規違反もあがっている。これらすべてを含めた「少年福祉阻害犯」の送致件数は、2015（平成27）年に7,551件であり、このうち青少年健全育成条例違反が2,496件（33.1％）と最多である。次いで児童買春・児童ポルノ処罰法違反が2,666件（35.3％）となっている。条例違反は、その過半が「淫行」であるので、児童（青少年）の性行動にかかわる事件が半数を占めることになる。暴力団関係者が関与する事例も全体の3.1％ほどに見受けられる。未成年者飲酒禁止法違反は131件、未成年者喫煙禁止法違反は1,040件、児童福祉法違反が383件、労働基準法違反が75件である。このなかで特筆すべきは、喫煙禁止法違反の送致件数が2008（平成20）年以降、急激に増加したことである。営業者の知情販売と同様に、親権者の助長・黙認行為が非行の発見過程において同程度に摘発されているのが注目される。

2　少年法が規定した「少年福祉阻害犯」

　旧少年法37条により、家庭裁判所に公訴提起された「少年福祉阻害犯」について以下に説明する。

(1)　未成年者喫煙禁止法違反の罪

　未成年者喫煙禁止法は、1900（明治33）年に制定された法律で、日清・日露戦争の狭間期、「富国強兵」のスローガンがとびかう社会的空気の中で成立したものである。「不良少年」の保護を目的とした「感化法」の成立と同時期にあたり、将来の兵士である子どもの健全な心身を培うことが強く意識された時代であった。同法は、未成年者の喫煙を禁止するが（1条）、喫煙す

る未成年者を処罰するわけではない。刑事規制するのは、①親権者または親権の代行者が、未成年者の喫煙を黙認する行為（知情不制止：科料、3条）と、②販売業者が、未成年者であることを知りつつ煙草を販売する行為（知情販売：50万円以下の罰金、5条）である。いずれも、未成年者（少年）の健全成長を阻害する行為として位置づけられるものである。

(2) 未成年者飲酒禁止法違反の罪

　未成年者飲酒禁止法は、1922（大正11）年に制定された法律である。この年、「不良少年」への司法的対応を行う「大正少年法」が制定され、「少年審判所」が開設されている。「少年不良集団の飲酒悪風」対策として未成年者飲酒禁止法は整備されたが、喫煙禁止法同様、未成年者の飲酒を禁止するとはいえ（1条1項）、刑事規制の対象は、①親権者または親権の代行者が、未成年者の飲酒を黙認する行為（知情不制止：科料、1条2項：3条2項）と、②営業者が、未成年者であることを知りつつ酒類を販売・供与する行為（知情販売供与：50万円以下の罰金、1条3項：3条1項）である。また喫煙禁止法と同様に、2000年に販売者・営業者への罰則が強化され、法人およびその代表者も処罰の対象となった。さらに2001年の改正では、販売者・営業者の年齢確認義務が明示されるに至っている。

(3) 労働基準法違反の罪

　労働基準法56条以下は、「年少者」という概念を用いて、労働に従事する未成年者の保護規定を整備している。整理すると、次のようになる。

　まず、① 15歳未満の者の労働使用は、原則的に禁止され（56条1項）、② 18歳未満の者に坑内労働をさせることも禁止されている（63条）。これらに違反すると1年以下の懲役又は50万円以下の罰金とされる（118条）。

　さらに、③ 18歳未満の者を定められた労働時間（1週40時間、1日8時間）を超えて使用すること（60条1項）や、④ 18歳未満の者を深夜（午後10時から午前5時）に使用すること（61条1項）、⑤ 18歳未満の者を危険業務に使用することは禁止され（62条1項及び2項）、これらの違反には、6ヶ月以下の懲役又は30万円以下の罰金に処すことで対応されている（119条）。また、⑥未成年者についての年次有給休暇の付与違反（72条）も同様である（119条）。

さらにまた、30万円以下の罰金に処すことで対応するものとして（120条）、⑦18歳未満の者の年齢証明書備え付け義務（57条1項）、⑧18歳未満の者の帰郷旅費負担の義務（64条）、⑨未成年者の労働契約を代理締結することの禁止（58条1項）、⑩未成年者の賃金代理受け取りの禁止（59条）に対する違反行為がある。

少年法37条は、以上10種類の違反行為を家庭裁判所で取り扱う刑事事件としたが、これらのほか労働基準法の規定によって副次的に年少者の保護としても機能する禁止条項として、強制労働の禁止（5条、罰則は117条：1年以上10年以下の懲役又は20万円以上300万円以下の罰金）や中間搾取の禁止（6条、罰則は118条：1年以下の懲役又は50万円以下の罰金）に違反する行為も、被害者が年少者である場合には「少年福祉阻害犯」ということができよう。

(4) 児童福祉法違反の罪

児童福祉法は、1947（昭和22）年、それまでの「少年教護法（1933年）」や「旧児童虐待防止法（1933年）」によって進められてきた児童保護事業を発展させ、児童の福祉サービスを促進すべく誕生した。したがって児童福祉法は、児童とその保護者への福祉サービスをその本務とするが、34条1項各号において、児童の福祉を著しく阻害する行為につき厳しい規制条項も兼ね備えており、それらは以下の13種に及ぶ。

最も厳しい規制対象は、①児童に淫行をさせる行為（6号）であり、違反者には10年以下の懲役又は300万円以下の罰金で対処される（60条1項）。ここでいう「児童」とは18歳未満の者をいう。

さらに児童への禁止行為として、②不具奇形の児童を公衆の観覧に供する行為（1号）、③児童にこじきをさせる行為（2号）、④児童に深夜物品販売等をさせる行為（4号の2）、⑤児童を福祉阻害行為のおそれのある者等に引き渡す行為（7号）、⑥児童の養育を営利目的で斡旋する行為（8号）、⑦児童の心身に有害な影響を与える行為をする目的で、児童を自己の支配下に置く行為（9号）、⑧児童福祉施設への入所者を酷使する行為（34条2項）、⑨15歳未満の児童に軽わざ等をさせる行為（3号）、⑩15歳未満の児童に道路等で歌謡・遊芸等をさせる行為（4号）、⑪15歳未満の児童に風俗営業店等に立

入販売等をさせる行為（4号の3）、⑫15歳未満の児童を酒席に侍らせる行為（5号）があげられるが、これらの違反行為については、3年以下の懲役又は100万円以下の罰金が科されることになる（60条2項）。

さらにまた、⑬親権者でない者が児童と同居する場合には県知事への届出が義務づけられている（30条1項、違反には30万円以上の罰金：62条5号）。

①の児童に「淫行をさせる行為」には、後述するように、青少年健全育成条例の「淫行罪」や児童買春・児童ポルノ処罰法の「買春罪」との関連で適用上の課題がある。

(5) 学校教育法違反の罪

学校教育法には、次の2種の福祉阻害犯が規定されている。

① 子女使用者の就学妨害の罪（20条、罰則は145条：10万円以下の罰金）
② 保護者の就学妨害の罪（17条1項及び2項、罰則は144条：10万円以下の罰金）

これらは、義務教育の途上にある児童に標準的な教育を受けさせることを目的とし、親権者や雇用者の都合によって、児童の教育を受ける権利を奪われることのないよう、配慮されたものである。今日、就学妨害は違った側面を呈している。いわゆる「いじめ」被害を受けた児童が「不登校」の状態に置かれるなどの問題もある。「フリー・スクール」という逃げ場も認められてきたが、学校社会にひそむ問題に適切な対応がなされなければ、就学義務違反という福祉阻害犯は、形骸化する。教師による体罰の問題も根強く残っている。学校教育法11条但書が体罰を禁止するのも、体罰そのものが児童の健全成長を阻害するものであるからである。ただし、傷害罪など刑法上の犯罪を構成する場合があるとはいえ、法11条但書に反する行為が直ちに「少年福祉阻害犯」となるものではない。

3 風俗営業適正化法における「少年福祉阻害犯」

1948（昭和23）年に制定された風俗営業法は、1985（昭和60）年に大幅な改正が行われ、「風俗営業等の規制及び業務の適正化等に関する法律（以下、風俗営業適正化法）」として再生した。この改正により、新たな営業形態への

対応がなされたが、同時に、年少者の保護規定が導入され、「少年指導委員」制度も新設された。「風俗営業適正化法」は、善良な風俗と清浄な風俗環境を保持することのほか、「少年の健全な育成に障害を及ぼす行為を防止」することを目的とした。営業者が規制される年少者への行為には、次のようなものがあり、これらもまた「児童の福祉を害する犯罪」なのである。

① 　営業所で、18歳未満の者に客の接待をさせ、またはダンスをさせること（22条3号）
② 　営業所で、午後10時から翌日の日の出までの時間、18歳未満の者に客と接する業務に従事させること（22条4号）
③ 　18歳未満の者を客として営業所に立ち入らせること（22条5号）
④ 　営業所にて20歳未満の者に酒類または煙草を提供すること（22条6号）

　これらの行為を行ったものには、1年以下の懲役もしくは100万円以下の罰金、またはそれらが併科されることになる（50条1項4号）。1998（平成10）年に、無店舗型性風俗特殊営業やインターネットを利用したポルノや性風俗営業広告などの規制を中心とした改正がなされたが、ここでも青少年保護のために、18歳未満の者を客としない措置を講ずることが義務づけられている（31条の10）。また、2001年の一部改正により、これまで各県の「テレクラ条例」等で規制されてきた店舗型・無店舗型の電話異性紹介営業等についても、法の規制対象とした（店舗型は31条の12以下、無店舗型は31条の17以下）。

4　児童買春・児童ポルノ処罰法の成立と改正

　「少年福祉阻害犯」の各態様はそれぞれに青少年の健全な成長を害するが、その中でも、青少年の心身を著しく損ねるのは、青少年の性に対する商業的搾取行為であろう。児童福祉法34条1項6号にいう「児童に淫行をさせる行為」が「10年以下の懲役」でもって対応されるほどに、それは重大な犯罪行為である。

　それは、通常大人たちの買春行為と連動する。しかし、売春防止法では売

買春それ自体が刑事規制されないがゆえに、買春行為は、その相手が児童であっても規制の対象とはなりにくいものであった。もちろん、児童福祉法34条1項6号違反を問う可能性もあるし、青少年健全育成条例の「淫行」規制条項を適用する途もある。しかし、前者には法解釈上の問題があったし、後者には条例整備の状況が不統一であり、法的評価も軽いものであった。しかし成人が児童の性を買うという行為は、個人のプライヴァシーの問題を超え、社会的に許容しがたく、強く法的に非難されるべきものである。

1　「児童買春・児童ポルノ処罰法」の成立と内容

　1996（平成8）年、ストックホルムで開催された「第1回子どもに対する商業的性的搾取に反対する世界会議」において、わが国での児童ポルノを野放しにした状況や、海外への児童買春ツアーの実情が批判されると、強い国際的プレッシャーによって、1999（平成11）年、「児童買春、児童ポルノに係る行為等の処罰及び児童の保護等に関する法律（以下、児童買春・児童ポルノ処罰法）」が成立するに至ったのである。急ぎ足の動きである。ただし、その後のわが国での法適用は、当初の国際的意図とは別に、わが国固有の問題ともいえる「援助交際」なる児童の売買春への対応に、その力を発揮させてゆく。

　「児童買春・児童ポルノ処罰法」は、児童買春を犯罪とし（4条）、買春者およびその周旋・勧誘者を処罰するが（5条、6条）、さらに児童ポルノの頒布・販売・陳列等（7条1項）およびこれらの目的のために児童ポルノを作成・所持・運搬・輸出入（7条2項）を処罰するほか、これらの犯罪目的で児童の人身売買を行うことを重く罰するものである（8条）。またその一方で、被害児童を国および自治体等の関係機関に対して「当該児童がその受けた影響から身体的及び心理的に回復し、個人の尊厳を保って成長することができるよう、相談、指導、一時保護、施設への入所その他必要な保護のための措置」を適切に行うことを求めている（15条）。

2　「児童買春・児童ポルノ処罰法」の改正と課題

　こうした新たな「少年福祉阻害犯」の法的整備はかなったかに見えたが、

児童買春や児童ポルノの実態にさほどの変化は見られなかった。それどころ
か、事態はさらに深刻な状況を呈し、児童を狙った成人の放縦的な性行動が
社会問題化する状況でもあった。児童買春および児童ポルノ関連事件の検察
庁受理人員は、急激に伸び、そこで、2004（平成 16）年「児童買春・児童ポ
ルノ処罰法」は改正され、次のように、児童買春に関する法定刑の重罰化
と、児童ポルノに関する処罰範囲の拡大と重罰化を行った。

(1)　買春に関する法定刑の見直し

児童買春に関する罰則規定を次のように重罰化したが、中でも児童買春の
「周旋・勧誘」につき懲役と罰金とを選択的に併科できるようにしている点
や、「周旋・勧誘を業とする罪」に対しては 7 年以下の懲役と 1,000 万円以
下の罰金が必要的に併科される点に注目したい。

①　児童買春罪（4 条）3 年以下の懲役又は 100 万円
　　　　　　　　→ 5 年以下の懲役又は 300 万円以下の罰金

②　児童買春周旋・勧誘（5 条 1 項・6 条 1 項）
　　　　　　　　3 年以下の懲役又は 300 万円以下の罰金
　　　　　　　　→ 5 年以下の懲役又は（及び）500 万円以下の罰金

③　児童買春周旋・勧誘を業とする罪（5 条 2 項・6 条 2 項）
　　　　　　　　5 年以下の懲役及び 500 万円以下の罰金
　　　　　　　　→ 7 年以下の懲役及び 1,000 万円以下の罰金

(2)　児童ポルノにかかる処罰範囲の拡大

児童ポルノの販売等について、懲役と罰金との選択的併科を含めた重罰化
を進めたが、次のように処罰範囲を拡大した。

①　インターネット上での児童ポルノを内容とする電磁的記録の提供の犯
　　罪化（7 条 2 項以下）3 年以下の懲役又は 300 万円以下の罰金

②　児童ポルノを特定かつ少数者へ提供することの犯罪化（7 条 2 項前段）
　　　　　　　　3 年以下の懲役又は 300 万円以下の罰金

③　提供目的のために所持・保管することの犯罪化（7 条 3 項）
　　　　　　　　3 年以下の懲役又は 300 万円以下の罰金

④　他者に提供する目的を伴わない製造行為の犯罪化（7 条 4 項）
　　　　　　　　3 年以下の懲役又は 300 万円以下の罰金

⑤　不特定多数の者に対する提供（7条6項）、同目的での所持・製造等（7条7項）の重罰化

3 年以下の懲役又は 300 万円以下の罰金
→　5 年以下の懲役又は（及び）500 万円以下の罰金

(3)　2014（平成26）年改正

　それでも、なお他者への提供を目的としない児童ポルノの単純所持はどうすべきか、そして成人に児童のふりをさせる「擬似児童ポルノ」についてはどうすべきか、という問題は残された。児童ポルノが規制されるのは、その製造過程において直接児童の福祉が害されるからであり、その製造に関連するかこれに近い場面での行為に対し、直接の被害者となる児童への「福祉阻害行為」として非難できるからである。この考え方からすれば、コンピュータ・グラフィック等を用いて、実在しない児童のポルノを描くことや擬似ポルノについては規制の対象となし得ない。児童への性的好奇心を助長するポルノの存在を、ドラッグや銃のように、社会的に許容すべきではないとする立場もあろうが、それはもはや刑事規制の限界を超えるものと思われる。

　他方で、児童ポルノの単純所持については、第 2 次改正法論議の中で（第 169 回国会および第 170 回国会）、児童ポルノの存在そのものを社会的害悪ととらえ、児童ポルノを根絶するためには、頒布を目的としない単純所持についても規制の対象とすべきであるという考えが強調されるようになった。また、奈良県子ども安全条例（正式名称「子どもを犯罪の被害から守る条例」2005 年 7 月 1 日公布）では、すでに「子ども（13 歳未満）ポルノ」の所持を禁止し（条例 13 条）、違反者に 30 万円以下の罰金刑を科す規定（条例 15 条）を整備した。さらに、京都府も 2012 年 10 月に児童ポルノ条例を整備して、13 歳未満者の児童ポルノ取得行為を規制するほか（1 年以下の懲役又は 50 万円以下の罰金）、廃棄命令条項も規定した。こうした流れと並行して、2014（平成26）年 7 月、児童買春・児童ポルノ処罰法の第 2 次改正法が成立し、児童ポルノの単純取得を禁止することが明示され（3 条の 2）、「自己の性的好奇心を満たす目的で児童ポルノを取得すること」を規制するに至っている（7 条 1 項、1 年以下の懲役又は 100 万円以下の罰金）。

　ただし単純取得の規制は、対象者として撮影（描写）された実在する児童

の成長発達を守るための措置であるので、CG 等の擬似ポルノは、児童ポルノの概念からは除外されている。

5　出会い系サイト規制法

1　**出会い系サイト規制法の意義**

　児童買春に関する問題がいっこうに鎮まらないのは、児童買春を助長する環境があるからである。青少年を取り巻く社会環境の変化は、近年、電子メディアの発達により著しく困難な状況を作り出している。メディア環境が発展すればするほど、こうした環境を作り出した「大人社会の責任」は大きくなる。児童の健全成長を維持することに対して、家庭や地域社会、業者、そして行政の責任はますます重い。業者の自主的な取り組みが何よりも重要であろうが、親自身のメディア・リテラシーの向上も劣らず重要なことである。

　児童買春の誘引のための書き込みが、ほかならぬ児童から多くなされ、大人も歯止めをなくした状態で、売買春に陥っていた。「児童買春・児童ポルノ処罰法」では対処しきれぬために、2003（平成 15）年、児童売買春の誘引に電子メディアが利用されるのを規制しようとする法律が制定された。いわゆる「インターネット異性紹介事業を利用して児童を誘引する行為の規制等に関する法律（以下、出会い系サイト規制法）」である。この法律は、①事業者、保護者、国および地方公共団体の責務を明示し、②児童にかかる誘引行為を罰則つきで禁止し、③事業者に児童が利用することの防止を義務づけた、という特色がある。事業者である「インターネット異性紹介事業」について、その定義（2条）では、①面識のない異性との交際の希望者へのサービスを提供し、②異性交際情報をインターネット上の電子掲示板に掲載し、③情報閲覧者が相互に連絡をとるものであって、④反復継続的なサービスを提供する事業ということであるが、当初その解釈・適用をめぐって混乱があり、警察庁もガイドラインを示すにいたったところである。

　「児童にかかる誘引行為」（6条）が問題となるが、次の 4 種の誘引行為が規制されることになった。

① 児童を性交等の相手方になるように誘引すること
② 人を児童との性交等の相手方となるように誘引すること
③ 対償を供与することを示して、児童を異性交際の相手方となるように誘引すること
④ 対償を受けることを示して、人を児童との異性交際の相手方となるように誘引すること

　ここでの主体は「なんびとも」である。児童自身も除外されない。したがって、2 号および 4 号は、児童による書き込みを想定するものであり、児童が「出会い系サイト」に「淫行」や「売買春」の誘引のための書き込みをしたり、「異性交際」の誘引の書き込みをすることを規制するものである。この規制に対する違反行為は、100 万円以下の罰金とされる（16 条）。

2　出会い系サイト規制法の問題点

　「出会い系サイト規制法」には、いまだ議論が尽くされていない問題がいくつかあるが、ここでは 2 つの問題をとりあげておこう。

　第 1 は、本法の目的が「児童買春その他の犯罪から児童を保護し、もって児童の健全な育成に資する」（1 条）ところにあるにもかかわらず、児童の「売買春」等の誘引書き込みを処罰するのは、保護目的と矛盾するのではないか、という点である。たしかに、書き込みをした児童に刑罰（罰金）が科されることにはならない。児童は家庭裁判所に送致され、保護処分の手続が進められるからである。「要保護性」がなければ、少年院送致などの保護処分をうけることにもならないのであるから、当該児童には不利益は与えられない。それでも家庭裁判所に事件は送致されるのである。児童にとって、家裁送致のインパクトは大きい。「誘引の書き込みをしてはならない」という規範を侵害しているのであるから、ことの重大性は児童にも理解させるべきである、というのかもしれない。しかし、そのことはやはり「児童保護と健全育成」という目的に整合しないように思われる。「誘引の書き込みをしてはならない」とする規範を児童に向けるにしても、罰則を置く必要性があったかどうか、疑問である。もし、保護の必要性があるというのであれば、「自己の徳性を害する」ことを理由に「虞犯」として家庭裁判所へ送致する

ことは可能であろう。未成年者喫煙・飲酒禁止法が、禁止規範はあっても、未成年者自身に適用する罰則を置かないのと同様に考えられないものであろうか。

　第2は、第6条1号にいう「性交等の相手方になるように誘引すること」とは、「淫行」の誘引のための書き込みを意味するものであろうから、各県の条例以外に規制されていない「淫行」の誘引書き込みを刑事規制することが可能であるのか、という疑問である。法律で「淫行」が規制されるのであれば、その予備的段階である「誘引書き込み」をも規制することの整合性はある。しかし、法律で規制されていない現状では「勇み足」というべきではなかっただろうか。

3　出会い系サイト規制法の改正

　法施行後も出会い系サイト関連の犯罪は後を絶たず、2006（平成18）年における被害児童数も1,153人（警察庁報告）を記録しており、依然として出会い系サイトへの対応を検討する必要があるとの理由から、2007（平成19）年10月、警察庁内に「出会い系サイト等に係る児童の犯罪被害防止研究会」が設置された。この研究会の報告書が2008（平成20）年1月に発表されたが、被害防止をさらに推進するためにも、出会い系サイト事業者に、児童にかかわる書き込みがあった場合の対処として、①この書き込みを削除することを義務づける必要があることや、②児童の利用を防止するための事業者の責務を明確にすること、③事業者の届け出制度や不適格な事業者（暴力団関係など）の排除など種々の提案が行われた。これを受けて、当該提案事項を含む（行政処分や罰則の強化も内容とする）一部改正法が、2008（平成20）年5月28日に成立、6月6日に公布されている。この改正法による届出事業者数は、2014（平成26）年には1,372事業体、届出サイト数は、2,580件に及んでいる。

6　青少年健全育成条例

1　条例による淫行規制

　各自治体が整備する「淫行」も重要である。「淫行」規制は、「みだらな性行為」と規定されたり、「不純な性行為」とされることもあるが、内容は同一である。福岡県条例合憲判決（最大判昭 60・10・23 刑集 39 巻 6 号 413 頁）が明示したように、「淫行」とは「青少年を誘惑し、威迫し、欺罔し又は困惑させる等その心身の未成熟に乗じた不当な手段により行う性交又は性交類似行為のほか、青少年を単に性的欲望を満足させるための対象として扱っているとしか認められないような性交又は性交類似行為」をいう。「結婚を前提としない欲望を満たすことのみを目的とした性行為」（東京高判昭 42・2・28 高刑集 20 巻 1 号 69 頁）という解釈よりは、限定的な見方といえなくもないが、「性的欲望を満足させるための対象として扱っている」のかどうかの判断は、やはり難しい。18 歳未満者との性的行為が、どういう経緯でもたれたのか、その状況や人間関係など、事例に即して検討される必要がある。一般的な定義になじみにくく、抽象化しにくい概念である。青少年の自発的な性行為であるだけに、その相手方への刑事規制には、より合理的な規制根拠が必要であろう。その意味では、青少年との性行為が、売買春などのように、青少年自身の「未成熟に乗じた不当な手段」を用いて行われ、青少年の被害性が顕著な場合に限定することが妥当である。

　東京都は、1985（昭和 60）年の最高裁判決後、「第 17 期東京都青少年問題協議会」に淫行規制条項の導入を諮問したが、同協議会の答申は、思春期の性にかかわる教育活動や青少年の支援活動を推進することが重要であるとして、淫行規制条項の導入に反対した（昭和 63 年 3 月 30 日）。その後、テレクラ営業が肥大化して、「援助交際」という名の売買春が増加するにつれ、東京都も 1997（平成 9）年、買春行為に限定して規制へと踏み切るに至ったものである。それでも事態は収束せず、1999（平成 11）年、前述の「児童買春・児童ポルノ処罰法」が成立したのであり、東京都条例の買春規制は、3年ほどでその役割を終えている。さらに、東京都は近隣の県と歩調をあわ

せ、「淫行規制」へと歩を進め、淫行規制を含む改正東京都条例が 2005（平成 17）年 6 月 1 日に施行されたため、「淫行規制」のないのは、長野県のみとなったが、その長野県も平成 28 年 7 月 7 日、威迫・欺罔・困惑等による性行為等の規制を伴う新条例（長野県子どもを性被害から守るため条例）を整備するに至っている（規制条項は平成 28 年 11 月 1 日より施行）。

2　条例における他の青少年保護規定

　淫行規制を伴う青少年健全育成条例を最初に整備したのは和歌山県（1951（昭和 26）年）である。当時の条例は、他の多くの条例がそうであったように「保護育成条例」と称したが、淫行規制条項違反には、「3 万円以下の罰金」で対応した（現行では「2 年以下の懲役又は 100 万円以下の罰金」である）。ほとんどの青少年健全育成条例において、青少年を保護しその健全な成長を促進するために、①直接的な有害行為への規制と、②間接的な有害環境規制とが盛込まれている。有害行為への規制には「淫行規制」のほか、「入れ墨の規制」や「貸し金業の規制」がある。また有害環境規制としては、有害図書や有害玩具の頒布規制および自販機収納規制、有害興行や有害広告の規制などがある。そのほか、青少年の不良化防止として、深夜外出の規制や有害な場所への立入制限が、多くの条例の中に盛込まれている。ただし、規定の整備の仕方や罰則などにおいて、自治体固有の特性があり、その内容も多様である。

○コラム35　福岡県条例合憲判決（最高裁昭和60年10月23日大法廷判決、刑集39巻 6 号413頁）

　1981（昭和56）年 7 月、26歳の男性が初対面の16歳の女子高生とその日のうちに自動車内で性交したことおよびその後も10数回にわたり、自宅あるいはホテルの客室で性交したことにつき、福岡県青少年保護育成条例第10条 1 項（当時）の禁止する「青少年に対する淫行」に該当するものとして小倉簡易裁判所に起訴された事件である。簡裁は、被告人の行為を「淫行」と認め罰金 5 万円の刑に処したが、被告人の男性は、県条例の規制する「淫行」概念が不明確であり、刑罰法規の明確性（罪刑法定主義）に反し、憲法第31条

（適正手続の保障）に反する旨を主張して控訴した。福岡高裁はこれを棄却
したので上告したが、最高裁は「淫行」の意義を本文（282頁）のように限
定的に解することで、不明確とはいえないとして合憲の判断をした。しか
し、伊藤正巳裁判官ほか 3 名の裁判官は、多数意見の「淫行」定義に疑念を
呈している。

7 児童福祉法適用をめぐる問題

　家庭裁判所が所管した「成人の刑事事件」のうち、最も重い犯罪が児童福
祉法 34 条 1 項 6 号違反の「淫行をさせる罪」である。本罪は、もともと児
童の健全成長に関し責任を直接に有する保護者や、保護者と同様に監護・監
督をする立場にある者に対して、その児童に「淫行」をさせることを禁じる
ものである。

(1) 「淫行」の意義

　「淫行」とは、男女間の性交だけをさすものという考え方もあるが、一般
に「性交類似行為」を含むものと解されている。裁判例では「同性愛などの
異常性欲を満足させる行為を含みひろく道徳的に非難されるような性行為を
指称する」ものとされ（東京家裁昭 39・12・7 家裁月報 17 巻 6 号 264 頁）、素
股や手淫、尺八などの性交類似行為にも適用され、またクラブでの強姦を模
して行われる「白黒ショー」も「淫行」とされている（最決昭 47・11・28 刑
集 26 巻 9 号 617 頁）。その意味では、「男女間の性交」に限定される刑法第
182 条の「淫行勧誘罪」にいう「淫行」とは概念上の違いがある。むしろ、
青少年健全育成条例の「淫行」概念と重なるもので、「社会通念に照らして
倫理的な非難を受けるべき」性行為（新潟家長岡支決昭 40・1・12 家裁月報 17
巻 8 号 100 頁）と解される。教師が教え子に性具である「電動バイブレータ
ー」を与えて自慰行為を行わせた事例につき、最高裁は「性交類似行為」と
判断し「淫行をさせる」罪の成立を認めている（最決平 10・11・2 刑集 52 巻
8 号 505 頁）。このように、児童福祉法上の「淫行」概念は、性交類似行為を
ひろくとらえ、「児童の心身に及ぼす有害性」を拠り所に適用範囲を拡張さ
せてきている。

(2) 「淫行をさせる」の意義

「淫行をさせる」とは、児童の身柄を拘束・支配して性行為をさせること はもちろんであるが、「直接たると間接たるとを問わず児童に対して事実上 の影響力を及ぼして児童が淫行をなすことを助長し、促進する行為をも包含 する」ものとされている（最決昭40・4・30裁判集刑155号595頁）。「事実上 の影響力」とは、管理売春のような支配関係や「親権者」といった身分上の 支配関係から生じる影響力を意味するが、これに限定されるものではない。 女子児童の自発的な意思が存在しても、淫行を助長促進する状況を事実上作 り出しているのであれば、「淫行をさせる」ということになる。

「淫行をさせる」ことと「淫行をする」こととは、文理上明白な違いがあ る。前者は、児童を第三者に斡旋して性行為を行わせることであり、後者 は、児童の性行為の相手方に自らなることを意味している。したがって、淫 行の相手方に本条項を適用することには文理上の問題があるが、これについ ては、文理解釈を超えて、「淫行をさせる」行為の主体に相手方を含むか否 か学説上の争いがある。これを消極に解する立場（宮澤浩一＝安部哲夫「児童 福祉法・青少年条例」西原春夫他編『判例刑法研究第8巻』394頁（有斐閣、 1981））は、その主要な論拠として、本条項違反が何ゆえ、売春防止法第12 条（管理売春）の法定刑と同様に「10年以下の懲役」で対応するかを提示す る。すなわち、「淫行をさせる」罪は、児童をして第三者に淫行させること が商業的性的搾取（性の商品化）であり、その非人間性や児童福祉阻害性の 顕著さのゆえに重い罰則規定をおくものと論じている。これに対し積極説 は、「淫行をさせる」罪の当罰性を、児童の「健全な成長」を害した点に求 めて淫行概念をひろくとらえるところから、事実上の影響力を及ぼして児童 の淫行を助長促進する行為を行った者であれば、淫行の相手方を除外する理 由がないとする（藤永幸治編『少年・福祉犯罪「264頁（東京法令出版、 1997））。多くの裁判例は消極に解してきたが（東京高判昭50・3・10家裁月報 27巻12号76頁）、近時積極説に立つ裁判例も見られるようになった（東京高 判昭58・9・22家裁月報36巻9号104頁、東京高判平10・4・21家裁月報50巻 10号156頁）。

(3)　児童福祉法 34 条 1 項 6 号と他の法令との関係

18 歳未満者との性行為に関して、いかなる法令を適用することになるの
か整理しておく。前提となるのは、13 歳以上の児童（青少年）との自由な性
行為である。13 歳未満の場合は、たとえ合意があっても強制性交等罪（刑
177 条）や強制わいせつ罪（刑 176 条）が成立する。またこれまで親権者など
監護教育の責任を負う一定の者が、事実上の影響力を及ぼして児童の淫行を
助長促進させたと判断される場合には、児童福祉法 34 条 1 項 6 号の適用が
あるが、単に淫行の相手方になっただけでは、青少年健全育成条例の「淫
行」罪の適用にとどまるものと解されてきた。しかし 2017 年の刑法一部改
正で監護者性交等罪（刑 179 条）が創設されたことにより、179 条が適用さ
れる余地が大きくなった。またこれまで淫行規制に消極的であった長野県
が、前述の通り新たな条例を整備して児童との淫行規制に踏み切ったこと
で、少年福祉阻害犯の類型はいっそう緻密なものに整理されていくものと思
われる。

(4)　**本条項に少年が違反した場合**

青少年健全育成条例に違反する行為を青少年（18 歳未満）が行った場合に
は、ほとんどの条例に免責条項がある。青少年を保護しその成長発達を促す
目的を有する条例であることから当然のことといえるが、児童福祉法 34 条
1 項の罪に少年（20 歳未満）が問われるような場合にはどうであろうか。少
年法 37 条が削除される以前は、そこに規定される福祉阻害犯罪を成人が行
った場合に家庭裁判所に刑事裁判権があったので、少年についても一般保護
事件としてだけでなく、刑事事件としての裁判権を容認していた時代がある
（札幌家判昭和 39・8・4　家裁月報 16 巻 10 号 189 頁、神戸家判昭 53・5・26　家
裁月報 30 巻 12 号 136 頁）。現在は、児童福祉法 34 条 1 項犯罪は地裁又は簡
裁の管轄する刑事事件なので、そもそも少年が家裁で刑事裁判の被告人とな
ることはない。一般保護事件として保護処分の可否を審理するか、形式的に
は刑事事件相当として検察送致する可能性が残るに過ぎない。他の福祉阻害
犯罪（児童買春・児童ポルノ処罰法、出会い系サイト規制法、青少年健全育成条
例など）と同様に、あくまでも保護事件の対象となって要保護性の評価が高
ければ、少年院送致を含む保護処分の対象となるだけである。近時はとくに

児童ポルノの作成・頒布・所持等に関与するケースや、「自画撮り画像（児童ポルノ）の提供要求」事件（青少年健全育成条例違反）など、加害少年の保護事件として家裁送致される福祉阻害犯罪が目立ってきており、18歳・19歳の少年がかかわることも生じ得る。

8　ま　と　め

　以上述べてきたように、児童（青少年）の健全な成長を害する行為を「少年福祉阻害犯」として概念化し、新たな立法や条例の整備が進められてきた。それらの多くは性にかかわるものといってよいであろう。子どもの性行動の混乱に対して、大人の性道徳を背景として大人の性行動規制を進めるものともいえる。大人社会の責任が問われ、規範の再生が必要な現在において、こうした方向性には望ましい面もあるが、立法のありかたや運用に関しては課題も多い。

参考文献
・大村敦志ほか『子ども法』（有斐閣、2015）
・園田寿ほか『改正児童ポルノ禁止法を考える』（日本評論社、2014）
・安部哲夫『新版・青少年保護法（補訂版）』（尚学社、2014）
・前田忠弘「児童虐待の刑事対応」前野育三先生古稀祝賀論文集『刑事政策学の体系』400頁以下（法律文化社、2008）
・植村立郎「司法改革期における少年法に関する若干の考察――少年法37条の削除について――」判例タイムズ1197号60頁以下、2006）
・島戸純「児童買春、児童ポルノに係る行為等の処罰及び児童の保護等に関する法律の一部を改正する法律」現代刑事法66号60頁以下（2004）
・藤永幸治編『シリーズ捜査実務全書13 少年・福祉犯罪』（東京法令出版、1997）

（あべ・てつお）

第15講◆少年事件と報道

キーワード

推知報道の禁止／秘密保持・非公開の原則／
表現の自由／成長発達権

1 少年事件の秘密保持・非公開の原則

少年法は、少年の健全育成の見地から（少年法1条）、少年審判の非公開を定めるとともに（少22条2項）、「家庭裁判所の審判に付せられた少年又は少年のときに犯した罪により公訴を提起された者については、氏名、年齢、職業、住居、容ぼう等によりその者が当該事件の本人であることを推知できるような記事又は写真を新聞紙その他の出版物に掲載してはならない」と規定している（少61条）。これを「推知報道の禁止」という。

少年法のこれらの規定は、少年事件に関する秘密保持・非公開の原則として理解されており、少年及び家族の名誉・プライバシーを保護するとともに、そのことを通じて過ちを犯した少年の更生を図ろうとするもので、広く刑事政策的な観点に立った規定であると解されてきた（田宮裕＝廣瀬健二編『注釈少年法』487頁〈有斐閣、第3版、2009〉）。

もっとも、最近では、名誉・プライバシーに対する権利をその中に取り込んだ総則的権利としての成長発達権という少年に固有の権利性を付与した規定であるとする見解も有力である（平川宗信『憲法的刑法学の展開』383頁〈有斐閣、2014〉、渕野貴生「少年事件における本人特定報道禁止の意義」静岡大学法政研究5巻3=4号315頁〈2001〉、葛野尋之『少年司法と再構築』542頁〈日本評論社、2003〉、山口直也『少年司法と国際人権』298頁〈成文堂、2013〉等）

ちなみに、大正少年法には、違反に対して、1年以下の禁錮又は1000円以下の罰金が規定されていた（丸山雅夫『少年法講義』〈成文堂、第4版、

2022〉43頁）。

　戦後、日本国憲法が制定されて、表現の自由が保障されたことから、罰則規定が削除された。これは、表現の自由に配慮して、少年事件に関する秘密保持・非公開の原則の遵守を、できる限り、報道機関や社会の自主性に委ねようとしたものである（澤登俊雄『少年法入門』141頁〈有斐閣、第6版、2015〉、服部朗「少年事件報道と人権」新倉修＝横山実編『少年法の展望・澤登俊雄先生古稀祝賀論文集』253頁〈現代人文社、2000〉、山田健太『法とジャーナリズム』323、324頁〈学陽書房、第4版、2021〉、丸山雅夫「少年法六一条の意義と内容」同『少年法の理論と実務』387頁以下〈日本評論社、2022〉）。

　少年司法運営に関する国連最低な公表やラベリングによって生ずる害を避けるために、あらゆる段階で尊重されなければならない。2　原則として、少年犯罪者の特定に結びつきうるいかなる情報も公表してはならない。」と規定しており、この規定は、子どもの最善の利益と成長発達を確保する観点から理解されなければならないとされている（澤登俊雄・比較少年法研究会編『少年司法と国際準則 - 非行と子どもの人権』62頁〈三省堂、1991〉）。

2　少年法61条の射程範囲

1　手続の段階による射程範囲

⑴　捜 査 段 階

　少年法61条は、「家庭裁判所の審判に付せられた少年又は少年のときに犯した罪により公訴を提起された者」についての推知報道を禁止しているので、文理上、家庭裁判所の審判に付される前の捜査段階には適用しないようにも見えるが、それでは本条の趣旨が全く無意味になってしまうので、捜査段階にも準用されるとするのが多数説である（団藤重光＝森田宗一『新版少年法』434頁〈有斐閣、第2版、1984〉、田宮＝・廣瀬編・前掲書488頁、川出・前掲論文113頁、守屋克彦＝斉藤豊治編集代表『コンメンタール少年法』623頁〔渕野貴生〕〈現代人文社、2012〉、武内謙治『少年法講義』495頁〈日本評論社、2015〉、川出敏裕『少年法』349頁〈有斐閣、2015〉、廣瀬健二『少年法』〈成文堂、2021〉513頁等）。

　少年事件の捜査段階においては、警察から少年を推知することができる発表がなされないように、警察の内部規範である犯罪捜査規範209条は、「少年事件について、新聞その他の報道機関に発表する場合においても、当該少年の氏名又は住居を告げ、その他その者を推知することができるようなことはしてはならない。」と規定している。

　また、少年警察活動要綱が改められた少年警察活動規則3条4号は、「秘密の保持に留意して、少年その他の関係者が秘密の漏れることに不安を抱かないように配意すること。」と規定し、警察庁次長による「少年警察活動推進上の留意事項について」（2007年10月31日付警察庁乙生発第7号）は、「犯罪少年事件については、当該少年の氏名、住居のほか、学校名、会社名等その者を推知させるような事項を新聞その他の報道機関に発表しないものとする（規範第209条）。また、当該少年の写真を提供してはならない。触法少年事件については、その性質上、報道機関への発表は、特に慎重に判断すること。」として配慮を求めている。

　少年被疑者の公開捜査については、警察庁生活安全局少年課長と警察庁刑事局刑事企画課長の連名による「少年被疑者及び人定が明らかでなく少年の可能性が認められる被疑者の公開捜査について」（2003年12月11日付警察庁丁少発第191号、丁刑企発第238号）は、「被疑者が少年である場合の公開捜査は、少年自身の保護と社会的利益との均衡、捜査の必要性等の諸要素を総合的に勘案してその要否を判断し、必要かつ適切と認められる場合には、例外的にこれを行うことが許される。例えば、少年であっても犯した罪が凶悪であって、その手段、方法が特に悪質で再び凶悪な犯罪を行うおそれが高く、社会的にも大きな不安を与えており、捜査上他にとるべき方法がない場合等前記規定（引用者注・少22条2項、同61条、犯捜規209条のこと）の趣旨を考慮しても社会的利益が強く求められる場合は公開することが例外的に許される。」という基本的な考え方を表明している。

　しかしながら、例外の基準は極めて曖昧で恣意的に運用されるのではないかとの懸念もあり、今後の運用状況を見守る必要がある。

(2) 矯正施設収容段階

　少年が保護処分を受けて少年院等の矯正施設に収容された少年について

も、推知報道がされることによって、「施設帰り」の烙印が押されることは
少年の更生に重大な支障になるから、61 条が準用されるべきである（田宮＝
廣瀬編・前掲書 488 頁、川出・前掲書 349 頁、廣瀬・前掲書 514 頁等）。

　法務省は、2004 年 3 月、神戸連続児童殺傷事件の少年につき、少年院か
らの仮退院の事実や理由を報道機関に対して公表した。成人の刑事事件にお
いても、仮出所情報を報道機関に公表することは極めて異例である中で、少
年事件の少年について、仮退院に関する情報を報道機関に公表した点につい
ては批判もなされているところである。

　法務省は、2007 年 12 月 1 日から、通達によって被害者等通知制度を拡充
して、被害者等からの申し出により、少年審判において保護処分を受けた少
年について、少年院在院中の処遇状況等に関する事項、仮退院審理に関する
事項、保護観察中の処遇状況に関する事項等を通知する制度の運用を開始し
ている。

2　行為時に少年であった者に対して死刑判決が確定した場合

　行為時に少年であった者に対して死刑判決が確定した場合にも少年法 61
条の推知報道の禁止が及ぶかについては、後述する長良川リンチ殺害事件の
3 人の被告人について、最高裁判所で上告が棄却され死刑判決が確定する際
に、多くの報道機関は、実名や顔写真付きで報道したが、匿名を維持した報
道機関もあり（毎日新聞と中日新聞、東京新聞は匿名を維持した。）、対応が分
かれた。その後、光市母子殺害事件でも、最高裁で被告人からの上告が棄却
されて死刑判決が確定する際に、同様に、実名報道した報道機関と匿名報道
を維持した報道機関とで対応が分かれた（本庄武「成長発達権の内実と少年法
61 条における推知報道規制の射程」一橋法学 10 巻 3 号〈2011〉878 頁以下参照）。

　しかし、死刑判決が確定したとしても、再審や恩赦の可能性はなお残され
ているし、刑事施設から釈放される可能性が低いとしても、それは直ちに
「社会的な死」を意味せず、人間としての尊厳や成長発達権が否定される訳
ではないから、やはり少年法 61 条の推知報道禁止は及ぶと解すべきである
（武内・前掲書 497 頁、佐々木央「推知報道禁止の一部解除をどう見るか　メディ
アは匿名維持を原則に」片山徒有編集代表『18・19 歳非行少年は、厳罰化で立ち

直れるか』〈現代人文社、2021 年〉92 頁)。

3　規制の範囲

　61 条の文理は、「新聞紙その他の出版物」の「掲載」の禁止であるが、同条の趣旨は、不特定多数の者が知りうるような方法による報道を禁止していると考えられるので(山口・前掲書 302 頁)、「出版物」に限らず、ラジオ、テレビはもちろん、インターネットによる通信を含むと解すべきであるが(田宮＝廣瀬編・前掲書 489 頁、守屋＝斉藤・前掲書 624 頁〔渕野貴生〕、丸山・前掲論文 66 頁、川出・前掲書 352 頁、廣瀬・前掲書 515 頁)、特定の者への伝達である口コミは含まないと考えられる(山口・前掲書 303 頁は口コミの禁止も義務化しているとする)。

　また、出版物の「掲載」に限らず、現在では、ラジオやテレビでの口頭による言及も含むと解されている。

4　少年事件報道の歴史

1　第 2 次世界大戦後から 1960 年代まで

　第 2 次世界大戦後の少年事件報道の歴史を振り返ると、戦後直後から 1960 年代までは、少年法 61 条による推知報道禁止の原則は徹底されておらず、全国紙やテレビ等で、世間から注目を浴びる少年事件について、少年の氏名や顔写真が報道されることも少なくなかった。

　例えば、小松川女子高生殺害事件(1958 年)、浅沼社会党委員長刺殺事件(1960 年)、連続ピストル射殺事件(1968 年)などで、少年の氏名や顔写真が報道された。

　このような動きを受けて、法務省が罰則規定の復活を示唆したこともあり、新聞協会は、法務省人権擁護局の担当者や東京家庭裁判所の裁判官の意見を聞き、1958(昭和 33)年 12 月 16 日、「少年法第 61 条の扱いの方針」を定めた。

　そこでは、「少年法第 61 条は、未成熟な少年を保護し、その将来の更生を

可能にするためのものであるから、新聞は少年たちの"親"の立場に立って、法の精神を実せんすべきである。罰則がつけられていないのは、新聞の自主的規制に待とうとの趣旨によるものなので、新聞はいっそう社会的責任を痛感しなければならない。すなわち、20歳未満の非行少年の氏名、写真などは、紙面に掲載すべきではない」との原則を述べた上で、「①逃走中で、放火、殺人など凶悪な累犯が明白に予想される場合、②指名手配中の犯人捜査に協力する場合など、少年保護よりも社会的利益の擁護が強く優先する特殊な場合については、氏名、写真の掲載を認める除外例とするよう当局に要望し、かつこれを新聞界の慣行として確立したい。」と述べている。

2 1970年代から1980年代前半まで

新聞協会が「少年法第61条の扱いの方針」を定めた後は、少年法の趣旨が次第に徹底するようになり、新聞やテレビによる少年の氏名や顔写真の報道はされなくなっていった。

3 1980年代後半から現在まで

1980年代後半になると、1988年の女子高生監禁殺人事件による「週刊文春」による実名報道を皮切りに、市川一家殺傷事件（1992年）での「週刊新潮」による実名と顔写真報道、長良川リンチ殺害事件（1994年）での「週刊文春」による実名類似仮名報道、神戸児童連続殺傷事件（1997年）での写真週刊誌「FOCUS」による顔写真報道、堺通り魔殺傷事件（1998年）による「新潮45」による実名と顔写真報道など、特定の出版社が発行する雑誌（週刊誌、月刊誌）による少年の推知報道が続いている（少年事件報道の内容と推移については、田島泰彦・神奈川大学田島ゼミナール「戦後少年事件報道小史」田島泰彦＝新倉修編『少年事件と報道』142頁以下〈日本評論社、1999)〉）。

特に、神戸児童連続殺傷事件以降の少年事件報道は、特定の出版社により、61条に違反することを承知しつつ、確信犯的に、少年の氏名や顔写真の報道が行われている点に特徴があるといえる（平川・前掲書374頁）。

5 少年法 61 条違反の法的効果

1 刑事的な効果

　少年法 61 条違反の行為によって、少年の社会的評価が低下した場合には、名誉毀損罪（刑法 230 条）で罰せられることもあり、少年法 61 条は刑法 230 条の 2 の例外規定であるとされている（平場安治『少年法』78 頁〔有斐閣、新版、1987〕、平川・前掲書 392 頁、丸山・前掲書 406 頁、守屋＝斉藤・前掲書 624 頁〔渕野〕）。その意味では、61 条は、単なる訓示規定ではない。

2 民事的な効果

　61 条違反の行為について、不法行為として損害賠償を請求することができるかどうかについては、近時、61 条違反によって推知報道された少年側が民事訴訟を提起し、これに対する裁判所の司法判断が示されるに至っている。

(1) 堺通り魔殺傷事件に関する「新潮45」の実名・顔写真報道について

　いわゆる堺通り魔殺傷事件について、株式会社新潮社が発行する月刊誌「新潮45」に、「ルポルタージュ『幼稚園児』虐殺犯人の起臥」と題する記事が掲載され、少年の実名、年齢、職業、容ぼう、中学校卒業時の顔写真が掲載されたほか、少年の自宅の状況や日々の生活状況、生育歴、非行・処分歴等が詳細に記述されていた。

○コラム36　堺通り魔殺傷事件

　1998年 1 月、当時19歳の少年が、大阪府堺市内でシンナー吸引による幻覚症状から、5 歳の幼稚園児とその母親、女子高校生の背中などを包丁で刺し、幼稚園児を殺害するとともに、他の 2 人に傷害を負わせて緊急逮捕された事件。

　大阪家庭裁判所堺支部は、刑事処分相当として逆送（検察官送致）し、大阪地方検察庁堺支部は、大阪地方裁判所堺支部に少年を殺人罪等で起訴した。

　　刑事裁判での争点は、シンナー吸引による幻覚症状下での行為につき、責任能力が認められるか否かであった。

　　第 1 審の大阪地方裁判所堺市部は、2000 年 4 月 24 日、心神耗弱を認めて、懲役 18 年の有罪判決を言い渡した。

　　第 2 審の大阪高等裁判所は、2001 年 1 月 24 日、第 1 審判決を支持し、被告人の控訴を棄却した。その後、被告人は最高裁に上告したが、上告が棄却されて確定している。

　　この記事につき、少年が原告となって、記事執筆者、編集者、新潮社を被告として、不法行為に基づく損害賠償を請求した。

　　第 1 審の大阪地判平 11・6・9 判時 1679 号 54 頁は、61 条に違反し「本人であることが分かるような方法で、一般人がその立場に立てば公開を欲せず一般の人には未だ知られていない事項や顔写真等が、新聞紙その他の出版物に掲載され広く公表された場合、それが例外なく直ちに被掲載者に対する不法行為を構成するとまでは解しえないものの、成人の場合と異なり、本人であることが分かるような方法により報道することが、少年の有する利益の保護や少年の更生といった優越的な利益を上廻るような特段の公益上の必要性を図る目的があったか否か、手段・方法が右目的からみてやむを得ないと認められることが立証されない以上、その公表は不法行為を構成し、被掲載者は右公表によって被った精神的苦痛の賠償を求めることができるというべきである。」と述べ、「新潮 45」の本件記事について名誉毀損による不法行為の成立を認め、250 万円の損害賠償の支払いを命じた。

　　これに対して、控訴審の大阪高判平 12・2・29 判時 1710 号 121 頁は、「少年法 61 条が、新聞紙その他の出版物の発行者に対して実名報道等を禁じていることによって、その報道の対象となる当該少年については社会生活上特別保護されるべき事情がある場合に当たることになるといえるにしても、そもそも同条は、右のとおり公益目的や刑事政策的配慮に根拠を置く規定なのであるから、同条が少年時に罪を犯した少年に対し実名で報道されない権利を付与していると解することはできないし、仮に実名で報道されない権利を付与しているものと解する余地があるとしても、少年法がその違反者に対し

て何らの罰則も規定していないことにもかんがみると、表現の自由との関係
において、同条が当然に優先するものと解することもできない。」、「表現の
自由とプライバシー権等の侵害との調整においては、少年法 61 条の存在を
尊重しつつも、なお、表現行為が社会の正当な関心事であり、かつその表現
内容・方法が不当なものでない場合には、その表現行為は違法性を欠き、違
法なプライバシー権等の侵害とはならないといわなければならない。」とし
て、本件記事について違法なプライバシー権等の侵害には当たらないとし
て、原判決を取り消し、少年の請求を棄却した。

　なお、少年は最高裁判所に上告したが、その後、少年本人による取下げに
より、大阪高裁判決が確定している（その経緯につき、木村哲也「『新潮 45』
少年実名掲載記事訴訟」子どもの人権と少年法に関する特別委員会・子どもの権
利に関する委員会編『少年事件報道と子どもの成長発達権 - 少年の実名・推知報道
を考える』110 頁以下（現代人文社、2002）。本庄・前掲 848 頁は、少年側が上告
を取り下げたから大阪高裁判決が確定しただけであり、同判決をリーディングケー
スのように扱うべきではないとする。）。

(2)　長良川リンチ殺害事件に関する「週刊文春」の実名類似仮名報道について

　いわゆる長良川リンチ殺害事件について、株式会社文藝春秋が発行する週
刊誌「週刊文春」が、少年の実名と共通点の含まれている仮名を用いて、少
年の非行歴、交友関係、少年の経歴等を詳細に報じた。

○コラム37　長良川リンチ殺害事件

　1994 年 9 月から10月にかけて、当時18歳と19歳の少年 3 名が犯したとされ
る、①大阪市内で男性を殺害して死体を遺棄した殺人・死体遺棄事件（大阪
事件）、②愛知県稲沢市内の知人宅で男性を殴打し、その後、木曽川堤防に
おいても男性に暴行して放置して殺害した傷害・殺人事件（木曽川事件）、
③愛知県稲沢市内のボウリング場で男性 2 名に言いがかりをつけて自動車内
に監禁して、連れ回し、現金を奪った上、長良川河川敷で暴行して殺害した
監禁・強盗致傷・強盗殺人罪（長良川事件）の 3 つの事件。

　家庭裁判所は、刑事処分相当として逆送（検察官送致）し、少年ら 3 名
は、それぞれの罪名で起訴された。

　第 1 審の名古屋地方裁判所は、2001 年 7 月 9 日、犯行時19歳で中心的立場

にあった被告人に死刑判決、残りの 2 名の被告人に対して無期懲役を言い渡
したが、その後、検察官が不服であるとして控訴し、名古屋高等裁判所は、
2005 年 10 月 14 日、原判決を破棄し、被告人 3 名全員に死刑判決を言い渡し
た。その後、被告人 3 名は最高裁判所に上告したが、2011 年 3 月 10 日、最高
裁判所第一小法廷は、上告棄却して、3 人に対する死刑判決が確定している
（裁判集刑事 303 号 133 頁）。

　この記事につき、少年が原告となって、文藝春秋を被告として、不法行為
に基づく損害賠償を請求した。
　第 1 審の名古屋地判平 11・6・30 判時 1688 号 151 頁は、少年の実名を推
知させる仮名を用いて記事を掲載した点が 61 条に違反し、原告の名誉、プ
ライバシーを侵害するとして、不法行為の成立を認め、30 万円の損害賠償
の支払いを命じた。
　控訴審の名古屋高判平 12・6・29 判時 1736 号 35 頁は、「少年法 61 条は、
憲法で保障される少年の成長発達過程において健全に成長するための権利の
保護とともに、少年の名誉権、プライバシーの権利を保護することを目的と
するものであるから、同条に違反して実名等の推知報道をする者は、当該少
年に対する人権侵害行為として、民法 709 条に基づき本人に対し不法行為責
任を負うものといわなければならない。そして、少年法 61 条に違反する実
名等の推知報道については、報道の内容が真実で、それが公共の利益に関す
る事項に係り、かつ、専ら公益を図る目的に出た場合においても、成人の犯
罪事実報道の場合と異なり、違法性を阻却されることにはならないが、た
だ、右のとおり保護されるべき少年の権利ないし法的利益よりも、明らかに
社会的利益を擁護する要請が強く優先されるべきであるなどの特段の事情が
存する場合に限って違法性が阻却され、免責されるものと解するのが相当で
ある。」とし、本件記事について、少年の権利ないし法的利益よりも社会的
利益を擁護する要請が強く優先される特段の事情は認められないとして、文
藝春秋の控訴を棄却した（その経緯につき、多田元「実名類似仮名報道の違法
性」子どもの人権と少年法に関する特別委員会・子どもの権利に関する委員会
編・前掲 120 頁以下）。

　上告審である最判平 15・3・14 民集 57 巻 3 号 229 頁は、本件記事が少年
の名誉とプライバシーを侵害すると判断した原審の判断は是認できるとした
が、その違法性阻却事由については、名誉毀損とプライバシーの被侵害利益
ごとに違法性阻却事由の有無等を審理し、個別具体的に判断すべきであると
して、これと異なる判断を示した原審の判断には、審理不尽の結果、判決に
影響を及ぼすことが明らかな法令の違反があるとして、原判決を破棄し、名
古屋高裁に差し戻した。

　なお、この判決は、「少年法 61 条に違反する推知報道かどうかは、その記
事等により、不特定多数の一般人がその者を当該事件の本人であると推知す
ることができるかどうかを基準にして判断すべきところ、本件記事は、被上
告人について、当時の実名と類似する仮名が用いられ、その経歴等が記載さ
れているものの、被上告人と特定するに足りる事項の記載はないから、被上
告人と面識等のない不特定多数の一般人が、本件記事により、被上告人が当
該事件の本人であることを推知することができるとはいえない。したがっ
て、本件記事は、少年法 61 条の規定に違反するものではない。」と判断して
おり、最高裁判所として、初めて推知報道の判断基準を示した点が注目され
る。

　差戻審である名古屋高判平 16・5・12（判時 1870 号 29 頁）は、最高裁判決
に従って違法性阻却事由を個別に検討し、名誉毀損についても、プライバシ
ー侵害についても、いずれも違法性が阻却されるから不法行為は成立しない
として、少年の請求を棄却した（最決平 16・11・2 第三小法廷〈平成 16 年
（オ）1370 号等〉は上告棄却及び受理しない旨の決定をして、名古屋高裁の判決が
確定している）。

　このように、少年がメディアに対して提起した 2 つの民事裁判は、いずれ
も敗訴で確定している（川出・前掲書 359 頁は、「少年法 61 条に違反したことが
不法行為の成否にいかなる影響を及ぼすかは、なお明らかでない状況にある。」と
指摘する。）。

　その後、少年時に犯したいわゆる光市母子殺害事件で死刑判決を受けた者
について、その実名を表記し、その者の顔写真、手紙等を掲載・引用しなが
ら、その者について論じた書籍の執筆者と出版した者を被告として、プライ

バシー権、肖像権、名誉権、成長発達権等を侵害するとして、その書籍の出版差止と損害賠償を請求した民事訴訟において、広島地判平 24・5・23 判時 2166 号 92 頁は損害賠償を認めたが、控訴審である広島高判平 25・5・30 判時 2202 号 28 頁はそれを取り消し、原告の請求を全て棄却している（最決平 26・9・25 第一小法廷〈平成 25 年（オ）1765 号等〉は上告棄却及び受理しない旨の決定をして、広島高裁の判決が確定している。）。その理由として、広島高裁判決は、①被告は原告が提供した情報に基づいて執筆し、書籍を発行することを同意していた、②原告を被告の感性で捉え、その情報を社会に報道する趣旨のものであり、原告の社会的評価を低下させるものではない、③原告の中学校卒業時の写真の掲載は、原告が出版に同意していたことに加え、原告に対する社会的関心が高く、そのような関心は正当なものであることを考慮すると、少年法 61 条を考慮しても、報道の自由として許される、④少年法 61 条から成長発達権を認めることはできないなどと判断している。

(3) 最高裁判決の持つ意味

　最高裁判決は、前記（2）で紹介したように、少年法 61 条の推知報道かどうかは、不特定多数の一般人が当該本人であると推知できるかどうかを基準にして判断すべきであると判示している。

　これは、原審である名古屋高判平 12・6・29 が、少年と面識を有する特定多数の読者並びに少年が生活基盤としてきた地域社会の不特定多数の読者において当該本人と推知できるとの判断を変更している点である。

　最高裁判決は、61 条の推知報道に該当するためには、一般読者のうち、「不特定かつ多数」の者が当該本人と推知できることを要求しており、この点で、名誉毀損やプライバシー侵害を判断する際には、一般読者のうち、「不特定又は多数」の者が当該本人と特定できればよいとされていることと判断基準が異なり、より厳しく限定されており、この基準によって推知報道に当たるとされるのは、実際には、実名や顔写真が掲載されたような事例に限られることになると考えられる（川出・前掲書 352 頁、酒井安行「少年事件報道」前野育三先生古稀祝賀論文集刊行委員会編『刑事政策学の体系・前野育三先生古稀祝賀論文集』209 頁〈法律文化社、2008〉、京明「少年法 61 条と名誉・プライバシー」王雲海編『名誉の原理・歴史的国際的観点から』144 頁〈国際書院、

2010〉）。

　三村晶子調査官は、「少年事件の報道は、当該少年の実名や容ぼうなどの本人を特定する情報を盛り込むことなく、『少年 A』などと表記し、その履歴情報も抽象的にしたとしても、その犯行内容や事件の背景事情などを盛り込むことにより、地域内の友人等本人についてあらかじめ何らかの知識を持っている一定の範囲内の者に、その知識を手がかりに本人を特定することを可能ならしめるであろう。このような報道も少年法 61 条違反に当たる推知報道であるとすれば、およそ事件報道は、その多くが 61 条違反の推知報道になるおそれがあると言わざるを得ない。また、推知報道に当たるかどうか、その見極めが不明確となり、同条違反になるかどうかの予測が困難であり、事件報道自体が困難ということにもなりかない。」ということから、「もともと何らかの地域を得ていた一部の特殊な読者層がその記事内容から本人を推知することができたことをもって、推知報道に当たるというのは相当ではない。」と述べており（『最高裁判所判例解説民事篇・平成 15 年度（上）』153 頁〈法曹会、2006〉）、これが最高裁判決の上記判断の根拠であったと考えられる。

　この考え方は報道の自由を重視するものであるが、報道される側の少年のプライバシーや名誉の保護とのバランスとしてこれで良いかどうかは検討の余地がある。

　少年が社会復帰する社会を、①面識ある特定少数、②地域社会の不特定多数、③面識のない不特定多数の一般人の 3 種類に分けて検討すると、少年の社会復帰にとって重要なことは、面識ある特定少数の人たちが、少年が当該事件を起したことを知りながら、少年を社会復帰に向けた積極的な支援を行うことと、面識ある不特定多数、地域社会の不特定多数、面識のない不特定多数の一般人が社会復帰の邪魔をしないという形で消極的支援を行うことであり、不特定多数の人たちに対して少年の社会復帰を邪魔しないことを求めることは理論上可能であるが、事実上は不可能であり、それを防ぐ唯一の方法が推知報道の禁止であるから、上記の②及び③の不特定多数の人たちが、少年本人であることを推知できる報道が少年法 61 条の禁止する報道とされる必要があり、名古屋高裁判決の考え方が妥当であると解される（後藤

弘子「審判の非公開と匿名報道」斉藤豊治＝守屋克彦編著『少年法の課題と展望・第 2 巻』236 頁以下〈成文堂、2006 年〉。これに対して、最高裁判決について、「少年に対する知識の程度は様々であり、少年に対する知識が全くない不特定多数の一般人を基準とするのが相当であり、最高裁の判断は妥当と思われる。」との見解もある〔廣瀬・前掲書 515 頁〕。)）。

　なお、仮に最高裁判決のように考えて少年法 61 条の推知報道の範囲を限定するのであれば（実名や顔写真付きで報道した場合）、推知報道に該当する場合には、同条の法的効果として、その報道を絶対的に禁止し、違法性阻却も認めないと解するのが自然かつ合理的であると考えられる（山下幸夫「最高裁が示した『推知性』のダブルスタンダード - 少年法 61 条の解釈をめぐって」季刊刑事弁護 35 巻 24 頁以下〈2003〉。なお、酒井・前掲論文 205 頁以下も、「六一条が、上記のような実質的効果（原則・例外としての違法判断を認める）のある規定であること、そしておそらく、その前提として、六一条が少年に一定の権利を付与する規定であることを認めたからこそ、そのようなものとしての六一条違反の成立要件を狭く解したとも解しえよう。」と述べている。)。いずれにしても、この点については、今後の判例の展開に注目する必要がある（京・前掲論文 144 頁）。

6　少年法 61 条に関する議論の深まり

1　2 件の民事訴訟の衝撃性

　「新潮 45」と「週刊文春」をめぐる少年事件報道に対する 2 件の民事訴訟は、61 条の法規範性について、初めて真正面から裁判所の判断が問われたという点で、報道現場や学界に対して大きな衝撃を与え、少年法 61 条に関する活発な議論を巻き起こした。

　その中で、一方では、表現の自由の観点から、少年法 61 条が一律に推知報道を禁止していることが憲法違反であるという議論をもたらすとともに（丸山雅夫『少年法講義』50 頁（成文堂、第 4 版、2022）は「報道現場を含めて、犯罪報道のあり方の議論を深める必要性が痛感されるところである。」と指摘している。)、他方で、表現の自由の保障の前で、少年の名誉やプライバシーだけ

でなく、子どもの成長発達権という新しい人権を根拠にして、少年法 61 条の法規範性を強化しようとする議論がもたらされた。

2 表現の自由の保障を強調して 61 条が憲法違反であるとの議論

松井茂記『少年事件の実名報道は許されないのか［少年法と表現の自由］』（日本評論社、2000 年）は、表現の自由が民主政治の根幹をなす権利であるという観点から少年法 61 条を検討した上で、少年の氏名、顔写真、学校名などを一律かつ絶対的に禁止している点で制約の範囲が広すぎ（過大包摂）、他方で、口コミは対象に入らないなど、少年のプライバシー保護の観点からは逆に狭すぎるものであり（過小包摂）、不当に憲法 21 条の表現の自由を侵害しているなどと主張している（同書 130 頁以下）。

このような見解は、ジャーナリズムの現場においては、自らの報道を正当化する論として好意的に受け入れられ、「新潮 45」に関する民事訴訟においては、新潮社がその主張を訴訟上展開した。

3 61 条を成長発達権から根拠付けようと試みる議論

これに対して、逆に、61 条について、名誉やプライバシーだけでなく、子どもの成長発達権から根拠付けることによって、表現の自由にも優越する権利性を認めようとする議論が有力になされるようになってきている。

① 平川・前掲書 383 頁は、少年法 61 条は国際人権法における「推知報道をされない権利」の承認を受けてこれを国内法で具体的に確認・具体化した規定であり、少年に対する推知報道は、少年の人権に優越せず、少年の権利・利益を侵害する限り許容されないと主張している。

② 葛野尋之「犯罪報道の公共性と少年事件報道」立命館法学 271・272 号上巻 937 頁以下（2001）は、少年は、一人一人、成長発達過程にある子どもの人間としての尊厳として、いまある自律的人格を尊重されつつ、全面的に成長発達する権利を保障されており、少年の本人特定事実の公表は、少年法の福祉・教育理念の根底にある少年の成長発達権の保障の趣旨に反し、名誉毀損やプライバシー侵害に対する法的責任を問われうると主張している。

③　山口・前掲書298頁は、少年法61条は、子どもの成長発達権、すなわち、他者との健全な関係性を保ちながら、子どもが納得して成長していく権利を行使する上で不可欠であり、少年法の根本を支える規定であると主張している。

④　本庄論文・前掲860頁は、ノンフィクション「逆転」事件最高裁判決が、プライバシーが社会復帰の利益の裏付けを得ることで保護すべきものに変質するという構造を示しており、少年法61条の趣旨も、成長発達権の裏付けを与えることで、名誉権やプライバシー権を少年に特有なものに変質させるというものであると主張している。

「週刊文春」に関する前掲名古屋高判平12・6・29が、「少年は、未来における可能性を秘めた存在で、人格が発達途上で、可塑性に富み、環境の影響を受けやすく教育可能性も大きいので、罪を問われた少年については、個別的処遇によって、その人間的成長を保障しようとする理念（少1条「健全育成の理念」）のもとに、将来の更生を援助促進するため、社会の偏見、差別から保護し、さらに、環境の不十分性やその他の条件の不充足等から誤った失敗に陥った状況から抜け出すため、自己の問題状況を克服し、新たに成長発達の道を進むことを保障し、さらに、少年が社会に復帰し及び社会において建設的な役割を担うことが促進されるように配慮した方法により取り扱われるべきものである。そして、このような考えに基づいて少年に施されるべき措置は、翻っていえば、少年にとっては基本的人権の一つとも観念できるものである。」と述べるとともに、「少年法61条は、右のような理解の下に、報道の規制により、成長発達過程にあり、健全に成長するためにより配慮した取扱いを受けるという基本的人権を保護し、併せて、少年の名誉権、プライバシーの権利の保護を図っているものと解するのが相当である。」との判断を示したことも、成長発達権によって少年法61条を根拠付ける学説が次々と現れることを後押ししたと評価することができる。

　もっとも、成長発達権という概念については、具体的内容や外延が不明確であるという批判もなされている（松井・前掲書177頁以下、駒村圭吾『ジャーナリズムの法理‐表現の自由の公共的使用』248頁〈嵯峨野書院、2001〉、三村・前掲解説164頁以下注8。なお、「少年法61条から少年側の権利まで導けるか

はともかくとして、報道の必要性、公益性との比較衡量において、名誉・プライバシーの一般的な保護に加えて、少年の情操保護、更生・社会復帰の阻害防止等の利益は、再犯防止としての公益性の観点も含めて、より重視されるべきものであろう。」とする見解も現れている〈廣瀬・前掲書 517 頁〉。））。

　他方では、成長発達権の権利性を主張する見解も多数発表されており（福田雅章「少年法の功利的な利用と少年の人権」同『日本の社会文化構造と人権』461 頁以下〈明石書店、2002〉、服部朗「成長発達権の生成」愛知学院大学論叢法学研究第 44 巻 1・2 号 129 頁以下〈2002〉、戸波江二「人権論としての子どもの『成長発達権』」子どもの人権と少年法に関する特別委員会・子どもの権利に関する委員会編・前掲書 204 頁以下）、山口・前掲書 135 頁以下、本庄・前掲論文 849 頁以下。なお、丸山雅夫・前掲『少年法の理論と実務』408、409 頁は、「しかし。このような結論は、子どものプライバシーと同列に扱うものであり、適切ではないように思われる。『少年法』61 条が保護しているのは、単に『人格権としてのプライバシーではなくて、『少年の成長発達権を基礎とするプライバシー権』だからである。成長発達権に由来し、そま内容と保障は、少年司法システムにおいて歴史的に承認されてきた『理念』と『哲学』に由来するものである。犯罪・触法少年は、同一性推知情報を公表されることによって、私事を漠目されるだけにとどまらず、十全の成長発達を遂げること（ベスト・インタレストの実現）が阻害される。成人司法システムと質的に異なる少年司法システムの存在を認める限り、同一性推知情報の公表禁止を優越するような利益を認めることはできないし、認めるべきではない。」と指摘する。）、今後さらに議論が深まることが期待される。

7　推知報道の一部解除規定（少年法 68 条）の新設について

　少年法の少年年齢（20 歳未満）については、民法について、成年年齢を20 歳から 18 歳に引き下げる「民法の一部を改正する法律」が 2018 年（平成 30 年）6 月に成立し、2022 年（令和 4 年）4 月 1 日から施行されることになったことを受けて、法務大臣は、2017 年（平成 29 年）2 月、法制審議会に対して、少年法の成人年齢を 18 歳未満に引き下げること及び非行少年を含

む犯罪者処遇を一層充実させるための法整備の在り方等について意見を求める諮問（諮問第 103 号）を発した。法制審議会は、少年法・刑事法（少年年齢・犯罪者処遇関係）部会を設置し、同部会において、分科会を含めて計 58 回の会議を開催して約 3 年半にわたって審議し、賛成多数で答申案をとりまとめ、2020 年（令和 2 年）10 月 29 日、法制審議会総会は全会一致で答申案を採択し、法務大臣に答申した。2021 年（令和 3 年）2 月 19 日に閣議決定されて「少年法等の一部を改正する法律案」が国会に上程され、衆議院と参議院でそれぞれ審議され、同年 5 月 30 日に参議院本会議で原案とおり可決成立した。改正少年法は、成年年齢を 18 歳に引き下げる改正民法と同じく、2022 年（令和 4 年）4 月 1 日から施行される。

　法制審議会は、少年法の適用対象である少年年齢の引下げはしないこととし、18 歳及び 19 歳の者は、引き続き「少年」として少年法の適用を受けることになった。これは、長期間にわたる議論の結果、18 歳及び 19 歳の者は、民法上は「成年」として、責任ある主体として積極的な社会参加が期待される立場となる一方で、成長途上にあり、可塑性を有する存在であることを踏まえて、家庭裁判所に全件を送致し、原則として保護処分を行うという現行少年法の基本的な枠組みを維持するのが相当であると判断されたためである（玉本将之「『少年法等の一部を改正する法律』の概要」論究ジュリスト 37 号 93 頁）。

　もっとも、改正少年法は、第 5 章に「特定少年の特例」を規定し、18 歳及び 19 歳の者を「特定少年」と定義し（改正少年法 62 条 1 項）、保護事件や刑事事件についての特例を定めるとともに、少年法 61 条についても、「記事等の掲載の禁止の特例」を規定した。

　すなわち、少年法 68 条は、「第 61 条の規定は、特定少年のとき犯した罪により公訴を提起された場合における同条の記事又は写真については、適用しない。ただし、当該罪に係る事件について刑事訴訟法第 461 条の請求がされた場合（同法第 463 条第 1 項若しくは第 2 項又は第 468 条第 2 項の規定により通常の規定に従い審判をすることとなつた場合を除く。）は、この限りでない。」との規定が新設された。この但書は、略式命令請求がされた場合は除くが、その後、正式裁判に移行した場合には原則に戻って推知報道が解除されると

するものであり、結局、この規定は、18 歳及び 19 歳の特定少年について、検察官に送致され、検察官により公判請求がされた場合には推知報道禁止が解除されるとの意味である（立法担当者による逐条解説である玉川将之＝北原直樹「『少年法等の一部を改正する法律』について」法曹時報 74 巻 1 号 58 頁）。

　その趣旨について、立法担当者によると、「本改正では、少年の更生と報道の自由等との調整の観点から、政策的判断として、特定少年のときに犯した事件についても、推知報道を一般的に禁止しつつ、公判請求がされた場合には、公開の法廷で刑事責任を追及される立場となることに鑑み、社会的な批判・論評の対象となり得るよう、その時点から禁止を解除することとされた」ものと説明されている（玉本・前掲論究ジュリスト 37 号 97、98 頁）。

　しかしながら、これまでも、検察官に送致されて起訴された事件は公開の法廷で開かれていたが推知報道は禁止されていたし、刑事裁判で無罪になったり、少年法 55 条により家庭裁判所の保護処分が相当であるとして移送され、保護処分を受ける可能性があるにもかかわらず、検察官による公判請求の時点で推知報道禁止を解除してしまっているから、既に実名や顔写真が報道されてしまい、更生の妨げとなるおそれがあり、この改正に対しては批判的な見解が多い（渕野貴生「特定少年に対する『少年の刑事事件』規定の適用除外および推知報道の問題点」判例時報 2478 号〔2021 年〕）161 頁以下、拙稿「少年法改正がもたらす少年法実務への影響」判例時報 2478 号〔2021 年〕165 頁、川名壮志「報道現場のルールと異なる推知報道禁止の解除」季刊刑事弁護 106 号〔2021 年〕61 頁以下、後藤弘子「実名報道と少年法改正」論究ジュリスト 37 号 93 頁〔2021 年〕113 頁以下、佐々木央・前掲書 91、92 頁、本庄武「特定少年の刑事事件に関する特則」法律時報 94 号〔2022 年〕57 頁以下。これに対して、改正法を評価する見解として、吉中信人「推知報道」刑事法ジャーナル 67 号〔2021 年〕55 頁以下がある。）。

　今後は、少年法 68 条をどう運用すべきかが、報道機関に対して問われることになる。特定少年も少年法の対象であり（そうなると、当然に少年法 1 条の健全育成の理念もかぶってくることになる）、「類型的に未だ十分に成熟しておらず、成長発達途上にあり可塑性を有する存在」であると位置付けられ、審判中は推知報道が禁止される存在であることからすると、一切推知報道が

禁止されていない成人とは異なる法的地位にある。

　したがって、報道機関においては、今後は、事件ごとに、ケースバイケースで、当該犯罪行為の内容など踏まえて、対象者の更生を妨げることになる不利益の程度と、報道する側の社会的な意義や必要性を比較検討して、推知報道をするかどうかについて、慎重な判断が求められていると考えられる。

　なお、推知報道をするかどうかに当たっては、検察官が公判請求した際に、特定少年の実名等を広報するかどうかが重要となる。

　最高検察庁総務部長名で、改正少年法施行前である 2022 年（令和 4 年）2月 8 日付で、「使少年法等の一部を改正する法律の施行に事件広報について（事務連絡）」を、全国の高騰検察庁次席検事及び地方検察庁次席検事宛てらに発出している。この事務連絡においては、「基本的な考え方としては、犯罪が重大で、地域社会に与える影響も深刻であるような事案については、特定少年の健全育成や更生を考慮しても、なお社会の正当な関心に応えるという観点から指名等を公表することを検討すべきものと考えられます。例えば、裁判員裁判対象事件については、一般的・類型的に社会的関心が高いといえることから、公判請求時の事件広報に際して氏名等を公表することを検討すべき事案の典型であると考えられます。それ以外の事案についても、公表を求める社会の要請が高く、被告人の健全育成・更生に与える影響が比較的小さい場合などには、個別の判断により氏名等を公表することが考えられます。なお、附帯決議の趣旨を踏まえますと、公判請求時の事件広報に際して氏名等を公表する場合には、当該被告人が事件時特定少年であったことを明示することが相当と思われます。」と述べている。そのため、実際の運用は裁判員事件に限定した広報が原則になるとみられると報じられている（朝日新聞デジタル 2022 年 2 月 9 日 5 時 00 分）。報道機関は、検察庁が公判請求した特定少年の氏名等を広報すれば、「お墨付き」を得たとして推知報道に踏み切ることが強く懸念される。

　しかしながら、少年事件の裁判員裁判は、虐待をした親を殺傷する事件も多く、これらの事件においては少年法 55 条移送を求めるのが通例であり、実際に家庭裁判所に 55 条移送される事件もあることを考えると、裁判員裁判事件を一律に実名広報することには重大な疑問がある。

　いずれにしても、民法上は成年となる特定少年に関する推知報道の一部解除がどのような運用がされ、特定少年にどのような（悪）影響を与えるのかを注視する必要がある。

　改正少年法は付則 8 条で、施行後 5 年後に、改正後の規定の施行の状況並びにこれらの規定の施行後の社会情勢及び国民の意識の変化等を踏まえ、特定少年に係る事件の手続及び処分並びにその者に対する処遇に関する制度の在り方等について検討を加え、必要があると認めるときは、その結果に基づいて所要の措置を講ずると規定しており、それまでの間の少年法 68 条の運用状況を注視する必要があると考える。

参考文献

・子どもの人権と少年法に関する特別委員会・子どもの権利に関する委員会編『少年事件報道と子どもの成長発達権 - 少年の実名・推知報道を考える』（現代人文社、2002）
・松井茂記『少年事件の実名報道は許されないのか［少年法と表現の自由］』（日本評論社、2000）
・田島泰彦・新倉修編『少年事件報道と法』（日本評論社、1999）
その他、本文において引用した文献。

（やました・ゆきお）

第**16**講◆世界の少年法

(1) アメリカ

キーワード

デュー・プロセスの保障／厳罰主義／
被害者の参加／修復的少年司法

1 アメリカ少年司法の史的展開

アメリカの少年司法は、刑事司法によって過酷な扱いを受けてきた少年を刑罰から解放して保護・教育しようとするパレンス・パトリエ（国親思想）の考え方に基づいて発展してきた。1899（明治32）年にイリノイ州シカゴ市で初めて少年裁判所が誕生して以来、少年保護の観念は全米のみならず、世界各国に広がりをみせたのである。そしてこれは世紀の半ばまで、保護教育的な効果をあげてきたことは否定できない。わが国も、「愛の法律」としての大正少年法が1922（大正11）年に誕生したが、これはまさにアメリカ法の継受に他ならなかったのである。

しかしアメリカでは、パレンス・パトリエによる少年に対する過度な干渉が、かえって少年の人権の侵害を招くことが意識されるようになってきた。そしてこのことに対する反省から、米国連邦最高裁は、1960年代に、少年司法手続におけるデュー・プロセスの保障を認めるケント判決、ゴールト判決を相次いで下した（次頁コラム参照）。これによって少年法は単なる愛育のための法律ではなく、人権法としての側面も強調されるようになったことは周知の事実である。

その後、1980年代に至ると経済状況の悪化と人種問題を主たる背景とし

て、特にアフリカ系アメリカ人の少年による凶悪犯罪が激増し、これに対して時の保守政権は「強硬政策（get tough policy）」を掲げて犯罪の鎮圧にあたったのである。その一つの現れが少年裁判所から刑事裁判所へ移送する手続、いわゆる移送法の改革である。そこではできる限り裁判官の教育的裁量を抑制する方向が模索され、逆に検察官の裁量による刑事裁判所移送が拡大される方向で改革が行われた。この背景には少年に権利を保障するからには少年の責任を問うべきだという論理がある。そしてそれは 2010 年代以降も基本的に続いている。もっとも、近年、この厳罰政策を見直す動きもある（コラム 43 参照）。

　一方でこれと時をほぼ同じくして、刑事司法の分野で犯罪被害者の権利保障強化の動きが活発になった。その結果、多くの州憲法において被害者は権利主体として位置づけられるようになっている。もっとも少年司法手続については非公開とし、さらに情報開示も制限している州が依然として多く、その面において被害者は相変わらずストレスを抱えている。

　そこで現在、一種の流行になっている均衡的修復的少年司法という考え方が登場したのもある意味必然である。これは後に触れるように、加害少年の保護、被害者の利益及び地域社会の安全のバランスを図ろうとする観念を基本においている。加害少年のプライバシーの保護を重視する少年司法においても被害者や社会のニーズに応える義務が当然にあると考えるのである。

　以下では、これらの一連の流れを踏まえたうえで、依然として厳罰政策によって少年犯罪に対応しているアメリカ少年司法制度を概観する。

○コラム38　ケント判決、ゴールト判決

　アメリカ連邦最高裁は、1960年代以降、少年司法におけるデュー・プロセスの保障に関する一連の画期的な判決を下している。その中でも1966年のケント判決（Kent v. United States, 383 U.S. 541 [1966]）は、刑事裁判所への移送を決定する審判において弁護人による効果的な援助を受ける権利を保障すべきであるとしてデュー・プロセスの保障を強調した。また1967年のゴールト判決（In re Gault, 381 U.S. 1 [1967]）では、より詳細かつ具体的に、①被疑事実の告知を受ける権利、②弁護人依頼権、③証人対面権・反対尋問権、④自己負罪拒否特権が少年司法手続においても保障されること

を認めたのである。

2　少年司法手続の関与者

　基本的に対審構造をとっているアメリカの少年司法手続への関与者は、わが国の制度と大きく異なる場合がある。以下ではこれらの者について簡単に触れておくことにする。

1　対象となる少年
　アメリカの少年法は、一般的に、わが国とは異なって、非行少年だけではなく、被放任・要保護少年もその対象としている。したがって裁判所における審判の対象（管轄権）は、犯罪を行った少年だけではなく、わが国で言う虞犯少年（怠学や深夜はいかいなど）、そして本来は非行にあたらない要保護少年（児童虐待を受けた少年など）についても及んでいる。少年裁判所は少年非行手続（Juvenile Delinquency Proceeding）だけではなく、少年保護手続（Juvenile Dependency Proceeding）も行うのである。その意味で少年裁判所においても福祉的な色彩は色濃く残っている。なお、非行少年としての対象年齢は、多くの州が18歳未満としている。

2　弁　護　人
　少年司法における弁護人依頼権はゴールト判決以降確立しているので、何人でも、基本的に手続のあらゆる段階で弁護人の援助を無料で受けることができる。多くは、各郡・市が有する公設弁護人事務所（Public Defender's Office）の弁護士が弁護にあたっている。もっとも、無料で弁護人の援助を受けることができるのは都市部の対象少年がほとんどで、財政が豊かでない地方では私選弁護人を雇わない限り弁護人の援助はかなわない実情がある。

3　検　察　官
　各裁判区域には州検事事務所（State Attorney's Office）または地区検事事務

所（District Attorney's Office）があり、その事務所に所属する検察官が、少年
事件において広範な裁量権を有している。検察官の職務内容は、事実認定審
判の維持のみにとどまらず、勾留質問（Detention Hearing）、アレインメント
（罪状認否）審判、移送決定（逆送）審判、処分決定審判、プロベーション取
消し審判、上訴等の各手続に州の利益を代表して立ち会うことである。都市
部では少年裁判所に少年係検察官事務所が併設されている。なお、州によっ
ては、福祉局に代わって検察官が少年保護手続において虐待親を訴追する役
割を担っており、その役割は多岐にわたる。

4　プロベーション・オフィサー

　各州・郡のプロベーション局（Department of Probation）又は少年司法局
（Department of Juvenile Justice）には、事案の最初の段階での振り分けを行うイ
ンテイク・オフィサー（事案選別官）、処分決定及び日本でいう逆送審判にお
いて処分前報告書（Pre Disposition Report）を提出し、場合によっては検察官
に対峙して少年の要保護性を訴えることを専門とするコート・プロベーショ
ン・オフィサー（裁判所調査官）、施設内処遇の状況、保護観察に付された少
年の行状を監視するプロベーション・オフィサー（保護観察官）が配置され
ている。これらを総称してプロベーション・オフィサーと呼んでいる。わが
国の家庭裁判所調査官と保護観察官をかねる専門官である。

5　裁 判 官

　少年裁判所裁判官は少年事件専門の裁判官であり、長年にわたって専門的
裁判官として従事するのが一般的である。各少年裁判所には、少年非行法廷
（Juvenile Delinquency Court）及び少年保護法廷（Juvenile Dependency Court）がそ
れぞれ置かれており、いずれも少年裁判所裁判官が裁判にあたる。なお都市
部においては、扱う少年事件数が膨大になるために、地域の弁護士の中から
任命された臨時裁判官（master or referee）が勾留質問等の裁判の一部を担当
している。もっとも事案の最終的な決済には、少年裁判所裁判官の判断が必
要となる。

6　被　害　者

少年司法においても、被害者に審判傍聴、意見陳述、記録閲覧等が認められるのは当然のこととなっている。また、州によっては、被害者に憲法上の地位が認められているので、審判に事件の「当事者」として参加して、少年の処分について意見を直接述べる権利を与えている場合もある。処遇段階においても仮釈放について意見を述べる権利も確立している。もっとも、いずれの場合であっても、少年の憲法上の適正手続の権利を侵害しない範囲で認められているに過ぎない。

7　親・保護者

親・保護者は主として、少年の最善の利益を代弁する者として各種審判に参加する。親・保護者に監護能力がない場合、審判等に出席させることが不適当と判断される場合は、下記の訴訟後見人（Guardian ad litem, GAL）、プロベーション・オフィサー等がその代役を果たすことになる。

8　その他の関係人

児童虐待を扱う少年保護審判、少年非行審判でもおおむね12歳未満の低年齢児童及び精神遅滞児童を扱う場合は、裁判所が選任する少年事件専門の法律家である訴訟後見人が当該少年の最善の利益を代弁する場合がある。また、市・郡の福祉局の職員であるソーシャル・ワーカーも同審判に関与する場合がある。

3　少年司法手続の流れ

1　総　　論

アメリカの少年司法手続は刑事司法化しているとよく言われる。それはおそらくは、第1に少年審判が当事者主義化していて検察官関与が当然の前提になっていること、第2に一定の重罪を犯した少年は原則として刑事裁判所に移送されて刑罰的対応がなされること、そして第3に少年裁判所で科される処分が犯罪の重さに比例していることなどに基づいている。このうち第2

の点については後述の厳罰政策の項で触れることにして、ここでは他の 2 点
に関する捜査・審判上の主要な問題を指摘してアメリカ少年司法の現状認識
を新たにしておくことにする。

2　捜査・未決拘禁段階

　捜査・未決拘禁段階での主要な問題点として指摘しておかなければならな
いのは、権利保障が十分とは言えないミランダ告知の問題、無権利状態で重
大な決定がなされるインテイク（事案選別）審問の問題である。

　被疑者が逮捕された場合に、それが少年であったとしても、弁護人依頼
権、黙秘権の告知がなされなければならないのは言うまでもない。これは州
法にも規定されている。しかし、初期の実証研究によって明らかにされてい
るように、逮捕という緊迫した場面で大人である警察官によって告知される
権利の内容を理解できる少年は多くはない。多くの場合は意味もよく理解せ
ずにそれらの権利を放棄しているのが実態である。また地域によっては故意
にミランダの権利を告知せずに、少年に対してインタビューを行い自白を獲
得する例もある。捜査段階において、権利放棄の際には親もしくは弁護人が
立ち会わない限り、または少年に理解できるような言葉で権利告知がなされ
ない限り、少年自身による権利放棄は無効と考えるべきである。少年捜査に
はこのような根本的問題がある。

　また、少年が捜査機関から少年未決拘禁施設（juvenile detention center）に併
設されているインテイク事務所に連行された後に、インテイク・オフィサー
（インテイク係のプロベーション・オフィサー）によって一般的に行われるイン
テイク審問（intake hearing）での問題も大きい。この段階で少年には弁護人
依頼権が事実上保障されていない。弁護人が立ち会うとすれば逮捕段階で私
選弁護人がつけられている場合である。公費で公設弁護人が立ち会うことは
基本的に保障されていない。しかしこの審問でインテイク・オフィサーによ
って少年の身柄を拘束するか否かの事実上の決定がなされるので、弁護人が
立ち会う意義は大きいと言わなければならない。もっとも現在、多くの場
合、審問におけるインテイク・オフィサーの裁量は検察局の選別方針によっ
て事実上大きく制約されている。非行事実の大小、非行歴等によって送致事

実は点数化されており、身柄を拘束するか、ダイバーション（司法前処理）
に付するかは、裁量の余地なく自動的に点数によって決まるようなシステム
がとられている。

○コラム39　ミランダ告知
　1966年にアメリカ連邦最高裁のミランダ判決（Miranda v. Arizona, 384
U.S. 436［1966］）は、身柄拘束中の被疑者の取調べにあたっては、①被疑
者には黙秘権があること、②被疑者が行ったいかなる供述もその者に不利に
用いられることがあること、③被疑者には弁護人に立ち会ってもらう権利が
あること、④被疑者が弁護人を雇う資力がないときは質問に先立って弁護人
を付してもらう権利があることを確認した。この判決以来、アメリカの捜査
実務においては、この4点を記載したカードを被疑者に示すことになってい
る。これをミランダ告知という。

○コラム40　ダイバージョン（**Diversion**）
　ダイバージョンとは、軽微な事案を通常の司法手続にのせて審理・決定を
行うことなく、司法前の処理をすることを指していう。司法手続にのせて犯
罪者であるというレッテルを貼ることをさけるということ、司法の負担を軽
減できることなどのメリットがある。わが国の少年司法に関して言えば、警
察署限りの措置、簡易送致による処理などがこれにあたることになる。

3　審判段階

　続いて審判段階については、州の利益を代表して検察官が関与することが
一般的になっているので、裁判官1人が懇切丁寧な審判を行う伝統的な審判
形態とは大きく異なってきている。多くの場合、裁判官席の前に次々に引致
される少年に対して、人定質問及び権利告知を1、2分で済ませて、さらに
罪状認否を行い、そこで有罪を認めれば即座にプロベーション局の提案に基
づく処分が決定される。一つの事件につき5分程度で事実認定から処分決定
までが終了する。このような審判の中では、多くの場合、裁判官による教育
的配慮を働かせる余地がないといってよい状況にある。

　もっとも、事案が複雑な場合、少年が事実を争う場合などには通常の事実認定手続が行われる。事実認定については大きく分けて職業裁判官1人による裁判（Bench Trial）と12人の陪審員による陪審裁判（Jury Trial）がある。少年が少年裁判所で陪審裁判を受ける権利が連邦レベルで認められているわけではないので、陪審裁判を開いている州は限られている。そして先に触れたようなかたちでほとんどの審判が終了する関係上、多くの裁判所で証人尋問を行って事実認定を行う件数はそれほど多くはないのが実情である。

　ここで問題なのは、いずれの事実認定の場合も、少年審判の形式性にともなって肝心の少年が不在状態にあるという事実は否定できないということである。法律家同士の議論や陪審員相手の議論に少年がまったく関わらないのが実情ある。しかも、審判はかなりの長時間（期間）におよぶことになる。事実認定過程といえども少年に問題性を考えさせる絶好の機会であるという教育的観念はアメリカの場合には基本的に妥当しないと考えなければならい。

　次に処分決定については次のようなことがいえる。例えばフロリダ州の場合、再非行を重ねるごとに必要とされる処遇の段階が自動的に決定されるシステム、いわゆるレベルシステムがとられているので、プロベーション局の勧告も概ねそれに適合させたものになっている。該当する少年は事実認定後15日以内に処分決定審判に臨まなければならない。その際に弁護人（大多数の場合が公設弁護人）及び保護者とともに裁判官の前に引致されて、プロベーション局の処分決定前報告書（Pre Disposition Report）に目を通すことになる。なお大多数の裁判官はこの報告書を事前に読んでいるわけではなく、その場でコンピューターを利用して前に行った事実認定を確認し、報告書に目を通して勧告通りの処分を決定する。検察官は机上にあるプロベーション局の勧告レポートに目を通しながら、異議があるときにだけ発言することになる。

　多くの場合、プロベーション局と検察局の間の事前の合意が形成されていて、それは点数化された処分内容に反映されている。処分決定は、法律上、裁判官の裁量によるものの、事実上、裁判官の裁量の余地は残されていないと言っても過言ではない。もっともテキサス州などは処分決定手続も陪審裁

判で行う道を残して、徹底的に少年が争う権利を保障している。しかし、その場合も、少年を大人と同じ権利主体として想定しているので、公開の裁判の中で検察官の批判にさらされるという別の問題があることは言うまでもない。

　また、非行事実を争わない軽微な事件の処分決定を、10代の少年陪審の判断に委ねるティーンコートと呼ばれる制度を採用している法域もある。

🔵**コラム41　ティーンコート（Teen Court）**
　アメリカでは1980年頃からティーンコートと呼ばれる少年陪審制度が行われている。これは非行事実を自認した少年が自らの意思で参加する、一種の更生プログラムである。12人の少年陪審（その中には陪審義務を課された別の非行少年も含まれる）によって決定される処分を一定期間内に履行すれば、非行歴として記録に残らないというメリットがある。2020年時点で全米1050の法域がこの制度を採用している。

4　少年司法手続の現在の機能

　アメリカにおける少年司法手続の特徴を、あえて伝統的保護主義に根ざした少年司法手続との対比で考えれば、裁判官裁量の制限に伴うその教育的機能の低下、その対極としての検察官の裁量の拡大及び刑事裁判所と少年裁判所の垣根の消失という文言でまとめることが可能である。少年裁判所自体の機能が非行少年に対する保護・教育を行うというものから、社会の安全と被害者の保護に重点を移しつつあるということができる。もちろんこれらの状況に至った主要な原因は、司法制度が少年犯罪の増加、凶悪化に対応できていないという社会のストレスであり、それに呼応した形で展開される政治的対応である。そしてこの傾向は各州がとっている厳罰政策を通じてさらに如実に現れてくる。

4　非行少年の処遇

1　少年未決拘禁施設

インテイク・オフィスで選別されて登録手続を受けた少年は、少年専門の未決拘禁施設（Detention Center）に収容される。わが国の少年鑑別所と拘置所を融合したような施設である。ここでは審判のために勾留されている少年ばかりではなく、短期間の拘禁処遇を受けている少年も収容されている。連邦最高裁の判決によって少年の予防拘禁が認められているからである。

2　プロベーション

プロベーションとは基本的に少年の身柄を拘束しないで、遵守事項を定めて実施する社会内処遇である。遵守事項には、親の言うことをきくこと、学校に行くこと、被害弁償をすることなどの一般的なものから、閉鎖施設に収容して集中的に監督することまで幅広いものがある。遵守事項を守っているかどうかはプロベーション・オフィサーが監督する。遵守事項違反がある場合には、プロベーション・オフィサーの報告に基づいて、裁判官が処分の変更を行なうことができる。

3　少　年　院

アメリカの少年司法における施設収容処遇の中心は少年院である。これには、キャンプ、ランチ（牧場）と呼ばれる開放型の比較的セキュリティーレベルの低い施設、軍隊形式の規律ある生活を行わせるブート・キャンプ（Boot Camp）と呼ばれる施設、厳重に警備された刑務所と変わらない施設など様々な形態がある（なお、これらの施設には集中プロベーションのために収容される場合もある）。先に触れたように、一般に、少年の行った非行レベルに応じて収容先も決まるような一種の量刑基準がとられているので、セキュリティーレベルの高い施設には重大犯罪を行った少年が収容される。なお、この種の施設では、目的別、年齢別処遇が徹底しており、各居住棟はそのために細分化されている。

4 「少年」刑務所

アメリカでは正確には少年刑務所という概念はない。一度、逆送等で少年裁判所が管轄権を放棄した場合には、少年は成人として扱われ、成人刑務所に収容されるからである。もっとも、成人刑務所において少年に対する強姦等の性的虐待の被害等が相次いだので、現在は、多くの州で成人刑務所内に少年収容区域を設けることが多くなってきている。事実上、成人受刑者との接触を回避する措置がとられるようになったのである。また、州によっては、少年院の中に特別の区域を設けて少年受刑者を収容する場合もある。いずれの場合も青少年犯罪者としての教育的処遇を受ける（後述 5-2 参照）。

5 半拘禁施設

半拘禁施設の代表的なものがハーフウェイ・ハウス（Half Way House）である。これはコミュニティーを基盤とした開放施設であり、主として少年院を仮退院した少年が社会への完全復帰の前に一時的に収容される施設である。民間で運営される場合もある。少年はそこから学校や職場に通って社会復帰の基盤を築くことになる。

5　厳罰政策の現状

1 移送法改革による厳罰政策

アメリカの厳罰主義の定義を、さしあたり、「犯罪少年に対して、より刑罰的対応をすること」と定義することが許されるなら、それは少年裁判所が犯罪少年に対する管轄権を放棄して、刑事裁判所に送致する、いわゆる移送法の改革そのものであるといってよい。

この刑事裁判所送致の方法には、少年裁判所を経ない方式も含めて概ね 3 つの類型があることはよく知られている。少年裁判所の裁判官がその裁量において刑事裁判所への送致を決定するもの（裁判官裁量による移送＝第 1 類型）、さらに刑事裁判所への送致の裁量を検察官が有するもの（検察官裁量による移送＝第 2 類型）、そしてあらかじめ一定に犯罪類型を制定法のレベルで少年裁判所の管轄外とするもの（立法による自動的移送＝第 3 類型）がそれで

ある。

　もっとも典型的な移送類型はわが国も模範とした第 1 類型である。ここで
はケント判決を契機として、多くの制定法でいくつかの客観的な基準が設け
られているものの、最終的には裁判官裁量によって移送が決定される。その
意味で少年裁判所の教育的配慮を働かせる余地がある。1980 年代の厳罰主
義はこの要件を厳しくして、低年齢から刑事裁判所に送致することを可能に
するという形式で行われた。例えばオレゴン州では、ある凶悪事件を契機と
して 1985 年に移送対象年齢が 14 歳に引き下げられ、裁判官は社会の安全の
保護を移送判断の基準に含めなければならないとされるようになった。(も
っとも、その後、15 歳まで引き上げられた)。

　だが、1990 年代以降の厳罰主義は、第 2、第 3 類型の移送改革によるもの
が中心であり、少年裁判所の裁判官の裁量を排除することで達成されてい
る。例えばミネソタ州は 1995 年に少年法を改正して量刑基準を採用し、事
実上は検察官が刑事裁判所への移送を行うようにしているし、イリノイ州で
も、第 3 類型の移送法の対象となる犯罪類型を拡張する傾向が続いている。

　いずれにしても、この 3 つのプロセスのいずれかによって少年を刑事裁判
所に移送して刑罰の対象とするわけである。もっとも州によっては、事件を
刑事裁判所に移送せずに少年裁判所が自ら刑罰を科す管轄権を有している場
合もある。

2　行き過ぎた刑罰化と新しい対応策としての混合量刑

　このようなプロセスを経て刑事施設に収容された少年が、適正な更生の道
を辿るということは当初から考えられていたわけではなかった。刑事施設が
社会復帰のための教育、訓練などを義務としていないことからすればむしろ
当然のことでもある。厳罰を加えて社会から隔離することが目的であったと
さえ言ってよい。それゆえに、成人の受刑者が収容される刑事施設で、少年
は「成人」とみなされて過酷な収容生活の実態にさらされる結果になったの
である。例えば、成人受刑者から性的虐待を受ける少年受刑者が多発したこ
と、成人刑務所でより犯罪性を深化させて釈放後に重大犯罪を行う者が続出
したことなどがあげられる。

　しかしながら、このような過酷な状況を回避して、かつ処遇効果をあげるために、現在では混合量刑（Blended Sentencing）という制度をとる州が多くなってきている。これにはいくつかの類型があるが、代表的なものについてだけ触れると、一つは当該少年を成人に達するまで少年院に収容して社会復帰処遇を行い、成人後に一般の刑務所に移送して残りの拘禁期間を過ごさせるという制度である。もう一つは青少年犯罪者（youthful offender）というカテゴリーを設けて重罪を行った少年を少年裁判所でそのように認定して、成人刑務所に特別に設けられた分画区で社会復帰のための特別の処遇を受けさせ、成人後に一般居住棟に移すという制度である。前者の例としてはオレゴン州のメジャー・イレブン（Measure 11）法がある。ここでは上記の第3類型で移送されて有罪判決を受けた少年を25歳に達するまでは州の少年矯正施設に収容して、その後は州の成人刑務所に移送することにしている。後者の例としてはネバダ州の青少年犯罪者プログラム制度（youthful offender program）がある。ここでは州の成人刑務所に青少年専用の居住棟を設けたうえで、14歳から21歳までの青少年受刑者に対して、成人受刑者とまったく接触することがないような特別な教育的処遇を展開している。

　このように少年司法における教育的処分と刑罰を混合して処遇を展開するのが、厳罰の対象とされる少年への対応の妥協的到達点であるといえる。

6　修復的少年司法

　一方で、アメリカ少年司法の中で修復的司法という一種の政策が隆盛を極めつつある。この観念は、一見、厳罰主義とは無関係のように見えるが、以下に見るようにそうとは言い切れない側面を持っている。

　アメリカにおける修復的少年司法は、州によっては制定法でその目的が「被害者のニーズの満足、地域社会の保護（社会の安心感を得ること）、非行行為を行った少年のケアーをはかることである」と規定され、ダイバージョン段階での被害者・加害者メディエーション、処遇段階（プロベーションあるいは施設収容）での被害者衝撃パネル、家族・地域集団会議などのプログラムが官・民両組織によって行われている。

　この修復的少年司法では、まず、被害者のニーズを満足させることが第一の目的とされるが、これは時として、端的に加害者に被害者に対する責任をとらせるということで言い換えられる場合がある。すなわち、被害者が受けた危害・損害の修復・回復に焦点をあてて、被害者の物理的かつ精神的な苦痛を緩和するために弁償するのはもちろんのこと、加害者は事件に関する事情説明を行い、そして自らが普通の人間であるということを理解してもらわなければならないのである。また、謝罪あるいは後悔の念の表明を少年に奨励することも大きな特徴である。

　次に少年に責任を感じさせることを目的とするが、これは、いわゆる刑事責任や遵法義務ではなく、少年が非行によって影響を与えた他者に直接応えることであり、そのことを自覚することである。これは時として少年に自らを責め立てることを要求するに等しい場合があり、かえって刑事責任よりも過大な責任を要求することにつながりかねない危険性をもっている。

　さらに修復的司法は地域社会の安心感を得ることを目的としている。この目的の下では、例えば、少年に対する監督活動などを通じた地域社会の監視によって再非行を防止することや少年の危険度に応じて制約や監視のレベルをあげることなどが考えられている。しかし、修復的司法はこのように地域社会の安全を強調することによって、本来の社会内処遇の意味とは異なった「非行少年の地域による監視」という要素を生み出しているとも考えられる。

　こう見ると、少年司法の領域で修復的司法を採り入れることにより、まず被害者のニーズを満足させること、すなわち加害少年の責任が優先的に考慮されること、次に地域社会の安心感を得ること、すなわち加害少年の行動を回りの「善良な」市民が監視することが考慮されていることがわかる。

　このことは均衡的修復的少年司法の対象となる比較的軽微な非行についても、社会や被害者の利益の観点を加味して判断すべきことを意味している。移送法の改革によって重大犯罪に対する厳罰化を達成した今、軽微事件に対しても厳しい対応が起こりつつあると見ることも可能であろう。

○コラム42　修復的少年司法（**Restorative Juvenile Justice**）

　アメリカにおける修復的少年司法は、1980年代後半にプロベーションの実効化・強化を目的として、均衡的アプローチ（Balanced Approach）という形で展開され始め、その後、司法省少年司法非行防止局の均衡的修復的少年司法（Balanced And Restorative Juvenile Justice）プロジェクトとして1992年以降に全米で推進され始めたものである。被害者の癒し・満足感、地域社会の安全感、そして加害少年の責任の３つのバランスをとることを目的としている。2008年までにほぼ全州が少年司法の領域で修復的司法を何らかの形で導入しており、州法上に修復的司法をとることを明記した州が34ある。

7　アメリカ少年司法の将来

　アメリカの少年司法の現状を見る限り、それは120年前に非行少年を過酷な刑罰から解放するために発展したパレンス・パトリエ思想に基づく保護的少年司法から大きく乖離している。手続は教育的裁量を有する裁判官の手を離れて公益の代表者である検察官の事実上の裁量に委ねられている感が強い。インテイクの段階から処分決定の段階まで検察局が設定した様々な事件処理基準が重層的に張り巡らされていて、基本的に非行事実の重大性（重さ）と処分の重さが比例した刑罰的な対応になっている。まさに少年司法はその意味で「刑事司法化」しているといえる。

　また最近では修復的司法による軽微犯罪への対応がさかんに主張されている。多くの州における修復的司法プログラムがダイバージョン段階（検察官による事実上のふるい分け）で多用され、本来処分すべきでない少年に対して、被害者への謝罪と癒しという名目で過度な介入をしている現状から判断すれば、これもまた検察官による厳罰的対応の現れであると見ることができる。

　結局のところ、アメリカの少年司法は少年裁判所裁判官による教育的対応から検察官による厳罰的対応に変化していると結論づけるのが妥当であろ

う。それにもかかわらず、保釈や陪審裁判を受ける権利などが保障されていない少年司法の現状を見れば、憲法上の権利保障が十分でなく、中途半端なかたちで不公正な裁判を受けることを余儀なくされているという指摘がある。少年裁判所を廃止して成人刑事裁判所に一本化すればよいという主張も、アメリカの現状を見る限り、一定の説得力を持っている。

　もっとも、近年、一連の連邦最高裁判決（コラム 43 参照）を契機として、少年法適用年齢を 19 歳未満まで引き上げたり（バーモント州、ミシガン州、ニューヨーク州）、刑事裁判所の移送年齢を 16 歳以上に引き上げたり（カリフォルニア州）する動きも見られる。これが厳罰主義からのゆりもどしであるのか、注視する必要がある。

○コラム43　アメリカ少年司法の新動向

　連邦最高裁は、2005年ローパー判決（Roper v. Simmons, 543 U.S. 551）で犯行時18歳未満の少年に対する死刑、2010年のグラハム判決（Graham v. Florida, 560 U.S. 48）で殺人（非謀殺）罪を犯した犯行時18歳未満の少年に対する仮釈放なしの終身刑、そして、2012年のミラー判決（Miller v. Alabama, 132 S. Ct. 2455）で犯行時18歳未満の少年に対する仮釈放なしの命令的終身刑をそれぞれ違憲とした。これらの判決においては、少年の脳が生物学的に未発達で、そのことが未熟な判断（＝犯罪）を招く一因になっているとする近年の脳科学の知見が重視されている。成人と少年は違う（＝少年には可塑性がある）ということが生物学的根拠をもって司法判断として示されたのである。これらの一連の判決等を契機に、米国各州では、少年法対象年齢の引き上げ、刑事裁判所移送要件の厳格化、終身刑の見直し（早期釈放の推進）、少年死刑の廃止等、厳罰主義を見直す傾向を示しつつある（山口直也『脳科学と少年司法』（現代人文社、2019年））。

参考文献
・廣瀬健二『少年法』（成文堂、2021 年）
・山口直也編著『新時代の比較少年法』（成文堂、2017 年）
・服部朗著『アメリカ少年法の動態』（成文堂、2014）
・山口直也編著『ティーンコート』（現代人文社、1999）
・澤登俊雄、斉藤豊治編『少年司法と適正手続』（成文堂、1998）

（やまぐち・なおや）

(2)　イギリス

キーワード

1908年児童法／刑事裁判型／青少年裁判所

1　イギリスの少年司法

イギリスの正式名称は「グレート・ブリテン及び北アイルランド連合王国」(United Kingdom of Great Britain and Northern Ireland) であり、法管轄も、イングランド及びウェールズ、スコットランド、北アイルランドの3つに別れ、それぞれ独自の法制度を有しており、少年司法についても別個の制度を有する。また各管轄の少年司法体系は複雑で、わが国のように単一の「少年法」が存在するわけではない。しかも、法改正が頻繁に行われており、複雑さを増している。

ここでは、中心的なイングランド及びウェールズの少年司法制度について記述するが、他の法管轄についても若干触れる。

1　少年司法の歴史
(1)　少年裁判所の創設

イギリスは英米型少年法制に属し一定の共通項があるとされるが（平場安治『少年法（新版）』（有斐閣、1987）17頁）、しかし、以下にみるように、アメリカとはかなりの相違がある。イギリスにおいて少年裁判所 (Juvenile Court) の創設はアメリカに遅れること9年、つまり1908年児童法 (Children Act 1908) によるものであるが、その遅れがかえってイギリスをしてアメリカとは異なった体制を採用させたとも言われる。すなわち、同じ少年裁判所でありながら、アメリカの「社会化された少年裁判所型」に対してイギ

リスは「修正された刑事裁判所型」を採用した（F. L. Faust and P. J. Brantingham, Juvenile Justice Philosophy (2nd ed.), 1979, p. 2）からである。前者は、少年の社会化を念頭に福祉的色彩をもつのに対して、後者は成人と同様の刑事裁判を修正したものであり処罰的色彩が強い。要するに、創設初期において、イギリスは少年裁判所といっても成人裁判と同様に、治安判事が審判を行い、ただ少年犯罪者が成人犯罪者との接触によって悪風感染の弊害を受けることを回避することを主たる目的として設けられた。現に、1908 年法によると、少年裁判所は、成人裁判所とは異なる建物、部屋、時間に開催することとされた。

　刑事裁判型を採用する前提として、①少年裁判所の原理的な焦点は少年によって行われた犯罪に当てられること、②虞犯や虐待・放任の事件は少年裁判所の本来の業務から排除されること、③少年は自ら行った犯罪について責任を自覚すべきであり、かつ市民の安全の確保のために厳正な処分が科されるべきことである。このため、少年司法にパレンス・パトリエ思想が取り入れられず、イギリスではこんにちでも依然として、「非行（delinquency）」概念、さらには、「ステイタス・オフェンス」（わが国の「虞犯」にあたる）概念がない。

(2)　犯罪少年の処罰と福祉

　上述したように、イギリスの初期における少年法制の根幹は刑事裁判であり、ケアと保護を必要とする児童に対する福祉的要素は二次的であったとされる。しかしながら、1908 年法は他方で、児童憲章ともよばれ、少年福祉に関するさまざまな規定を盛り込み、1933 年児童及び若年者法（Children and Young Persons Act 1933）に至ると、少年犯罪者に対する福祉的処遇はいっそう明瞭となり、種々の制度が導入された。同法では、認可学校（approved school）が導入され、一定の警備の下に、犯罪少年と放任児童の双方に対する教育と訓練が行われた。さらに、1948 年刑事司法法（Criminal Justice Act 1948）は出頭所（attendance centre）を創設して犯罪少年の余暇時間を矯正に当てることとし、同年の児童法は認可学校の対象であった放任児童を地方当局の児童部の扱いとして、犯罪を行った少年とそうではない少年の分離を図った。

　戦後において最も象徴的な少年法制は、労働党政権下の 1969 年児童及び若年者法（Children and Young Persons Act 1969）である。同法はまさしく改善モデルを採用して少年司法の福祉化を進める一方、処罰色の強い治安判事の権限を弱めて、地方当局の社会福祉部門にその権限を移し、いわば地方当局の少年裁判所機能を承認したのであった。また、認可学校もリマンド・ホームと併合され、地域ホームとしてやはり地方当局の管轄に入った。このように、1969 年法は、まさしく犯罪少年を福祉の対象とするという、1908 年法理念の大転換を図ったが、現実には完全に実施されることはなく、結局、保守党政権に移って 1970 年代に入ると、いわゆる応報モデルへの回帰現象がみられた。

　1980 年代の少年法制は目まぐるしい変革に見舞われ、1982 年刑事司法法（Criminal Justice Act 1982）では不定期刑を廃止し、ボースタルは青少年拘禁施設に置き換えられた。拘禁においては、収容期間の短縮が図られ、拘禁には地域監督命令が付随した。その後、ダイバージョン政策、たとえば警察の警告（cautioning）制度などが大幅に取り入れられ、また拘禁に代替して中間処遇プログラムが導入され、1988 年刑事司法法（Criminal Justice Act 1988）では、拘禁センターと青少年拘禁が単一の若年犯罪者拘禁に統一された。そして、1989 年児童法は、1908 年以来の伝統であった少年裁判所を廃止し、福祉対象の児童を除外して、青少年裁判所（Youth Court）へと装いを変えた。

2　最近の動向と厳罰化

　1990 年代では、福祉から処罰への方向性が明瞭となった。まず 1991 年刑事司法法（Criminal Justice Act 1991）はいわゆる分岐政策をとり、常習的少年犯罪者には拘禁を、軽微な財産犯には地域に根ざした処分を規定する一方、伝統的な「親の責任」を強調して、その誓約制度とその違反に対する罰金制度を導入した。その後、1993 年にはイギリス少年犯罪史上とりわけ著名なジェイムズ・バルジャー事件が発生し、少年司法改革への契機を与えた。すなわち、いわゆる厳罰化政策がそれであり、他方でダイバージョン政策は衰微した。たとえば、警備訓練センターの創設、年少少年に対する拘禁の拡張、拘禁期間の上限の引き上げ等、次々と保守党政府は少年犯罪対策を打ち

出した。1997年誕生の労働党政府もこの路線を継承し、白書「もう言訳は許されない（no more excuses）」を標語として、1998年犯罪及び秩序違反法（Crime and Disorder Act 1998）を成立させ、犯罪行為だけでなく、前犯罪行為（disorder、秩序違反行為）についても早期予防の観点から、種々の介入を可能にした。

○コラム44　ジェイムズ・バルジャー事件（James Bulger case）

　1993年2月、当時10歳の少年二人が、イギリス・リバプール郊外で2歳の児童を殺害した事件。ショッピング・センターで母親とはぐれたバルジャー少年を近くの線路脇まで連れだし、激しい暴行の末、線路上に置き去りして死亡させた。イギリスでは歴史上、殺人罪の起訴としては最年少となった。その後、裁判では15年以下の不定期拘禁刑が言い渡されたが、2001年に仮釈放が許され、社会復帰した。少年たちに非行歴があったこと、暴力映画の影響が指摘されたことのほか、少年に対する拘禁刑の意義、重大事件の少年犯罪者の社会復帰のあり方などが論議された。

　1998年法を内容的にみると、①コモン・ローの伝統とされる責任無能力推定原理の廃止、②児童安全命令、養育命令、アクション・プラン命令、修復命令、拘禁訓練命令などの新制度の導入、③10歳未満の者の夜間外出禁止命令（curfew order）の導入、④法的根拠のなかった警察警告（police cautioning）制度に代替する最終警告（final warning）制度の導入、⑤少年司法手続の迅速化、⑥青少年司法委員会（Youth Justice Board）の設置、⑦非当事者主義的制度の導入などである（John Graham, Juvenile Crime and Justice in England and Wales, in Nicholas Bala et al (eds.), Juvenile Justice Systems, pp. 86, 2002）。

○コラム45　責任無能力推定原理（principle of doli incapax）

　イギリス古法のコモン・ローの原則の1つ。子どもは自ら犯した行為の是非を理解できないがゆえに、「犯罪を行うことができない」とされる原則である。10歳以上（もともとは7歳以上）14歳未満の者が対象となる。つまり、これを覆して当該少年の刑事責任を認めるためには、検察官が、行為時に当該少年は是非の弁別が可能であったこと、つまり悪い行為であることを

認識していたことを示す証拠を提示しなければならない（「悪意の証明」）。
この原則は上述のように、1998年法で廃止された。

さらに、1999年青少年司法及び犯罪証拠法（Youth Justice and Criminal
Evidence Act 1999）は、新たに有罪の答弁を行った初犯者に対する若年犯罪
者パネルを設立し、これに基づきイギリスでは初めて修復的司法（リストラ
ティブ・ジャスティス）が導入された。

2　司　法　過　程

1　警察警告制度

　軽微な犯罪を行った少年犯罪者に対しては、警察に広範な裁量権が認めら
れており、警察は以下の4つのダイバージョン的措置をとることができる。
第1に、極めて軽微な犯罪の場合、あるいは被疑者の犯罪を裏付ける証拠が
不十分である場合、警察は被疑者を不処分とすることができる。第2に、軽

図16(2)-1　イングランド及びウェールズの少年司法手続略図

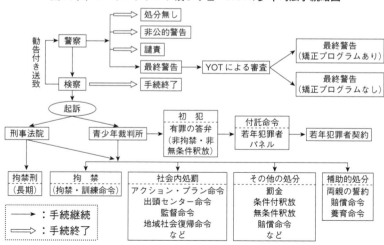

出典　A. Bottoms and J. Dignan, Youth Justice in Great Britain, in M. Tonry and A. N. Doob (eds.),
　　　Youth Crime and Youth Justice, 2004, p. 79 の図を若干修正して作成した。

微犯罪については、警察は「非公的警告（informal warning）」を被疑者に与え、手続を終わらせることが可能である。この非公的警告によって処理された事件は、公的に記録されることはなく、のちに当該被疑者が再犯を行った場合に裁判で参照されることもない。第 3 に、非公的警告が適当ではない初犯の軽微犯罪で、被疑者が罪を認めている場合には、警察は、公的に記録が残る「譴責（reprimand）」を言い渡すことができる。第 4 に、軽微犯罪でかつ再犯の場合、警察は最終警告（final warning）を言い渡すことができる。この場合、警察は当該事件を青少年犯罪対策チーム（Youth Offending Team: YOT（コラム 44 参照））に送致しなければならない。青少年犯罪対策チームは、当該事件についての審査を行い、必要であれば、対象少年に「社会復帰プログラム（rehabilitation programme）」を受けさせることができる。

2 起　　訴

　ダイバージョン的措置では適当でないと警察が判断すると、事件は検察庁（Crown Prosecution Service）に送致され、公判維持のための証拠と起訴による公益が検察官によって検討される。しかし、十分な証拠が発見されない場合や公益に反する場合には、手続は停止され、再度事件は警察に戻され、一定の警告が警察官によって勧告される。イギリスではかつて、日本と異なり、警察が犯罪事件の捜査に加えて起訴・不起訴の決定も行っていた。しかし、1986 年に検察庁が新設された後は、起訴・不起訴の決定を検察官が原則として担当することとなった。それ以降、検察官が不起訴と決定する事件が増加の傾向にあるといわれる（J. Graham, ibid., p. 87.）。

3 裁　　判

(1)　青少年裁判所

　少年裁判所から変更された青少年裁判所も、依然として刑事裁判色の強い治安判事裁判所である。実質的に刑罰が言渡される点は、わが国の家庭裁判所と最も異なるところである。その手続も成人を扱う裁判所と同様に当事者主義を採用するが、成人の手続よりも単純で非公式である。すなわち、非公開制であり傍聴は許されないが、メディア関係機関は傍聴し、報道が許され

る場合がある。しかし、その場合も、裁判所がとくに許可しないかぎり、少年の身元が明らかになるような事項を報道することは許されない。最大で 3 人の治安判事が特別委員会から選抜され、そのうち男性・女性が一人ずつ入っていなければならない。治安判事は通常、無給で公衆から選ばれた素人裁判官であるが、一部は法曹資格を有する有給の職業裁判官が務める。有給の治安判事の場合、単独で裁判を行うことができる。

(2) 刑事裁判所

一部の少年事件は、例外的に成人の刑事事件を主に扱う刑事法院（Crown Court）で審理される。これには、殺人事件、21 歳以上であれば最低 14 年の拘禁刑に相当する事件、不品行の暴力（性犯罪）による事件、18 歳以上の者との共犯事件などがあるが、これらの場合も、判決は青少年裁判所で言い渡される。

(3) 対象少年

現行法における刑事責任年齢は、10 歳である。他の EU 諸国に比してかなり低いのが特徴である。また、上述のように 1998 年法まで存在した責任無能力推定原則も廃止されたことから、一段と年少少年に対する責任は強化されたといえる。青少年裁判所の対象年齢は 10 歳から 17 歳まで（18 歳未満）である。もっとも 1908 年法では、少年裁判所の対象は 7 歳から 15 歳であった（但し、拘禁刑の言い渡しは 14 歳以上とされていた）。1933 年法になると、上限が 16 歳に引き上げられた。その後、第二次大戦後には少年犯罪者に対する身体刑が廃止され、拘禁の使用にも制限が設けられて、拘禁の言い渡しの下限が 15 歳に引き上げられた。他方、1991 年法では、青少年裁判所の対象が 17 歳まで含むようになり、とくに年長少年の犯罪が顕著となったこともあり、16 歳・17 歳を「準成人（near adult）」として、他の年齢層との区別を設けた。そして、10 歳から 13 歳までを「児童（child）」、14 歳から 17 歳までを「若年者（young person）」としている。

3 刑罰・処分

青少年裁判所が言い渡すことのできる刑罰・処分には、拘禁、社会内処

罰、その他の処分、補助的処分の 4 種類がある。

1 拘　禁

　少年に対する拘禁には拘禁・訓練命令（detention and training order）がある。これは、15 歳から 17 歳の者ないし裁判所が累犯者（persistent offender）とみなした 12 歳から 14 歳の者に適用可能な拘禁で、実質的な刑罰である。その期間は 4 ヶ月から 2 年の間で決定され、言い渡された期間の最初の 2 分の 1 は若年犯罪者施設（young offender institution（15 歳から 17 歳））ないし厳重警備訓練所（secure training centre（12 歳から 14 歳））に収容され、残りの 2 分の 1 は若年犯罪対策チームの監督（supervision）のもと社会内で処遇される。裁判所は、必要があれば、社会内処遇期間中に対象者に集中監督・監視プログラム（Intensive Supervision and Surveillance Program, ISSP）への参加を条件として付すことができる。

　〇コラム46　若年犯罪対策チーム（**Youth Offending Team, YOT**）

　　警察、プロベーション・サービス、ソーシャル・サービス、衛生、教育、薬物・アルコール濫用などの専門家から構成される若年犯罪対策の組織で、イングランド及びウェールズの各地方当局に設置されている。YOT は、青少年裁判所の指示で、全国基準（National Assessment）をもとに18歳未満の各若年犯罪者個人のニーズを査定し、再犯を予防するうえで適切なプログラムを作成し、その実施を監督する。

---

2 社会内処罰（community sentences）

　いわゆる社会内処遇である。これには、アクション・プラン命令（action plan order）、出頭所命令（attendance centre order）、監督命令（supervision order）、地域社会復帰命令（community rehabilitation order）、社会内処罰命令（community punishment order）、薬物治療・検査命令（drug treatment and testing order）、夜間外出禁止命令（curfew order）がある。

　① 「アクション・プラン命令」は、地域社会に基礎をおいた 3 ヶ月間継続する集中的なプログラムをいう。当該命令は、若年犯罪対策チームによっ

て監督される。若年犯罪対策チームが展開するプログラムは、対象者のニーズとリスクに合わせて調整される。作成されるプログラムには、犯罪被害者や地域社会に与えた損害を修復すること、教育や訓練、出頭所への出頭などが含まれる。

　②　「出頭所命令」は、対象者を出頭所に出頭させることをいう。出頭所は、通常警察によって運営されている。出頭所では、規律訓練や身体的訓練、生活技能（social skill）に関する訓練を行う。実施期間は最長 36 時間で、対象者の年齢や犯罪の重大性に応じて決定される。

　③　「監督命令」は、保護観察官やソーシャル・ワーカー、地方当局の少年司法ワーカーによって監督される命令である。実施期間は最長 3 年であり、特別な条件が付される場合と付されない場合がある。特別な条件の中には、ISSP、薬物治療、夜間外出禁止、地方当局の居住施設での居住などがある。

　④　「地域社会復帰命令」は、16、17 歳の者にのみ発することができる命令で、監督命令に相当する。若年犯罪対策チームによって監督され、犯罪による損害の賠償、犯罪行動を示すプログラムや ISSP などの活動を行う。

　⑤　「社会内処罰命令」は、一定時間、若年者に無給の社会内作業を行わせることをいう。当該命令は、保護観察所社会内作業チーム（Probation Service Community Service Team）によって監督される。期間は、40 時間から 240 時間の間で決定される。社会内作業の例としては、大工仕事、補修、模様替え、老人や脆弱な者との作業などがある。

　⑦　「薬物治療・検査命令」は、16 歳以上の薬物濫用者に薬物治療を命ずることをいう。対象者が当該命令に従うことに同意しなければならない。当該命令は、6 ヶ月間から 3 年間の間で行われる。期間中、対象者は、定期的に薬物検査を受け、社会内で治療を受けなければならない。当該命令は、保護観察所によって監督される。

　⑧　「夜間外出禁止命令」は、対象者に一日のうち一定時間（2〜12 時間）、特定の場所（通常は家庭）にとどまることを要求する命令をいう。当該命令は、16 歳以上の者には最長 6 ヶ月、16 歳未満の者には最長 3 ヶ月行い、対象者には電子監視装置が付着される。

3 その他の刑罰・処分

その他の処分には、罰金 (fine)、条件付釈放 (conditional discharge)、絶対的釈放 (absolute discharge)、付託命令 (referral order)、賠償命令 (compensation order)、修復命令 (reparation order) などがある。

① 「罰金」は、犯罪の態様や犯罪者の財政的状況によって決定される。対象者が16歳未満である場合、罰金の支払いは、その両親ないし後見人が責任を負う。なお、罰金額を設定する際には、両親の財政的状況が考慮される。

② 「条件付釈放」は、一定の条件を付して釈放することをいう（いわゆる執行猶予）。6ヶ月から3年の間で期間が設定され、設定期間中に少年が再犯を行わなければ、刑を科されることはない。期間中に対象者が再犯を行った場合、裁判所に戻され再び量刑を言い渡される。

③ 「絶対的釈放」は、少年が有罪を認めた、あるいは裁判所が有罪と認定したが、おこなった犯罪が非常に軽微な場合に条件を付されることなく釈放されることをいう。

④ 「付託命令」は、有罪の答弁を行った者で初犯である場合に、言い渡される。当該命令を受けた者は、地域社会のボランティア2名と若年犯罪対策チームのパネル・アドバイザー1名で構成される若年犯罪者パネルに参加しなければならない。当該パネルは、少年、その両親ないし後見人、被害者（妥当な場合）とともに、3ヶ月から12ヶ月の間で継続する契約 (contract) に同意する。当該契約の目的は、犯罪による損害を修復し犯罪行動の原因を明確にすることである。

⑤ 「賠償命令」は、少年がおこなった犯罪の被害者への金銭的補償をいう。

⑥ 「修復命令」は、少年がおこなった犯罪の被害者ないし損害を被った地域社会への非金銭的賠償をいう。直接的に被害者に、また間接的に地域社会に犯罪によって与えた損害を修復することを若年者に要求する。具体的には、落書きの消去や社会内作業をすることなどである。当該命令は、若年犯罪チームが監督する。

4 補助的処分

補助的処分には、犯罪を行った子どもの両親や後見人に言渡される付随的な処分がある。これには、両親の誓約（bind over parent）、養育命令（parenting order）などがある。

① 「両親の誓約」とは、子どもが犯罪を行った場合、その両親ないし後見人が児童に対する適切な保護を行う、あるいは適切な統制を及ぼす内容の正式誓約（recognizance）を求める裁判所の命令である。両親ないし後見人は当該命令に同意しなければならない。同意が合理的な理由なしに拒絶された場合、裁判所は、最大 1000 ポンドの罰金を両親ないし後見人に科すことができる。少年が 16 歳未満であって、再犯のおそれがある場合、裁判所は、この権限を行使しなければならず、行使しない場合には理由を示さねばならない。少年が 16、17 歳の場合、この権限は裁量的なものとなる。

② 「養育命令」とは、犯罪をおこなった若年者、怠学した若年者、児童安全命令、反社会的行動命令、性犯罪者命令のいずれかの命令を受けた若年者の両親ないし後見人に発せられる。3 ヶ月から 12 ヶ月の間で継続する。なお、当該命令を受けたことは、若年者の両親ないし後見人の犯罪歴として記録されることはない。養育命令を受けた両親ないし後見人は、カウンセリングやガイダンス・セッションに参加することを命ぜられる場合がある。児童を学校に出席させること、児童を特定の場所に出入りさせないこと、指定された時間に児童を家に居させること、といった条件が付される場合がある。条件を履行できなかった場合、両親ないし後見人は、訴追される可能性がある。

4 スコットランドの児童聴聞制度

　スコットランドはイギリスの一部ながら、固有の教育制度、法制度を有し、なかでも少年司法制度は、イングランド及びウェールズとはかなり異なっている。歴史的には、スコットランドの少年司法は、1908 年法による少年裁判所創設などイングランド及びウェールズと形式的に同様であったが、

1968年ソーシャル・ワーク法（Social Work Act 1968）によって少年裁判所を廃止し、これに代わる児童聴聞制度（Children's Hearing System）を導入したことで、イングランド及びウェールズの制度とは形式的にも実質的にも相当異質な制度となっている。

　すなわち、現在においてスコットランド少年司法制度の中心は、児童聴聞制度である。この制度は、高等法院キルブランドン判事の検討委員会（いわゆるキルブランドン委員会）の勧告によって成立した1968年法に基づいて1971年に創設された。同委員会は1961年に立ち上げられ、従来から少年のニーズに十分対応していないとして批判の強かった少年司法制度を再検討し、1964年の同報告書（キルブランドン報告書）によって児童聴聞制度の創設を勧告したのである。

　児童聴聞制度にはユニークな「レポーター（reporter）」という専門職がおかれており、レポーターが児童聴聞に付するか否かの決定を行う。このほか、児童聴聞制度の画期的な点は、少年が行った犯罪よりもそのニーズに焦点を合わせる社会福祉的な色彩が強いことである。つまり、少年犯罪を家庭の問題ととらえる点に特徴がみられる。そこで、児童聴聞制度は子どもの養育を担う両親の責任を促進するとともに、児童の利益を最優先に家庭の機能の強化を図っている。そのためには、法的要請や手続を重視する裁判制度は不適切であり、地域社会のボランティアから成る聴聞制度を採用したのである。創設から30年以上経た現在においても、ほとんど改正されることなく、市民からも一定の支持を得ている（Maureen Buist and Stewart Asquith, Juvenile Crime and Justice in Scotland, in Nicholas Bala et al (eds.), Juvenile Justice Systems, p.108, 2002）。

　スコットランドでは、「児童」は16歳未満を指し、刑事責任の下限は8歳である。したがって、児童聴聞制度の対象となるのは8歳から15歳までの少年であり、16歳・17歳の年齢層は児童聴聞によっても、また成人の刑事司法制度によっても扱われる中間層である。また、16歳未満の者が刑事司法制度に付されることもあるが、稀れである。なお、スコットランドでは、2003年6月から16、17歳の常習犯罪者を扱う青少年裁判所が一部のシェリフ裁判所で実験的に導入されている。

近年、スコットランドでも被害者重視の傾向が強まり、リストラティブ・ジャスティス（修復的司法）を導入する動きがみられる。

5　北アイルランドの少年司法改革

北アイルランドは長年に渡って住民間の宗教対立が続き、イギリス政府と連動した公的司法制度はほとんど機能せず、いわゆる IRA などの準軍事組織による非公的司法が機能して、かなり残酷な私刑罰（たとえば、銃撃や殴打などの身体刑）が行われてきた。しかし、20 世紀末の和平合意を経て、刑事司法制度はもちろん、少年司法制度についても見直しが進んでおり、リストラティブ・ジャスティスの導入など新しい少年司法に生まれ変わろうとしている（渡邉泰洋「北アイルランドにおける少年司法改革」国士舘法研論集 6 号 1 頁以下（2005））。

北アイルランドの少年司法は、基本的にはイングランド及びウェールズとほぼ同じ構造をとる。3 人の治安判事からなる特別少年裁判所が設置され、10 歳から 17 歳までの犯罪を行った少年を扱う。現行制度の基本となる法令は 1968 年児童及び若年者法であるが、1998 年刑事司法（児童）命令（Criminal Justice (Children) Order 1998）は少年犯罪者に対する拘禁の緩和を狙いとし、また和平合意後に成立した 2002 年司法（北アイルランド）法（Justice (Northern Ireland) Act 2002）は上述のように、リストラティブ・ジャスティス（修復的司法）を導入した。

参考文献（本文中の文献を除く）

・渡邉泰洋「イギリス少年司法政策の分岐」国士舘法研論集第 5 号 25 頁以下（2004）
・渡邉泰洋「イギリスにおける少年裁判所モデル」国士舘法研論集第 4 号 27 頁以下（2003）
・木村裕三『イギリスの少年司法制度』（成文堂、1998）
・澤登俊雄・斉藤豊治編著『少年司法と適正手続』（成文堂、1998）
・廣瀬健二「海外少年司法制度―英、米、独、仏を中心に―」家庭裁判月報第 48 巻 10 号（1996）
・柳本正春『米・英における少年法制の変遷』（成文堂、1995）

・澤登俊雄編著『世界諸国の少年法制』(成文堂、1994)

・桑原洋子『英国児童福祉制度史研究』(法律文化社、1989)

・宮沢浩一編『世界諸邦 少年法制の動向』(鳳舎、1968)

・Youth Justice Board の HP

http://www.youth-justice-board.gov.uk/YouthJusticeBoard/

・Michael Cavadino and James Dignan, The Penal System an Introduction, 4th ed., 2007.

・Anthony Bottoms and James Dignan, Youth Justice in Great Britain, in Michael Tonry and Anthony N. Doob (eds.), Youth Crime and Youth Justice, 2004.

・David O'Mahony, Juvenile Crime and Justice in Northern Ireland, in Nicholas et al (eds.), Juvenile Justice Systems, 2002.

（わたなべ・やすひろ）

（3）ド イ ツ

キーワード

大陸型／少年刑法／ダイバージョン

1　少年司法制度の基本的性格

1　「大陸型」の「少年刑法」

　ドイツの少年司法制度は、一般に、「大陸型少年法制」の典型であり、刑事法的色彩を強くもつ制度であるといわれている。それは、①刑事裁判所の少年部という性格が強い少年裁判所が事件を管轄すること、②その少年裁判所が、保護的な処分と刑罰を選択的に科すことができ、手続の構造も成人に対する刑事訴訟手続に類似していること、③犯罪行為に及んだ少年の扱いが少年裁判所法に基づく一方で、放任少年、要扶助少年、虞犯少年などの処遇は少年福祉法に拠る二元的なシステムがとられていること、をメルクマールにしている（平場安治『少年法』27 頁（有斐閣、新版、1987）を参照）。

　こうした特徴づけは、主には制度生誕時の性格に着目したものであるが、現在のドイツの少年司法制度の性格を大まかに把握する際にも、一定程度有用である。というのも、新派刑法学による影響をも強く受ける形で 1923 年に成立をみた最初の少年裁判所法（Jugendgerichtsgesetz, JGG）の形式的な枠組み自体は、その後、1943 年、1953 年の少年裁判所法、1990 年の少年裁判所法第一次改正法による大改正を経ながらも、現在までなお継承されているからである。この点で、刑法（Strafrecht, StGB）や刑事訴訟法（Strafprozessordnung, StPO）の特別法として位置づけられているドイツの少年裁判所法が（§2 JGG を参照）、現在でも、一般にはなお「少年刑法（Jugendstrafrecht）」と称されていることにも理由はある。

2 「少年刑法」の変化

　しかし、実質的に見てみると、上記の特徴づけは必ずしも絶対的なものではない。まず、二元的なシステムの一翼を担う少年福祉法の性格が問題である。ドイツでは、警察法的色彩が強く、国家の積極的な介入を基本に据えるといわれてきた少年福祉法が、1990 年に社会保障法 8 編（Sozialgesetzbuch Achtes Buch, SGB VIII）の「児童および少年援助法」へと改められている。それに伴い、福祉法上の援助は、基本法上の親の権利と義務、そして若年者の成長発達権（§1 I SGB VIII）に基づく、受給者本人の任意を基本とする給付形態へと変化している。

　少年裁判所法に目を向けても、殊に 1960 年代半ば以降、その実質的な捉え直しが起こっている。少年司法制度を一元的な福祉法システムに取り込み、福祉的対応を図ろうとした、いわゆる「統一少年法」、「拡大された少年援助法」構想が挫折した後、1970 年代おわりからは、少年司法に関係する国際条約や国連準則をも機軸に、「実務による少年刑法改革」と称される動き（「少年刑法の内的改革」、「下からの少年刑法改革」とも別称される）が起こっている。①ダイバージョンによる非定式的な手続処理と社会内処分の拡充、②未決勾留を含めた自由剥奪処分の回避、③それらに伴う少年司法従事者の役割の転換を導いたこの改革動向は、1990 年の少年裁判所法第一次改正法に結実している。

◯コラム47　実務による少年刑法改革（**Jugendstrafrechtsreform durch die Praxis**）

　一般には、1970年代おわりから1990年の少年裁判所法第一次改正法の成立まで、既存の法制度の枠組みを前提にして、その可能性を追求する形で実務運用を中心に行われたドイツの少年司法改革を指す。

　この動向は、①少年犯罪の一過性・自然消滅性と②自由剥奪処分の有害性という犯罪学的知見を基盤とする。その特徴は、①非定式的な事件処理の拡充、②未決勾留を含めた自由剥奪処分の回避、③作業指示や援護指示、社会訓練コース、損害回復、行為者－被害者－和解といった「新しい社会内処分」の実験と制度化、④それらに伴う少年司法従事者の役割の転換、にある。

> 改革の背景には、立法的閉塞状況のほか、ソーシャルワーカーなど新しく登場した専門家が少年司法の担い手となりえたこと、社会参加活動が活発化し、社会資源の拡充が進んだことなどもある。ドイツの刑事政策一般において色濃く表れる地方自治の考えも、この改革動向に投影されている。

　近時、ドイツにおいても、政治的な厳罰化要求が高まっているが、少年司法改革の基本線と現行法の土台はこの「実務による少年刑法改革」にあるといえる。そのため、以下では、その改革の方向性に留意しながらドイツの少年司法制度の枠組みを素描することにしよう。

2　法制度の理念と目的

　ドイツ少年司法制度の理念は、「教育思想（Erziehungsgedanke）」にあると理解されてきた。しかし、その具体的な内容や法目的が少年裁判所法上明記されているわけではない。「教育」が、ナチス期において撤廃されるどころか、むしろ高唱されていたという事情もあり、標語的にいえば「刑罰に代わる教育（Erziehungstatt Strafe）」に徹するのかそれとも「刑罰による教育（Erziehung durch Strafe）」をも認めるのかという形で、その実質が現在なおも問い返されている。

　これまでの有力な立法提案の中には、一方では少年司法運営に関係する条約・国連準則に、他方では児童および少年援助法の目的規定に歩調を合わせる形で、若年者の成長発達権を出発点にして、再犯の予防と社会的統合への寄与を少年司法制度の目的として明記することを求めるものもあった。2007年の「少年裁判所法等の法律を改正する第二次法律」は、再犯の予防を法制度の目的に据え、その実現のために実体的な処分と手続をまず「教育思想」に適合するよう形成すべきことを求めている（§2 JGG）。

3　少年手続の対象

　少年手続の対象となりうるのは、行為時に刑事責任年齢に達している 14

歳以上 18 歳未満の少年（Jugend）による有責性を備えた犯罪行為である。そ
のため、少年の弁識能力と制御能力が、少年裁判所により個別に確認される
ものとされている。特に 1990 年代以降は、いわゆる「処罰未成年（Bestra-
fungsmündigkeit）」制度を導入し、未決勾留を含めた自由剥奪処分の賦課を 16
歳未満の少年に対して原則として禁止すべきであるという立法提案も有力に
なっている。

　人格の全体評価を行う中で、道徳的・精神的発育から少年と同視できる場
合や、行為の種類や事情、動機から少年事件として扱うべき場合には、18
歳以上 21 歳未満の青年（Heranwachsende）も少年裁判所の管轄に含まれる
（§105 JGG）。青年に対する少年裁判所法の適用は、現行法上例外として位置
づけられているが、問題に即応した柔軟な対応という点で少年裁判所法上の
措置が優れていることを理由に、青年に対する少年裁判所法の適用は実務運
用上すでに原則化している。1923 年法制定時以来の歴史的課題となってい
るその全面適用も「すでに 1970 年代半ば以来存在している一般的な合意」
といわれている。

　14 歳未満の刑事未成年による触法行為や「犯罪」を形成しない虞犯に類
する行為に対しては、少年裁判所法上の処分は予定されていない。この場
合、児童および少年援助法に基づき、家庭における教育を促進するための給
付（§§16-21 SGB VIII）や教育のための援助（§§27-40 SGB VIII）がなされう
る。基本法上保障された親の教育権を侵害しないよう、民法 1666 条、1666
条 a に基づき親の養育権が強制的に制限される場合を除いては、こうした措
置は任意に基づくものとなっている。

4　実体的処分

1　定式的な処分

　少年裁判所が言い渡す終局処分には、教育処分（Erziehungsmasregeln）、懲
戒処分（Zuchtmitteln）、少年刑（Jugendstrafe）の三つがあり、「教育処分では
十分でない場合」に懲戒処分や少年刑が科されるものとされている（§5II
JGG）。これら三つの終局処分は、後述する非定式的な処分と区別して、定

式的な処分とも称される。①手続打ち切り規定を用いたダイバージョン
（§§45, 47 JGG）による非定式的な処分と②定式的な処分に分け、それらが言
い渡された割合を見てみると、1981 年の段階では 44％と 56％だったもの
が、2012 年では、70％と 30％になっており、定式的な処分は減少傾向にあ
る。その背景には、地方自治や社会参加の発達により、社会内処遇プログラ
ムや草の根的な援助ネットワークが広がりを見せたという事情もある。

2 教 育 処 分

　通説・判例の理解によれば、教育処分の賦課は教育的な理由のみに基づか
なければならず、犯罪行為に対する懲罰のためにそれを科すことは許されな
い。教育処分には、「指示」の賦課と「教育のための援助」がある。「指示」
には、①居住場所に関する指示、②決まった家庭・施設への居住、③職業訓
練や就労、④労務の提供、⑤特定の者の援護・監督に服すること、⑥社会訓
練コースへの参加、⑦行為者 - 被害者 - 和解の努力、⑧特定の者との交際や
飲食店・娯楽場への立ち入りの禁止、⑨交通安全講習への参加、があり、
「教育のための援助」としては、社会保障法典第 8 編上の教育扶助（§30 SGB
Ⅷ）や昼夜対応施設・特殊援護的な住居形態での援助（§34 SGB Ⅷ）がある
（§12 JGG）。2012 年に教育処分を言い渡された者の内訳は（総数 30,123 人）、
指示が 99.3％（29,914 人）、教育扶助が 0.6％（167 人）、施設での援助が 0.1％
（42 人）である。

　教育処分を言い渡すにあたっては、少年の生活態度に鑑みて期待しえない
要求をしてはならない（§10 JGG）。指示の期間は 2 年未満で、⑤特定の者の
援護・監督に服することについては、1 年を、⑥社会訓練コースへの参加に
関しては、6 月を超えてはならない（§11 JGG）。もっとも、教育上の理由が
ある場合には、裁判官は指示を変更、解除することができ、その期間を 3 年
まで延期することもできる。現行法上、少年が有責な違反行為に対する効果
について告知を受けており、有責に指示に従わない場合には、後述する少年
拘禁が科されうる。しかし、ナチス期に導入されたこの制度が、「教育」と
整合するのかについては疑問の声も大きく、立法論として、こうした「不服
従拘禁」の廃止を求める声も根強い。

3 懲 戒 処 分

懲戒処分は、「少年刑は必要ないが、自ら犯した不法に関する責任を負わなければならないことを少年に強く自覚させなければならない場合」に科されるものとされている（§13 JGG）。学理・判例の有力な理解によれば、その意義は、懲罰的であると同時に教育的である点にあり、応報や贖罪、行為・行為者の公的非難を直接の目的とはしない点で、少年刑とは区別される。

懲戒処分には、「戒告」と「遵守事項の賦課」、「少年拘禁」がある。「遵守事項」には、①可能な限りでの損害回復、②被害者への謝罪、③労務の提供、④公共施設のための金額の支払い、があり（§15 JGG）、教育処分としての指示と同様に、事後的な変更や有責な不履行の際の「不服従拘禁」が予定されている。2012 年の実務運用において、戒告が科されたのは 26,485 人であり、遵守事項の対象となったのは 54,250 人である。遵守事項の内訳は、損害回復 5.2 ％（2,797 人）、被害者への謝罪 0.3 ％（187 人）、労務の提供 68.6 ％（37,191 人）、金額の支払い 25.4 ％（13,782 人）となっている。

「少年拘禁」には、休日拘禁（Freizeitarrest）、短期拘禁（Kurzarrest）続拘禁（Dauerarrest）の三種類があり、現行法上、休日拘禁と、継続して最長 2 休日、短期拘禁として最長 4 日、継続拘禁として 1 週間以上 4 週間未満の拘禁が科されうる（§16 JGG）。2012 年の実務運用における少年拘禁を科されたのは 16,470 人であり、その内訳は、休日拘禁 39％（6,423 人）、短期拘禁 8.5％（1,404 人）、継続拘禁 52.5％（8,642 人）となっている。

少年の名誉感情への働きかけを重視する形でナチスに導入された少年拘禁は、戦後においても「3S」（Short, Sharp, Shock）政策の中で注目を集めた時期があった。しかし、近時は、制度導入の歴史的経緯とならんで、拘禁後の再犯率の高さや拘禁自体の悪影響が問題視されており、少年裁判所法第一次改正法では、少年拘禁の期間を短縮する法改正がなされている。現在の立法論議においては、さらに進んで少年拘禁を施設内の社会訓練コースとして再編すべきであるとの主張も見られる。

4 少年刑

少年刑は、少年裁判所法上予定されている唯一の刑罰であり、刑期は、6

月以上 5 年未満、一般刑法により 10 年を超える自由刑が最高刑として規定
されている重罪の場合には 10 年未満である。もっとも、2012 年 9 月 4 日の
「少年裁判所の措置可能性を拡大するための法律」により、特に重大な殺人
行為の場合には、青年に科すことができる少年刑の上限が 10 年から 15 年に
引き上げられている。少年裁判所法第一次改正法は、不定期刑を廃止する一
方、保護観察のための少年刑の延期の対象を、2 年未満の少年刑の場合にま
で拡大している（§21 I, II JGG）。2012 年の実務運用では、少年刑のうちの
59.9％が保護観察のために延期されている。なお、2012 年 9 月 4 日の「少年
裁判所の措置可能性を拡大するための法律」は、事前更生（Vorbewährung）
の措置と従前「威嚇射撃拘禁（Warnschussarrest）」と称されてきた制度を導入
している。前者は、保護観察のための少年刑の延期に関する決定を事後的に
裁判所が行うことを留保し、一定の期間の経過後、裁判所が刑を延期するか
否かを決定するものである。後者は、刑の延期・宣言猶予・事前更生と少年
拘禁を「連結」するものである。

　少年刑は、「行為に表れた少年の有害な性向から見て、教育上、教育処分
または懲戒処分では十分でない場合」や、「責任が重大であるために刑罰が
必要である場合」に科されうる（§17 II JGG）。実務運用では、少年刑のうち
前者を理由とするものが約 70％、後者が約 30％となっている。もっとも、
ナチス期に導入された「有害な性向」という少年刑の賦課要件は、その概念

少年刑と保護観察のための延期に関する実務（2012 年）

	総数	6月	6月−9月	9月−1年	1−2年	2−3年	3−5年	5−10年
少年刑（人員）	14803	2020	2307	2904	5409	1405	662	96
少年刑総数に対する割合（％）	100	13.6	15.6	19.6	36.5	9.5	4.5	0.6
保護観察のための刑の延期（人員）	8864	1751	1927	2163	3023	—	—	—
保護観察のための刑の延期の割合（％）	59.9	86.7	83.5	74.5	55.9	—	—	—

Quelle: Statistisches Bundesamt: Fachseire 10 Reihe 3, Rechtspflege. Strafverfolgung, Tab. 4.1, 2012, S.280 f

の曖昧さからも削除すべきであるという立法論が有力である。

　少年刑は、教育的な効果を発揮できるよう量定されなければならず（§18 II JGG）、その執行も教育的に形成されなければならない（§§91, 92 JGG）。そのため、通説・判例にしたがえば、特別予防に加えて贖罪が少年刑の目的や賦課理由として認められうる余地があるにしても——従前、日本で大きく誤解されてきたのとは異なり——一般予防を考慮することは許されない。もっとも、その上でも、「刑罰による教育」に対する原理的な疑問や、長期の自由刑を「教育」で正当化することへの犯罪学的・刑事政策学的な疑問が、近時呈されている。その文脈でも、少年刑の教育的な量定・形成と「責任の重大性」をどのように調和させるのかは、大きな理論的課題になっている。

　なお、ドイツでは、成人に対する一般行刑法制定後も、少年行刑法（Jugendstrafvollzugsgesetz）が制定されず、実質的には行政規則としての「少年行刑に関する連邦行政規則（Bundeseinheitliche Verwaltungsvorschriften zum Jugendstrafvollzug, VVJug）」が少年の行刑関係を規律してきた。2006年5月、連邦憲法裁判所は、こうした状態を憲法違反であるとし、未成年者の事実関係に適った法治国家的・社会国家的保障を行うためには、その特性を反映させた法律上の規定が必要であるとの判断を示した。同年8月には、連邦制度改革の一環として、行刑法一般の制定権限が連邦からラントに移譲されたため、現在は少年の行刑関係を規律するための法律が州法で定められている。

　2003年12月27日の「性的自己決定に対する犯罪行為に関する規定の改正及びその他の規定の改正のための法律」により、青年に対し留保的保安監置の適用が可能になった。さらに2008年7月8日の「少年刑法による有罪言い渡しの場合における事後的保安監置を導入するための法律」により、青年と少年に対し事後的保安監置を言い渡すことができるようになった。しかし、この点については、少年裁判所法の目的や理念とのかかわりでも問題が指摘されていた。また、事後的保安監置の制度を欧州人権条約5条1項（a）違反と判断した2009年12月17日の欧州人権裁判所判決（EGMR Nr. 19359/04）により、ドイツの（事後的）保安監置制度は修正を余儀なくされ、2012年12月5日の「保安監置法の停止要請を連邦法で実施するための法律」（事後的保安監置制度の廃止と、留保的保安監置の規定の改正）などの法律

により制度が改正されている。

5 手 続

1 手続の基本構造

　ドイツの刑事手続は、①準司法官的性格をもつともいわれる検察官が警察に具体的なコントロールを及ぼす形で捜査を遂行する起訴前手続、②起訴法定主義に基づく検察官の起訴を受け、裁判所が訴訟条件の具備、起訴事実の十分な嫌疑を審査する中間手続、③職権主義の下で証拠調べ、検察官の論告、弁護人の弁論、被告人の最終陳述が行われ、判決へと至る公判手続、そして④上訴手続と⑤執行手続からなる。

　こうした手続の基本構造は少年手続にも共通しているが、教育的な理由から、それぞれの段階で比較的大きな修正が加えられている。①起訴前手続と②中間手続では、手続打ち切りが及ぶ範囲が成人事件とは異なるため、捜査や審理もそれを重視したものであるべきものとされている。未決勾留の要件についても、大きな修正が加えられている。③審判手続では、非公開原則が妥当するため（§48 JGG）、少年刑が予想される場合であっても、少年裁判所で審判が行われる限り手続が公開で行われることはない。そのほか、手続関与者やそれに求められる資質も成人事件とは異なっている。また、④上訴権は少年・教育権者・法定代理人のほか、検察官がもつが、刑事手続と異なり、双方ともに、単に教育処分・懲戒処分のみを命じた裁判や後見裁判官に教育処分の選択・命令を委託した裁判に対しては、処分の範囲を理由として不服を申し立てることができず（§55 I JGG）、また適法な控訴を行った者は、控訴審判決に対してはもはや上告を行うことができない（§55 II JGG）。さらに、検察官は、被告人に不利な判決に対しても上訴を行える一方（§296 II StPO）、少年に不利となる上訴は特に慎重に行うべきものとされている（RLzu§55 JGG）。⑤執行手続における執行指揮者は、成人事件では検察官であるのに対し、少年事件では少年係裁判官である（§82 JGG）。

　以上のような刑事訴訟手続の修正は、未決勾留を含め、自由剥奪処分を回避し、手続打ち切りを用いたダイバージョンや社会内処分を拡充するという

1970年代おわりからの政策基調の上で強められているといえる。

2　手続打ち切り

少年手続におけるダイバージョンには、検察段階における手続打ち切り（§45 JGG）と裁判所段階におけるもの（§47 JGG）がある。より具体的には、①軽罪（§12 II StGB）で行為者の責任が軽く、刑事訴追の公益がない場合（この場合の手続打ち切りは、成人手続とも共通している）、②教育的な措置がすでに行われ、または始められているか、被害者との和解を達成する努力がなされている場合、③特定の指示や遵守事項を与え、少年がそれを遵守した場合に、手続打ち切りがなされうる。法治国家原則から、警察段階によるダイバージョンが認められないことには、見解の一致がある。

ドイツ少年司法制度における手続打ち切りは、実体的な処分や手続の少年へのふさわしさが模索される中で、社会内処分の拡充と結びつきながら発展してきたものであり、少年裁判所法第一次改正法により規定の整備が図られている。その展開に伴い、少年手続そのものが教育的な働きかけの過程であり、その結果としての非定式的な手続処理が固有の価値をもつことがドイツにおいても認識されてきており、この点では、日本の少年司法制度を支えてきた思想との大きな類似性を認めることができる。しかし他方で、少年の負担がより少なく、手続経済上も有利であることなどを理由に、検察段階を中心として手続打ち切りが拡充してきたため、検察が「裁判官の前の裁判官」と化していることも危惧されており、諸州（ラント）により手続打ち切りの基準と運用が異なるために、平等原則とのかかわりで問題が指摘されてもいる。成人事件とは異なり、一部の手続打ち切りの要件として被疑者の自白が求められている点についても、法治国家原則から疑義が呈されている。

3　未決勾留

ドイツの刑事訴訟手続における未決勾留は、①逃亡・証拠隠滅のおそれ、特定の性犯罪を繰り返すおそれがあること（§§112, 112a StPO）、を要件とする。未決勾留を科すには、②犯罪の重さと比例性を保っていることが必要である（§§112, 113 StPO）。また、③拘禁期間は原則6ヶ月で、その後は3ヶ月

ごとに裁判所による審査が行われることになるが（§§121, 122 StPO）、④被疑者・被告人はいつでも勾留審査を請求でき、審査請求に対する決定、勾留決定、勾留継続決定に対し抗告することもできる（§117 StPO）。

　この基本的な枠組みは少年手続にもあてはまるが、特に 1970 年代おわり以来、未決勾留が少年の心身や社会関係に悪影響を及ぼすことが認識されてきている。そのため、少年裁判所法第一次改正法は、上記の未決勾留の枠組みを強く修正し、少年に対する未決勾留を制限するための法改正を行っている。すなわち、① 16 歳未満の少年の場合には、手続をすでに逃れていたか、逃走の準備をすでに行っていた場合、または定まった住居・居所がない場合にのみ、逃走のおそれを理由とする未決勾留が許される（§72 II JGG）。②比例性を吟味する際には、未決勾留が少年に与える特別な負担が考慮されなければならず、福祉的な施設への収容では足りないなどの補充性がなければならない。勾留状には、福祉的な施設への収容では足りない理由と未決勾留が比例性に反しない理由が記載されなければならない（§72I JGG）。③勾留状が執行される場合、少年審判補助者が遅滞なく通知を受け（§72a JGG）、被疑者が 18 歳未満の場合には弁護人が必要的に選任される（§68 JGG）。④少年が未決勾留を受けている場合には、手続は特に迅速に進められなければならない（§72V JGG）。

　また、2009 年において、14 歳以上 18 歳未満の少年 415 人、18 歳以上 21 歳未満の青年 1,017 人が未決勾留に服している。ドイツでは、少年に対して依然として多くの未決勾留が科されているという指摘があり、「教育」的なショックや一般予防を目的とする、本来であれば勾留理由とはなりえない「典拠の疑わしい拘禁事由（apokrype Haftgründe）」が問題にされている。その一方で、未決勾留の補充性を実現するため、福祉的な施設を用いた未決勾留回避のプロジェクトが、各地で発展してきている。

4　手続関与者

⑴　少年係裁判官と少年係検察官

　ドイツ少年司法制度のひとつの特徴は、少年係裁判官や協力者として審判手続に関与する少年係検察官に対して少年事件を扱うのにふさわしい資質が

求められている点にある。少年係裁判官・検察官は、少年裁判所法上、教育能力と教育経験をもつべきものとされており（§37 JGG）、行政規則上、教育学・少年心理学・少年精神医学・犯罪学・社会学の知識とそれに見合う職業教育が求められている（RL zu §37 JGG）。

しかし、少年裁判所法 37 条が一般には義務規定とは理解されていないこともあり、現在、この規定はあまり遵守されていないといわれている。そのため、近時の立法提案においては、これを義務規定化し、少年司法に携わる裁判官や検察官の教育的な資質を担保しようとする動きが強まっている。

なお、ドイツの少年司法制度では、事件の重さにより管轄裁判所が異なりうる。一定の重大事件は、職業裁判官三人と男女各一人ずつの参審員から構成される地方裁判所の大少年裁判部が原則として管轄する（§41I JGG）。教育処分や懲戒処分、1 年未満の少年刑が見込まれる比較的軽微な事件は、少年係裁判官の単独審理が行われる区裁判所の手続に係属する（§39 JGG）。もっぱら教育処分としての指示、教育のための援助、懲戒処分、運転禁止や運転免許の剥奪、2 年未満の停止、追徴、没取の言渡しが予想される場合、検察官は簡易少年手続で審判を行うことを申し立てることができる（§76 JGG）。これらの裁判所の管轄に属さない事件については、少年係裁判官一人と男女一人ずつの参審員からなる区裁判所の少年参審裁判所が管轄権をもつ（§40 JGG）。参審員は、少年福祉委員会が男女を区別して作成する候補者名簿から選ばれるが、職業裁判官同様、教育能力と教育経験を有していなければならない（§35 JGG）。

（2） 弁 護 人

刑事訴訟手続と同様、少年手続においても、被告人は、手続のいかなる段階でも弁護人を選任することができる（§137 I StPO）。弁護人を選任する権利は、少年本人のほか、その法定代理人（§137 II StPO）や教育権者（§67 III JGG）ももつ。刑事訴訟法 138 条の範囲にある者であれば、いかなる者でも弁護人として選任されえ、選任された弁護人は、刑事訴訟法や未決勾留執行令に明記されている接見交通権（§148 StPO）や立会権（§168c, d StPO）、記録閲覧権といった権限をもつ。

　現行法上、少年事件において必要的弁護事件とされるのは、①成人であれば弁護人が選任される場合、②教育権者や法定代理人がその権利を奪われている場合、③被疑者の成長状態についての鑑定の準備を行うため、被疑者を施設に収容する場合、④被疑者が 18 歳未満で、未決勾留や刑事訴訟法 126 条 a による仮収容が執行される場合、である（§68 JGG）。

　少年事件における必要的弁護事件の範囲は、成人事件よりもかなり広く拡張されているといえるが、こうした事由は、刑事訴訟法 140 条 2 項にいう「事実関係・法的関係の困難さから」「弁護人の協力が必要であると思料される場合」や「被告人が自ら弁護できないことが明白な場合」を具体化したものと理解されている。必要的弁護事件の範囲を拡張した少年裁判所法第一次改正法は、「事実関係・法的関係の困難さ」や「自己弁護の不可能性」という概念内容に、少年の未成熟さや乏しい言語表現能力・防禦能力のみならず、身体拘束により普段の生活環境から切り離されることで少年が被りうる悪影響を防止すべきことを織り込んでいる。

(3)　少年審判補助者

　少年審判補助者の少年手続への関与は必要不可欠のもので、判例によれば、その関与がないことは上告理由を形成する手続違反になる。少年審判補助は、少年局が少年援助のための諸団体と共同してあたる（§38 I JGG）。その役割は、伝統的には、①調査援助（Ermittlungshilfe）、②監督機能（Überwachungsfunktion）、③教育的な観護・援護（erzieherische Fürsorge und Betreu-ung）にあると理解されている。すなわち、①教育的・社会的・保護的な見地から活動する目的をもった、少年の人格、発育、環境の調査とそれを通した関係官庁の援助、講じられるべき措置についての意見陳述、②少年が指示や遵守事項を遵守しているかどうかの監督、③少年が保護観察を受けている場合の保護観察官との緊密な協力と、少年が自由剥奪処分を受けている場合の社会復帰の援助（§38 II JGG）、である。①の調査は、手続の開始後可能な限りすみやかに行われ、その対象は、少年の生活関係、家族関係、生育歴、既往の行状、心的・精神的・性格上の特質を判断するのに資する全ての事情にまで及ぶ（§43 I JGG）。

　しかし、少年審判補助者が負うべき役割はこれに尽きず、特に近時は未決拘禁との関係において、④（未）拘禁決定援助（Haftentscheidungshilfe）、⑤拘禁回避援助（Haftvermeidungshilfe）、⑥拘禁中の援護と拘禁短縮援助（Haftbetreuungs -und Haftverkürzungshilfe）」もが、少年審判補助者の役割と理解されるようになっている。具体的には、④未決勾留の執行、勾留状の発付に関する情報提供を遅滞なく受けること（§72a JGG）、包括的な資質調査を行う目的から弁護人と全く同様に保障されている、特別の許可や監督なしの被収容者との面会・文書による交通（§93 II JGG）、⑤刑事訴訟法112条以下による未決勾留の一般的な要件だけではなく、少年裁判所法72条に規定されている特別な拘禁回避理由に影響を与えうる条件の調査と、そうした条件を自ら創出する活動、⑥拘禁中の居住探し、生活保障に必要な手続の援助、職場や職業訓練場所探しとそれにより勾留期間を短縮するための活動、である。

　こうした概観からも窺われるように、少年審判補助者は少年裁判所の援助者なのかそれとも少年への援助者なのか、という役割葛藤が、特に1980年代以来大きな問題になっている。近時は、本質的な役割を少年への援助に求め、「少年審判」補助ではなく「少年援助」の少年手続への参加・協力と位置づけ直す立場も有力になっている。

　なお、2006年12月22日の「第二次司法現代化法」により、一定の重大事件において、少年手続においても被害者の公訴参加が認められている（§80 JGG）。

参考文献
・武内謙治「少年手続における『教育思想』と『法治国家原則』-ドイツ少年刑法における『内的改革』の展開 -」九大法学第76号45-150頁（1998）
・澤登俊雄編著『世界諸国の少年法制』203-248頁（成文堂、1994）

（たけうち・けんじ）

（4） フランス

キーワード

少年裁判所／少年係判事／教育士／教育的処分／
教育的制裁／閉鎖的教育センター

1　最近の少年法をめぐる動き

　従来フランスは1945年少年法の下に少年に対して穏やかな政策をとってきた。しかし少年犯罪が年々増加したため2002年大統領選ではとうとう治安対策が争点となった。5月に保守派のシラク大統領が再選され、6月の総選挙でも保守派が勝利すると治安対策が強化され、特に警察を担当する内務大臣に就任したサルコジ氏の厳しい取締は一時劇的効果を見せた。法的にも9月の少年法改正を含む法（Loi du 9 septembre 2002 d'orientation et de programmation pour la justice）の制定により現在の少年法が確立された。2003年の国内治安法は建物にたむろする若者を罰することにした。

　このような強硬姿勢に対する反発は、2005年秋のパリ郊外を中心とする若者の暴動となって現れたが、2007年にサルコジ氏が新大統領に就任したため、その後も以前と同じ強い姿勢が維持され、犯罪防止法（Loi n° 2007-297）、再犯防止強化法（Loi n° 2007-1198）が制定されている。

　以下では、このような状況を前提にしてフランス少年法の「現在」を示すべく、子ども保護法制（2節）と少年犯罪の状況（3節）を見てから、少年司法（4節）、少年施設・処遇（5節）を示し、最後にフランス少年法の特徴（6節）を考えてみることにしたい。

　なお、本章内では、（　）内の数字は、原則として、現行少年法（正確にはオルドナンスという法形式で制定されている。次頁参照）の条文を意味する。

2 子ども保護法

現在の少年法（Ordonnance n° 45-174 du 2 février 1945）は、1945 年に制定されたものであるが、第二次大戦前の 1912 年法、1942 年法（廃止）等を承継するものなので、フランスは既に 20 世紀初頭には今日の少年法の基礎を築いていたことになる。

ところで、少年犯罪に対する施策も一種の保護政策であると考えれば、「子ども保護」には、(a)加害少年、(b)被害少年のそれぞれに対する保護があることになる（日本で言えば(a)が少年法の、(b)が児童福祉法、児童虐待防止法等の問題）。フランスの「子ども保護法（droit des enfants）」も、(a)の犯罪少年（enfant délinquant）と(b)にあたる要保護少年（enfant en danger）の両者を扱う。しかし以下では、本書の性格上、(a)の問題（加害少年、少年法）を中心に見ていくことにする。

○コラム48　**重罪（crime）・軽罪（délit）・違警罪（contravention）**
　刑法上、犯罪は重大な順にこの 3 種に分けられている（刑111-1）。したがって刑罰の重さ・種類も違ってくる。重罪には懲役刑・禁固刑10年以上（刑131-1）が、軽罪には拘禁刑10年以下その他の刑罰（刑131-3、131-4）が、違警罪には罰金刑（刑131-12）が、それぞれ科せられる。裁判所もこの 3 種に対応して重罪院、軽罪裁判所、違警罪裁判所という 3 種の一審裁判所が存在する。少年の場合は、少年重罪院、少年裁判所、違警罪裁判所（成人と同）が第一審になる。

---

3 少年犯罪の状況

少年犯罪の最近の状況は決して良いものとはいえない。重罪・軽罪を犯した少年の警察認知件数は、1995 年の 12 万人から激増し始め、1998 年 17 万人、2002 年にはついに 18 万人を突破した 2004 年から 18 万、2005 年 19 万と再び微増し始めている。

重罪と比べると軽罪で有罪となった数が圧倒的に多い（2006年に、重罪713件、軽罪5万6351件）。「重罪」では人身犯罪が多く、2000年以降418～546件、うち366件以上が強姦である（2001年に最高433件）。殺人は2000年以降ほぼ20件台、暴力罪は2000年の38件が最高で、いずれも2桁にとどまる。「軽罪」では、財産犯が全軽罪中65％（2001年）を占め、とくに窃盗が多く2000年に2万件を超えた。次は人身犯罪（主に暴行傷害罪と性犯罪）で1998年以降は5～6000件であったが、2004年以降は8000件を超え激増している。

少年司法について見ると、2006年には、送検された14万8000人中起訴された者は6万人を超え、その4分の3は15歳を超える者であった。犯罪少年は2003年の7万9000人から2005年には8万2000人まで増加した。犯罪少年の中で女子は少ない（2003年は全犯罪少年の8％）。予審段階の処分は3万0174件で2003年より増加したが、2万件以上が教育処分、調査処分で、未決拘留、司法統制処分は4759件にすぎない。終局判断は7万4043件で、教育処分が4万2000件（57％）、刑罰が3万件（41％）であった。

以上から、少年犯罪では、（a）重罪よりも軽罪が多い（約80倍）、（b）重罪では人身犯罪が多く、（c）軽罪では財産犯とりわけ窃盗が多く、暴行や性犯罪も多い。（d）女子は少ない。

少年司法については、（e）起訴された者の多くは15才を超える、（f）予審での処分も多い、（g）刑罰を受ける少年もかなりいることなどがわかる。

4　少　年　司　法

1　手　　続
(a)捜査→(b)予審→(c)審判廷→(d)判決→(e)処遇と流れ、成人の刑事訴訟と似ている。ただ、少年に対しては次のような特別の配慮がなされている。

（1）　捜査段階
司法警察官等による身分確認（刑訴78-2）の際、成人なら、身分確認されていることを検事正に通知させる権利と、本人・家族が選ぶ者に通知する権利とを告げられるだけ（同78-3①）であるが、少年の場合には、警察は、拘

束の当初から検事正に通知し、法定代理人の援助を受けられるようにしなければならない（同 78-3 ②）。

警察留置（garde à vue）は、捜査に必要な場合に 24 時間、司法警察官が被疑者を留め置くことができる制度（刑訴 63）だが、13 歳未満には認められない。しかし例外的に、10～13 歳未満に対しても、重罪・拘禁刑 5 年〔以前は 7 年〕以上の軽罪を行ったと推定される重大なまたは〔及び〕それに付合する徴表がある場合は、少年係判事等の事前の同意があれば 12 時間〔10時間〕以内に限り留置できる（さらに 12 時間延長も可）（4 I ①）。2002 年改正前の条文では上記〔　〕内のようになっていたので、改正後は例外の範囲が拡大したことになる。なお、13 歳以上の場合でも、警察は両親等に通知する義務を負う（4 II①）。

　(2)　**予審段階**

予審は、文字どおり予め公判前に予審判事が行う審理のことで、「真実を発見し、少年の人格及び再教育に適した方法を知るために有用なすべての配慮と調査を実施する」（8 ①、9、刑訴 81 ①）。犯罪者の特定、犯罪状況の確定のために証拠を収集し、公訴提起に十分かをみるわけである。成人と異なり、少年の場合は重罪（5 ①）のほか軽罪・5 級違警罪のときにも義務である（5 ①③、20-1）とされているのは、少年の家族的・社会的状態、人格など裁判所に必要な情報を正確に知ることができるからである。予審判事は、少年専門の判事が担当する。少年重罪院の事件は予審判事だけが担当できる（少年係判事は不可）。予審は原則的には刑訴法上の規定にしたがって実施されるが、少年事件の場合、少年係判事または予審判事は、予審の間でも、たとえば観察センターに少年を収容させる（10 ⑥）等いろいろな処分を自由に選択・取消できる。予審結果により、少年の裁判所への移送、あるいは無罪放免・予審免訴、叱責・両親等への引渡などの保護処分が行われる。

　(3)　**審判・判決・処遇段階**

上記(c)審判廷、(d)判決については、「**2** 裁判所・裁判官」に、(e)処遇については「**5** 少年の処遇・施設」に譲る。なお、検察官が予審を経ずに即時に事件を裁判所に係属させる制度（即時出頭）が、2002 年法により「即決裁判（jugement à délai rapproché）」として少年司法にも導入され、手続の迅速化が

はかられた。2007 年法は、少年裁判所への「即時出席（présentation immé-diate）」と名称を変え、さらに要件を緩和した（14-2）。

2　裁判所・裁判官

少年重罪院、少年裁判所、違警罪裁判所の 3 種があり、どこで裁かれるかは、(a)犯罪が重罪・軽罪・違警罪のどれだったか（コラム 46 参照）、(b)少年が何歳かによって決まる（表16(4)-1 参照）。

表16 (4)-1

		(a)犯罪の重さ	(b)年齢の高低	一審裁判所	（構成）	二審
A		非常に重い （重罪）	高い （16歳以上）	少年重罪院 （成人に近い）	・陪審制 （裁 3 ＋陪 9 ）	少年重罪 控訴院
B	Ⅰ	非常に重い （重罪）	低い （16歳未満）	少年裁判所 （成人とは 違う扱い）	・裁判長 1 人 （少年係判事） ・陪席判事 2 人 （少年問題に関心 30歳以上の素人）	控訴院 特別部
	Ⅱ	ある程度重い （軽罪、 5 級）	全少年 （18歳未満）			
C		非常に軽い （ 4 級以下）	全少年 （18歳未満）	違警罪裁判所 （成人と同じ）	・単独 cf. 近隣裁判官	

つまり、犯罪が非常に重くかつ年齢が高い場合（上表の A）と犯罪が非常に軽い場合（C）には少年であることはあまり考慮されないが、一定の場合（B）には、すなわち、犯罪は重いが年齢が低い場合（BⅠ）と犯罪がある程度重い場合（BⅡ）には、それが充分に考慮されるわけである。

(1)　少年裁判所 **（tribunal pour enfants）**と少年係判事

こうして表16(4)-1 の B の場合が少年司法の基本形となる。その管轄裁判所が少年裁判所である。事実、統計上も、少年事件の裁判は、この少年裁判所で開かれる裁判が一番多い。

少年裁判所では少年係判事が裁判長となり、2 人の陪席判事と計 3 人で審理する。「**少年係判事**」は、大審裁判所（民事の第一審で日本の地裁にあたる）の裁判官の中から選任され、特別の研修センターで実習した少年専門の裁判官である。単独でもさまざまな権限を持つ（307 頁も参照）。「陪席判事」は、少年問題に関心をもちフランス国籍を有する 30 歳以上の有識者の中から、

司法大臣が任期 4 年で任命する裁判官で、非司法官（＝素人）である。

審理の公開は制限され、近親者、弁護士、施設長等に限り立ち会うことができる。2002 年改正法で被害者も立ち会えるようになった（14 ①）。審理記録の公表（同 ③）、少年の身元に関する文や絵の公表（同 ④）は禁止される（違反は 6,000 ユーロの罰金）（同 ⑤）。判決は、少年が出席する公開法廷で行われ公表できる。ただ、少年の氏名は頭文字すら表示できない（違反は 3,750 ユーロの罰金）（同 ⑤）。④⑤項の違反が報道を手段とした場合には、発行人、記者、さらには印刷人等までが罰せられることがある（14-1）

少年裁判所が言い渡すことができるのは教育的処分、教育的制裁、刑罰であるが、原則は教育的処分で後二者は例外である（2 ①②参照、15-1）。

(2) 少年重罪院（**cour d'assises des mineurs**）

表16(4)-1(A) の場合、少年は成人の重罪院と同じような裁判所・手続で裁かれる。ただ、公開が制限される。本裁判所は非常設で、成人の重罪院所在地においてその開廷期間中に招集され（20 ②）、裁判長、陪席判事 2 人、陪審員 9 人（計12人）で構成される（20 ①）。「裁判長」は、控訴院判事から選任され（同 ②、刑訴 244）、法廷では主宰者として訴訟を指揮する。「陪席判事」は、控訴院の管轄内の少年係判事の中から選任される（同 ②）。「陪審員」は、成人の重罪院の陪審員名簿の中から抽選で選任され、必ずしも少年の専門家ではない。少年重罪院でも教育的処分が原則であるが、犯罪が重いため事実上刑罰が科されることが多い。控訴は少年重罪控訴院（陪審員は 12 人に増える）に行う。

(3) 違警罪裁判所（**tribunal de police**）

表16(4)-1(C) の場合（＝第 4 級から最軽の第 1 級までの違警罪。罰金のみ）、成人の違警罪裁判所が管轄するが、公開は制限される（21 ①）。13 歳未満には叱責のみ科しうる。13 歳以上には罰金刑を科すこともできる（21 ②）。控訴は、少年裁判所の場合と同様、控訴院特別部に行う（21 ④）。

(4) 近隣裁判官（**juge de proximité**）

なお、2004 年改正法により、多くの事件について、近隣裁判官が違警罪裁判所の権限を行使することができることになった（21 ⑤）。近隣裁判官は非司法官（素人）で、成人・少年を問わず軽微な事件を担当する。裁判の迅

速化をねらって 2002 年に創設された。

3　検察官（procureur）・弁護士（avocat）

　検察官は、裁判官と共に司法官（magistrat）と呼ばれ、裁判官と同質性が強く中立性も高い。もちろん捜査を指揮し、少年を訴追し、判決前には公益代表として論告をする立場にあるが、他方、警察留置で少年の権利保護につき監督したり、非行の予防活動をしたりする。被虐待児につき病院と協力したり、要保護少年を少年係判事に送ったりもする。少年に会い調書をとるのは警察官、予審判事、少年係判事であり、検察官は立件して彼らに送致するだけである。弁護士からの信頼も大きい。少年専門の検察官もいる。とにかく日本の検察官のイメージとは大分異なるといえよう。

　弁護士は、特別に少年専門として養成されるわけではないが、職業として専門にしている弁護士はいる。

4　教育士（éducateur）

　1945 年少年法によって誕生した国家資格者で、司法省に所属する公務員である。国家試験に合格したのち、2 年間の研修を受けた少年の専門官である。司法省内で働くだけでなく、国の施設に勤務したり、裁判所付きになったりする。たとえば、少年係判事から依頼されて、家庭内で処遇される少年を監督したり、少年に関する報告書を書いたりする。地方公共団体から委託を受ける場合もある。なお、青少年保護だけでなく、身体障害者や老人などを助ける「非営利団体で働く教育士」という者もいる。いずれにせよ、教育士の果たす役割は大きい。

5　少年の処遇・施設

　教育的処分、刑罰等を言い渡された少年は、どんな機関により、どんな処遇を受けるのだろうか。諸機関の処遇以外の役割もあわせて、見ていこう。

1　処遇機関

(1)　青少年司法保護局（**PJJ＝Direction de la protection judiciaire de la jeunesse**）

司法省の中におかれている青少年の法的保護を担当する局。少年対策の要をなす重要な機関で、多くの教育士が働いている。犯罪少年だけでなく要保護少年を含む少年全般についての業務を担当しており、少年全般に関する研究、立法作業への寄与、諸活動への参加などをするが、処遇機関としても、公的施設の管理運営、民間施設の監督という重要な仕事をはたす。

(2)　少年係判事（**juge des enfants**）

要保護少年に対しても教育援助処分を命じるなど重要な権限をもつが、犯罪少年については、予審を行ったり（予審裁判所）、教育処分や刑罰を言い渡す（判決裁判所）権限をもつ（前節4少年司法304頁参照）。同時に、少年係判事は処遇機関としての権限も持っている。収容、監護など、言い渡した処分（15、16条）を何時でも変更できる（28①）からである。

(3)　刑罰適用判事（**juge de l'application des peines**）

これは、成人受刑者に対し行刑権限（外出許可、仮釈放などの施設内処遇、保護観察付執行猶予の監督などの社会内処遇）をもつ裁判官（刑訴722、709-1、D.115以下）で、少年受刑者に対してもこれらの仕事を行うのが原則であった。しかし、2004年の改正で、少年専門の裁判所が有罪を言い渡した場合には、被告人が21歳に達するまで、少年係判事が刑罰適用判事のもつ刑法・刑訴法上の職務を行使することになった（20-9①）。もっとも少年係判事は、少年の人格または刑罰の長さによっては、事件を刑罰適用判事に任せることができる（同③）。

2　処　　遇

(1)　教育的処分（**mesure éducative**）

少年裁判所、少年重罪院は、事案に応じ、適切と思われる保護（protection）、援護（assistance）、監督（surveillance）、教育（éducation）の処分を言い渡す（2①）。具体的な処分としては、13歳未満に対するものとして、(a)両親等への引渡、(b)教育施設への収容、(c)医療施設への収容、(d)児童援護局

への引渡、(e)教護院（internat）への収容がある（15）。13歳以上に対して
は、(a)〜(c)のほかに、公的矯正教育施設への収容がある（16）。2007年法は
日常活動処分を新設し、少年に職業・学業を身につけさせることを通じて社
会復帰できるようにした（16条の3）。

(2)　教育的制裁（sanction éducative）

少年裁判所、少年重罪院は、情状・人格に照らし必要な場合には、10歳
以上の少年に対し教育的制裁を言い渡すことができる。この場合、15-1条
に反してはならない（2②前段、15-1、20⑫）。たとえば、犯罪供用物の没収、
犯罪行為地への1年以内の滞在禁止、被害者や共犯者との1年以内の接触禁
止、12-1条の援助・賠償などで、少年がそれを無視した場合には、少年裁
判所は15条の施設収容処分を言い渡せる（15-1）。

この教育的制裁は、刑罰ほどではないが教育的処分と比べて内容が厳し
く、しかるに10歳以上に言い渡すことができる。ここに2002年に新設され
た意味がある。もちろん、刑罰と内容が異なるので、13歳以上の少年につ
いても一定の意味があるが、事実上の対象は10歳から13歳未満で、これら
の者に対しても厳しく処遇できることになったわけである。

(3)　刑　罰（peine）

13歳以上に対してのみ言い渡すことができる（18、刑122-8）が、責任の
減軽を考慮しなければならず、20-2条から20-9条に反してはならない（2
②後段）。「自由刑」の場合は成人に対する法定刑の2分の1を、無期懲役刑
の場合は20年を超えてはならない（20-2①）。ただし16歳以上なら例外が
ありうる（同②）。「罰金刑」なら、違警罪裁判所も科すことができる。罰金
は、成人に対する罰金の2分の1または7,500ユーロ（1ユーロが138円とす
ると、103万5,000円）を超えてはならないが、16歳以上には例外がありうる
（20-3）。なお、労役場留置は認められない（刑訴751）。

(4)　保護観察（liberté surveillence）

これは、少年を保護観察委員の監督と統制の下に置いて観察し、少年の再
教育・改善をはかる制度で、すべての犯罪少年に言い渡すことができる（要
保護少年にはできない）。予審段階でも〔観察のための保護観察〕（8⑨、10
⑦）、本案判決前の試験期間中にも付すことができる〔試験のための保護観

察〕（19②）。本案判決として教育的処分や刑罰とともに言い渡すこともできる（19①）。保護観察委員は少年係判事が事件ごとに選ぶ。私人の篤志委員と、専門教育を受けた公務員の常任委員とからなる（25）。

3　施　　設

(1)　教育的処分のための施設

(a)　公的施設：司法省、公共団体等が運営する。種々あるが、たとえば教育指導・教育活動センター（COAE＝centres d'orientation et d'action éducative）は、少年係判事の処分を実施する簡易な施設で、次の(ア)(イ)にわかれる。(ア)教育指導相談所（consultation d'orientation éducative）は、社会内観察、保護観察、療後観察を行う。(イ)教育活動の家（foyer d'action éducative）は、施設を出た療後期間中の少年に加え、観察中の少年を受け入れることができる。分類、固有の意味での教育活動、療後観察といった一時的保護の種々の機能を引き受ける。

(b)　民間施設：少年保護団体が設立し、国の助成金を受ける。青少年司法保護局（PJJ）は、専門的行政的な監督をするだけで直接運営に介入しない。公的施設よりも多くの少年を収容しているが、大部分が要保護少年で、犯罪少年の割合は少ない。名称も機能も種々であり、通常の生活の中で少年に教育的援助を行う教育活動機関、家庭的な援助と宿泊を与える機関、少年係判事の請求により、行動観察による調査活動を実施する観察機関、観察機関および相談機関から提供された資料をとりまとめる教育観察・教育活動機関（services d'orientation et d'action éducative）などいろいろな施設がある。

(2)　行刑施設

拘禁刑（emprisonnement）は、行刑施設の特別区または少年のための特別行刑施設で執行される（20-2④）。21歳未満の受刑者に関する刑訴法の特則（当然、18歳未満である少年にも適用される）によれば、少年は拘置所（maison d'arrêt）の特別区画に収容される（刑訴D. 519）。成人と分離され（同D. 518⑤）、夜間は原則独居である（同D. 518①）。処遇は、教育と職業訓練を中心に特別化・個別化されている（同D. 515①）。

(3) 閉鎖型教育センター（centres éducatifs fermés）

02 年改正法が新たに創設した教育施設。公立のほか資格を得た私立の施設もある。少年は、司法統制処分、保護付執行猶予を受けるとき又は仮釈放された後、この施設に収容され、人格に適しかつ強化された教育をきちんと受けられるように監督・統制される。課せられた義務に違反すると、勾留（détention provisoire）され又は拘禁刑に処せられることもある（33 ①）。要するに、高い塀を設け、義務違反すれば自由を拘束するという威嚇の下に、上記の処分中の少年の逃走を防止するねらいがある。2002 年の大統領選挙の際、公約の一つになっていたものだが、現場の人々からは、こういう閉鎖施設で真の教育ができるのか疑問とする声も強い。

6 おわりに（フランス少年法の特徴）

1 法 制

何といっても、犯罪少年と要保護少年とを総合的に考慮するというのがフランス法の大きな特徴である。この姿勢には大いに学ぶべきところがあろう。少年司法では、予審が置かれ、一審裁判所が 3 種ある所が日本と異なっている。

2 犯罪状況

冒頭に述べた 2002 年大統領選挙で問題にされた少年犯罪は、移民問題と結びついている。犯罪少年には移民出身の少年が多い。両親が旧植民地（北アフリカ）から移住してきたため、十分な教育を受けられず就職も難しい状況の中で犯罪に手を染める。フランスで生まれフランス語や初等教育に問題がない世代でも、人種差別（とくに南部では外国人排斥を主張する極右政党に人気がある）や就職難から免れることができない。2005 年秋の暴動にもこの側面が強い。

低年齢化は、少年裁判所・少年係判事に処分を受けた約 8 万人の内訳が、12 歳以下（4 ％）、13〜14 歳（20 ％）、15〜16 歳（48 ％）、17 歳（28 ％）という 2005 年統計をみる限り、2002 年までと同様、それほど進行していないよ

うに見える。しかし、2002年の改正は10〜13歳をターゲットにして「教育的制裁」を作ったのであった。

3　司法状況

　少年裁判所にも少年重罪院にも市民の参加がある点は日本にない点である。2005年の検挙人員約19万人のうち、起訴前段階での処分は13万人（70％）、起訴された者が6万人（30％）であった。判決段階での処分・刑罰は7.4万件（75％）。つまり1対3の割合となり、日本と比べると判決までいくケースが多い。とくに刑罰は3万1,920件で後者の43％も占めている（全98,900件の32％）。有罪も多く（88.5％）、無罪が少ない（7.1％）。

4　施設・処遇

　国家が補助しているにしても、民間施設の協力なしには少年の更生がなりたたないという面が目立つ。背景には、古くから民間施設とくに宗教施設が中心となって少年の保護を行ってきたこと、その後、それを国家が制度の中に取り込んだという事実がある。
　また教育士（éducateur）は、もちろん処遇だけに限って活動しているわけではないが、その処遇面での役割は大きい。

5　全　体

　02年の改正は、たしかに以前と比べれば厳罰化に見える。しかし、いたずらに刑罰を重くしようというのではなく、たとえば閉鎖型教育センターを見てもわかるように、あくまでも教育を前面に出した対策である。つまり、第一に少年に対する暖かい目があり、第二にその中で引き締めを強化している。法曹三者が少年問題の専門家（に近い）ことも無関係ではないだろう。この点では、残念ながら、日本の厳罰化を叫ぶ声とは異なるように思われる。ただ、反面、重大な犯罪行為に対しては、件数こそ少ないが、刑罰でのぞむという姿勢は崩していない。
　以上では犯罪少年に限定してきたが、現場では、その少年が要保護少年であることも多く、少年係判事は刑事だけでなく民事的問題にも柔軟に対応で

きるようになっているし、事実対応している。また、本稿では触れる余裕が
なかったが、国連児童の権利に関する条約や EU の子ども保護政策の影響が
大きいこともフランスの特徴である。

参考文献

〔加害少年に関する文献〕
・赤池一将「フランスの少年司法改革」、同「フランスの少年審判の構造と検察官およ
　び弁護人の活動」斉藤豊治・守屋克彦『少年法の課題と展望第 2 巻』（成文堂、2006
　年）
・白取祐司「まとめ―検察官関与と少年司法モデル」同上
・『平成 17 年版犯罪白書』375〜381 頁以下（2005 年）
・上野芳久「フランスの大統領選挙・総選挙と少年犯罪対策」国士舘大学比較法制研究
　25 号 93 頁以下（2003）
・日弁連他編『少年審判に参審性を』10〜140 頁（現代人文社、2000）
・赤池一将「フランス少年司法における犯罪被害の補償処分について」新倉修・横山実
　篇『少年法の展望―澤登俊雄先生古稀祝賀論文集』（現代人文社、2000 年）
・澤登俊雄編『世界諸国の少年法制』（成文堂、1994）
〔被害少年に関する文献〕
・上野芳久「フランスにおける被害少年保護の現状」『前野育三先生古稀記念論文集』
　（法律文化社、2008 年）
・上野芳久「性暴力と闘う刑法」198〜205 頁植野妙実子・林瑞枝篇『ジェンダーの地
　平』（中央大学出版部、2007 年）
・上野芳久「被害少年の刑法的保護―フランス刑法を参考にして―」上記『少年法の展
　望』
〔その他〕
・フランス司法省サイト（http://www.justice.gouv.fr）から Justice des mineurs に入る
　と有益な資料が多く発見できる。

（うえの・よしひさ）

資料1

主な少年事件

1 連続ピストル射殺魔事件（1968年）

1968（昭和43）年10月から11月にかけ4件連続して警備員やタクシー運転手が何者かに射殺される事件が発生した。すなわち、10月11日に東京都内のホテルで警備員W（27歳）、同14日に京都市東山区内の神社で警備員X（69歳）、さらには同月27日北海道亀田郡内でタクシー運転手Y（31歳）、そして11月5日に愛知県名古屋市内でタクシー運転手Z（22歳）がピストルで射殺された。「広域重要指定108号」事件ともいわれる。

その後、1969（昭和44）年4月7日深夜、東京都渋谷区内の専門学校に侵入した男が駆けつけた警備員2名によって発見されたが、その男は発砲し逃走した。しかし、同区代々木の路上で緊急配備中の警察官が挙動不審な男に職務質問をしたところ、ピストルを所持しており、専門学校での犯行も認めたため、その男を緊急逮捕した。

逮捕された男は19歳の少年Aで、事件に使用されたピストルは横須賀の米軍基地から盗み出されたものであった。Aが所持していたピストルを調べたところ、一連の射殺事件に使用されたものであることが判明した。1969年5月15日、東京家庭裁判所は、各犯罪の罪質、動機、態様、結果の重大性、少年の反社会性の深さ、以前に保護観察処分に付されたこと、年齢が20歳に近いことなどから事件を検察官送致とした。そして1979（昭和54）年7月10日、東京地方裁判所は、Aに死刑判決を言い渡した。この判決を受け、Aは東京高等裁判所に控訴した。1981（昭和56）年8月21日、東京高等裁判所は、一連の犯行は一過性にすぎないこと、Aの生育環境・生育歴は恵まれないものであったこと、Aの精神的成熟度は18歳未満の少年と同視できること、Aのような少年を生み出した背景には社会福祉政策の貧困が一因と考えられること、裁判中の獄中結婚によりAに心境の変化がみられること、Aが執筆した小説の印税を被害者の遺族への賠償にあてていること、などを根拠に、原判決を破棄し、Aに無期懲役を言い渡した（東京高判昭56・8・21判時1019号20頁）。同年9月4日、東京高等検察庁は、判例違反を根拠に最高裁判所へ上告した。1983（昭和58）年7月8日、最高裁判所第二小法廷は、原判決を破棄し、事件を東京高裁に差し戻した（最判昭58・7・8刑集37巻

6号609頁）。1987（昭和62）年3月18日、東京高等裁判所は、差戻控訴審で控訴棄却を言い渡した。これに対し、Aは上告したが、1990（平成2）年4月17日、最高裁判所第三小法廷は上告を棄却した。同月23日、Aの弁護士が「判決訂正の申立書」を最高裁判所第三小法廷に送付したが、同年5月8日、最高裁判所第三小法廷は申立を棄却し、死刑判決が確定した。その後、1997（平成9）年8月1日、東京拘置所内で死刑が執行された。

　逮捕後、Aは、執筆活動を始め数々の著書を世に送り出し、著作の一つが1983年新日本文学賞を受賞している。また、少年の著書を読み文通していた女性Bと高裁係属中に獄中結婚した。Bは、Aの代わりに被害者遺族を謝罪して回ったり、支援運動を展開したりしたが、面会の回数が減ったり支援運動に熱心に取り組まなかったりしたとAから非難されたことなどから結局離婚に至った。

2　柏の少女殺し事件（1981年）

　1981（昭和56）年6月14日、千葉県柏市内の小学校校庭で小学6年生の女子児童X（11歳）が胸部を刺され、手首にナイフが突き刺された状態で倒れているところを発見された。千葉県警の捜査により、犯行に使用されたナイフと同種のナイフを現場付近のスーパーで数日前に購入していたとして中学3年生の少年A（14歳）が犯人とされた。Aは、事情聴取で犯行を自供し、千葉家庭裁判所松戸支部で行われた審判でも犯行を認めたため、同年8月10日、同支部は、少年Aに対して初等少年院送致の保護処分決定をなし、Aが抗告をしなかったので同決定が確定した。

　しかし、1982年5月24日に少年院在院中のAに面会に来た母親が自宅を売却し被害者遺族のための賠償金に当てる旨を少年Aに伝えたところ、Aは母親に犯行に及んでいないとうち明けた。同月27日、Aは自らが購入したナイフのある場所を面会に来たAの姉と付添人に告げた。そこで、同日、付添人らがAに示された場所を探索した結果、Aの供述どおり事件で使用されたナイフと同種のナイフが発見された。要するに、このナイフは事件に使用されていないことになる。その後、付添人が事件を再調査した結果、Aにはアリバイがあること、その他Aの犯行ではないことを示す証拠を得たことから、付添人はAの「保護処分取消申立書」を千葉家庭裁判所松戸支部に提出した。しかし、1983（昭和58）年1月20日、同支部は、少年法27条の2第1項に該当しないことを理由に、保護処分の取消を行わない決定を下した。この決定に対し、付添人は重大な事実誤認を根拠に東京高等

裁判所に抗告を申し立てたが、同裁判所は、不取消決定が少年法 32 条の抗告の対象とはならないことなどを根拠に抗告を棄却した。そこで、付添人が最高裁判所に再抗告を申し立てたところ、同年 9 月 5 日、最高裁判所第三小法廷は少年法 27 条の 2 第 1 項について「非行事実がなかったことを認めうる明らかな資料を新たに発見した場合を含むという解釈のもとに、同項を保護処分の決定の確定したのちに処分の基礎とされた非行事実の不存在が明らかにされた少年を将来に向かって保護処分から解放する手続をも規定したものとして運用する取扱いがほぼ確立されており、……同項に関する解釈運用は……十分支持することができる」として、原決定を取り消し東京高等裁判所に差し戻す決定を下した（最決昭 58・9・5 刑集 37 巻 7 号 901 頁）。

　少年法には再審に関する規定がないが、少年法第 27 条の 2 第 1 項の「本人に対し審判権がなかったこと」に「非行事実がなかったことを認めうる明らかな証拠を新たに発見した場合」を含むという解釈による実務上の運用が本決定により追認されたとされる。

3　流山事件（1981年）

　流山中央高校 3 年在学中の A（17 歳）が、学校当局の他の生徒（A と同グループのリーダー）に対する指導、停学処分、退学措置等に不満を抱き、① 1981（昭和 56）年 11 月 15 日午前 2 時頃校舎に侵入し、他の生徒数名と同校校舎を損壊しようと企て、教室黒板、壁、ガラス窓などにスプレーで「千葉県立流山中央高等学校死す」などの文言を大書したり、校舎内の消化器から消化剤を放出したり、校庭植木を折ったりして、器物を損壊した。②同年 12 月 1 日午後 2 時 20 分頃、他の生徒 2 名と共謀して、校舎を焼燬しようと同校音楽室前廊下で段ボール箱にガソリンをかけライターで点火して放火したが、直ちに同校教員らに発見、消火されたため焼燬には至らなかった、とされる事件である。

　審判廷では、A は、①の事実については一貫して認めたものの、②の事実については徹底して否認した。そこで、A の付添人は、少年の供述を前提として、目撃証人 2 名を含む合計 11 名の証人を申請し、また少年の審判廷の供述に沿う多数の関係者の供述書を提出した。しかし、原原審である千葉家庭裁判所松戸支部は付添人申請の証人にうち、アリバイ証人 1 名と共犯者たる証人 3 名は証人として取り調べたが、目撃者 2 名（同校 2 年在学の女子生徒）を仕返しの恐れがあるとの訴えを考慮して少年・付添人に立ち会いの機会を与えないまま参考人として取り調べる

にとどめ、その他の証人はこれを取り調べないまま、①の事実（暴力行為等処罰に関する法律違反）、②の事実（現住建造物等放火未遂）を認定して、保護観察処分を言い渡した。そこで、Aの付添人は、目撃者2名について、家庭裁判所が少年・付添人に立ち会いの機会を与えなかったことは少年の防御権に関する適正手続保障（憲法31条）に違反することを理由に、東京高等裁判所に抗告したが、1983（昭和58）年7月4日、同裁判所が抗告を棄却したため、さらに最高裁判所に再抗告を行った。すなわち、非行事実の認定上重要な意味を有する目撃者について、これを単に参考人として取り調べるだけで足りるか、証人として尋問しなければならないか、またいずれの場合も少年または付添人に立会いおよび反対尋問の機会を与えないでよいかが争点とされた。

　1983年10月26日、最高裁判所第一小法廷はこれに対して、「（付添人の所論の）実質は少年法14条等の規定の解釈適用の誤りをいう単なる法令違反の主張であって、少年法35条1項の抗告理由にあたらない」として抗告を棄却した（最決昭58・10・26刑集37巻8号1260頁）。そして、「なお、少年保護事件における非行事実の認定にあたっては、少年の人権に対する手続上の配慮を欠かせないのであって、非行事実の認定に関する証拠調べの範囲、限度、方法の決定も、家庭裁判所の完全な自由裁量に属するものではなく、少年法及び少年審判規則は、これを家庭裁判所の合理的な裁量に委ねた趣旨と解すべきである」と述べている。なお、同決定には団藤重光裁判官の「憲法37条2項の趣旨は、適正手続の内容の一部をなすものとして、少年保護事件にも実質的に推及される」との補足意見が付されている。

4　草加事件（1985年）

　1985（昭和60）年7月19日、女子中学生X（15歳）の遺体が草加市内の残土置き場で発見された。遺体はほぼ全裸で首にはブラスリップが巻き付けられた状態だったため、強姦殺人事件として捜査が開始された。その後、A（15歳）、B（15歳）、C（14歳）、D（14歳）、E（14歳）、F（13歳）ら6名の少年が逮捕・補導された。

　逮捕・補導直後の段階では、少年らは自白し犯行を認めていたが、その後、全員が否認に転じた。児童相談所に送致されたFを除く少年5名の少年審判において、被害者Xの胸部に付着していた唾液斑から分析された血液型がAB型であったことから、B型かO型であった少年らの血液型との矛盾点が指摘された。もっとも、同年9月、浦和家庭裁判所は、少年らの自白を重視し、窃盗、強姦、殺人等の非行

事実を認定し、少年 5 名に初等ないし中等少年院送致の保護処分の決定を下した。東京高等裁判所における抗告審では、捜査機関が少年らに有利な証拠を隠していると附添人が指摘したため、新たな証拠が同裁判所に提出された。新たな証拠の中には、被害者 X のスカートに付着していた体液、シャツに付着していた毛髪があり、これらの血液型は、いずれも AB 型であった。しかし、同裁判所は、唾液斑については B 型の可能性があること、体液や毛髪については別の機会に付着した可能性を指摘し、被害者の処女膜が健存していたことから強姦既遂を強姦未遂に変更したが、1986 年 6 月 16 日に抗告棄却とした。さらに 1986 年 7 月 20 日、最高裁判所への再抗告も棄却され保護処分が確定した。その後、1986 年から 1993 年の間に、少年側は刑事事件の再審にあたるともいわれる保護処分取消しの申し立てを 3 回にわたって行ったが、いずれも棄却されている。

　1993（平成 5）年 3 月 31 日、被害者 X の遺族が少年らの親を相手に起こした民事の損害賠償請求訴訟について、浦和地方裁判所は少年らを無実とし請求を棄却した。しかし、1994 年 11 月 30 日、東京高等裁判所は有罪として少年らに損害賠償を命じた。2000（平成 12）年 2 月 7 日、最高裁判所第一小法廷は、①少年らの自白に秘密の暴露がないこと、②自白を裏付ける客観的証拠がほとんどないこと、③唾液斑、体液、毛髪から AB 型の者による犯行の可能性があることなどから、少年らを無罪とし東京高等裁判所に事件を差し戻した。2002 年 10 月 29 日、差戻後の判決が下され、同裁判所は、①犯行が少年ら以外の AB 型の者によってなされた可能性があり、②少年らの供述には秘密の暴露がなく、不自然な点があることから自白の信用性に欠けるとし、浦和地方裁判所の判決を支持して、遺族側の控訴を棄却した。これに対し、遺族側は上告したが、2003（平成 15）年 3 月 21 日、遺族が上告を取り下げ、東京高等裁判所の判決が確定した。

　本事件では、刑事において有罪、民事では無罪と司法の判断が分かれた点が注目された。少年審判の事実認定能力に疑問が提起された事件ともいわれる。

5　名古屋大高緑地殺人事件（1988年）

　1988（昭和 63）年 2 月 23 日から 25 日にかけて名古屋市を中心に発生した事件で、A（男性、20 歳）、B（男子少年、19 歳）、C（男子少年、18 歳）、D（男子少年、17 歳）、E（女子少年、17 歳）、F（女子少年、17 歳）ら 6 名が、「バッカン（デート中のカップルを襲撃し金品を強奪すること）」と称して計 3 組のカップルを連続して襲撃し、最後に襲撃したカップル X（男性、19 歳）、Y（女性、20 歳）を

約 45 時間にわたって連れ回したのち、X、続いて Y を殺害し死体を山中に埋めて遺棄した。

　少年らは、名古屋市内のテレビ塔付近にたむろし暴走行為やシンナー吸引などを繰り返していた仲間であり、B がリーダー格であったとされる。少年らは共謀して、1988 年 2 月 23 日午前 2 時 30 分頃に一組目、同日午前 3 時 30 分に二組目のカップルに対して「バッカン」をおこなった。そして、同日午前 4 時 30 分頃に 3 組目に暴行・脅迫を加え所持していた金品を強取したのち、A、C、D が Y を輪姦した。その後、少年らは、警察への通報を恐れたため、X、Y を連れ回し、同月 24 日午前 4 時 30 分頃に X を、同月 25 日午前 3 時頃に Y を殺害し、X、Y の死体を穴に埋めて遺棄したとされる。

　家庭裁判所は、B〜F の 5 名の少年を刑事処分相当として検察官に事件を送致した。1989 年 6 月 28 日、名古屋地方裁判所は、成人であった A に懲役 17 年の実刑、B に死刑、C に懲役 13 年、D に無期懲役、E と F に懲役 5 年以上〜10 年以下の不定期刑を言い渡した（名古屋地判平元・6・28 判時 1332 号 36 頁）。6 名のうち、A と B が判決を不服として控訴し、残りの 4 名は第 1 審の判決が確定した。

　1996（平成 8）年 12 月 16 日、名古屋高等裁判所は、一般的情状について「当初の予測を超え、エスカレートして行われた」こと、「約 45 時間にわたる軟禁の継続中に、順次、敢行された一連の流れに属する犯罪」であること、「当時、17 歳から 20 歳の被告人らが、被害者らを拉致して連れ回すうちに、自らが惹き起こした事態の適切な解決への道を選択し得ないまま、次第に自縄自縛の状態に陥っていった」ことなどから事件は、「社会的に未成熟な青少年らの、短絡的な発想からの、無軌道で、思慮に乏しい犯行といえる性格を帯びて」いるとしている。そして 1 審で死刑判決を受けた B について、すでに暴力団から脱会しとび職として働いていたこと、粗暴犯の前科前歴がないことなどから『犯罪性が根深い』とは断定できないとし矯正可能性が残されているとした。また、X、Y 襲撃後に一時的に解放していること、X 殺害から Y 殺害に至るまでの間の B の言動は殺人行為の重大性を強く感じていたことをうかがわせるとし、B が反省を深めていることなどから B に無期懲役の判決を言い渡した（名古屋高判平 8・12・16 判時 1595 号 38 頁）。また、A については、懲役 17 年から懲役 13 年に減軽した。上告がなされなかったので、A、B 両名の判決も確定した。

6　綾瀬母子強盗殺人事件（1988年）

　1988（昭和 63）年 11 月 16 日、東京都足立区綾瀬にあるマンションの 5 階の部屋で、同室在住の男児 X（7 歳）とその母親 Y（36 歳）が殺害され金品を奪われた事件。翌 1989 年 4 月 25 日、A（16 歳）、B（16 歳）、C（16 歳）の 3 名の少年が本犯行の疑いで逮捕され、東京家庭裁判所に送致された。

　送致事実によると、少年 3 名が、共謀のうえ金品を強取しようと企て、事件当日、午後 2 時頃、上記マンションに行き、C を見張り役として 1 階エレベーター付近に残し、A、B がマンション 5 階にある部屋に侵入した。そして、同室内で留守番をしていた X から金銭のありかを聞き出し物色していたが、X が騒ぎ出したので、B が両手とベルトで X を絞殺した。その後、帰宅した Y から X 殺害を非難されたことから、B が Y に殴る蹴るの暴行を加えた後、A が Y の首を手で締め、さらに B が電気コード等を使用して Y を絞殺し、現金数万円を強取したというものである。

　東京家庭裁判所は、主として次の 6 点を認定した。すなわち、第 1 に、少年らのアリバイについて、C は塗装業の作業員であり、事件当日は千葉県船橋市内で作業に従事していたことが複数の同僚が作成していた出勤簿、当日一緒に作業に従事していた作業員の供述等から C の事件当日のアリバイがあったこと。第 2 に、捜査段階で B 宅から押収されたバックとブローチが被害者の物であるとされたことについて、B の供述によると犯行時に B は手袋をしており Y に暴行を加えた際に Y の血が手袋に付着しており、その手袋をしたままバックを物色したとされるが、バックには Y の血液がいっさい付着していないこと。また捜査段階で B 宅から押収された手袋が犯行に使用されたとされることについて、被害者の血痕は付着しておらず、その他本件犯行に使用された痕跡はないことなどから、少年らの供述を裏付ける客観的証拠が欠如していること。第 3 に、被害者 Y の衣服に乱れがあったこと、被害者の返り血が付着しているはずの B の衣服について、それらを説明する少年らの供述がないことから、証拠上明らかな事実についての説明がないこと。第 4 に、少年らは、B と知り合いの Y を脅し金のありかを聞き出すことを予定していたとされるが、顔を見られることを防ぐための覆面等を用意するなどの話し合いがなされていないこと、犯行現場は 5 階であるが、見張りは 1 階におり見張り中に警戒すべき者が現れたときの通報方法を欠いていること、などを指摘し自白内容が不自然で不合理であること。第 5 に、共謀の日時、殺害に使用した凶器、被害者宅への侵入方法、被害金額などについて、少年らの自白内容に著しい変転、動揺がある

こと。第6に、少年らの自白内容に秘密の暴露に当たるものがないこと。

　1989年9月12日、同裁判所は、提出された全ての証拠資料を検討した結果、少年らの共同犯行であるとの確信を得ることができなかったとし、3名の少年に対して不処分の決定を下し、これが確定した（東京家決平元・9・12判時1338号157頁）。

7　女子高生監禁殺人事件（1988年）

　1988（昭和63）年11月25日から1989年1月5日にかけて、東京都足立区綾瀬で、A（18歳）、B（17歳）、C（15歳ないし16歳）、D（16歳ないし17歳）ら4名の男子少年が中心となって被害者の女子高生X（17歳）を誘拐、強姦、監禁、暴行の末、死に至らしめ、さらに死体をドラム罐に入れコンクリート詰めにして遺棄した事件。

　少年ら4名は足立区内にある同じ中学校出身で先輩・後輩の関係に当たり、1988年夏頃には全ての少年が高校を中退か在籍しつつも怠学の状態にあった。そのような状況で、非行少年のたまり場となっていたC宅を中心に4名のグループが形成されたという。グループのリーダーはA、サブリーダーはB、これら2名の指示に従属していたのがC、Dとされる。

　1988年11月25日夕方、埼玉県三郷市内を徘徊中に、たまたまアルバイト先から自転車で帰宅中のXに目をつけ、AがCにXを蹴飛ばすように指示し、CがXの乗っていた自転車を蹴り倒し側溝に転倒させた。Aは、偶然現場を通りかかったように見せかけて、Xに「危ないから送ってあげるよ」などと言いXを付近の倉庫内に連れ込んだあと、「俺はさっきの奴の仲間で、おまえのことを狙っているやくざだ。俺は幹部だから言うことを聞けば命だけは助けてやる」などと言い、Xをホテルに連れ込み強姦した。その後、AはB、C、Dらと合流しXに対してさらに性的暴行を加えるためにXをC宅に連れていった後監禁し、集団でXを輪姦した。監禁当初、Xに対しては性的関心からの性的暴行が中心であったが、次第にXを手拳で殴打したり足首にライターの火を押しつけるなどの暴行を加えるようになり、満足に食事も与えず、Xが極度の衰弱状態に陥ったことなどから性的興味を失い、いじめや暴行の対象としてXを見るようになったという。そして、1989年1月4日早朝、Aは麻雀に大敗した腹いせにXに暴行を加えようと考え、B、C、Dと一緒にC宅でXに度重なる暴行を加え、Xは顔が腫れ化膿を伴う相当範囲の火傷を負い、不十分な食事から極度の衰弱状態にあったために、致命的な

ダメージを受けたとされる。暴行の最中に、Xが身を守ろうともせずに、不意に
転倒し室内にあったステレオにぶつかって痙攣を起こしたあとも、AらはXの顔
面、腹部、大腿部などに殴打、足蹴り、重さ1.74kgの鉄球で殴打、揮発性油を大
腿部等に注ぎライターで火をつけるなどの暴行を継続し、これら外傷によるショッ
クからの嘔吐物吸引によってXを窒息死させた。翌5日、Xの死亡に少年らは気
づき、犯行の発覚を恐れて、A、B、Cが遺体をドラム罐に入れコンクリート詰め
にして東京都江東区内の空き地に投棄した。また、A、B、Cらの全部または一部
は、Xを監禁中に、窃盗、強姦、傷害などX事件とは別の犯罪にも関与している。
　1990年7月19日、東京地方裁判所は、Aに懲役17年、Bに懲役5年以上10年
以下、Cに懲役4年以上6年以下、Dに懲役3年以上4年以下の判決を言い渡し
た。少年側は事実誤認などを、検察側は量刑不当を理由に控訴した。1991年7月
12日、東京高等裁判所は、各少年の情状を考慮したうえで、犯行の残虐性、被害
者遺族の感情、社会的影響の重大性などを理由に、Aに懲役20年、Cに懲役5年
以上9年以下、Dに懲役5年以上7年以下の判決を言い渡した（東京高判平3・
7・12高刑集44巻2号123頁）。Bの控訴は棄却され、1審の懲役5年以上10年以
下が確定した。このようにして、全ての少年の刑が確定した。

8　市川の一家四人殺害事件（1992年）

　1992（平成4）年3月5日夕方から翌6日早朝にかけて、千葉県市川市にあるマ
ンションの一室で一家5名のうち4名が殺害され、他の1名が強姦され、金品を強
取された事件。6日早朝、駆けつけた警察官によって少年A（19歳）が逮捕され
た。
　千葉地方裁判所が認定した事実によると、事件の数日前に、Aは、行き付けの
フィリピンパブからホステスの女性を連れだしたことで暴力団組長から損害賠償と
して200万円を要求されていた。そこで、Aは、以前に強姦をおこなったV（15
歳）から生徒手帳を取り上げ氏名・住所を知っていたことから、V宅に侵入し金品
を奪うことを思いついたとされる。V宅への2回の下見の後、3月5日午後4時30
分頃、Aは、V宅を訪れ施錠されていなかったドアから室内に侵入し金品を物色
した。しかし、金品をなかなか見つけることができなかったため、寝ていたVの
祖母W（83歳）を蹴って起こし、8万円を強取した。Aがトイレに行った際にW
が外部に連絡しようとしたため、AはWを電気コードで絞殺した。その後、引き
続き室内を物色していたところ、午後7時頃にVとその母X（36歳）が帰宅し

た。そこで、Aは台所にあった包丁で両名を脅し金品を出させたのち、Xを包丁で数度刺し失血死させた。Aは、Vの父Y（42歳）が帰宅するまでにVを強姦して気を紛らわせようと考え、Vを強姦中に、予想よりも早くYが帰宅したので、慌てて衣服を身につけ、Yの背後から包丁を突き刺し、現金16万円と通帳・印鑑を強取した。YからY経営の会社に別の通帳と印鑑があることを聞き出したことから、Vに、会社へ連絡させ残業中の従業員に通帳・印鑑を取りに行くことを伝えさせた。警察への通報を防ぐためにYを再度包丁で刺し失血死させたのち、VとともにYの会社に行き、Vに通帳・印鑑を取りに行かせた。その後、Vを伴ってホテルに宿泊し、翌6日6時30分頃、V宅に戻ったところ、Vの妹Z（4歳）が目を覚ましたので騒がないようにするため、包丁で数度刺し失血死させた。不審に思っていた会社従業員が警察に連絡し、駆けつけた警察官によってAが逮捕された。

　被告人弁護側は、第1に、爆発性・類てんかん病質などの特性から犯行当時Aが心神耗弱状態にあったこと、第2に、死刑廃止は世界の趨勢であること、第3に、Aは犯行当時19歳で少年法や児童の権利条約の精神に照らし死刑を科すべきでないこと、などを主張した。これに対して、同裁判所は、弁護側主張の第1について、4人の専門家医によるAの精神診断ないし精神鑑定の結果から犯行当時Aには完全責任能力があったとし、第2、3について、死刑の適用は慎重におこなわれねばならないが、年長少年であっても、「犯行の罪質、動機、態様、殊に殺害の手段方法の執拗性、残虐性、結果の重大性、殊に殺害された被害者の数、遺族の被害感情、社会的影響、犯人の年齢、前科、犯行後の情状等各般の情状を併せ考察したとき、その罪質が誠に重大であって、罪刑の均衡の見地からも、一般予防の見地からも、極刑がやむをえないと認められる場合には、なお、死刑の選択も許されると解されている」とした。そこで、Aの犯行態様、動機、結果、遺族の被害感情、社会的影響、Aの前科、年齢等を検討したうえで、1994（平成6）年8月8日、千葉地方裁判所は、Aに死刑判決を言い渡した（千葉地判平6・8・8判時1520号56頁）。

　この判決に対して、被告人側が事実誤認・量刑不当を理由に控訴した。1996年7月2日、東京高等裁判所は、控訴棄却の判決を言い渡した。さらに被告人側は上告したが、2001（平成13）年12月3日、最高裁判所は上告棄却の判決を下し、死刑判決が確定した。

9 山形マット死事件 (1993年)

　1993 (平成5) 年1月13日、山形県新庄市の市立中学校の体育用具置場内に巻いて立てかけられていた体育マットの中から逆さま状態の中学生 X (13歳) の遺体が発見された。その後、この事件に関与したとして、同中学校の2年生 A (14歳)、B (14歳)、C (14歳)、D (13歳)、E (13歳)、1年生 F (13歳)、G (12歳) の計7名の少年が逮補・補導された。

　当初、全員が非行事実を認めていたものの、G を除く6名の少年が否認に転じた。山形家裁は、非行事実を否認した6名の少年の審判を開き、1993年8月23日、A、B、C、3名のアリバイを認め不処分に、同年9月14日、D、E、F、3名のアリバイを否定し、D、E に初等少年院送致、F に教護院 (現児童自立支援施設) 送致の保護処分の決定を行った (G は当初非行事実を認めていたため児童福祉司指導の行政処分となった。後に G も否認に転じた)。保護処分を受けた D、E、F、3名の少年は仙台高等裁判所に抗告した。1993年11月、同裁判所では、山形家庭裁判所で不処分となった3名の少年も含め、7名の少年全員の関与を指摘し、抗告を棄却した。少年3名は、最高裁判所に再抗告したが、1994年3月、棄却されている。その後、3名の少年は、保護処分取消しの申立も行ったが、1994年10月14日に山形家庭裁判所、1994年12月に仙台高等裁判所、1995年2月に最高裁判所でそれぞれ棄却された。

　他方、遺族は少年7名と新庄市 (学校) を相手に、民事において総額約1億9千万円の損害賠償請求訴訟を提起した。2002 (平成14) 年3月19日、山形地方裁判所は7名の事件への関与を否定し、遺族の請求を棄却した。遺族は判決を不服として、仙台高等裁判所に即日控訴した。2004年5月28日、同裁判所は7名全員の事件への関与を認定し、7名に総額5700万円の損害賠償を命じた。そこで、7名全員が上告した。2005年6月現在最高裁判所で民事訴訟が係属中であり、同裁判所の判断が注目される。

　このように、山形家庭裁判所における少年審判では不処分とされた A、B、C に関して、仙台高等裁判所が事件への関与を指摘したり、民事訴訟においては、1審判決で7名の少年全員の事件への関与を否定したのに対し、2審では全員の関与を認定したりするなど、司法の判断が大きく分かれており、事件は混乱の様相を呈した。特に非行事実の認定に関して山形家庭裁判所と仙台高等裁判所で一部判断が分かれたことは、少年審判における非行事実認定の困難さが露呈したものとして、2000年少年法改正に至る一つの契機となったともいわれる。

10　調布駅南口事件（1993年）

　1993（平成 5）年 3 月 1 日午前 0 時 30 分頃、調布駅南口広場で大学入試合格祝いの帰路にあった 5 名の若者が、数名の少年から因縁をつけられて殴る蹴るの暴行を加えられた結果、被害者のうち 1 名が全治約 3 週間の傷害を負った。事件から約 2 ヶ月後、シンナー吸引および母親への暴行（虞犯）の容疑で少年 A が補導された。その取調中に、A は本件犯行を自白し、その供述をもとに、B、C、D、E、F、G の 6 名少年が事件に関与したとして逮捕された。

　容疑を受けた 7 名の少年のうち、A は犯行を認めたが、B、C、D は一度自白した後否認に転じ、E、F、G は当初から犯行を否認した。事件を担当した東京家庭裁判所八王子支部は、1993 年 6 月 16 日に B、C、続いて 22 日に D、E、F に同じく中等少年院送致、9 月 1 日には G に非行事実なしとして不処分、さらに 12 月 1 日に A に対して試験観察実施後に保護観察処分の決定をした。中等少年院送致の決定を受けた B、C、D、E、F の 5 名は事実誤認を理由に東京高等裁判所に抗告を申し立てた。9 月 17 日、同裁判所は、抗告を申し立てた 5 名を併せて審理し、あらためて証拠調べをした結果、少年院送致の決定をした原決定には事実誤認があると認められるとして、少年らの原決定を取消して東京家庭裁判所八王子支部に事件を差戻した。これを受けて、B、C、D、E、F は釈放された。差戻しを受けた東京家庭裁判所八王子支部は、補充捜査の結果得られた新たな証拠資料等の証拠調べをした後、9 月 21 日に F を 20 歳に達したことにより検察官送致、24 日に C に対して非行事実なしとして不処分、11 月 12 日に B、D、25 日に E を刑事処分相当として検察官に送致する決定を下した。

　1994（平成6）年 2 月 28 日、検察官は、B、C、D、E、F の 5 名を起訴した。1995 年 6 月 20 日、E の事件を審理した東京地方裁判所八王子支部は、「少年保護事件における保護処分決定に対する抗告についても、刑事事件における不利益変更禁止の原則と同様の保障を少年側に認めるべきであって、（E に対する起訴は）不利益変更禁止の原則の適用があると解すべきである」として、E について公訴を棄却した。しかし、これに対して検察側が控訴したため、1996 年 7 月 5 日、東京高等裁判所は、原判決を破棄し事件を差戻す判決を下した。これについても検察側が上告し、そこで 1997（平成 9）年 9 月 18 日、最高裁判所第一小法廷は、「家庭裁判所のした保護処分決定に対する少年側からの抗告に基づき、右決定が取消された場合には、当該事件を少年法 20 条により検察官に送致することは許されないものと

解するのが相当である」とし、また「本件検察官送致決定は違法、無効というべきである。したがって、右検察官送致決定を前提として少年法 45 条 5 号に従って行われた本件公訴提起の手続は違法、無効といわざるを得ない」とし、原判決を破棄し控訴を棄却する判決を下した（最判平 9・9・18 刑集 51 巻 8 号 571 頁）。そこで、同年 10 月 28 日、B、C、D、F の公訴が取消され、刑事事件としては終了した。

　少年らは冤罪を主張していたものの、刑事事件では実体的判断がなされなかったことから、冤罪であったことを明確にするために、1998（平成 10）年 2 月 23 日、東京地方裁判所八王子支部に刑事補償請求を行った。同支部は、2001 年 2 月 6 日、「無罪の裁判を受けるべきものと認められる充分な事由」に当たらないとし、請求を棄却する決定を下した。同月 13 日、これを受けて少年らは東京高等裁判所に即時抗告を申し立て、同年 12 月 11 日、同裁判所は、原決定を取消し、少年らの刑事補償請求を認容する決定を下した。

11　神戸児童連続殺傷事件（1997年）

　1997（平成 9）年 2 月 10 日から 5 月 27 日までに神戸市須磨区内で 5 名の児童が中学 3 年生の少年 A（14 歳）によって連続して殺傷された事件。被害児童のうち 2 名が死亡した。A は事件後、新聞社などに犯行を臭わせる手紙を送付し、その際差出人として「酒鬼薔薇（さかきばら）」を使ったことから、酒鬼薔薇事件として世間に知られた。

　A は、まず 1997 年 2 月 10 日午後 4 時 35 分頃、神戸市須磨区内の路上で、小学 6 年生の女児 2 名（両名とも 12 歳）の頭部をショックハンマーで殴打し傷害を負わせた。その後、3 月 16 日午後 0 時 25 分ごろ、同区内の路上で小学 4 年生の女児（10 歳）の頭部を八角玄のうで殴打し、脳挫傷により死亡させた。さらに、そのおよそ 10 分後の同日午後 0 時 35 分頃、近くの歩道上で小学 3 年生の女児（9 歳）を刃渡り約 13 センチの小刀で突き刺し傷害を負わせている。そして、5 月 24 日、A は顔見知りであった小学 6 年生の男児 X（11 歳）を「向こうの山に亀がいるから、一緒に見に行こう」と言って、タンク山頂上にあるケーブルテレビアンテナ基地施設付近に連れて行き、男児 X を絞殺した。翌 25 日、男児の遺体から頭部を切り離し、27 日早朝に頭部を中学校正門前に放置した。

　神戸家庭裁判所の認定によると、A は、年齢相応の普通の知能を有し、意識も清明であり、精神病やそれを疑わせる症状もない。したがって、心神耗弱の状況にあったとまではいえないとしている。少年の生育歴や非行に至った心理的背景とし

て、長男として生まれた A は、両親や家族から期待されており、弟たちと比較して厳格に育てられた。その結果、A は、両親に感情を率直に出せなくなっていったという。少年が小学校 5 年生のときに、厳しくしつけられていた少年をよくかばっていた同居中の祖母が亡くなった。祖母の死との関連性については不明とされるが、このころからナメクジやカエルの解剖を行うようになり、小学校 6 年生のときには猫の解剖をするようになったという。その後、中学校に進学すると、部活動や両親から課せられた門限などで時間的余裕がなくなり、猫の解剖をすることができなくなった結果、その欲動は潜在化し、対象が猫から人へと発展したとみられている。また、この頃、攻撃衝動と性衝動が結合するようになったともいう。その後、次第に現実に人を殺してみたいという欲動が膨らみ、やがて殺人妄想にさいなまされるようになると、少年は、「この世は、弱肉強食の世界であり、自分が強者なら、弱者を殺し、支配することができる」といった独善的論理を展開するようになったという。また、心理テストの結果にも精神病を示唆する所見がない。このような心理的状況から一連の事件に至ったとされる。

1997 年 10 月 17 日、神戸家庭裁判所は、審判の結果、心の深層において良心の芽生えが始まっている様子があること、良心が目覚めると自己の犯した非行の重大性・残虐性から自殺のおそれがあること、精神分裂病や重症の抑うつ等の重篤な精神病に陥る可能性があること、などを指摘し、医療少年院送致の保護処分決定を行った。その後、A は、2004 年 3 月に関東医療少年院を仮退院し、同年 12 月末に保護観察期間が終了し社会復帰した。この事件は少年事件に対する世論の厳罰化を喚起する一方で、実務上は少年院収容の期間の検討の契機をもたらし、そして最終的には少年の処遇を見直した 2000 年少年法改正に大きな影響を与えたとされる。

12　栃木リンチ殺人事件（1999年）

1999 年 12 月 2 日、栃木県芳賀郡市貝町内の山中で、少年が集団で知人の自動車工 Z（19 歳）にリンチを加え殺害し死体を遺棄した事件。1999 年 9 月 29 日頃から無職でリーダー格の A（19 歳）と休職中の B（19 歳）、無職 C（19 歳）、高校生 D（16 歳、後に参加）らは Z を約 2 ヶ月間にわたって連れ回し、その間にサラ金などから金を借りさせ、計約 700 万円を脅しとり殺害した。この事件は、経緯が複雑であるばかりでなく、警察の対応のまずさが問題となり社会的に注目を浴びた。

A、B、C の 3 名は中学時代の同級生かつ暴走族仲間であり、なかでも A は小学生時代から非行を重ね、中学生の時には恐喝事件も起こしていた。1999 年 9 月下

旬、Aから遊興費を工面するように求められたBは、会社の同僚Zから金を巻き
上げようと考え、電話で呼び出して脅迫しZから預金全額を奪った。その後、Z
を連れ回し、Zの頭髪や眉毛を剃るなどの暴行を加え、Zが逃走しないようにし
た。そして、Zの知人らを次々と電話で呼び出し金を脅しとったり、Zの親から金
を送金させたりもしている。また、Zを連れ回している間、A、B、CらはZに熱
湯をかけたり、ライターで火傷をさせたりするなどのリンチを繰り返した。11月
30日、少年らが再度送金させるためにZの両親の携帯に電話をかけたとき、両親
は偶然にも、Zの行方不明の件につき宇都宮県警石橋署で相談していたところであ
った。警察はそれまで、不良仲間の内輪もめとして、この事件の捜査に消極的であ
ったといわれる。そこで、父親は事情を理解させるために直接警察官に電話を代わ
ったところ、その警察官が「石橋署の××だ」と名乗ったことにより、少年らは警
察の関与を知ることになる。また、直後にCが自動車を運転中バイクと接触事故
を起こしたが、Cは直ちに逃走した。このため、この交通事故に関して警察から
AにCの所在についての問い合わせがあり、Aはしらをきったが、逮捕の危険が
迫っていると感じ、AはZを殺害し死体を遺棄することをB、Cに提案した。B、
Cが返答を渋っていると、Aは「俺たちのしたことは、逮捕・監禁、強盗、傷害
で結構長く刑務所に入ることになるぞ。Dを殺して山に埋めちゃえば分からない」
「少なくとも5、6年は出て来れない。20代の一番楽しい時期を刑務所で過ごすの
か」とB、Cを説得した。12月2日、近所の山林に移動し、死体を埋める穴を掘
り、BとCがネクタイでZを絞殺し、遺体を穴に埋めて遺棄した。事件は、Z殺
害時に見張りをしていたDが、12月4日に警視庁三田署に自首したことから発覚
した。
　1999年12月20日、東京家庭裁判所は、A、B、Cを刑事処分相当として東京地
方検察庁に逆送し、翌年1月20日、東京地検は、殺人、死体遺棄の罪でA、B、C
を東京地方裁判所に起訴した。同年6月1日、宇都宮地方裁判所は、主犯格Aに
対して無期懲役刑を言い渡したが、Aは量刑不当を理由に東京高等裁判所に控訴
した。同年7月18日に宇都宮地裁はBに無期懲役刑、Cに5年以上10年以下の
不定期刑を言い渡し、B、Cの判決は確定した。さらに2001年1月29日、東京高
裁はAの控訴棄却の判決を下し、これに対してAは上告をしなかったため、無期
懲役が確定した。Dは少年院送致に付されている。なお、被害者の父親は警察の
対応を巡り、栃木県などを相手取り国家賠償訴訟を起こしている。

13　佐賀バスジャック事件（2000年）

　2000（平成12）年5月3日午後から4日早朝にかけて、乗員・乗客22人が乗った佐賀発福岡行きの高速バスが少年A（17歳）によって乗っ取られた事件。少年は、バスジャック中に女性3名を牛刀で刺し、そのうち1名（68歳）が死亡し、2名が重傷を負った。

　Aは、同年3月に精神病院に入院し、「行為障害」と診断されていた。同病院から外泊許可をえて一時帰宅した直後に事件を起こした。

　広島地方検察庁は、簡易鑑定の結果を受けて「刑事処分相当」の意見を付して事件を広島家庭裁判所に送致し、その後、広島家庭裁判所は佐賀家庭裁判所に事件を移送した。

　2000年9月29日、佐賀家庭裁判所は4回の審判を経て、①少年がいじめを受けやすい性格や体格なので、矯正施設での集団処遇を実施する場合、慎重な配慮が必要であること、②少年の解離性障害の治療が完了するまでは個別処遇が望ましいこと、③少年が精神分裂病（現在の「統合失調症」）を発症する可能性が無視できるほどには低くないこと、④精神科医が精神分裂病の兆候・予兆を的確に判断し適切な対応をとる必要性があること、⑤少年には悔悟の情が見受けられず情性が欠如していること、などを指摘した。そして、同裁判所は、これらの諸事情を総合的に判断し、①解離性障害の治療の必要性があること、②治療と教育によって少年に情性を獲得させること、③被害者への悔悟の念を起こさせること、④規範意識を獲得させること、などからAに対しては検察官送致よりも保護処分が適当と判断した。すなわち、医療的矯正施設での処遇が相当とし、5年間以上の医療少年院送致の保護処分決定を行った。

14　長崎園児殺害事件（2003年）

　2003（平成15）年7月1日夕刻、長崎市内にある大型電気店のゲームソフト売場にいた幼稚園児X（4歳）を中学1年生の少年A（12歳）が連れ去り、約4キロ離れた立体駐車場屋上で園児Xに暴行を加えたのち、屋上から突き落として殺害した事件。AがXと一緒にいるところをたまたま撮らえた商店街の監視カメラが決定的な証拠の一つとなり、補導に至った。

　Aの性格や行動傾向など資質に関して、①外的刺激を処理する能力が限定的かつ衝動的で周囲が予想不可能な反応を示す傾向があること、②対人的共感性が著し

く欠如していること、③対人的コミュニケーション能力に問題があること、④対人的つながりを求める志向が希薄なこと、⑤小学校3年生のころから男性器に強い関心を有するようになったこと、⑥小学生の頃から母親の強い叱責を恐れるようになり、それを回避するために家出を数回したことがあること、⑦言語性知能と動作性知能の間に極端な差があること、精神病性障害は認められないこと、通常の言語障害はなく知能も低くないことなどから広範性発達障害の一種であるアスペルガー症候群と解されること、などを審判を担当した長崎家庭裁判所は指摘した。

そこで、本件非行の原因として、①直接的ではないが、アスペルガー症候群の影響があったこと、②中学校に進学したことで急激な環境の変化があり少年にとって精神的な重荷となっていたこと、③非行当日、Aは、約束した帰宅時間に遅れそうになったことから、母親に叱責されると思い込み緊張状態にあったこと、④非行現場で園児Xに暴行を加えている際に、設置されていた監視カメラに気づき気が動転したこと、⑤男性器への強い関心を有していたこと、などが挙げられている。

2003年9月29日、長崎家庭裁判所は、Aについて、児童自立支援施設送致の決定をし、1年間の強制的措置を許可した。期間については、1年後に再審査するとした。そして、2004年9月27日、同裁判所は、児童自立支援施設に収容されていた少年に、処遇を1年間延長する決定を下した。

15　長崎小6女児同級生殺人事件（2004年）

2004（平成16）年6月1日、長崎県佐世保市の市立小学校で6年生の女児A（11歳）が同級生の女児X（12歳）にカッターナイフで切りつけ殺害した事件。

2004年6月8日、長崎家庭裁判所佐世保支部はAの審判開始決定を行った。審判は合議制で行われた。同14日、Aの付添人の申請に基づき、触法少年ではきわめて異例の精神鑑定を決定した。同15日、8月14日までの鑑定留置を決定した。

同支部が認定したところによると、女児Aは、被害女児Xの交換ノートやホームページ上に記載されたものを見て、Xが自分を馬鹿にして批判していると感じたことから、怒りを募らせ、Xを殺害しようと考え本件非行に至ったとされる。

Aの人格特性について、①自分の中にあるあいまいなものを分析・統合し言語化する作業が苦手だが障害と診断される程ではない、②自発的な欲求の表現に乏しく、対人行動が受動的、③愉快な感情の認知・表現はできるが、怒りや寂しさ、悲しさといった不快な感情は未分化で適切に処理されず、抑圧されていた、④主観的・情緒的なことを具体的に表現するのが困難、⑤言葉や文章の一部にとらわれや

すく、文脈やメッセージ性を読みとることができない、⑥他者の視点に立って、その感情や考えを想像し共感する力や他者との間に親密な関係を作る力が育っていない、⑦聴覚的な情報よりも視覚的な情報の方が処理しやすいため、聴覚的な情報が中心となる会話によるコミュニケーションが苦手で、相手の意図を理解したり自分のことを表現したりすることが苦手、⑧小学校４年生のおわり頃から、怒りの感情を認知できるようになったが、適切に処理できず、怒りを抑圧・回避するか、相手を攻撃して怒りを発散するかの両極的な対処行動しかとりえなかった、⑨女児Ａは、前記の特性を有しているものの精神病性の障害はない、と同支部は指摘している。

2004年9月15日、同支部は、Ａに資質上解決すべき問題があること、Ａの家庭にその問題解決機能がないこと、事案が重大であること、などから児童自立支援施設送致の決定を行った。なお期間は、2004年9月15日から2年間とされた。2004年9月16日、長崎県佐世保児童相談所は、栃木県にある国立の児童自立支援施設にＡを移送した。同児童自立支援施設は、施錠可能な個室で強制措置を施すことのできる設備を備えた国内唯一の女子専用の児童自立支援施設である。2006年9月7日、同支部は、強制措置を伴う児童自立支援施設収容を同月15日以降さらに2年間延長する決定をした。

16 板橋両親殺害事件（2005年）

2005年6月20日、東京都板橋区の建設会社の単身社員寮において、15歳（都立高校1年）の少年が寮の管理人をつとめる父親（当時44歳）と母親（同42歳）を殺害した事件。具体的には、管理室内の和室で、父親を鉄アレイ（重さ8キロ）で殴り、包丁で刺して殺害したあと、母親も刺殺した。その後、室内にガスを充満させ、時限式の発火装置を使用して電熱器を作動させて爆発させた。

当時、少年は、両親とともに寮に住み込み、清掃などの手伝いを行っていた。少年の証言によると、寮の仕事量が増え不満があったことに加え、父親がゲーム機を壊したり、「テレビを見ずに勉強しろ」とうるさく、口論となったことが直接のきっかけとされる。また、母親は日頃から仕事がきつくて死にたいと漏らしていたので、一緒に殺したという。殺害後、少年は逃走したが、6月22日群馬県草津町の温泉旅館で発見され、警視庁捜査員に逮捕された。直ちに少年は東京家庭裁判所に送致され、家裁は2週間の観護措置を決定した。その後、事件は「刑事処分相当」として東京地検に逆送され、最終的に東京地裁に殺人罪と激発物破裂罪で起訴され

た。弁護側から、少年のプライバシーを保護するため、法廷に傍聴席から少年が見えないように衝立を設けるよう要請があったが、地裁は却下した。

　公判では、幼少時から父親に虐待に近い扱いを受け、両親が勤務する社員寮で小学2年辺りから手伝いを酷使されるなどの事実が明らかにされ、弁護側は両親の養育がきわめて不適切であったと指摘したが、検察側は論告で、「計画的で冷酷かつ残虐な犯行であり、動機や経緯に何ら酌むべきところはない」として、懲役15年を求刑した。そして、2006年12月1日の判決では、懲役14年が言い渡された。犯行当時、少年は15歳11月であったが、2000年改正少年法で刑事罰の対象が16歳から14歳に引き上げられ、その適用の最初の事例となった。16歳の少年が母と弟妹の3人を焼死させた奈良の事件で、奈良家裁が刑事罰ではなく、中等少年院送致を選択したのとは対照的な結果となった（事件17を参照）。

　この事件では、少年の家庭環境、心理状態、再犯可能性などについて審理が行われ、処遇を行うべき場所として少年刑務所か少年院かが争われたが、判決で裁判官は、少年院処遇などの保護処分が相当とされるのは犯罪状況や家庭環境などを総合的に考慮し、「保護処分が社会的に許容される場合」であるとの判断を示した。そのうえで、当該事件における少年の犯行の執拗、冷酷、残忍といった事情が重視され、両親との心の交流自体が円滑ではなかった点は認めたものの、虐待には当たらないとした。そして、「行為の重大性に即した刑罰により、社会が納得し、被告が将来社会復帰した際、社会が被告を受容し、ひいては被告が健全な社会生活を営むのに資すると考えられる」として、刑事処分を選択したが、本来無期懲役を少年法の規定で減刑して懲役14年とした。

　被告弁護側は控訴し、2007年12月17日の控訴審判決で、東京高裁は懲役14年とした一審判決を破棄し、改めて懲役12年を言い渡した。控訴審では、両親から虐待などの不適切な養育を受けたかどうかが争点となり、父親が眼前で少年のゲーム機を何度も壊したり、自殺マニュアルを手渡したことを「虐待」と認定し、動機として酌むべき事情とした。但し、弁護側が求めた保護処分（少年院送致）については、少年の人間的成長から少年院が望ましいとしたものの、事件が与えた社会的影響などを考慮し、「保護処分にしないことは不当ではない」として却下した。

17　奈良母子放火殺人事件（2006年）

　2006年6月20日、奈良県田原本町で少年A（16歳）が自宅に放火し、就寝中だった継母（38歳）、異母弟（7歳）、異母妹（5歳）の3名を焼死させた事件。そ

の後、同月 22 日、京都市左京区内の路上で、逃走中の A を京都府警の警察官が保護し、奈良県警が殺人、現住建造物等放火の疑いで緊急逮捕した。この事件は、複雑な家庭環境のなか、医者である父親が、A に対して日常的に「医者」をめざすための受験勉強を暴力的に強要した結果の悲劇として、社会的にセンセーションを巻き起こしただけでなく、この事件を素材に出版したジャーナリストが、警察での取調内容を本の中で明らかにしたことでも注目を集めた。

　奈良家庭裁判所が命じた精神鑑定によると、A の精神状態は「あることに注意が向いているときには他のことにあまり注意が向かずに周りへの配慮を欠く」、「現在の関心事に強い注意が向くことが多い」という特徴を有す「特定不能の広範性発達障害」とされた。また、このような特徴は「幼少期から本件に至るまで長男が父から受けていた暴力により陥っていた持続的な抑うつ状態においてさらに強まった」ことも指摘された。奈良家裁の決定要旨によると、A は、「幼少時から、医師になることを過剰に期待され、父の監視のもとで長時間の勉強を強いられ、強度の暴力を受け続けてきた。」事件は、A が成績に関してついた嘘を契機に、父から常に言われていた「今度嘘ついたら殺す」という言葉を真に受けて、A は自分が殺される前に父親を殺すことを計画し、自宅を放火したことにより発生した。もっとも、殺害対象の父親は当時不在であったことを A は知っていたが、それにもかかわらず放火したことについては、上記「広範性発達障害」の特徴とされ、放火計画に集中し、「殺害する相手がいないという現実に合わせて計画を変更できなかった」からだとされた。

　2006 年 10 月 26 日、奈良家裁は、いわゆる原則逆送規定（少年法 20 条 2 項）を適用せず、A に中等少年院送致の保護処分決定を下した。奈良家裁は、保護処分を選択した特別の理由として、「① A の殺意は確定的殺意ではなく未必の故意であり、しかもその殺意の程度はかなり低いこと、②放火は父親の暴力から逃れる手段であったこと、③ A が反省していること、④ A の生育環境が A の性格・資質上の偏りを生じさせ本件非行の一要因であること、⑤ A には適切な教育・指導が必要であること、⑥厳格な規制下にある刑務所の処遇は父による支配的養育環境と類似する可能性があること、⑥遺族が保護処分による教育的指導を望んでいること、⑦寛大処分を求める多数の嘆願書が提出されるなど社会感情が必ずしも厳しくないこと、など」を挙げている。

参考文献・参考ＨＰ

・判例時報 1099 号 148-151 頁（連続ピストル射殺魔事件）

・佐木隆三『永山則夫』（講談社、1994）
・事件・犯罪研究会編『明治・大正・昭和・平成　事件・犯罪大辞典』（東京法経学院出版、2002）
・椎橋隆幸「保護処分不取消決定に対する抗告の可否」田宮裕編『少年法判例百選』別冊ジュリスト 147 号 162-163 頁（有斐閣、1997）
・荒木伸怡「少年事件のいわゆる再審」田宮裕編『少年法判例百選』別冊ジュリスト 147 号 186-187 頁（有斐閣、1997）
・田宮裕「少年保護事件と適正手続き」田宮裕編『少年法判例百選』別冊ジュリスト 147 号 6-7 頁（有斐閣、1997）
・菊田幸一『ホーンブック　少年法』120-121 頁（北樹出版、2002）
・清水洋「隠ぺいされた証拠」法学セミナー 431 号 62-63 頁（1990）
・河原俊也「非行事実の一部誤認」田宮裕編『少年法判例百選』別冊ジュリスト 147 号 188-189 頁（有斐閣、1997）
・志田洋「保護処分終了後における取消しの可否」田宮裕編『少年法判例百選』別冊ジュリスト 147 号 190-191 頁（有斐閣、1997）
・立教大学荒木研究室ホームページ
http://www.rikkyo.ne.jp/univ/araki/naraki/shirase/soukaindex.htm（草加事件）
・前田忠弘「少年に対する死刑適用の是非」田宮裕編『少年法判例百選』別冊ジュリスト 147 号 224-225 頁（有斐閣、1977）
・早稲田大学守山ゼミ「最近の著名な事件をみる」法学セミナー 539 号 38 頁以下（1999）
・羽倉佐知子「完全な忌避申立権の保障を」法学セミナー 431 号 64-65 頁（1990）
・判例時報 1396 号 15-41 頁（女子高生監禁殺人事件）
・宮澤浩一「少年の刑事事件における量刑」田宮裕編『少年法判例百選』別冊ジュリスト 147 号 222-223 頁（有斐閣、1997）
・判例時報 1595 号 53-57 頁（市川の一家四人殺害事件）
・朝日新聞山形支局『マット死事件』（太郎次郎社、1994）
・新倉修・佐々木光明「山形マット死事件から学ぶ」法学セミナー 517 号 68-71 頁（1998）
・朝日新聞 2004 年 5 月 29 日付朝刊（山形マット死事件）
・判例時報 1864 号 3 頁（山形マット死事件）
・判例時報 1536 号 27-32 頁（調布駅前暴行事件）
・判例時報 1572 号 39-43 頁（調布駅前暴行事件）
・判例時報 1615 号 3-9 頁（調布駅前暴行事件）
・荒木伸怡「調布駅南口事件　ようやく「ゴメンネ」」法学セミナー 568 号 66-70 頁（2002）
・山下幸夫「調布駅南口事件刑事補償請求逆転勝訴の意義」季刊刑事弁護 29 号 20-23 頁（2002）
・服部朗・佐々木光明『ハンドブック少年法』373-391 頁（明石書店、2000）
・朝日新聞 1997 年 10 月 18 日付朝刊（神戸児童連続殺傷事件）
・判例時報 1720 号 174-177 頁（栃木リンチ殺人事件）
・朝日新聞 2000 年 6 月 1 日付夕刊（栃木リンチ殺人事件）

・朝日新聞 2000 年 7 月 19 日付朝刊（栃木リンチ殺人事件）
・朝日新聞 2000 年 9 月 29 日付夕刊（佐賀バスジャック事件）
・朝日新聞 2003 年 9 月 30 日付朝刊（長崎園児殺害事件）
・長崎新聞「男児誘拐殺害」のホームページ
　http://www.nagasaki-np.co.jp/press/yuusatu/index.html
・朝日新聞 2004 年 9 月 16 日付朝刊（長崎小 6 女児同級生殺人事件）
・長崎新聞「佐世保の小 6 女児同級生殺害」のホームページ
　http://www.nagasaki-np.co.jp/press/syou6/index.html
・読売新聞 2006 年 10 月 26 日付夕刊（奈良母子放火殺人事件）
・朝日新聞 2006 年 10 月 26 日付夕刊（奈良母子放火殺人事件）

（わたなべ・やすひろ）

資 料 2

少年法等の一部を改正する法律（2021 年）新旧対照条文

（令和 3 年法律第 47 号。2021（令和 3）年 5 月 28 日公布、令和 4 年 4 月 1 日施行）

（ゴシック部分は改正部分）

○　少年法（昭和 23 年法律第 168 号）（第 1 条関係）

改　正　後	改　正　前
目次 　第一章～第三章（略） 　**第四章　記事等の掲載の禁止（第 61 条）** 　**第五章　特定少年の特例（新設）** 　　**第一節　保護事件の特例（第 62 条—第 66 条）** 　　**第二節　刑事事件の特例（第 67 条）** 　　**第三節　記事等の掲載の禁止の特例（第 68 条）** 　附則	目次 　第一章～第三章（略） 　**第四章　雑則（第 61 条）** 　（新設） 　（新設） 　（新設） 　（新設） 　附則
（定義） 第 2 条　この**法律において**「少年」とは、二十歳に満たない者をいう。	**（少年、成人、保護者）** 第 2 条　この**法律で**「少年」とは、二十歳に満たない者をいい、**「成人」とは、満二十歳以上の者をいう。**
2　この**法律において**「保護者」とは、少年に対して法律上監護教育の義務ある者及び少年を現に監護する者をいう。	2　この**法律で**「保護者」とは、少年に対して法律上監護教育の義務ある者及び少年を現に監護する者をいう。
（判事補の職権） 第 4 条　**第 20 条第 1 項**の決定以外の裁判は、判事補が一人でこれをすることができる。	（判事補の職権） 第 4 条　**第 20 条**の決定以外の裁判は、判事補が一人でこれをすることができる。
（付添人） 第 10 条　少年**並びにその保護者、法定代理人、保佐人、配偶者、直系の親族及び兄弟姉妹**は、家庭裁判所の許可を受けて、付添人を選任することができる。ただし、弁護士を付添人に選任するには、家庭裁判所の許可を要しない。	（付添人） 第 10 条　少年**及び保護者**は、家庭裁判所の許可を受けて、付添人を選任することができる。ただし、弁護士を付添人に選任するには、家庭裁判所の許可を要しない。
2（略）	2（略）
（呼出し及び同行） 第 11 条　家庭裁判所は、事件の調査又は審判について必要があると認めるときは、少年又	**（呼出、同行）** 第 11 条　家庭裁判所は、事件の調査又は審判について必要があると認めるときは、少年又

は保護者に対して、呼出状を**発して、その呼出し**をすることができる。

2　家庭裁判所は、**少年又は保護者が、正当な理由がなく、前項の規定による呼出しに応じないとき、又は応じないおそれがあるときは、その少年又は保護者**に対して、同行状を**発して、その同行を**することができる。

（緊急の場合の同行）

第12条　家庭裁判所は、少年が保護のため緊急を要する状態にあつて、その福祉上必要であると認めるときは、前条第2項の規定にかかわらず、その少年に対して、同行状を**発して、その同行を**することができる。

2　（略）

（決定の執行）

第26条　家庭裁判所は、第17条第1項第二号、第17条の4第1項**並びに第24条第1項第二号及び第三号**の決定をしたときは、家庭裁判所調査官、裁判所書記官、法務事務官、法務教官、警察官、保護観察官又は児童福祉司をして、その決定を執行させることができる。

2　家庭裁判所は、第17条第1項第二号、第17の4第1項**並びに第24条第1項第二号及び第三号**の決定を執行するため必要があるときは、少年に対して、呼出状を発して、その**呼出しを**することができる。

3　家庭裁判所は、**少年が、正当な理由がなく、前項の規定による呼出しに応じないとき、又は応じないおそれがあるときは、その少年**に対して、同行状を**発して、その同行を**することができる。

4　家庭裁判所は、少年が保護のため緊急を要する状態にあつて、その福祉上必要であると認めるときは、前項の規定にかかわらず、その少年に対して、同行状を**発して、その同行をする**ことができる。

5・6　（略）

（少年鑑別所収容の　時継続）

第26条の2　家庭裁判所は、第17条第1項第二号の措置がとられている事件について、**第18条、第19条、第20条第1項**、第23条第2項又は第24条第1項の決定をする場合

は保護者に対して呼出状を**発する**ことができる。

2　家庭裁判所は、**正当の理由がなく前項の呼出に応じない者**に対して、同行状を**発する**ことができる。

（緊急の場合の同行）

第12条　家庭裁判所は、少年が保護のため緊急を要する状態にあつて、その福祉上必要であると認めるときは、前条第2項の規定にかかわらず、その少年に対して、同行状を**発する**ことができる。

2　（略）

（決定の執行）

第26条　家庭裁判所は、第17条第1項第二号、第17条の4第1項、**第18条、第20条及び第24条第1項**の決定をしたときは、家庭裁判所調査官、裁判所書記官、法務事務官、法務教官、警察官、保護観察官又は児童福祉司をして、その決定を執行させることができる。

2　家庭裁判所は、第17条第1項第二号、第17条の4第1項、**第18条、第20条及び第24条第1項**の決定を執行するため必要があるときは、少年に対して、呼出状を**発する**ことができる。

3　家庭裁判所は、**正当の理由がなく前項の呼出に応じない者**に対して、同行状を**発する**ことができる。

4　家庭裁判所は、少年が保護のため緊急を要する状態にあつて、その福祉上必要であると認めるときは、前項の規定にかかわらず、その少年に対して、同行状を**発する**ことができる。

5・6　（略）

（少年鑑別所収容の一時継続）

第26条の2　家庭裁判所は、第17条第1項第二号の措置がとられている事件について、**第18条から第20条まで**、第23条第2項又は第24条第1項の決定をする場合において、

において、必要と認めるときは、決定をもつて、少年を引き続き相当期間少年鑑別所に収容することができる。ただし、その期間は、七日を超えることはできない。

（保護処分の取消し）

第 27 条の 2　（略）

2〜5（略）

6　前三項に定めるもののほか、第 1 項及び第 2 項の規定による**第 24 条第 1 項の保護処分**の取消しの事件の手続は、その性質に反しない限り、**同項の保護処分に係る事件の手続**の例による。

（検察官へ送致後の取扱い）

第 45 条　家庭裁判所が、**第 20 条第 1 項の**規定によつて事件を検察官に送致したときは、次の例による。

一〜五　（略）

六　**第 10 条第 1 項の規定により選任された**弁護士でる付添人は、これを弁護人とみなす。

七　（略）

（取扱いの分離）

第 49 条　（略）

2　（略）

3　刑事施設、留置施設及び海上保安留置施設においては、少年（刑事収容施設及び被収容者等の処遇に関する法律（平成 17 年法律第 50 号）第 2 条第四号の受刑者（同条第八号の未決拘禁者としての地位を有するものを除く。）**二十歳以上の者**と分離して収容しなければならない。

（懲役又は禁錮の執行）

第 56 条　（略）

2　本人が**二十六歳**に達するまでは、前項の規定による執行を継続することができる。

3　（略）

　　　　　第四章　記事等の掲載の禁止

（削る）

第 61 条　（略）

　　　第五章　特定少年の特例（新設）
　　　　第一節保護事件の特例（新設）
　　（検察官への送致についての特例）

必要と認めるときは、決定をもつて、少年を引き続き相当期間少年鑑別所に収容することができる。但し、その期間は、七日を超えることはできない。

（保護処分の取消し）

第 27 条の 2　（略）

2〜5（略）

6　前三項に定めるもののほか、第 1 項及び第 2 項の規定による**保護処分**の取消しの事件の手続は、その性質に反しない限り、**保護事件**の例による。

（検察官へ送致後の取扱い）

第 45 条　家庭裁判所が、**第 20 条**の規定によつて事件を検察官に送致したときは、次の例による。

一〜五　（略）

六　**少年又は保護者が選任した弁護士である**付添人は、これを弁護人とみなす。

七　（略）

（取扱いの分離）

第 49 条　（略）

2　（略）

3　刑事施設、留置施設及び海上保安留置施設においては、少年（刑事収容施設及び被収容者等の処遇に関する法律（平成 17 年法律第 50 号）第 2 条第四号の受刑者（同条第八号の未決拘禁者としての地位を有するものを除く。）を除く。）を**成人**と分離して収容しなければならない。

（懲役又は禁錮の執行）

第 56 条　（略）

2　本人が**満二十歳**に達した後でも、**満二十六歳**に達するまでは、前項の規定による執行を継続することができる。

3　（略）

　　　　　第四章　雑則
　　（記事等の掲載の禁止）

第 61 条　（略）

　　　　　（新設）

　　　　　（新設）

第62条　家庭裁判所は、特定少年（十八歳以
　　上の少年をいう。以下同じ。）に係る事件に
　　ついては、第20条の規定にかかわらず、調
　　査の結果、その罪質及び情状に照らして刑事
　　処分を相当と認めるときは、決定をもつて、
　　これを管轄地方裁判所に対応する検察庁の検
　　察官に送致しなければならない。
2　前項の規定にかかわらず、家庭裁判所は、
　　特定少年に係る次に掲げる事件については、
　　同項の決定をしなければならない。ただし、
　　調査の結果、犯行の動機、態様及び結果、犯
　　行後の情況、特定少年の性格、年齢、行状及
　　び環境その他の事情を考慮し、刑事処分以外
　　の措置を相当と認めるときは、この限りでな
　　い。
　　一　故意の犯罪行為により被害者を死亡させ
　　　た罪の事件であつて、その罪を犯すとき十
　　　六歳以上の少年に係るもの
　　二　死刑又は無期若しくは短期一年以上の懲
　　　役若しくは禁錮に当たる罪の事件であつ
　　　て、その罪を犯すとき特定少年に係るもの
　　　（前号に該当するものを除く。）
第63条　家庭裁判所は、公職選挙法（昭和25
　　年法律第100号。他の法律において準用す
　　る場合を含む。）及び政治資金規正法（昭和
　　23年法律第194号）に規定する罪の事件
　　（次項に規定する場合に係る同項に規定する
　　罪の事件を除く。）であつて、その罪を犯す
　　とき特定少年に係るものについて、前条第1
　　項の規定により検察官に送致するかどうかを
　　決定するに当たつては、選挙の公正の確保等
　　を考慮して行わなければならない。
2　家庭裁判所は、公職選挙法第247条の罪又
　　は同法第251条の2第1項各号に掲げる者
　　が犯した同項に規定する罪、同法第251条
　　の3第1項の組織的選挙運動管理者等が犯
　　した同項に規定する罪若しくは同法第251
　　条の4第1項各号に掲げる者が犯した同項
　　に規定する罪の事件であつて、その罪を犯す
　　とき特定少年に係るものについて、その罪質
　　が選挙の公正の確保に重大な支障を及ぼすと
　　認める場合には、前条第1項の規定にかか
　　わらず、同項の決定をしなければならない。

（新設）

（新設）

この場合においては、同条第 2 項ただし書
の規定を準用する。

（保護処分についての特例）

第 64 条　第 24 条第 1 項の規定にかかわらず、　　（新設）
家庭裁判所は、第 23 条の場合を除いて、審
判を開始した事件につき、少年が特定少年で
ある場合には、犯情の軽重を考慮して相当な
限度を超えない範囲内において、決定をもつ
て、次の各号に掲げる保護処分のいずれかを
しなければならない。ただし、罰金以下の刑
に当たる罪の事件については、第一号の保護
処分に限り、これをすることができる。

一　六月の保護観察所の保護観察に付するこ
と。

二　二年の保護観察所の保護観察に付するこ
と。

三　少年院に送致すること。

2　前項第二号の保護観察においては、第 66
条第 1 項に規定する場合に、同項の決定に
より少年院に収容することができるものと
し、家庭裁判所は、同号の保護処分をすると
きは、その決定と同時に、一年以下の範囲内
において犯情の軽重を考慮して同項の決定に
より少年院に収容することができる期間を定
めなければならない。

3　家庭裁判所は、第 1 項第三号の保護処分を
するときは、その決定と同時に、三年以下の
範囲内において犯情の軽重を考慮して少年院
に収容する期間を定めなければならない。

4　勾留され又は第 17 条第 1 項第二号の措置
がとられた特定少年については、未決勾留の
日数は、その全部又は一部を、前二項の規定
により定める期間に算入することができる。

5　第 1 項の保護処分においては、保護観察所
の長をして、家庭その他の環境調整に関する
措置を行わせることができる。

（この法律の適用関係）

第 65 条　第 3 条第 1 項（第三号に係る部分に　　（新設）
限る。）の規定は、特定少年については、適
用しない。

2　第 12 条、第 26 条第 4 項及び第 26 条の 2
の規定は、特定少年である少年の保護事件
（第 26 条の 4 第 1 項の規定による保護処分に

係る事件を除く。）については、適用しない。

3　第27条の2第5項の規定は、少年院に収
容中の者について、前条第1項第二号又は
第三号の保護処分を取り消した場合には、適
用しない。

4　特定少年である少年の保護事件に関する次
の表の上欄に掲げるこの法律の規定の適用に
ついては、これらの規定中同表の中欄に掲げ
る字句は、同表の下欄に掲げる字句とする。

第4条	第20条第1項	第62条第1項
第17条の2第1項ただし書、第32条ただし書及び第35条第1項ただし書（第17条の3第1項において読み替えて準用する場合を含む。）	選任者である、保護者	第62条第1項の特定少年
第23条第1項	又は第20条	第62条又は第63条第2項
第24条の2第1項	前条第1項	第64条第1項
第25条第1項及び第27条の2第6項	第24条第1項	第64条第1項
第26条第1項及び第2項	並びに第24条第1項第二号及び第三号	及び第64条第1項第三号
第26条の3	第24条第1項第三号	第64四条第1項第三号
第28条	第24条又は第25条	第25条又は第64条

（保護観察中の者に対する収容決定）

第66条　更生保護法第68条の2の申請があ
つた場合において、家庭裁判所は、審判の結
果、第64条第1項第二号の保護処分を受け
た者がその遵守すべき事項を遵守しなかつた
と認められる事由があり、その程度が重く、
かつ、少年院において処遇を行わなければ本
人の改善及び更生を図ることができないと認

（新設）

めるときは、これを少年院に収容する旨の決
定をしなければならない。ただし、この項の
決定により既に少年院に収容した期間が通算
して同条第 2 項の規定により定められた期
間に達しているときは、この限りでない。
2　次項に定めるもののほか、前項の決定に係
る事件の手続は、その性質に反しない限り、
この法律（この項を除く。）の規定による特
定少年である少年の保護事件の手続の例によ
る。
3　第 1 項の決定をする場合においては、前項
の規定によりその例によることとされる第
17 条第 1 項第二号の措置における収容及び
更生保護法第 68 条の 3 第 1 項の規定による
留置の日数は、その全部又は一部を、第 64
条第 2 項の規定により定められた期間に算
入することができる。
　　　第二節　刑事事件の特例　　　　　　　（新設）
第 67 条　第 41 条及び第 43 条第 3 項の規定　（新設）
は、特定少年の被疑事件（同項の規定につい
ては、第 20 条第 1 項又は第 62 条第 1 項の
決定があつたものに限る。）については、適
用しない。
2　第 48 条第 1 項並びに第 49 条第 1 項及び第
3 項の規定は、特定少年の被疑事件（第 20
条第 1 項又は第 62 条第 1 項の決定があつた
ものに限る。）の被疑者及び特定少年である
被告人については、適用しない。
3　第 49 条第 2 項の規定は、特定少年に対す
る被告事件については、適用しない。
4　第 52 条、第 54 条並びに第 56 条第 1 項及
び第 2 項の規定は、特定少年については、
適用しない。
5　第 58 条及び第 59 条の規定は、特定少年の
とき刑の言渡しを受けた者については、適用
しない。
6　第 60 条の規定は、特定少年のとき犯した
罪により刑に処せられた者については、適用
しない。
7　特定少年である少年の刑事事件に関する次
の表の上欄に掲げるこの法律の規定の適用に
ついては、これらの規定中同表の中欄に掲げ
る字句は、同表の下欄に掲げる字句とする。

| 第45条 | 第20条第1項 | 第62条第1項 |
| 第45条の3第1項及び第46条第1項 | 第24条第1項 | 第64条第1項 |

第三節　記事等の掲載の禁止の特例

第68条　第61条の規定は、特定少年のとき犯した罪により公訴を提起された場合における同条の記事又は写真については、適用しない。ただし、当該罪に係る事件について刑事訴訟法第461条の請求がされた場合（同法第463条第1項若しくは第2項又は第468条第2項の規定により通常の規定に従い審判をすることとなつた場合を除く。）は、この限りでない。

（新設）
（新設）

　　　　附則

（施行期日）

第1条　（略）

（経過規定）

第2条　この附則において「旧法」とは、従前の少年法（大正11年法律第42号）をいう。

（削る）

（削る）

（削る）

　　　　附則

（施行期日）

第62条　（略）

（経過規定）

第63条　この附則で「新法」とは、この法律による改正後の少年法をいい、「旧法」とは、従前の少年法（大正11年法律第42号）をいう。

2　この法律施行の際少年審判所に係属中の事件は、これを家庭裁判所に係属したものとみなす。

3　前項の場合において、旧法第37条の規定によりなされた処分は、次の例に従い、これを新法第17条の規定によりなされた措置とみなす。

旧法第37条	新法第17条
第1項第一号から第四号までの処分	第1項第一号の措置
第2項の処分	

4　旧法第4条第1項第五号から第九号までの保護処分は、次の例に従い、これを新法第24条又は第25条の規定によりなされたものとみなす。

| 旧法第4条 | 新法 |
| 第1項第五号（保護団体に委託する保護処分を除く。）及び第九号の保護処分 | 第25条第1項及び第2項第三号 |

	第 1 項第五号中保護団体に委託する保護処分及び第六号の保護処分 / 第 24 条第 1 項第一号
	第 1 項第七号の保護処分 / 第 24 条第 1 項第二号
	第 1 項第八号の保護処分 / 第 24 条第 1 項第三号
（削る）	5　前二項に規定するものの外、旧法の規定によりなされた処分は、この法律の相当規定によりなされたものとみなす。
（削る）	第 64 条　この法律施行前言渡を受けた刑においては、第 58 条及び第 59 条の適用については、「第 51 条」及び「第 52 条第 1 項及び第 2 項」とあるのは、それぞれ、「旧法第 7 条第 1 項」及び「旧法第 8 条第 1 項及び第 2 項」と読み替えるものとする。
第 3 条　（略）	第 65 条　（略）
第 4 条　（略）	第 66 条　（略）
第 5 条　（略）	第 67 条　（略）
（削る）	第 68 条　この法律施行後二年間、第 2 条第 1 項の規定にかかわらず、少年は、これを十八歳に満たない者とし、成人は、これを満十八歳以上の者とする。
	2　前項の適用については、第 45 条第三号、第 47 条第 2 項、第 48 条第 3 項及び第 56 条第 2 項の「二十歳」とあるのは、これを「十八歳」と読み替えるものとする。

　　　附　則
（施行期日）
第 1 条　この法律は、令和四年四月一日から施行する。
　（検察官への送致に関する経過措置）
第 2 条　第 1 条の規定による改正後の少年法（以下「新少年法」という。）第 62 条及び第 63 条の規定は、この法律の施行後にした行為に係る事件の家庭裁判所から検察官への送致について適用する。
　（司法警察員の送致に関する経過措置）
第 3 条　新少年法第 67 条第 1 項（少年法第 41 条に係る部分に限る。）の規定は、この法律の施行後にした行為に係る事件の司法警察員から家庭裁判所への送致について適用する。
　（不定期刑、仮釈放及び仮釈放期間の終了に関する経過措置）
第 4 条　新少年法第 67 条第 4 項（少年法第 52 条に係る部分に限る。以下この条において同じ。）及び第 5 項の規定は、この法律の施行前にした行為（一個の行為が二個以上の罪名に触れ

る場合におけるこれらの罪名に触れる行為、犯罪の手段若しくは結果である行為が他の罪名に触れる場合におけるこれらの罪名に触れる行為又は併合罪として処断すべき罪に当たる行為にこの法律の施行前のものと施行後のものがある場合においては、これらの行為を含む。）に係る刑の適用、仮釈放をすることができるまでの期間及び仮釈放期間の終了については、適用しない。ただし、一個の行為が二個以上の罪名に触れる場合におけるこれらの罪名に触れる行為、犯罪の手段若しくは結果である。

　行為が他の罪名に触れる場合におけるこれらの罪名に触れる行為又は併合罪として処断すべき罪に当たる行為にこの法律の施行前のものと施行後のものがある場合において、これらの行為のうちこの法律の施行後のものであるものに係る罪のみについて新少年法第 67 条第 4 項の規定を適用することとした場合に言い渡すことができる刑が、これらの行為に係る罪の全てについて同項の規定を適用しないこととした場合に言い渡すことができる刑より重い刑となるときは、刑の適用についてはその重い刑をもって言い渡すことができる刑とし、仮釈放をすることができるまでの期間及び仮釈放期間の終了については同条第 5 項の規定を適用する。

　（換刑処分の禁止に関する経過措置）

第 5 条　新少年法第 67 条第 4 項（少年法第 54 条に係る部分に限る。）の規定は、この法律の施行後にした行為について科せられる罰金又は科料（次に掲げる罰金又は科料を除く。）に係る労役場留置の言渡しについて適用する。

　　　一　一個の行為が二個以上の罪名に触れる場合におけるこれらの罪名に触れる行為又は犯罪の手段若しくは結果である行為が他の罪名に触れる場合におけるこれらの罪名に触れる行為にこの法律の施行前のものと施行後のものがある場合において、これらの行為について科せられる罰金又は科料

　　　二　刑法（明治 40 年法律第 45 号）第 48 条第 2 項の規定により併合罪として処断された罪に当たる行為にこの法律の施行前のものと施行後のものがある場合において、これらの行為について科せられる罰金

　（人の資格に関する法令の適用に関する経過措置）

第 6 条　十八歳以上の少年のとき犯した罪により刑に処せられてこの法律の施行前に当該刑の執行を受け終わり若しくは執行の免除を受けた者又は十八歳以上の少年のとき犯した罪について刑に処せられた者でこの法律の施行の際現に当該刑の執行猶予中のものに対する人の資格に関する法令の適用については、新少年法第 67 条第 6 項の規定は、適用しない。

　（記事等の掲載の禁止に関する経過措置）

第 7 条　新少年法第 68 条の規定は、この法律の施行後に公訴を提起された場合について適用する。

　（検討）

第 8 条　政府は、この法律の施行後五年を経過した場合において、この法律による改正後の規定及び民法の一部を改正する法律（平成 30 年法律第 59 号）による改正後の規定の施行の状況並びにこれらの規定の施行後の社会情勢及び国民の意識の変化等を踏まえ、罪を犯した十八歳以上二十歳未満の者に係る事件の手続及び処分並びにその者に対する処遇に関する制度の在り方等について検討を加え、必要があると認めるときは、その結果に基づいて所要の措置を講ずるものとする。

　（出入国管理及び難民認定法の一部改正）

第 9 条　（略）

　（売春防止法の一部改正）

第 10 条　（略）

（少年の保護事件に係る補償に関する法律の一部改正）
第 11 条　（略）
　（国際受刑者移送法の一部改正）
第 12 条　（略）
　（国際受刑者移送法の一部改正に伴う経過措置）
第 13 条　（略）
　（刑事収容施設及び被収容者等の処遇に関する法律の一部改正）
第 14 条　（略）
　（重大な犯罪を防止し、及びこれと戦う上での協力の強化に関する日本国政府とアメリカ合衆国政府との間の協定の実施に関する法律の一部改正）
第 15 条　（略）
　（少年鑑別所法の一部改正）
第 16 条　（略）
　（公職選挙法等の一部を改正する法律の一部改正）
第 17 条　（略）
　（公職選挙法等の一部を改正する法律の一部改正に伴う経過措置）
第 18 条　この法律の施行前にした行為に係る事件の家庭裁判所から検察官への送致については、前条の規定による改正前の公職選挙法等の一部を改正する法律（次項において「旧公職選挙法等一部改正法」という。）附則第 5 条第 1 項から第 3 項までの規定は、なおその効力を有する。
2　附則第 6 条に規定する者に対する人の資格に関する法令の適用については、旧公職選挙法等一部改正法附則第 5 条第 4 項及び第 6 条の規定は、なおその効力を有する。
　（法務省設置法の一部改正）
第 19 条　（略）

少 年 法

（昭和 23 年 7 月 15 日法律第 168 号）
最終改正　令和 3 年法律第 47 号

第 1 章　総則
（この法律の目的）
第 1 条　この法律は、少年の健全な育成
を期し、非行のある少年に対して性格の
矯正及び環境の調整に関する保護処分を
行うとともに、少年の刑事事件について
特別の措置を講ずることを目的とする。
（定義）
第 2 条　この法律において「少年」とは、
二十歳に満たない者をいう。
2　この法律において「保護者」とは、少
年に対して法律上監護教育の義務ある者
及び少年を現に監護する者護教育の義務
ある者をいう。

第 2 章　少年の保護事件
第 1 節　通則
（審判に付すべき少年）
第 3 条　次に掲げる少年は、これを家庭裁
判所の審判に付する。
　一　罪を犯した少年
　二　十四歳に満たないで刑罰法令に触れ
　　る行為をした少年
　三　次に掲げる事由があつて、その性格
　　又は環境に照して、将来、罪を犯し、
　　又は刑罰法令に触れる行為をする虞の
　　ある少年
　　イ　保護者の正当な監督に服しない性
　　　癖のあること。
　　ロ　正当の理由がなく家庭に寄り附か
　　　ないこと。
　　ハ　犯罪性のある人若しくは不道徳な
　　　人と交際し、又はいかがわしい場所
　　　に出入すること。

　　ニ　自己又は他人の徳性を害する行為
　　　をする性癖のあること。
2　家庭裁判所は、前項第 2 号に掲げる少
年及び同項第三号に掲げる少年で十四歳
に満たない者については、都道府県知事
又は児童相談所長から送致を受けたとき
に限り、これを審判に付することができ
る。
（判事補の職権）
第 4 条　第 20 条第 1 項の決定以外の裁判
は、判事補が一人でこれをすることがで
きる。これをすることができる。
（管轄）
第 5 条　保護事件の管轄は、少年の行為
地、住所、居所又は現在地による。
2　家庭裁判所は、保護の適正を期するた
め特に必要があると認めるときは、決定
をもって、事件を他の管轄家庭裁判所に
移送することができる。
3　家庭裁判所は、事件がその管轄に属し
ないと認めるときは、決定をもって、こ
れを管轄家庭裁判所に移送しなければな
らない。
（被害者等による記録の閲覧及び謄写）
第 5 条の 2　裁判所は、第 3 条第 1 項第一
号又は第二号に掲げる少年に係る保護事
件について、第 21 条の決定があつた後、
最高裁判所規則の定めるところにより当
該保護事件の被害者等（被害者又はその
法定代理人若しくは被害者が死亡した場
合若しくはその心身に重大な故障がある
場合におけるその配偶者、直系の親族若
しくは兄弟姉妹をいう。以下同じ。）又
は被害者等から委託を受けた弁護士か
ら、その保管する当該保護事件の記録
（家庭裁判所が専ら当該少年の保護の必
要性を判断するために収集したもの及び
家庭裁判所調査官が家庭裁判所による当
該少年の保護の必要性の判断に資するよ
う作成し又は収集したものを除く。）の

閲覧又は謄写の申出があるときは、閲覧
又は謄写を求める理由が正当でないと認
める場合及び少年の健全な育成に対する
影響、事件の性質、調査又は審判の状況
その他の事情を考慮して閲覧又は謄写を
させることが相当でないと認める場合を
除き、申出をした者にその閲覧又は謄写
をさせるものとする。

2　前項の申出は、その申出に係る保護事
件を終局させる決定が確定した後三年を
経過したときは、することができない。

3　第1項の規定により記録の閲覧又は謄
写をした者は、正当な理由がないのに閲
覧又は謄写により知り得た少年の氏名そ
の他少年の身上に関する事項を漏らして
はならず、かつ、閲覧又は謄写により知
り得た事項をみだりに用いて、少年の健
全な育成を妨げ、関係人の名誉若しくは
生活の平穏を害し、又は調査若しくは審
判に支障を生じさせる行為をしてはなら
ない。

（閲覧又は謄写の手数料）

第5条の3　前条第1項の規定による記録
の閲覧又は謄写の手数料については、そ
の性質に反しない限り、民事訴訟費用等
に関する法律（昭和46年法律第40号）
第7条から第10条まで及び別表第二の
一の項の規定（同項上欄中「（事件の係
属中に当事者等が請求するものを除
く。）」とある部分を除く。）を準用する。

第2節　通告、警察官の調査等
（通告）

第6条　家庭裁判所の審判に付すべき少
年を発見した者は、これを家庭裁判所に
通告しなければならない。

2　警察官又は保護者は、第3条第1項第
三号に掲げる少年について、直接これを
家庭裁判所に送致し、又は通告するより
も、先づ児童福祉法（昭和22年法律第

164号）による措置にゆだねるのが適当
であると認めるときは、その少年を直接
児童相談所に通告することができる。

（警察官等の調査）

第6条の2　警察官は、客観的な事情から
合理的に判断して、第3条第1項第二号
に掲げる少年であると疑うに足りる相当
の理由のある者を発見した場合におい
て、必要があるときは、事件について調
査をすることができる。

2　前項の調査は、少年の情操の保護に配
慮しつつ、事案の真相を明らかにし、も
つて少年の健全な育成のための措置に資
することを目的として行うものとする。

3　警察官は、国家公安委員会規則の定め
るところにより、少年の心理その他の特
性に関する専門的知識を有する警察職員
（警察官を除く。）に調査（第6条の5第
1項の処分を除く。）をさせることがで
きる。

（調査における付添人）

第6条の3　少年及び保護者は、前条第1
項の調査に関し、いつでも、弁護士であ
る付添人を選任することができる。

（呼出し、質問、報告の要求）

第6条の4　警察官は、調査をするについ
て必要があるときは、少年、保護者又は
参考人を呼び出し、質問することができ
る。

2　前項の質問に当たつては、強制にわた
ることがあつてはならない。

3　警察官は、調査について、公務所又は
公私の団体に照会して必要な事項の報告
を求めることができる。

（押収、捜索、検証、鑑定嘱託）

第6条の5　警察官は、第3条第1項第二
号に掲げる少年に係る事件の調査をする
について必要があるときは、押収、捜
索、検証又は鑑定の嘱託をすることがで
きる。

2 刑事訴訟法（昭和23年法律第131号）中、司法警察職員の行う押収、捜索、検証及び鑑定の嘱託に関する規定（同法第224条を除く。）は、前項の場合に、これを準用する。この場合において、これらの規定中「司法警察員」とあるのは「司法警察員たる警察官」と、「司法巡査」とあるのは「司法巡査たる警察官」と読み替えるほか、同法第499条第1項中「検察官」とあるのは「警視総監若しくは道府県警察本部長又は警察署長」と、「政令」とあるのは「国家公安委員会規則」と、同条第2項中「国庫」とあるのは「当該都道府県警察又は警察署の属する都道府県」と読み替えるものとする。

（警察官の送致等）

第6条の6 警察官は、調査の結果、次の各号のいずれかに該当するときは、当該調査に係る書類とともに事件を児童相談所長に送致しなければならない。

一 第3条第1項第二号に掲げる少年に係る事件について、その少年の行為が第22条の2第1項各号に掲げる罪に係る刑罰法令に触れるものであると思料するとき。

イ 故意の犯罪行為により被害者を死亡させた罪

ロ イに掲げるもののほか、死刑又は無期若しくは短期二年以上の懲役若しくは短期二年以上の懲役若しくは禁錮に当たる罪

二 前号に掲げるもののほか、第3条第1項第二号に掲げる少年に係る事件について、家庭裁判所の審判に付することが適当であると思料するとき。

2 警察官は、前項の規定により児童相談所長に送致した事件について、児童福祉法第27条第1項第四号の措置がとられた場合において、証拠物があるときは、

これを家庭裁判所に送付しなければならない。

3 警察官は、第1項の規定により事件を送致した場合を除き、児童福祉法第25条の規定により調査に係る少年を児童相談所に通告するときは、国家公安委員会規則の定めるところにより、児童相談所に対し、同法による措置をとるについて参考となる当該調査の概要及び結果を通知するものとする。

（都道府県知事又は児童相談所長の送致）

第6条の7 都道府県知事又は児童相談所長は、前条第1項（第一号に係る部分に限る。）の規定により送致を受けた事件については、児童福祉法第27条第1項第四号の措置をとらなければならない。ただし、調査の結果、その必要がないと認められるときは、この限りでない。

2 都道府県知事又は児童相談所長は、児童福祉法の適用がある少年について、たまたま、その行動の自由を制限し、又はその自由を奪うような強制的措置を必要とするときは、同法第33条及び第47条の規定により認められる場合を除き、これを家庭裁判所に送致しなければならない。

（家庭裁判所調査官の報告）

第7条 家庭裁判所調査官は、家庭裁判所の審判に付すべき少年を発見したときは、これを裁判官に報告しなければならない。

2 家庭裁判所調査官は、前項の報告に先だち、少年及び保護者について、事情を調査することができる。

第3節 調査及び審判
（事件の調査）

第8条 家庭裁判所は、第6条第1項の通告又は前条第1項の報告により、審判

に付すべき少年があると思料するとき
は、事件について調査しなければならな
い。検察官、司法警察員、警察官、都道
府県知事又は児童相談所長から家庭裁判
所の審判に付すべき少年事件の送致を受
けたときも、同様とする。

2　家庭裁判所は、家庭裁判所調査官に命
じて、少年、保護者又は参考人の取調そ
の他の必要な調査を行わせることができ
る。

（調査の方針）

第9条　前条の調査は、なるべく、少年、
保護者又は関係人の行状、経歴、素質、
環境等について、医学、心理学、教育
学、社会学その他の専門的智識特に少年
鑑別所の鑑別の結果を活用して、これを
行うように努めなければならない。

（被害者等の申出による意見の聴取）

第9条の2　家庭裁判所は、最高裁判所規
則の定めるところにより第3条第1項第
1号又は第二号に掲げる少年に係る事件
の被害者等から、被害に関する心情その
他の事件に関する意見の陳述の申出があ
るときは、自らこれを聴取し、又は家庭
裁判所調査官に命じてこれを聴取させる
ものとする。ただし、事件の性質、調査
又は審判の状況その他の事情を考慮し
て、相当でないと認めるときは、この限
りでない。

（付添人）

第10条　少年並びにその保護者、法定代
理人、保佐人、配偶者、直系の親族及び
兄弟姉妹は、家庭裁判所の許可を受け
て、付添人を選任することができる。た
だし、弁護士を付添人に選任するには、
家庭裁判所の許可を要しない。

2　保護者は、家庭裁判所の許可を受けて、
付添人となることができる。

（呼出し及び同行）

第11条　家庭裁判所は、事件の調査又は
審判について必要があると認めるとき
は、少年又は保護者に対して、呼出状を
発して、その呼出しをすることができ
る。

2　家庭裁判所は、少年又は保護者が、正
当な理由がなく、前項の規定による呼出
しに応じないとき、又は応じないおそれ
があるときは、その少年又は保護者に対
して、同行状を発して、その同行をする
ことができる。

（緊急の場合の同行）

第12条　家庭裁判所は、少年の保護のた
め緊急を要する状態にあつて、その福祉
上必要であると認めるときは、前条第2
項の規定にかかわらず、その少年に対し
て、同行状を発して、その同行をするこ
とができる。

2　裁判長は、急速を要する場合には、前
項の処分をし、又は合議体の構成員にこ
れをさせることができる。

（同行状の執行）

第13条　同行状は、家庭裁判所調査官が
これを執行する。

2　家庭裁判所は、警察官、保護観察官又
は裁判所書記官をして、同行状を執行さ
せることができる。

3　裁判長は、急速を要する場合には、前
項の処分をし、又は合議体の構成員にこ
れをさせることができる。

（証人尋問・鑑定・通訳・翻訳）

第14条　家庭裁判所は、証人を尋問し、
又は鑑定、通訳若しくは翻訳を命ずるこ
とができる。

2　刑事訴訟法中、裁判所の行う証人尋問、
鑑定、通訳及び翻訳に関する規定は、保
護事件の性質に反しない限り、前項の場
合に、これを準用する。

（検証、押収、捜索）

第15条　家庭裁判所は、検証、押収又は
捜索をすることができる。

2 刑事訴訟法中、裁判所の行う検証、押収及び捜索に関する規定は、保護事件の性質に反しない限り、前項の場合に、これを準用する。

（援助、協力）

第16条 家庭裁判所は、調査及び観察のため、警察官、保護観察官、保護司、児童福祉司（児童福祉法第12条の3第2項第四号に規定する児童福祉司をいう。第26条第1項において同じ。）又は児童委員に対して、必要な援助をさせることができる。

2 家庭裁判所は、その職務を行うについて、公務所、公私の団体、学校、病院その他に対して、必要な協力を求めることができる。

（観護の措置）

第17条 家庭裁判所は、審判を行うため必要があるときは、決定をもって、次に掲げる観護の措置をとることができる。

　一　家庭裁判所調査官の観護に付すること。

　二　少年鑑別所に送致すること。

2 同行された少年については、観護の措置は、遅くとも、到着のときから二十四時間以内に、これを行わなければならない。検察官又は司法警察員から勾留又は逮捕された少年の送致を受けたときも、同様である。

3 第1項第2号の措置においては、少年鑑別所に収容する期間は、二週間を超えることができない。ただし、特に継続の必要があるときは、決定をもって、これを更新することができる。

4 前項ただし書の規定による更新は、一回を超えて行うことができない。ただし、第3条第1項第一号に掲げる少年に係る死刑、懲役又は禁錮〈こ〉に当たる罪の事件でその非行事実（犯行の動機、態様及び結果その他の当該犯罪に密接に関連する重要な事実を含む。以下同じ。）の認定に関し証人尋問、鑑定若しくは検証を行うことを決定したもの又はこれを行つたものについて、少年を収容しなければ審判に著しい支障が生じるおそれがあると認めるに足りる相当の理由がある場合には、その更新は、更に二回を限度として、行うことができる。

5 第3項ただし書の規定にかかわらず、検察官から再び送致を受けた事件が先に第1項第二号の措置がとられ、又は勾留状が発せられた事件であるときは、収容の期間は、これを更新することができない。

6 裁判官が第43条第1項の請求により、第1項第一号の措置をとつた場合において、事件が家庭裁判所に送致されたときは、その措置は、これを第1項第一号の措置とみなす。

7 裁判官が第43条第1項の請求により第1項第二号の措置をとつた場合において、事件が家庭裁判所に送致されたときは、その措置は、これを第1項第二号の措置とみなす。この場合には、第3項の期間は、家庭裁判所が事件の送致を受けた日から、これを起算する。

8 観護の措置は、決定をもって、これを取り消し、又は変更することができる。

9 第1項第二号の措置については、収容の期間は、通じて八週間を超えることができない。ただし、その収容の期間が通じて四週間を超えることとなる決定を行うときは、第4項ただし書に規定する事由がなければならない。

10 裁判長は、急速を要する場合には、第1項及び第8項の処分をし、又は合議体の構成員にこれをさせることができる。

（異議の申立て）

第17条の2 少年、その法定代理人又は付添人は、前条第1項第二号又は第3項

ただし書の決定に対して、保護事件の係属する家庭裁判所の異議の申立てをすることができる。ただし、付添人は、選任者である保護者の明示した意思に反して、異議の申立てをすることができない。

2　前項の異議の申立ては、審判に付すべき事由がないことを理由としてすることはできない。

3　第1項の異議の申立てについては、家庭裁判所は、合議体で決定をしなければならない。この場合において、その決定には、原決定に関与した裁判官は、関与することができない。

4　第32条の3、第33条及び第34条の規定は、第1項の異議の申立てがあつた場合について準用する。この場合において、第33条第2項中「取り消して、事件を原裁判所に差し戻し、又は他の家庭裁判所に移送しなければならない」とあるのは、「取り消し、必要があるときは、更に裁判をしなければならない」と読み替えるものとする。

（特別抗告）

第17条の3　第35条第1項の規定は、前条第3項の決定について準用する。この場合において、第35条第1項中「二週間」とあるのは、「五日」と読み替えるものとする。

2　前条第4項及び第32条の2の規定は、前項の規定による抗告があつた場合について準用する。

（少年鑑別所送致の場合の仮収容）

第17条の4　家庭裁判所は、第17条第1項第二号の措置をとつた場合において、直ちに少年鑑別所に収容することが著しく困難であると認める事情があるときは、決定をもつて、少年を仮に最寄りの少年院又は刑事施設の特に区別した場所に収容することができる。ただし、その期間は、収容した時から72時間を超えることができない。

2　裁判長は、急速を要する場合には、前項の処分をし、又は合議体の構成員にこれをさせることができる。

3　第1項の規定による収容の期間は、これを第17条第1項第二号の措置により少年鑑別所に収容した期間とみなし、同条第3項の期間は、少年院又は刑事施設に収容した日から、これを起算する。

4　裁判官が第43条第1項の請求のあつた事件につき、第1項の収容をした場合において、事件が家庭裁判所に送致されたときは、その収容は、これを第1項の規定による収容とみなす。

（児童福祉法の措置）

第18条　家庭裁判所は、調査の結果、児童福祉法の規定による措置を相当と認めるときは、決定をもつて、事件を権限を有する都道府県知事又は児童相談所長に送致しなければならない。

2　第6条の7第2項の規定により、都道府県知事又は児童相談所から送致を受けた少年については、決定をもつて、期限を付して、これに対してとるべき保護の方法その他の措置を指示して、事件を権限を有する都道府県知事又は児童相談所長に送致することができる。

（審判を開始しない旨の決定）

第19条　家庭裁判所は、調査の結果、審判に付することができず、又は審判に付するのが相当でないと認めるときは、審判を開始しない旨の決定をしなければならない。

2　家庭裁判所は、調査の結果、本人が二十歳以上であることが判明したときは、前項の規定にかかわらず、決定をもつて、事件を管轄地方裁判所に対応する検察庁の検察官に送致しなければならない。

（検察官への送致）

第20条 家庭裁判所は、死刑、懲役又は禁錮に当たる罪の事件について、調査の結果、その罪質及び情状に照らして刑事処分を相当と認めるときは、決定をもつて、これを管轄地方裁判所に対応する検察庁の検察官に送致しなければならない。

2 前項の規定にかかわらず、家庭裁判所は、故意の犯罪行為により被害者を死亡させた罪の事件にあつて、その罪を犯すとき十六歳以上の少年に係るものについては、同項の決定をしなければならない。ただし、調査の結果、犯行の動機及び態様、犯行後の情況、少年の性格、年齢、行状及び環境その他の事情を考慮し、刑事処分以外の措置を相当と認めるときは、この限りでない。

（審判開始の決定）

第21条 家庭裁判所は、調査の結果、審判を開始するのが相当であると認めるときは、その旨の決定をしなければならない。

（審判の方式）

第22条 審判は、懇切を旨として、和やかに行うとともに、非行のある少年に対し自己の非行について内省を促すものとしなければならない。

2 審判は、これを公開しない。

3 審判の指揮は、裁判長が行う。

（検察官の関与）

第22条の2 家庭裁判所は、第3条第1項第一号に掲げる少年に係る事件であつて、死刑又は無期若しくは長期3年を超える懲役若しくは禁錮に当たる罪のものにおいて、その非行事実を認定するための審判の手続に検察官が関与する必要があると認めるときは、決定をもつて、審判に検察官を出席させることができる。

2 家庭裁判所は、前項の決定をするには、検察官の申出がある場合を除き、あらかじめ、検察官の意見を聴かなければならない。

3 検察官は、第1項の決定があつた事件において、その非行事実の認定に資するため必要な限度で、最高裁判所規則の定めるところにより、事件の記録及び証拠物を閲覧し及び謄写し、審判の手続（事件を終局させる決定の告知を含む。）に立ち会い、少年及び証人その他の関係人に発問し、並びに意見を述べることができる。

（国選付添人）

第22条の3 家庭裁判所は、前条第1項の決定をした場合において、少年に弁護士である付添人がないときは、弁護士である付添人を付さなければならない。

2 家庭裁判所は、第3条第1項第一号に掲げる少年に係る事件であつて前条第1項に規定する罪のもの又は第3条第1項第二号に掲げる少年に係る事件であつて前条第1項に規定する罪に係る刑罰法令に触れるものについて、第17条第1項第二号の措置がとられており、かつ、少年に弁護士である付添人がない場合において、事案の内容、保護者の有無その他の事情を考慮し、審判の手続に弁護士である付添人が関与する必要があると認めるときは、弁護士である付添人を付することができる。

3 前二項の規定により家庭裁判所が付すべき付添人は、最高裁判所規則の定めるところにより、選任するものとする。

4 前項（第22条の5第4項において準用する場合を含む。）の規定により選任された付添人は、旅費、日当、宿泊料及び報酬を請求することができる。

（被害者等による少年審判の傍聴）

第22条の4 家庭裁判所は、最高裁判所規則の定めるところにより第3条第1項

第一号に掲げる少年に係る事件であつて次に掲げる罪のもの又は同項第二号に掲げる少年（十二歳に満たないで刑罰法令に触れる行為をした少年を除く。次項において同じ。）に係る事件であつて次に掲げる罪に係る刑罰法令に触れるもの（いずれも被害者を傷害した場合にあつては、これにより生命に重大な危険を生じさせたときに限る。）の被害者等から、審判期日における審判の傍聴の申出がある場合において、少年の年齢及び心身の状態、事件の性質、審判の状況その他の事情を考慮して、少年の健全な育成を妨げるおそれがなく相当と認めるときは、その申出をした者に対し、これを傍聴することを許すことができる。

　一　故意の犯罪行為により被害者を死傷させた罪

　二　刑法（明治40年法律第45号）第211条（業務上過失致死傷等）の罪

2　家庭裁判所は、前項の規定により第3条第1項第二号に掲げる少年に係る事件の被害者等に審判の傍聴を許すか否かを判断するに当たつては、同号に掲げる少年が、一般に、精神的に特に未成熟であることを十分考慮しなければならない。

3　家庭裁判所は、第1項の規定により審判の傍聴を許す場合において、傍聴する者の年齢、心身の状態その他の事情を考慮し、その者が著しく不安又は緊張を覚えるおそれがあると認めるときは、その不安又は緊張を緩和するのに適当であり、かつ、審判を妨げ、又はこれに不当な影響を与えるおそれがないと認める者を、傍聴する者に付き添わせることができる。

4　裁判長は、第1項の規定により審判を傍聴する者及び前項の規定によりこの者に付き添う者の座席の位置、審判を行う場所における裁判所職員の配置等を定め

るに当たつては、少年の心身に及ぼす影響に配慮しなければならない。

5　第5条の2第3項の規定は、第1項の規定により審判を傍聴した者又は第3項の規定によりこの者に付き添つた者について、準用する。

（弁護士である付添人からの意見の聴取等）

第22条の5　家庭裁判所は、前条第1項の規定により審判の傍聴を許すには、あらかじめ、弁護士である付添人の意見を聴かなければならない。

2　家庭裁判所は、前項の場合において、少年に弁護士である付添人がないときは、弁護士である付添人を付さなければならない。

3　少年に弁護士である付添人がない場合であつて、最高裁判所規則の定めるところにより少年及び保護者がこれを必要としない旨の意思を明示したときは、前二項の規定は適用しない。

4　第22条の3第3項の規定は、第2項の規定により家庭裁判所が付すべき付添人について、準用する。

（被害者等に対する説明）

第22条の6　家庭裁判所は、最高裁判所規則の定めるところにより第3条第1項第一号又は第二号に掲げる少年に係る事件の被害者等から申出がある場合において、少年の健全な育成を妨げるおそれがなく相当と認めるときは、最高裁判所規則の定めるところにより、その申出をした者に対し、審判期日における審判の状況を説明するものとする。

2　前項の申出は、その申出に係る事件を終局させる決定が確定した後3年を経過したときは、することができない。

3　第5条の2第3項の規定は、第1項の規定により説明を受けた者について、準用する。

（審判開始後保護処分に付しない場合）

第 23 条 家庭裁判所は、審判の結果、第 18 条又は第 20 条にあたる場合であると認めるときは、それぞれ、所定の決定をしなければならない。

2 家庭裁判所は、審判の結果、保護処分に付することができず、又は保護処分に付する必要がないと認めるときは、その旨の決定をしなければならない。

3 第 19 条第 2 項の規定は、家庭裁判所の審判の結果、本人が 20 歳以上であることが判明した場合に準用する。

（保護処分の決定）

第 24 条 家庭裁判所は、前条の場合を除いて、審判を開始した事件につき、決定をもって、次に掲げる保護処分をしなければならない。ただし、決定の時に十四歳に満たない少年に係る事件については、特に必要と認める場合に限り、第三号の保護処分をすることができる。

一 保護観察所の保護観察に付すること。

二 児童自立支援施設又は児童養護施設に送致すること。

三 少年院に送致すること。

2 前項第一号及び第三号の保護処分においては、保護観察所の長をして、家庭その他の環境調整に関する措置を行わせることができる。

（没取）

第 24 条の 2 家庭裁判所は、第 3 条第 1 項第一号及び第二号に掲げる少年について、第 18 条、第 19 条、第 23 条第 2 項又は前条第 1 項の決定をする場合には、決定をもって、次に掲げる物を没取することができる。

一 刑罰法令に触れる行為を組成した物

二 刑罰法令に触れる行為に供し、又は供しようとした物

三 刑罰法令に触れる行為から生じ、若しくはこれによつて得た物又は刑罰法令に触れる行為の報酬として得た物

四 前号に記載した物の対価として得た物

2 没取は、その物が本人以外の者に属しないときに限る。但し、刑罰法令に触れる行為の後、本人以外の者が情を知つてその物を取得したときは、本人以外の者に属する場合であつても、これを没取することができる。

（家庭裁判所調査官の観察）

第 25 条 家庭裁判所は、第 24 条第 1 項の保護処分を決定するため必要があると認めるときは、決定をもって、相当の期間、家庭裁判所調査官の観察に付することができる。

2 家庭裁判所は、前項の観察とあわせて、次に掲げる措置をとることができる。

一 遵守事項を定めてその履行を命ずること。

二 条件を附けて保護者に引き渡すこと。

三 適当な施設、団体又は個人に補導を委託すること。

（保護者に対する措置）

第 25 条の 2 家庭裁判所は、必要があると認めるときは、保護者に対し、少年の監護に関する責任を自覚させ、その非行を防止するため、調査又は審判において、自ら訓戒、指導その他の適当な措置をとり、又は家庭裁判所調査官に命じてこれらの措置をとらせることができる。

（決定の執行）

第 26 条 家庭裁判所は、第 17 条第 1 項第二号、第 17 条の 4 第 1 項並びに第 24 条第 1 項第二号及び第三号の決定をしたときは、家庭裁判所調査官、裁判所書記官、法務事務官、法務教官、警察官、保護観察官又は児童福祉司をして、その決

定を執行させることができる。

2　家庭裁判所は、第17条第1項第二号、第17の4第1項並びに第24条第1項第二号及び第三号の決定を執行するため必要があるときは、少年に対して、呼出状を発して、その呼出しをすることができる。

3　家庭裁判所は、少年が、正当な理由がなく、前項の規定による呼出しに応じないとき、又は応じないおそれがあるときは、その少年に対して、同行状を発して、その同行をすることができる。

4　家庭裁判所は、少年が保護のため緊急を要する状態にあつて、その福祉上必要であると認めるときは、前項の規定にかかわらず、その少年に対して、同行状を発して、その同行をすることができる。

5　第13条の規定は、前二項の同行状に、これを準用する。

6　裁判長は、急速を要する場合には、第1項及び第4項の処分をし、又は合議体の構成員にこれをさせることができる。

（少年鑑別所収容の一時継続）

第26条の2　家庭裁判所は、第17条第1項第2号の措置がとられている事件について、第18条から第20条まで、第23条第2項又は第24条第1項の決定をする場合において、必要と認めるときは、決定をもつて、少年を引き続き相当期間少年鑑別所に収容することができる。但し、その期間は、7日を超えることはできない。

（同行状の執行の場合の仮収容）

第26条の3　第24条第1項第三号の決定を受けた少年に対して第26条第3項又は第4項の同行状を執行する場合において、必要があるときは、その少年を仮に最寄の少年鑑別所に収容することができる。

（保護観察中の者に対する措置）

第26条の4　更生保護法（平成19年法律第88号）第67条第2項の申請があつた場合において、家庭裁判所は、審判の結果、第24条第1項第一号の保護処分を受けた者がその遵守すべき事項を遵守せず、同法第67条第1項の警告を受けたにもかかわらず、なお遵守すべき事項を遵守しなかつたと認められる事由があり、その程度が重く、かつ、その保護処分によつては本人の改善及び更生を図ることができないと認めるときは、決定をもつて、第24条第1項第二号又は第三号の保護処分をしなければならない。

2　家庭裁判所は、前項の規定により20歳以上の者に対して第24条第1項第三号の保護処分をするときは、その決定と同時に、本人が23歳を超えない期間内において、少年院に収容する期間を定めなければならない。

3　前項に定めるもののほか、第1項の規定による保護処分に係る事件の手続は、その性質に反しない限り、第24条第1項の規定による保護処分に係る事件の手続の例による。

（競合する処分の調整）

第27条　保護処分の継続中、本人に対して有罪判決が確定したときは、保護処分をした家庭裁判所は、相当と認めるときは、決定をもつて、その保護処分を取り消すことができる。

2　保護処分の継続中、本人に対して新たな保護処分がなされたときは、新たな保護処分をした家庭裁判所は、前の保護処分をした家庭裁判所の意見を聞いて、決定をもつて、いずれかの保護処分を取消すことができる。

（保護処分の取消し）

第27条の2　保護処分の継続中、本人に対し審判権がなかつたこと、又は十四歳に満たない少年について、都道府県知事

若しくは児童相談所長から送致の手続が
なかつたにもかかわらず、保護処分をし
たことを認め得る明らかな資料を新たに
発見したときは、保護処分をした家庭裁
判所は、決定をもつて、その保護処分を
取り消さなければならない。

2 保護処分が終了した後においても、審
判に付すべき事由の存在が認められない
にもかかわらず保護処分をしたことを認
め得る明らかな資料を新たに発見したと
きは、前項と同様とする。ただし、本人
が死亡した場合は、この限りでない。

3 保護観察所、児童自立支援施設、児童
養護施設又は少年院の長は、保護処分の
継続中の者について、第1項の事由があ
ることを疑うに足りる資料を発見したと
きは、保護処分をした家庭裁判所に、そ
の旨の通知をしなければならない。

4 第18条第1項及び第19条第2項の規
定は、家庭裁判所が、第1項の規定によ
り、保護処分を取り消した場合に準用す
る。

5 家庭裁判所は、第1項の規定により、
少年院に収容中の者の保護処分を取り消
した場合において、必要があると認める
ときは、決定をもつて、その者を引き続
き少年院に収容することができる。但
し、その期間は、三日を超えることはで
きない。

6 前三項に定めるもののほか、第1項及
び第二項の規定による第24条第1項の
保護処分の取消しの事件の手続は、その
性質に反しない限り、同項の保護処分に
係る事件の手続の例による。

（報告と意見の提出）

第28条 家庭裁判所は、第24条又は第
25条の決定をした場合において、施設、
団体、個人、保護観察所、児童福祉施設
又は少年院に対して、少年に関する報告
又は意見の提出を求めることができる。

（委託費用の支給）

第29条 家庭裁判所は、第25条第2項
第3号の措置として、適当な施設、団体
又は個人に補導を委託したときは、その
者に対して、これによつて生じた費用の
全部又は一部を支給することができる。

（証人等の費用）

第30条 証人、鑑定人、翻訳人及び通訳
人に支給する旅費、日当、宿泊料その他
の費用の額については、刑事訴訟費用に
関する法令の規定を準用する。

2 参考人は、旅費、日当、宿泊料を請求
することができる。

3 参考人に支給する費用は、これを証人
に支給する費用とみなして、第1項の規
定を適用する。

4 第22条の3第4項の規定により付添人
に支給すべき旅費、日当、宿泊料及び報
酬の額については、刑事訴訟法第38条
第2項の規定により弁護人に支給すべき
旅費、日当、宿泊料及び報酬の例によ
る。

第30条の2 家庭裁判所は、第16条第1
項の規定により保護司又は児童委員をし
て、調査及び観察の援助をさせた場合に
は、最高裁判所の定めるところにより、
その費用の一部又は全部を支払うことが
できる。

（費用の徴収）

第31条 家庭裁判所は、少年又はこれを
扶養する義務のある者から証人、鑑定
人、通訳人、翻訳人、参考人、第22条
の3第3項（第22条の5第4項におい
て準用する場合を含む。）の規定により
選任された付添人及び補導を委託された
者に支給した旅費、日当、宿泊料その他
の費用並びに少年鑑別所及び少年院にお
いて生じた費用の全部又は一部を徴収す
ることができる。

2 前項の費用の徴収については、非訟事

件手続法（明治31年法律第14号）第163条の規定を準用する。

（被害者等に対する通知）

第31条の2　家庭裁判所は、第3条第1項第一号又は第二号に掲げる少年に係る事件を終局させる決定をした場合において、最高裁判所規則の定めるところにより当該事件の被害者等から申出があるときは、その申出をした者に対し、次に掲げる事項を通知するものとする。ただし、その通知をすることが少年の健全な育成を妨げるおそれがあり相当でないと認められるものについては、この限りでない。

一　少年及びその法定代理人の氏名及び住居

二　決定の年月日、主文及び理由の要旨

2　前項の申出は、同項に規定する決定が確定した後三年を経過したときは、することができない。

3　第5条の2第3項の規定は、第1項の規定により通知を受けた者について、準用する。

第4節　抗告

（抗告）

第32条　保護処分の決定に対しては、決定に影響を及ぼす法令の違反、重大な事実の誤認又は処分の著しい不当を理由とするときに限り、少年、その法定代理人又は付添人から、二週間以内に、抗告をすることができる。ただし、付添人は、選任者である保護者の明示した意思に反して、抗告をすることができない。

（抗告裁判所の調査の範囲）

第32条の2　抗告裁判所は、抗告の趣意に含まれている事項に限り、調査をするものとする。

2　抗告裁判所は、抗告の趣意に含まれていない事項であつても、抗告の理由となる事由に関しては、職権で調査をすることができる。

（抗告裁判所の事実の取調べ）

第32条の3　抗告裁判所は、決定をするについて必要があるときは、事実の取調べをすることができる。

2　前項の取調べは、合議体の構成員にさせ、又は家庭裁判所の裁判官に嘱託することができる。

（抗告受理の申立て）

第32条の4　検察官は、第22条の2第1項の決定がされた場合においては、保護処分に付さない決定又は保護処分の決定に対し、同項の決定があつた事件の非行事実の認定に関し、決定に影響を及ぼす法令の違反又は重大な事実の誤認があることを理由とするときに限り、高等裁判所に対し、二週間以内に、抗告審として事件を受理すべきことを申し立てることができる。

2　前項の規定による申立て（以下「抗告受理の申立て」という。）は、申立書を原裁判所に差し出してしなければならない。この場合において、原裁判所は、速やかにこれを高等裁判所に送付しなければならない。

3　高等裁判所は、抗告受理の申立てがされた場合において、抗告審として事件を受理するのを相当と認めるときは、これを受理することができる。この場合においては、その旨の決定をしなければならない。

4　高等裁判所は、前項の決定をする場合において、抗告受理の申立ての理由中に重要でないと認めるものがあるときは、これを排除することができる。

5　第3項の決定は、高等裁判所が原裁判所から第2項の申立書の送付を受けた日から二週間以内にしなければならない。

6　第3項の決定があつた場合には、抗告

があつたものとみなす。この場合におい
て、第32条の2の規定の適用について
は、抗告受理の申立ての理由中第4項の
規定により排除されたもの以外のものを
抗告の趣意とみなす。

(抗告審における国選付添人)

第32条の5 前条第3項の決定があつた
場合において、少年に弁護士である付添
人がないときは、抗告裁判所は、弁護士
である付添人を付さなければならない。

2 抗告裁判所は、第22条の3第2項に規
定する事件（家庭裁判所において第17
条第1項第二号の措置がとられたものに
限る。）について、少年に弁護士である
付添人がなく、かつ、事案の内容、保護
者の有無その他の事情を考慮し、抗告審
の審理に弁護士である付添人が関与する
必要があると認めるときは、弁護士であ
る付添人を付することができる。

(準用)

第32条の6 第32条の2、第32条の3
及び前条に定めるもののほか、抗告審の
審理については、その性質に反しない限
り、家庭裁判所の審判に関する規定を準
用する。

(抗告審の裁判)

第33条 抗告の手続がその規定に違反し
たとき、又は抗告が理由のないときは、
決定をもつて、抗告を棄却しなければな
らない。

2 抗告が理由のあるときは決定をもつて、
原決定を取り消して、事件を原裁判所に
差し戻し、又は他の家庭裁判所に移送し
なければならない。

(執行の停止)

第34条 抗告は、執行を停止する効力を
有しない。但し、原裁判所又は抗告裁判
所は、決定をもつて、執行を停止するこ
とができる。

(再抗告)

第35条 抗告裁判所のした第33条の決
定に対しては、憲法に違反し、若しくは
憲法の解釈に誤りがあること、又は最高
裁判所若しくは控訴裁判所である高等裁
判所の判例と相反する判断をしたことを
理由とする場合に限り、少年、その法定
代理人又は付添人から、最高裁判所に対
し、2週間以内に、特に抗告をすること
ができる。ただし、付添人は、選任者で
ある保護者の明示した意思に反して、抗
告をすることができない。

2 第32条の2、第32条の3、第32条の
5第2項及び第32条の6から前条まで
の規定は、前項の場合に、これを準用す
る。この場合において、第33条第2項
中「取り消して、事件を原裁判所に差し
戻し、又は他の家庭裁判所に移送しなけ
ればならない」とあるのは、「取り消さ
なければならない。この場合には、家庭
裁判所の決定を取り消して、事件を家庭
裁判所に差し戻し、又は他の家庭裁判所
に移送することができる」と読み替える
ものとする。

(その他の事項)

第36条 この法律で定めるものの外、保
護事件に関して必要な事項は、最高裁判
所がこれを定める。

第37条から第39条まで 削除〔平20法
71〕

第3章 少年の刑事事件
第1節 通則

(準拠法例)

第40条 少年の刑事事件については、こ
の法律で定めるものの外、一般の例によ
る。

第2節 手続

(司法警察員の送致)

第41条 司法警察員は、少年の被疑事件

について捜査を遂げた結果、罰金以下の刑にあたる犯罪の嫌疑があるものと思料するときは、これを家庭裁判所に送致しなければならない。犯罪の嫌疑がない場合でも、家庭裁判所の審判に付すべき事由があると思料するときは、同様である。

（検察官の送致）

第42条　検察官は、少年の被疑事件について捜査を遂げた結果、犯罪の嫌疑があるものと思料するときは、第45条第五号本文に規定する場合を除いて、これを家庭裁判所に送致しなければならない。犯罪の嫌疑がない場合でも、家庭裁判所の審判に付すべき事由があると思料するときは、同様である。

2　前項の場合においては、刑事訴訟法の規定に基づく裁判官による被疑者についての弁護人の選任は、その効力を失う。

（勾留に代る措置）

第43条　検察官は、少年の被疑事件においては、裁判官に対して、勾留の請求に代え、第17条第1項の措置を請求することができる。但し、第17条第1項第一号の措置は、家庭裁判所の裁判官に対して、これを請求しなければならない。

2　前項の請求を受けた裁判官は、第17条第1項の措置に関して、家庭裁判所と同一の権限を有する。

3　検察官は、少年の被疑事件においては、やむを得ない場合でなければ、裁判官に対して、勾留を請求することはできない。

（勾留に代る措置の効力）

第44条　裁判官が前条第1項の請求に基いて第17条第1項第一号の措置をとった場合において、検察官は、捜査を遂げた結果、事件を家庭裁判所に送致しないときは、直ちに、裁判官に対して、その措置の取消を請求しなければならない。

2　裁判官が前条第1項の請求に基いて第17条第1項第二号の措置をとるときは、令状を発してこれをしなければならない。

3　前項の措置の効力は、その請求をした日から10日とする。

（検察官へ送致後の取扱い）

第45条　家庭裁判所が、第20条第1項の規定によつて事件を検察官に送致したときは、次の例による。

一　第17条第1項第一号の措置は、その少年の事件が再び家庭裁判所に送致された場合を除いて、検察官が事件の送致を受けた日から十日以内に公訴が提起されないときは、その効力を失う。公訴が提起されたときは、裁判所は、検察官の請求により、又は職権をもつて、いつでも、これを取り消すことができる。

二　前号の措置の継続中、勾留状が発せられたときは、その措置は、これによつて、その効力を失う。

三　第一号の措置は、その少年が満二十歳に達した後も、引き続きその効力を有する。

四　第17条第1項第二号の措置は、これを裁判官のした勾留とみなし、その期間は、検察官が事件の送致を受けた日から、これを起算する。この場合において、その事件が先に勾留状の発せられた事件であるときは、この期間は、これを延長することができない。

五　検察官は、家庭裁判所から送致を受けた事件について、公訴を提起するに足りる犯罪の嫌疑があると思料するときは、公訴を提起しなければならない。ただし、送致を受けた事件の一部について公訴を提起するに足りる犯罪の嫌疑がないか、又は犯罪の情状等に影響を及ぼすべき新たな事情を発見し

た ため、訴追を相当でないと思料する ときは、この限りでない。送致後の情況により訴追を相当でないと思料するときも、同様である。

六 第10条第1項の規定により選任された弁護士でる付添人は、これを弁護人とみなす。

七 第四号の規定により第17条第1項第二号の措置を裁判官のした勾留とみなされた場合には、勾留状が発せられているものとみなして、刑事訴訟法中、裁判官による被疑者についての弁護人の選任に関する規定を適用する。

第45条の2 前条第一号から第四号まで及び第7号の規定は、家庭裁判所が、第19条第2項又は第23条第3項の規定により、事件を検察官に送致した場合に準用する。

（訴訟費用の負担）

第45条の3 家庭裁判所が、先に裁判官により被疑者のため弁護人が付された事件について第23条第2項又は第24条第1項の決定をするときは、刑事訴訟法中、訴訟費用の負担に関する規定を準用する。この場合において、同法第181条第1項及び第2項中「刑の言渡」とあるのは、「保護処分の決定」と読み替えるものとする。

2 検察官は、家庭裁判所が少年に訴訟費用の負担を命ずる裁判をした事件について、その裁判を執行するため必要な限度で、最高裁判所規則の定めるところにより、事件の記録及び証拠物を閲覧し、及び謄写することができる。

（保護処分等の効力）

第46条 罪を犯した少年に対して第24条第1項の保護処分がなされたときは、審判を経た事件について、刑事訴追をし、又は家庭裁判所の審判に付することができない。

2 第22条の2第1項の決定がされた場合において、同項の決定があつた事件につき、審判に付すべき事由の存在が認められないこと又は保護処分に付する必要がないことを理由とした保護処分に付さない旨の決定が確定したときは、その事件についても、前項と同様とする。

3 第1項の規定は、第27条の2第1項の規定による保護処分の取消しの決定が確定した事件については、適用しない。ただし、当該事件につき同条第6項の規定によりその例によることとされる第22条の2第1項の決定がされた場合であつて、その取消しの理由が審判に付すべき事由の存在が認められないことであるときは、この限りでない。

（時効の停止）

第47条 第8条第1項前段の場合においては第21条の決定があつてから、第8条第1項後段の場合においては送致を受けてから、保護処分の決定が確定するまで、公訴の時効は、その進行を停止する。

2 前項の規定は、第21条の決定又は送致の後、本人が満二十歳に達した事件についても、これを適用する。

（勾留）

第48条 勾留状は、やむを得ない場合でなければ、少年に対して、これを発することはできない。

2 少年を勾留する場合には、少年鑑別所にこれを拘禁することができる。

3 本人が満二十歳に達した後でも、引き続き前項の規定によることができる。

（取扱いの分離）

第49条 少年の被疑者又は被告人は、他の被疑者又は被告人と分離して、なるべく、その接触を避けなければならない。

2 少年に対する被告事件は、他の被告事件と関連する場合にも、審理に妨げない

限り、その手続を分離しなければならない。

3　刑事施設、留置施設及び海上保安留置施設においては、少年（刑事収容施設及び被収容者等の処遇に関する法律（平成17年法律第50号）第2条第四号の受刑者（同条第八号の未決拘禁者としての地位を有するものを除く。）二十歳以上の者と分離して収容しなければならない。

（審理の方針）

第50条　少年に対する刑事事件の審理は、第9条の趣旨に従つて、これを行わなければならない。

第3節　処分

（死刑と無期刑の緩和）

第51条　罪を犯すとき十八歳に満たない者に対しては、死刑をもつて処断すべきときは、無期刑を科する。

2　罪を犯すとき十八歳に満たない者に対しては、無期刑をもつて処断すべきときであつても、有期の懲役又は禁錮を科することができる。この場合において、その刑は、十年以上二十年以下において言い渡す。

（不定期刑）

第52条　少年に対して有期の懲役又は禁錮をもつて処断すべきときは、処断すべき刑の範囲内において、長期を定めるとともに、長期の二分の一（長期が十年を下回るときは、長期から五年を減じた期間。次項において同じ。）を下回らない範囲内において短期を定めて、これを言い渡す。この場合において、長期は十五年、短期は十年を超えることはできない。

2　前項の短期については、同項の規定にかかわらず、少年の改善更生の可能性その他の事情を考慮し特に必要があるときは、処断すべき刑の短期の二分の一を下

回らず、かつ、長期の二分の一を下回らない範囲内において、これを定めることができる。この場合においては、刑法第14条第2項の規定を準用する。

3　刑の執行猶予の言渡をする場合には、前二項の規定は、これを適用しない。

（少年鑑別所収容中の日数）

第53条　第17条第1項第二号の措置がとられた場合においては、少年鑑別所に収容中の日数は、これを未決勾留の日数とみなす。

（換刑処分の禁止）

第54条　少年に対しては、労役場留置の言渡をしない。

（家庭裁判所への移送）

第55条　裁判所は、事実審理の結果、少年の被告人を保護処分に付するのが相当であると認めるときは、決定をもつて、事件を家庭裁判所に移送しなければならない。

（懲役又は禁錮の執行）

第56条　懲役又は禁錮の言渡しを受けた少年（第3項の規定により少年院において刑の執行を受ける者を除く。）に対しては、特に設けた刑事施設又は刑事施設若しくは留置施設内の特に分界を設けた場所において、その刑を執行する。

2　本人が二十六歳に達するまでは、前項の規定による執行を継続することができる。

3　懲役又は禁錮の言渡しを受けた十六歳に満たない少年に対しては、刑法第12条第2項又は第13条第2項の規定にかかわらず、十六歳に達するまでの間、少年院において、その刑を執行することができる。この場合において、その少年には、矯正教育を授ける。

（刑の執行と保護処分）

第57条　保護処分の継続中、懲役、禁錮又は拘留の刑が確定したときは、先に刑

を執行する。懲役、禁錮又は拘留の刑が確定してその執行前保護処分がなされたときも、同様である。

（仮釈放）

第58条　少年のとき懲役又は禁錮の言渡しを受けた者については、次の期間を経過した後、仮釈放をすることができる。

一　無期刑については七年

二　第51条第2項の規定により言い渡した有期の刑についてはその刑期の三分の一

三　第52条第1項又は同条第1項及び第2項の規定により言い渡した刑については、その刑の短期の三分の一

2　第51条第1項の規定により無期刑の言渡しを受けた者については、前項第一号の規定は適用しない。

（仮釈放期間の終了）

第59条　少年のとき無期刑の言渡しを受けた者が、仮釈放後、その処分を取り消されないで十年を経過したときは、刑の執行を受け終わつたものとする。

2　少年のとき第51条第2項若しくは第52条第1項若しくは同条第1項及び第2項の規定により有期の刑の言渡しを受けた者が、仮釈放後、その処分を取り消されないで仮釈放前に刑の執行を受けた期間と同一の期間又は第51条第2項の刑期若しくは第52条第1項の長期を経過したときは、そのいずれか早い時期において、刑の執行を受け終わつたものとする。

（人の資格に関する法令の適用）

第60条　少年のとき犯した罪により刑に処せられてその執行を受け終り、又は執行の免除を受けた者は、人の資格に関する法令の適用については、将来に向つて刑の言渡しを受けなかつたものとみなす。

2　少年のとき犯した罪について刑に処せられた者で刑の執行猶予の言渡しを受けた者は、その猶予期間中、刑の執行を受け終つたものとみなして、前項の規定を適用する。

3　前項の場合において、刑の執行猶予の言渡しを取り消されたときは、人の資格に関する法令の適用については、その取り消されたとき、刑の言渡しがあつたものとみなす。

第4章　雑則
（記事等の掲載の禁止）

第61条　家庭裁判所の審判に付された少年又は少年のとき犯した罪により公訴を提起された者については、氏名、年齢、職業、住居、容ぼう等によりその者が当該事件の本人であることを推知することができるような記事又は写真を新聞紙その他の出版物に掲載してはならない。

第5章　特定少年の特例
第1節　保護事件の特例
（検察官への送致についての特例）

第62条　家庭裁判所は、特定少年（十八歳以上の少年をいう。以下同じ。）に係る事件については、第20条の規定にかかわらず、調査の結果、その罪質及び情状に照らして刑事処分を相当と認めるときは、決定をもつて、これを管轄地方裁判所に対応する検察庁の検察官に送致しなければならない。

2　前項の規定にかかわらず、家庭裁判所は、特定少年に係る次に掲げる事件については、同項の決定をしなければならない。ただし、調査の結果、犯行の動機、態様及び結果、犯行後の情況、特定少年の性格、年齢、行状及び環境その他の事情を考慮し、刑事処分以外の措置を相当と認めるときは、この限りでない。

一　故意の犯罪行為により被害者を死亡させた罪の事件であつて、その罪を犯

すとき十六歳以上の少年に係るもの

二　死刑又は無期若しくは短期一年以上の懲役若しくは禁錮に当たる罪の事件であつて、その罪を犯すとき特定少年に係るもの（前号に該当するものを除く。）

第63条　家庭裁判所は、公職選挙法（昭和25年法律第100号。他の法律において準用する場合を含む。）及び政治資金規正法（昭和23年法律第194号）に規定する罪の事件（次項に規定する場合に係る同項に規定する罪の事件を除く。）であつて、その罪を犯すとき特定少年に係るものについて、前条第1項の規定により検察官に送致するかどうかを決定するに当たつては、選挙の公正の確保等を考慮して行わなければならない。

2　家庭裁判所は、公職選挙法第247条の罪又は同法第251条の2第1項各号に掲げる者が犯した同項に規定する罪、同法第251条の3第1項の組織的選挙運動管理者等が犯した同項に規定する罪若しくは同法第251条の4第1項各号に掲げる者が犯した同項に規定する罪の事件であつて、その罪を犯すとき特定少年に係るものについて、その罪質が選挙の公正の確保に重大な支障を及ぼすと認める場合には、前条第1項の規定にかかわらず、同項の決定をしなければならない。この場合においては、同条第2項ただし書の規定を準用する。

（保護処分についての特例）

第64条　第24条第1項の規定にかかわらず、家庭裁判所は、第23条の場合を除いて、審判を開始した事件につき、少年が特定少年である場合には、犯情の軽重を考慮して相当な限度を超えない範囲内において、決定をもつて、次の各号に掲げる保護処分のいずれかをしなければならない。ただし、罰金以下の刑に当た

る罪の事件については、第一号の保護処分に限り、これをすることができる。

一　六月の保護観察所の保護観察に付すること。

二　二年の保護観察所の保護観察に付すること。

三　少年院に送致すること。

2　前項第二号の保護観察においては、第66条第1項に規定する場合に、同項の決定により少年院に収容することができるものとし、家庭裁判所は、同号の保護処分をするときは、その決定と同時に、一年以下の範囲内において犯情の軽重を考慮して同項の決定により少年院に収容することができる期間を定めなければならない。

3　家庭裁判所は、第1項第三号の保護処分をするときは、その決定と同時に、三年以下の範囲内において犯情の軽重を考慮して少年院に収容する期間を定めなければならない。

4　勾留され又は第17条第1項第二号の措置がとられた特定少年については、未決勾留の日数は、その全部又は一部を、前二項の規定により定める期間に算入することができる。

5　第1項の保護処分においては、保護観察所の長をして、家庭その他の環境調整に関する措置を行わせることができる。

（この法律の適用関係）

第65条　第3条第1項（第三号に係る部分に限る。）の規定は、特定少年については、適用しない。

2　第12条、第26条第4項及び第26条の2の規定は、特定少年である少年の保護事件（第26条の4第1項の規定による保護処分に係る事件を除く。）については、適用しない。

3　第27条の2第5項の規定は、少年院に収容中の者について、前条第1項第二号

又は第三号の保護処分を取り消した場合には、適用しない。

4 特定少年である少年の保護事件に関する次の表の上欄に掲げるこの法律の規定の適用については、これらの規定中同表の中欄に掲げる字句は、同表の下欄に掲げる字句とする。

第4条	第20条第1項	第62条第1項
第17条の2第1項ただし書、第32条ただし書及び第35条第1項ただし書（第17条の3第1項において読み替えて準用する場合を含む。）	選任者である保護者	第62条第1項の特定少年
第23条第1項	又は第20条	第62条又は第63条第2項
第24条の2第1項	前条第1項	第64条第1項
第25条第1項及び第27条の2第6項	第24条第1項	第64条第1項
第26条第1項及び第2項	並びに第24条第1項第二号及び第三号	及び第64条第1項第三号
第26条の3	第24条第1項第三号	第64四条第1項第三号
第28条	第24条又は第25条	第25条又は第64条

（保護観察中の者に対する収容決定）

第66条 更生保護法第68条の2の申請があつた場合において、家庭裁判所は、審判の結果、第64条第1項第二号の保護処分を受けた者がその遵守すべき事項を遵守しなかつたと認められる事由があり、その程度が重く、かつ、少年院において処遇を行わなければ本人の改善及び更生を図ることができないと認めるときは、これを少年院に収容する旨の決定を

しなければならない。ただし、この項の決定により既に少年院に収容した期間が通算して同条第2項の規定により定められた期間に達しているときは、この限りでない。

2 次項に定めるもののほか、前項の決定に係る事件の手続は、その性質に反しない限り、この法律（この項を除く。）の規定による特定少年である少年の保護事件の手続の例による。

3 第1項の決定をする場合においては、前項の規定によりその例によることとされる第17条第1項第二号の措置における収容及び更生保護法第68条の3第1項の規定による留置の日数は、その全部又は一部を、第64条第2項の規定により定められた期間に算入することができる。

第2節 刑事事件の特例

第67条 第41条及び第43条第3項の規定は、特定少年の被疑事件（同項の規定については、第20条第1項又は第62条第1項の決定があつたものに限る。）については、適用しない。

2 第48条第1項並びに第49条第1項及び第3項の規定は、特定少年の被疑事件（第20条第1項又は第62条第1項の決定があつたものに限る。）の被疑者及び特定少年である被告人については、適用しない。

3 第49条第2項の規定は、特定少年に対する被告事件については、適用しない。

4 第52条、第54条並びに第56条第1項及び第2項の規定は、特定少年については、適用しない。

5 第58条及び第59条の規定は、特定少年のとき刑の言渡しを受けた者については、適用しない。

7 特定少年である少年の刑事事件に関する次の表の上欄に掲げるこの法律の規定

の適用については、これらの規定中同表の中欄に掲げる字句は、同表の下欄に掲げる字句とする。

| 第 45 条 | 第 20 条第 1 項 | 第 62 条第 1 項 |
| 第 45 条の 3 第1 項及び第 46条第 1 項 | 第 24 条第 1 項 | 第 64 条第 1 項 |

第三節　記事等の掲載の禁止の特例
第 68 条　第 61 条の規定は、特定少年の

とき犯した罪により公訴を提起された場合における同条の記事又は写真については、適用しない。ただし、当該罪に係る事件について刑事訴訟法第 461 条の請求がされた場合（同法第 463 条第 1 項若しくは第 2 項又は第 468 条第 2 項の規定により通常の規定に従い審判をすることとなつた場合を除く。）は、この限りでない。

少年審判規則

（昭和 23 年 12 月 21 日最高裁判所
規則第 33 号）
最終改正　令和 3 年 12 月 22 日最高裁判所
規則第 3 号

第 1 章　総則
（この規則の解釈と運用、保護事件取扱の態度）

第 1 条　この規則は、少年の保護事件を適切に処理するため、少年法（昭和 23 年法律第 168 号。以下法という。）の目的及び精神に従つて解釈し、運用しなければならない。

2　調査及び審判その他保護事件の取扱に際しては、常に懇切にして誠意ある態度をもつて少年の情操の保護に心がけ、おのずから少年及び保護者等の信頼を受けるように努めなければならない。

（決定書）

第 2 条　決定をするときは、裁判官が、決定書を作つてこれに署名押印しなければならない。合議体で決定をする場合において、決定書に署名押印できない裁判官があるときは、他の裁判官の一人（当該署名押印できない裁判官が裁判長以外の裁判官である場合は、裁判長）が、その事由を付記して署名押印しなければならない。

2　前項の規定により署名押印すべき場合には、署名押印に代えて記名押印することができる。

3　次の各号に掲げる決定を除く決定の決定書には、第 1 項の規定による署名押印又は前項の規定による記名押印に代えて押印することができる。

一　事件を終局させる決定

二　法第 5 条第 2 項及び第 3 項、第 17 条第 1 項及び第 3 項ただし書、第 17 条の 2 第 4 項前段（第 17 条の 3 第 2 項において準用する場合を含む。）において準用する法第 33 条、第 17 条の 4 第 1 項本文、第 22 条の 2 第 1 項（法において準用し、又はその例による場合を含む。次項第五号において同じ。）、第 24 条の 2、第 25 条、第 32 条の 4 第 3 項並びに第 34 条ただし書（第 35 条第 2 項前段において準用する場合を含む。）の決定

三　第 46 条の 3 第 7 項の決定

4　決定書には、次に掲げる事項を記載しなければならない。

一　主文

二　理由

三　少年の氏名及び年齢

四　少年の職業、住居及び本籍

五　当該審級において法第 22 条の 2 第 1 項の決定をした事件を終局させる決定の決定書においては、同項の決定をした旨及び当該決定に係る事件を特定するに足りる事項

5　次の各号に掲げる決定を除く決定の決定書には、前項第二号及び第四号に掲げる事項の記載を省略することができる。

一　法第 17 条第 1 項第二号及び第 3 項ただし書の決定

二　法第 20 条第 1 項、第 24 条、第 24 条の 2、第 62 条第 1 項及び第 64 条の決定

三　法第 27 条の 2 第 1 項及び第 2 項本文の決定

四　法第 33 条（第 17 条の 2 第 4 項前段（第 17 条の 3 第 2 項において準用する場合を含む。）及び第 35 条第 2 項前段において準用する場合を含む。）の決定

五　法第 22 条の 2 第 1 項の決定（以下「検察官関与決定」という。）をした

事件についての保護処分に付さない決定

6　決定書には、記録中の書類の記載を引用することができる。

7　裁判長は、相当と認めるときは、決定を調書に記載させて決定書に代えることができる。

（決定の告知）

第3条　次に掲げる決定を告知するには、裁判長が、審判期日において言い渡さなければならない。

一　法第24条第1項及び第64条第1項の決定

二　検察官関与決定をした事件についての法第23条の決定

2　次に掲げる決定を告知するには、裁判長が、少年の面前で言い渡さなければならない。

一　法第17条第1項（次項第1号の場合を除く。）、第17条の4第1項本文（次項第2号の場合を除く。）、第23条（前項第2号の場合を除く。）及び第25条の決定

二　法第17条第1項第二号の措置がとられている事件についての法第20条第1項及び第62条第1項の決定

3　次に掲げる決定を告知するには、当該決定をする裁判官が、少年の面前で言い渡さなければならない。

一　法第17条第10項の規定による同条第1項の決定

二　法第17条の4第2項の規定による同条第1項本文の決定

4　決定は、前三項の場合を除いては、相当と認める方法によつて告知する。法第23条第2項及び第3項（第1項第二号の場合を除く。）並びに第25条の決定について、第2項第一号の規定によることができないとき又はこれによることが相当でないと認めるときも、同様である。

5　法第19条の決定は、前項の規定によることができないときは、告知することを要しない。

6　裁判所書記官は、第1項から第4項までの場合には告知の方法、場所及び年月日を、前項の場合には告知しなかつた旨を決定書又は決定を記載した調書に付記して押印しなければならない。

（決定と同行状の執行指揮）

第4条　法第17条第1項第2号、第17条の4第1項本文、第24条第1項第二号及び第三号、第26条の2本文、第27条の2第5項本文並びに第64条第1項第三号の決定並びに同行状は、決定をし又は同行状を発した家庭裁判所の裁判官の指揮によつて執行する。

2　前項の指揮は、決定書の原本、決定書若しくは決定を記載した調書の謄本若しくは抄本又は同行状に押印して行うものとする。但し、急速を要するときは、少年の氏名及び年齢、決定の主文、告知の年月日、裁判所並びに裁判官の氏名を記載した書面に押印して行うことができる。

（決定の通知）

第5条　家庭裁判所は、検察官、司法警察員、警察官、都道府県知事又は児童相談所長から送致を受けた事件について法第18条、第19条、第20条第1項、第23条、第24条第1項、第62条第1項又は第64条第1項の決定をしたときは、その旨を送致をした者に通知しなければならない。保護観察所長から更生保護法（平成19年法律第88号）第68条第1項の規定による通告を受けた事件について法第24条第1項の決定をしたときも、同様とする。

2　法第55条の規定によつて移送を受けた事件については、前項の規定を準用する。

3　家庭裁判所は、法第27条及び第27条
の2第1項の規定により保護処分を取り
消したときは、その旨を保護処分を執行
している保護観察所、児童自立支援施
設、児童養護施設又は少年院の長に通知
しなければならない。

（書類の作成者、調書への引用）

第6条　保護事件に関する書類は、特別
の定のある場合を除いては、裁判所書記
官が作成する。但し、家庭裁判所調査官
の調査その他についての書類は、家庭裁
判所調査官が自ら作成することができ
る。

2　調書には、書面、写真その他適当と認
めるものを引用し、記録に添附してその
一部とすることができる。

（事件の関係人等に対する通知）

第6条の2　この規則の規定により裁判所
又は裁判長が行う通知は、裁判所書記官
にさせることができる。

2　裁判所書記官は、裁判所若しくは裁判
長又は裁判所書記官が法又はこの規則の
規定による通知をしたときは、その旨を
記録上明らかにしておかなければならな
い。

3　家庭裁判所調査官は、この規則の規定
による通知をしたときは、その旨を記録
上明らかにしておかなければならない。

（記録、証拠物の閲覧、謄写）

第7条　保護事件の記録又は証拠物は、
法第5条の2第1項の規定による場合又
は当該記録若しくは証拠物を保管する裁
判所の許可を受けた場合を除いては、閲
覧又は謄写することができない。

2　付添人（法第6条の3の規定により選
任された者を除く。以下同じ。）は、前
項の規定にかかわらず、審判開始の決定
があつた後は、保護事件の記録又は証拠
物を閲覧することができる。

3　裁判所は、保護事件の記録又は証拠物

に、閲覧させることにより人の身体若し
くは財産に害を加え若しくは人を畏怖さ
せ若しくは困惑させる行為又は人の名誉
若しくは社会生活の平穏を著しく害する
行為がなされるおそれがある事項が記載
され又は記録されている部分があると認
めるときは、付添人と少年との関係その
他の事情を考慮し、付添人が前項の規定
により当該記録又は証拠物を閲覧するに
当たり、付添人に対し、当該事項であつ
て裁判所が指定するものについて、少年
若しくは保護者に知らせてはならない旨
の条件を付し、又は少年若しくは保護者
に知らせる時期若しくは方法を指定する
ことができる。ただし、付添人による審
判の準備その他の審判の準備上の支障を
生ずるおそれがあるときは、この限りで
ない。

4　裁判所は、前項本文の場合において、
同項本文の規定による措置によつては同
項本文に規定する行為を防止できないお
それがあると認めるときは、付添人によ
る審判の準備その他の審判の準備上の支
障を生ずるおそれがあるときを除き、付
添人が第2項の規定により当該記録又は
証拠物を閲覧するについて、これらのう
ち前項本文に規定する部分であつて裁判
所が指定するものの閲覧を禁じることが
できる。この場合において、閲覧を禁じ
た部分にその人の氏名又は住居が記載さ
れ又は記録されている場合であつて、付
添人の請求があるときは、付添人に対
し、氏名にあつてはこれに代わる呼称
を、住居にあつてはこれに代わる連絡先
を知らせなければならない。

5　裁判所は、前二項の規定による措置を
とるには、あらかじめ、付添人の意見を
聴かなければならない。

6　裁判所は、第3項又は第4項の規定に
よる措置をとつたときは、付添人にその

旨を通知しなければならない。この通知をするには、第3項の規定による措置にあつては裁判所が指定した事項を、第4項の規定による措置にあつては裁判所が指定した部分を特定してこれをしなければならない。

7　裁判所は、第3項の規定により付した条件に付添人が違反したとき、又は同項の規定による時期若しくは方法の指定に付添人が従わなかつたときは、弁護士である付添人については当該弁護士の所属する弁護士会又は日本弁護士連合会に通知し、適当な処置をとるべきことを請求することができる。

8　前項の規定による請求を受けた者は、そのとつた処置をその請求をした裁判所に通知しなければならない。

（記録の閲覧又は謄写の申出の際に明らかにすべき事項・法第5条の2）

第7条の2　法第5条の2第1項の申出は、次に掲げる事項を明らかにしてしなければならない。

一　申出人の氏名又は名称及び住所

二　閲覧又は謄写を求める記録を特定するに足りる事項

三　申出人が法第5条の2第1項の申出をすることができる者であることの基礎となるべき事実

四　閲覧又は謄写を求める理由

第2章　通告、警察官の調査等
（家庭裁判所への送致の方式）

第8条　検察官、司法警察員、警察官、都道府県知事又は児童相談所長が事件を家庭裁判所に送致するには、次に掲げる事項を記載した送致書によらなければならない。

一　少年及び保護者の氏名、年齢、職業及び住居並びに少年の本籍

二　審判に付すべき事由

三　その他参考となる事項

2　前項の場合において書類、証拠物その他参考となる資料があるときは、あわせて送付しなければならない。

3　送致書には、少年の処遇に関して、意見をつけることができる。

4　検察官は、家庭裁判所から送致を受けた事件を更に家庭裁判所に送致する場合には、送致書にその理由を記載しなければならない。

5　保護観察所長が更生保護法第68条第1項の規定による通告をする場合には、前四項の規定を準用する。

（通告の方式・法第六条）

第9条　家庭裁判所の審判に付すべき少年を発見した者は、家庭裁判所に通告するには、審判に付すべき事由の外、なるべく、少年及び保護者の氏名、年齢、職業及び住居並びに少年の本籍を明らかにしなければならない。

2　前項の通告は、書面又は口頭ですることができる。口頭の通告があつた場合には、家庭裁判所調査官又は裁判所書記官は、これを調書に記載する。

3　第1項の場合には、前条第3項の規定を準用する。

（押収、捜索、検証、鑑定嘱託・法第6条の5）

第9条の2　刑事訴訟規則（昭和23年最高裁判所規則第32号）中、司法警察職員の行う押収、捜索、検証及び鑑定の嘱託に関する規定（同規則第158条の2を除く。）は、法第6条の5第1項の規定による押収、捜索、検証及び鑑定の嘱託について準用する。

（報告の方式・法第7条）

第9条の3　家庭裁判所調査官が法第7条第1項の規定により報告するには、次に掲げる事項を記載した報告書によらなければならない。

一　少年及び保護者の氏名、年齢、職業
及び住居
二　審判に付すべき事由の要旨
三　その他参考となる事項
**（家庭裁判所調査官の報告前の調査・法
第7条）**
第10条　家庭裁判所調査官は、法第7条
第2項の調査をするについては、報告を
するに必要な限度に止め、深入りしない
ように注意しなければならない。

第3章　調査及び審判
（調査の方針・法第9条）
第11条　審判に付すべき少年について
は、家庭及び保護者の関係、境遇、経
歴、教育の程度及び状況、不良化の経
過、性行、事件の関係、心身の状況等審
判及び処遇上必要な事項の調査を行うも
のとする。
2　家族及び関係人の経歴、教育の程度、
性行及び遺伝関係等についても、できる
限り、調査を行うものとする。
3　心身の状況については、なるべく、少
年鑑別所をして科学的鑑別の方法により
検査させなければならない。
4　少年を少年鑑別所に送致するときは、
少年鑑別所に対し、なるべく、観護鑑別
上の注意その他参考となる事項を示さな
ければならない。
（陳述録取調書の作成）
第12条　少年、保護者又は参考人の陳述
が事件の審判上必要であると認めるとき
は、これを調書に記載させ、又は記載し
なければならない。
2　前項の調書には、陳述者をして署名押
印させなければならない。
3　家庭裁判所調査官は、第1項の場合に
おいて相当と認めるときは、少年、保護
者又は参考人の陳述の要旨を記載した書
面を作成し、これを同項の調書に代える

ことができる。
**（家庭裁判所調査官の調査報告・法第8
条）**
第13条　家庭裁判所調査官は、調査の結
果を書面で家庭裁判所に報告するものと
する。
2　前項の書面には、意見をつけなければ
ならない。
3　家庭裁判所調査官は、第1項の規定に
よる報告の前後を問わず、少年の処遇に
関し、家庭裁判所に対して意見を述べな
ければならない。
**（意見陳述の申出の際に明らかにすべき
事項等・法第9条の2）**
第13条の2　法第9条の2本文の申出は、
次に掲げる事項を明らかにしてしなけれ
ばならない。
一　申出人の氏名又は名称及び住所
二　当該申出に係る事件を特定するに足
りる事項
三　申出人が法第9条の2本文の申出を
することができる者であることの基礎
となるべき事実
2　法第9条の2本文の申出については、
弁護士でなければ代理人となることがで
きない。
**（意見聴取の日時等の通知・法第9条の
2）**
第13条の3　家庭裁判所又は家庭裁判所
調査官は、法第9条の2本文の規定によ
り意見を聴取するときは、申出人に対
し、その旨並びに意見を聴取する日時及
び場所を通知しなければならない。
**（意見聴取に当たつての配慮・法第9条
の2）**
第13条の4　法第9条の2本文の規定に
より意見を聴取するときは、申出人の心
身の状態に配慮するものとする。
**（意見を聴取した旨の通知・法第9条の
2）**

第13条の5　家庭裁判所は、付添人がある場合において、法第9条の2本文の規定による意見の聴取がされたときは、速やかにその旨を当該付添人に通知しなければならない。

（意見の要旨を記載した書面の作成・法第9条の2）

第13条の6　家庭裁判所は、審判期日外において、法第9条の2本文の規定により自ら意見を聴取したときは、裁判所書記官に命じて、当該意見の要旨を記載した書面を作成させなければならない。

2　家庭裁判所調査官は、法第9条の2本文の規定により意見を聴取したときは、当該意見の要旨を記載した書面を作成しなければならない。

3　法第9条の2本文の規定による意見の陳述については、第12条の規定は、適用しない。

（付添人・法第10条）

第14条　弁護士である付添人の数は、3人を超えることができない。

2　付添人を選任するには、付添人と連署した書面を差し出すものとする。この書面には、少年と付添人との関係を記載しなければならない。

3　前項の規定により付添人が署名押印すべき場合には、署名押印に代えて記名押印することができる。

4　付添人の選任は、審級ごとにしなければならない。

5　保護者が付添人となるには、書面でその旨を家庭裁判所に届け出るものとする。この場合には、第2項後段及び前項の規定を準用する。

6　付添人の選任の許可及び付添人となることの許可は、いつでも、取り消すことができる。

（呼出状の記載要件・法第11条）

第15条　調査又は審判のための呼出状には、本人の氏名、年齢及び住居、保護事件について呼び出す旨、出頭すべき年月日時及び場所並びに正当な理由がなく出頭しないときは同行状を発することがある旨を記載し、裁判長が、記名押印しなければならない。

（呼出状の送達・法第11条）

第16条　前条の呼出状は、送達する。

2　送達については、民事訴訟の送達に関する規定並びに刑事訴訟法（昭和23年法律第131号）第65条第2項及び第3項の規定を準用する。ただし、就業場所における送達、送達場所等の届出及び公示送達に関する規定は、この限りでない。

（簡易の呼出）

第16条の2　調査又は審判のための呼出は、呼出状の送達以外の相当と認める方法によつてすることができる。

（同行状の記載要件・法第11条等）

第17条　調査又は審判のための同行状には、本人の氏名、年齢及び住居、審判に付すべき事由、同行すべき場所、有効期間及びその期間経過後は執行に着手することができず令状はこれを返還しなければならない旨並びに発付の年月日を記載し、裁判長又は同行状を発する裁判官が、記名押印しなければならない。

2　緊急の場合に発する同行状には、前項の記載事項の外、特に発付を必要とする理由を具体的に記載しなければならない。

3　裁判長は、法第12条第2項の規定により前項の同行状を発する場合には、その旨を同行状に記載しなければならない。

4　同行状の有効期間は、発付の日から七日とする。但し、相当と認めるときは、七日を超える期間を定めることができる。

（同行状の執行と執行後の処置・法第13

条）

第18条 同行状を執行するには、本人に示して、できる限り速やかに指定された場所に同行しなければならない。

2 同行状を所持しない場合においても、急速を要するときは、前項の規定にかかわらず、少年に対し、審判に付すべき事由及び同行状が発せられている旨を告げて、その執行をすることができる。但し、同行状は、できる限り速やかに示さなければならない。

3 同行状を執行したときは、これに執行の場所及び年月日時を記載し、執行することができなかつたときは、その事由を記載して記名押印しなければならない。

4 同行状は、執行したとき、又は執行することができなかつたときは、執行を指揮した裁判官に差し出さなければならない。

5 裁判官は、同行状を受け取つたときは、執行することができなかつた場合を除いて、裁判所書記官をして同行された年月日時を同行状に記載させなければならない。

（証人尋問等・法第14条等）

第19条 刑事訴訟規則中、裁判所の行う証人尋問、鑑定、通訳、翻訳、検証、押収及び捜索に関する規定は、保護事件の性質に反しない限り、法第14条第1項の規定による証人尋問、鑑定、通訳及び翻訳並びに法第15条第1項の規定による検証、押収及び捜索について準用する。

（調査の嘱託）

第19条の2 家庭裁判所は、他の家庭裁判所又は簡易裁判所に事実の調査を嘱託することができる。

（少年鑑別所送致決定手続において少年に告知すべき事項等）

第19条の3 法第17条第1項第二号の措置をとるに際しては、裁判長（同条第10項の規定による場合は、当該措置をとる裁判官）は、少年に対し、あらかじめ、供述を強いられることはないこと及び付添人を選任することができることを分かりやすく説明した上、審判に付すべき事由の要旨を告げ、これについて陳述する機会を与えなければならない。

（観護の措置等の方式・法第17条等）

第20条 法第17条第1項第一号又は第二号の決定をするには、家庭裁判所調査官又は少年鑑別所を指定するものとする。

2 法第17条の4第1項本文の決定をするには、少年院又は刑事施設を指定するものとする。

3 前二項の規定による指定は、いつでも、変更することができる。

（観護の措置の取消・法第17条）

第21条 観護の措置は、その必要がなくなつたときは、速やかに取り消さなければならない。

（少年鑑別所等への通知）

第21条の2 家庭裁判所は、法第17条第1項第二号の措置がとられている事件の送致を受けたときは、その旨を少年を収容している少年鑑別所、少年院又は刑事施設に通知しなければならない。法第17条第1項第二号の措置がとられている事件について、法第19条第2項（第23条第3項において準用する場合を含む。）、第20条第1項又は第62条第1項の決定をしたときも、同様である。

（観護の措置に関する通知・法第17条等）

第22条 観護の措置をとり又はこれを取り消し若しくは変更したときはその旨を、法第17条第1項第二号の措置がとられている事件について法第19条第2項（第23条第3項において準用する場

合を含む。以下この条において同じ。）、第20条第1項又は第62条第1項の決定をしたときは法第45条第四号の規定により法第17条第1項第二号の措置が勾留とみなされる旨を速やかに保護者及び付添人のうちそれぞれ適当と認める者に通知しなければならない。

2　前項の通知は、観護の措置をとり若しくはこれを変更した場合又は法第17条第1項第二号の措置がとられている事件について法第19条第2項、第20条第1項若しくは第62条第1項の決定をした場合において、少年に保護者及び付添人がないときは少年の法定代理人、保佐人、配偶者、直系の親族及び兄弟姉妹のうち少年の指定する者一人に、少年にこれらの者がないときは少年の申出によりその指定する者一人に、これをしなければならない。

3　第1項の通知は、観護の措置を取り消した場合において、少年に保護者及び付添人がないときは、少年の法定代理人、保佐人、配偶者、直系の親族及び兄弟姉妹のうち適当と認める者に、これをしなければならない。

（異議の申立て・法第17条の2）

第22条の2　法第17条の2第1項本文の規定による異議の申立てがあつた場合において、必要があると認めるときは、保護事件の係属する裁判所は、保護事件の記録及び証拠物を同条第3項前段の決定をすべき裁判所（以下「異議裁判所」という。）に送付しなければならない。

2　異議裁判所は、保護事件の記録及び証拠物の送付を求めることができる。

3　異議裁判所は、法第17条の2第3項前段の決定をしたときは、その旨を保護事件の係属する裁判所に通知しなければならない。

4　第43条、第44条（同条第1項後段の規定及び同条第2項の規定中年月日の通知に係る部分を除く。）、第45条第2項及び第47条の規定は、法第17条の2第1項本文の異議の申立てについて準用する。

（特別抗告・法第17条の3）

第22条の3　前条及び第45条第1項の規定は、法第17条の3第1項前段において準用する法第35条第1項本文の抗告について準用する。この場合において、前条第4項中「第44条（同条第1項後段の規定及び同条第2項の規定中年月日の通知に係る部分を除く。）」とあるのは「第44条」と、第45条第1項中「速やかに記録とともに」とあるのは「速やかに」と読み替えるものとする。

（都道府県知事等への送致の方式・法第18条）

第23条　事件を都道府県知事又は児童相談所長に送致する決定をするには、送致すべき都道府県知事又は児童相談所長を指定するものとする。

（検察官への送致の方式・法第20条第1項等）

第24条　事件を検察官に送致する決定をするには、罪となるべき事実及びその事実に適用すべき罰条を示さなければならない。

（観護の措置が勾留とみなされる場合の告知等・法第45条第4号等）

第24条の2　法第17条第1項第二号の措置がとられている事件について、法第19条第2項（第23条第3項において準用する場合を含む。）、第20条第1項又は第62条第1項の決定をするときは、裁判長が、あらかじめ、本人に対し、罪となるべき事実並びに刑事訴訟法第60条第1項各号の事由がある旨及び弁護人を選任することができる旨を告げなければならない。ただし、法第20条第1項

又は第 62 条第 1 項の決定をする場合において、法第 10 条第 1 項の規定により選任された弁護士である付添人があるときは、弁護人を選任することができる旨は告げることを要しない。

2 前項の規定により弁護人を選任することができる旨を告げるに当たつては、本人は弁護士、弁護士法人（弁護士・外国法事務弁護士共同法人を含む。）又は弁護士会を指定して弁護人の選任を申し出ることができる旨及びその申出先を教示しなければならない。

3 第 1 項の裁判長は、本人に弁護人を選任することができる旨を告げる際に、本人に対し、貧困その他の事由により自ら弁護人を選任することができないときは弁護人の選任を請求することができる旨を告げなければならない。この場合においては、刑事訴訟法第 207 条第 4 項の規定を準用する。

4 前三項の規定により告知をする場合には、裁判所書記官が立ち会い、調書を作成する。

（観護の措置が勾留とみなされる場合の勾留場所・法第 45 条第 4 号等）

第 24 条の 3 検察官は、あらかじめ、裁判長に対し、法第 17 条第 1 項第二号の措置により少年鑑別所に収容されている者について法第 19 条第 2 項（第 23 条第 3 項において準用する場合を含む。）、第 20 条第 1 項又は第 62 条第 1 項の決定をするときは本人を他の少年鑑別所若しくは刑事施設に収容すること又は刑事収容施設及び被収容者等の処遇に関する法律（平成 17 年法律第 50 号）第 15 条第 1 項の規定により留置施設に留置することに同意するよう請求することができる。

2 検察官は、前項の同意があった場合には、その同意に係る少年鑑別所若しくは刑事施設又は留置施設に本人を収容し、又は留置する。

3 検察官は、第 1 項の請求をしない場合又は同項の同意がない場合には、本人が法第 17 条第 1 項第二号の措置により収容されていた少年鑑別所に本人を収容する。

（審判開始決定の取消し）

第 24 条の 4 法第 21 条の決定は、いつでも、取り消すことができる。

（審判期日の指定と呼出）

第 25 条 審判をするには、裁判長が、審判期日を定める。

2 審判期日には、少年及び保護者を呼び出さなければならない。

（事件の併合審判）

第 25 条の 2 同一の少年に対する二以上の事件は、なるべく併合して審判しなければならない。

（保護観察所等への通知）

第 26 条 少年の処遇に関し、保護観察官若しくは保護司又は少年鑑別所に勤務する法務技官若しくは法務教官の意見を聴くことを相当と認めるときは、保護観察所又は少年鑑別所にその旨及び意見を聴くべき日時等を通知しなければならない。

（審判の場所）

第 27 条 審判は、裁判所外においても行うことができる。

（審判期日の列席者等）

第 28 条 審判の席には、裁判官及び裁判所書記官が、列席する。

2 家庭裁判所調査官は、裁判長の許可を得た場合を除き、審判の席に出席しなければならない。

3 少年が審判期日に出頭しないときは、審判を行うことができない。

4 付添人は、審判の席に出席することができる。

5 家庭裁判所は、審判期日を付添人に通

知しなければならない。

（在席の許可）

第29条　裁判長は、審判の席に、少年の親族、教員その他相当と認める者の在席を許すことができる。

（審判期日における告知等）

第29条の2　裁判長は、第1回の審判期日の冒頭において、少年に対し、供述を強いられることはないことを分かりやすく説明した上、審判に付すべき事由の要旨を告げ、これについて陳述する機会を与えなければならない。この場合において、少年に付添人があるときは、当該付添人に対し、審判に付すべき事由について陳述する機会を与えなければならない。

（証拠調べの申出）

第29条の3　少年、保護者及び付添人は、家庭裁判所に対し、証人尋問、鑑定、検証その他の証拠調べの申出をすることができる。

（少年本人質問）

第29条の4　付添人は、審判の席において、裁判長に告げて、少年に発問することができる。

（追送書類等に関する通知）

第29条の5　家庭裁判所は、法第21条の決定をした後、当該決定をした事件について、検察官、保護観察所長、司法警察員、警察官、都道府県知事又は児童相談所長から書類、証拠物その他参考となる資料の送付を受けたときは、速やかにその旨を付添人に通知しなければならない。

（意見の陳述）

第30条　少年、保護者、付添人、家庭裁判所調査官、保護観察官、保護司、法務技官及び法務教官は、審判の席において、裁判長の許可を得て、意見を述べることができる。

（検察官関与決定の方式・法第22条の2）

第30条の2　検察官関与決定の主文においては、審判に検察官を出席させる事件を明らかにしなければならない。

（国選付添人の選任等・法第22条の3等）

第30条の3　家庭裁判所は、検察官関与決定をした場合において、少年に弁護士である付添人がないときは、遅滞なく、当該少年に対し、一定の期間を定めて、弁護士である付添人を選任するかどうかについて回答を求めなければならない。

2　前項の期間内に回答がなく又は弁護士である付添人の選任がないときは、裁判長は、直ちに付添人を選任しなければならない。

3　法第22条の3第1項若しくは第2項又は第22条の5第2項の規定により家庭裁判所が付すべき付添人は、当該家庭裁判所の管轄区域内に在る弁護士会に所属する弁護士の中から裁判長がこれを選任しなければならない。ただし、その管轄区域内に選任すべき事件について付添人としての活動をすることのできる弁護士がないときその他やむを得ない事情があるときは、これに隣接する他の家庭裁判所の管轄区域内に在る弁護士会に所属する弁護士その他適当な弁護士の中からこれを選任することができる。

4　裁判長は、前項の規定により付添人を選任したときは、直ちにその旨を少年及び保護者並びに検察官（検察官関与決定があつた事件に限る。）に通知しなければならない。この場合には、日本司法支援センターにも直ちにその旨を通知しなければならない。

5　法第22条の5第3項に規定する意思の明示は、書面を家庭裁判所に差し出してしなければならない。

(審判の準備)

第30条の4 家庭裁判所は、検察官関与決定をした場合において、適当と認めるときは、検察官及び弁護士である付添人を出頭させた上、当該決定をした事件の非行事実（法第17条第4項ただし書に規定する非行事実をいう。以下同じ。）を認定するための審判の進行に関し必要な事項について打合せを行うことができる。

2 前項の打合せは、合議体の構成員に行わせることができる。

3 家庭裁判所は、裁判所書記官に命じて、審判の進行に関し必要な事項について検察官又は弁護士である付添人に問合せをさせることができる。

(検察官による記録又は証拠物の閲覧)

第30条の5 検察官は、検察官関与決定があつた事件において、第7条第1項の規定にかかわらず、その非行事実の認定に資するため必要な限度で、保護事件の記録又は証拠物を閲覧することができる。

(検察官の審判への出席等)

第30条の6 検察官は、検察官関与決定があつた事件において、その非行事実の認定に資するため必要な限度で、審判（事件を終局させる決定の告知を行う審判を含む。）の席に出席し、並びに審判期日外における証人尋問、鑑定、通訳、翻訳、検証、押収及び捜索の手続に立ち会うことができる。

2 家庭裁判所は、検察官関与決定をしたときは、当該決定をした事件の非行事実を認定するための手続を行う審判期日及び当該事件を終局させる決定の告知を行う審判期日を検察官に通知しなければならない。

(検察官による証拠調べの申出)

第30条の7 検察官は、検察官関与決定があつた事件において、その非行事実の認定に資するため必要な限度で、家庭裁判所に対し、証人尋問、鑑定、検証その他の証拠調べの申出をすることができる。

(検察官の尋問権等)

第30条の8 検察官は、検察官関与決定があつた事件において、その非行事実の認定に資するため必要な限度で、裁判長に告げて、証人、鑑定人、通訳人及び翻訳人を尋問することができる。

2 検察官は、検察官関与決定があつた事件において、その非行事実の認定に資するため必要な限度で、審判の席において、裁判長に告げて、少年に発問することができる。

(検察官に対する提出書類等に関する通知等)

第30条の9 家庭裁判所は、検察官関与決定をした後、当該決定をした事件について、少年、保護者又は付添人から書類、証拠物その他参考となる資料の提出を受けたときは、速やかにその旨を検察官に通知しなければならない。

2 家庭裁判所は、検察官関与決定をした場合において、当該決定をした事件について、法第9条の2本文の規定による意見の聴取がされたときは、速やかにその旨を検察官に通知しなければならない。

(検察官による意見の陳述)

第30条の10 検察官は、検察官関与決定があつた事件において、その非行事実の認定に資するため必要な限度で、審判の席において、裁判長の許可を得て、意見を述べることができる。

(傍聴の申出の際に明らかにすべき事項等・法第22条の4)

第30条の11 法第22条の4第1項の申出は、次に掲げる事項を明らかにしてしなければならない。

一　申出人の氏名及び住所

二　当該申出に係る事件を特定するに足りる事項

三　申出人が法第22条の4第1項の申出をすることができる者であることの基礎となるべき事実

2　法第22条の4第1項の申出については、弁護士でなければ代理人となることができない。

（傍聴の許否等の通知・法第22条の4）

第30条の12　家庭裁判所は、法第22条の4第1項の規定により審判の傍聴を許したときはその旨及びその審判期日を、審判の傍聴を許さないこととしたときはその旨を、速やかに、申出人並びに検察官関与決定をした場合における検察官及び少年に弁護士である付添人がある場合における当該付添人に通知しなければならない。

（説明の申出の際に明らかにすべき事項等・法第22条の6）

第30条の13　法第22条の6第1項の申出は、次に掲げる事項を明らかにしてしなければならない。

一　申出人の氏名又は名称及び住所

二　当該申出に係る事件を特定するに足りる事項

三　申出人が法第22条の6第1項の申出をすることができる者であることの基礎となるべき事実

2　法第22条の6第1項の申出及び同項の規定による説明を受けることについては、弁護士でなければ代理人となることができない。

（説明をさせることができる者・法第22条の6）

第30条の14　法第22条の6第1項の規定による説明は、裁判所書記官又は家庭裁判所調査官にさせることができる。

（適正な審判のため等の措置）

第31条　裁判長は、適正な審判をするため必要があると認めるときは、発言を制止し、又は少年以外の者を退席させる等相当の措置をとることができる。

2　裁判長は、少年の情操を害するものと認める状況が生じたときは、その状況の継続中、少年を退席させることができる。

（裁判官の回避）

第32条　裁判官は、審判の公平について疑を生ずべき事由があると思料するときは、職務の執行を避けなければならない。

（審判調書）

第33条　審判期日における手続については、審判調書を作成する。

2　審判調書には、次に掲げる事項その他審判に関する重要な事項を記載する。

一　審判をした裁判所、年月日及び場所

二　裁判官及び裁判所書記官並びに出席した家庭裁判所調査官、検察官、保護観察官、保護司、法務技官及び法務教官の氏名

三　少年並びに出席した保護者及び付添人の氏名

四　家庭裁判所調査官、検察官、保護観察官、保護司、法務技官、法務教官、保護者及び付添人の陳述の要旨

四の二　法第9条の2本文の規定により聴取した意見の要旨

五　少年の陳述の要旨

六　証人、鑑定人、通訳人及び翻訳人並びに参考人の供述の要旨

七　決定その他の処分をしたこと

八　裁判長が記載を命じた事項

3　裁判所書記官は、裁判長の許可があるときは、審判調書の作成又は前項第一号から第七号までに掲げる記載事項の一部を省略することができる。ただし、抗告又は法第32条の4第1項の規定による

申立て（以下「抗告受理の申立て」という。）があつた場合は、この限りでない。

（審判調書の署名押印及び認印）

第34条 審判調書には、裁判所書記官が署名押印し、裁判長が認印しなければならない。

2 裁判長に差し支えがあるときは、他の裁判官の一人がその事由を付記して認印しなければならない。ただし、いずれの裁判官にも差し支えがあるときは、裁判所書記官がその事由を付記して署名押印すれば足りる。

3 第1項及び前項ただし書の規定により裁判所書記官が署名押印すべき場合には、署名押印に代えて記名押印することができる。

4 裁判所書記官に差し支えがあるときは、裁判長がその事由を付記して認印すれば足りる。

（保護処分の決定の言渡・法第24条等）

第35条 保護処分の決定を言い渡す場合には、少年及び保護者に対し、保護処分の趣旨を懇切に説明し、これを充分に理解させるようにしなければならない。

2 前項の場合には、二週間以内に抗告の申立書を裁判所に差し出して抗告をすることができる旨を告げなければならない。

（保護処分の決定の方式・法第24条等）

第36条 罪を犯した少年の事件について保護処分の決定をするには、罪となるべき事実及びその事実に適用すべき法令を示さなければならない。

（各種の保護処分の形式と通知等・法第24条等）

第37条 法第24条第1項第一号又は第64条第1項第一号若しくは第二号の決定をするには、保護観察をすべき保護観察所を、法第24条第1項第三号又は第64条第1項第三号の決定をするには、送致すべき少年院の種類を指定するものとする。

2 法第24条第1項第一号又は第64条第1項第一号若しくは第二号の決定をしたときは保護観察所長に、法第24条第1項第二号の決定をしたときは児童相談所長に、同項第三号又は第64条第1項第三号の決定をしたときは少年鑑別所長に、速やかにその旨を通知しなければならない。

3 保護観察所長に前項の通知をするときは、保護観察を受けるべき者が保護観察の期間中遵守すべき特別の事項に関する意見も通知しなければならない。

（参考書類の送付等）

第37条の2 前条第2項の通知をするときは、少年の処遇に関する意見書及び少年調査票その他少年の処遇上参考となる書類（以下参考書類という。）を送付することができる。

2 参考書類の取扱については、家庭裁判所の指示するところに従わなければならない。

3 家庭裁判所は、執務上必要があると認めるときは、いつでも、参考書類の返還を求めることができる。

4 保護処分が終了し又は取り消されたときは、速やかに参考書類を家庭裁判所に返還しなければならない。

（没取の決定の執行等・法第24条の2）

第37条の3 没取の決定の執行及び没取物の処分は、家庭裁判所が刑事訴訟法中没収の裁判の執行及び没収物の処分に関する規定に準じて行う。

（保護処分の決定後の処置）

第38条 保護処分の決定をした家庭裁判所は、当該少年の動向に関心を持ち、随時、その成績を視察し、又は家庭裁判所調査官をして視察させるように努めなければならない。

2　保護処分の決定をした家庭裁判所は、必要があると認めるときは、少年の処遇に関し、保護観察所、児童自立支援施設、児童養護施設又は少年院に勧告をすることができる。

（環境調整の措置・法第24条等）
第39条　保護観察所長をして家庭その他の環境調整に関する措置を行わせる場合には、環境についての調査の結果を通知し、且つ必要な事項を指示しなければならない。

（家庭裁判所調査官の観察に付する決定の方式等・法第25条）
第40条　家庭裁判所調査官の観察に付する決定をするには、家庭裁判所調査官を指定するものとする。この場合には、観察の期間を定めることができる。

2　遵守事項を定めてその履行を命ずる場合には、その事項を具体的且つ明瞭に指示し、少年をして自発的にこれを遵守しようとする心構を持たせるように努めなければならない。

3　条件をつけて保護者に引き渡す場合には、保護者に対し、少年の保護監督について必要な条件を具体的に指示しなければならない。

4　適当な施設、団体又は個人に補導を委託する場合には、委託を受ける者に対し、少年の補導上参考となる事項を指示しなければならない。

5　家庭裁判所調査官の観察については、第13条の規定を準用する。

6　家庭裁判所調査官の観察に付する決定は、いつでも、取り消し又は変更することができる。

（執行のための呼出状の記載要件・法第26条）
第41条　決定の執行をするための呼出状には、本人の氏名、年齢及び住居、執行すべき決定の種類、出頭すべき年月日時

及び場所並びに正当な理由がなく出頭しないときは同行状を発することがある旨を記載し、裁判長が、記名押印しなければならない。

（執行のための同行状の記載要件と執行・法第26条）
第42条　決定の執行をするための同行状には、本人の氏名、年齢及び住居、執行すべき決定の種類、同行すべき場所並びに発付の年月日を記載し、裁判長又は同行状を発する裁判官が、記名押印しなければならない。

2　裁判長は、法第26条第6項の規定により同条第4項の同行状を発する場合には、その旨を同行状に記載しなければならない。

3　第1項の同行状の執行については、第18条の規定を準用する。

（通知の申出の際に明らかにすべき事項等・法第31条の2）
第42条の2　法第31条の2第1項本文の申出は、次に掲げる事項を明らかにしてしなければならない。
一　申出人の氏名又は名称及び住所
二　当該申出に係る事件を特定するに足りる事項
三　申出人が法第31条の2第1項本文の申出をすることができる者であることの基礎となるべき事実

2　法第31条の2第1項本文の申出及び同項本文の通知の受領については、弁護士でなければ代理人となることができない。

（検察官による記録又は証拠物の閲覧・法第45条の3）
第42条の3　検察官は、家庭裁判所が少年に訴訟費用の負担を命ずる決定をした事件については、第7条第1項の規定にかかわらず、その決定を執行するため必要な限度で、保護事件の記録又は証拠物

を閲覧することができる。

第4章 抗告
（抗告申立の方式・法第32条）

第43条 抗告をするには、申立書を原裁判所に差し出すものとする。

2 前項の申立書には、抗告の趣意を簡潔に明示しなければならない。

（収容中の少年の抗告申立て等・法第32条）

第44条 少年鑑別所、児童自立支援施設、児童養護施設又は少年院にいる少年が抗告をするには、施設の長又はその代理者を経由して申立書を差し出すことができる。この場合において、抗告の提起期間内に申立書を施設の長又はその代理者に差し出したときは、抗告の提起期間内に抗告をしたものとみなす。

2 前項の場合には、施設の長又はその代理者は、原裁判所に申立書を送付し、且つこれを受け取つた年月日を通知しなければならない。

3 原裁判所は、第1項前段の少年の保護事件についてした保護処分の決定に対する抗告申立書を受け取つたときは、同項前段の場合を除き、速やかにその旨を当該少年のいる施設の長又はその代理者に通知しなければならない。

（抗告申立書の送付）

第45条 原裁判所は、抗告申立書を受け取つたときは、速やかに記録とともに抗告裁判所に送付しなければならない。

2 前項の場合には、原裁判所は、抗告申立書に意見書をつけることができる。

（証拠物の送付）

第45条の2 原裁判所は、必要があると認めるときは、証拠物を抗告裁判所に送付しなければならない。

2 抗告裁判所は、証拠物の送付を求めることができる。

（抗告の通知）

第46条 児童自立支援施設、児童養護施設又は少年院に送致する決定に対して抗告がなされたときは、原裁判所は、遅滞なく少年のいるこれらの施設を抗告裁判所に通知しなければならない。

（検察官に対する抗告の通知）

第46条の2 原裁判所は、検察官関与決定をした事件についてした保護処分の決定に対する抗告申立書を受け取つたときは、検察官に対し、抗告があつた旨及び抗告の趣意を通知しなければならない。

（抗告受理の申立て・法第32条の4）

第46条の3 法第32条の4第2項前段の申立書には、抗告受理の申立ての理由を具体的に記載しなければならない。

2 原裁判所は、速やかに前項の申立書とともに記録を高等裁判所に送付しなければならない。

3 原裁判所は、第1項の申立書を受け取つたときは、少年及び保護者に対し、抗告受理の申立てがあつた旨及び抗告受理の申立ての理由を通知しなければならない。

4 高等裁判所は、法第32条の4第3項の決定（以下「抗告受理決定」という。）をするときは、当該決定において、抗告受理の申立ての理由中同条第4項の規定により排除するものを明らかにしなければならない。

5 抗告受理決定があつたときは、抗告裁判所は、少年及び保護者に対し、その決定の内容を通知しなければならない。

6 第44条第1項前段の少年の保護事件についてされた決定に対する抗告受理の申立てに対し抗告受理決定があつたときは、抗告裁判所は、速やかにその旨を当該少年のいる施設の長又はその代理者に通知しなければならない。

7 高等裁判所は、抗告受理の申立てがあ

つた場合において、抗告審として事件を受理しないときは、法第32条の4第5項の期間内にその旨の決定をしなければならない。

8　高等裁判所は、前項の決定をしたときは、少年及び保護者に対し、その旨を通知しなければならない。

9　第45条第2項、第45条の2及び第46条の規定は、抗告受理の申立てがあつた場合について準用する。この場合において、第46条中「抗告が」とあるのは、「抗告受理の申立てが」と読み替えるものとする。

（抗告審における国選付添人の選任等・法第32条の5等）

第46条の4　第30条の3第1項及び第2項の規定は、抗告裁判所が弁護士である付添人を付すべき場合（法第32条の5第2項の場合を除く。）について準用する。

2　法第32条の5の規定又は法第32条の6において準用する法第22条の3第1項の規定により抗告裁判所が付すべき付添人は、当該抗告裁判所の所在地を管轄する家庭裁判所の管轄区域内に在る弁護士会に所属する弁護士の中から裁判長がこれを選任しなければならない。ただし、その管轄区域内に選任すべき事件について付添人としての活動をすることのできる弁護士がないときその他やむを得ない事情があるときは、これに隣接する他の家庭裁判所の管轄区域内に在る弁護士会に所属する弁護士その他適当な弁護士の中からこれを選任することができる。

3　裁判長は、前項の規定にかかわらず、抗告審の審理のため特に必要があると認めるときは、原裁判所が付した付添人であつた弁護士を付添人に選任することができる。

4　第30条の3第4項の規定は、前二項の規定により裁判長が付添人を選任した場合について準用する。

（準用規定）

第46条の5　前条に定めるもののほか、抗告審の審理については、その性質に反しない限り、家庭裁判所の審判に関する規定を準用する。

（執行停止の決定をする裁判所・法第34条）

第47条　抗告中の事件について原決定の執行を停止する決定は、記録が抗告裁判所に到達する前は、原裁判所が、到達した後は、抗告裁判所がするものとする。

（検察官に対する決定の通知）

第48条　抗告裁判所は、法第22条の2第1項（第32条の6において準用する場合を含む。）の決定があつた事件について法第33条の決定をしたときは、その旨を検察官に通知しなければならない。

第49条及び第50条　削除

（決定の効力等）

第51条　抗告裁判所は、原決定を取り消す決定が確定した場合において、少年が児童自立支援施設、児童養護施設又は少年院にいるときは、直ちにこれらの施設の長に対し、事件の差戻し又は移送を受けた家庭裁判所にその少年を送致すべきことを命じなければならない。

2　前項の場合には、施設の長は、直ちに所属の職員をして事件の差戻し又は移送を受けた家庭裁判所に少年を送致させなければならない。

（差戻し又は移送後の審判）

第52条　抗告裁判所から差戻し又は移送を受けた事件については、更に審判をしなければならない。

2　前項の場合には、原決定に関与した裁判官は、審判に関与することができな

い。

第53条 削除

（準用規定）

第54条 法第35条第1項本文の抗告については、第43条から第46条の2まで、第46条の4から第48条まで、第51条及び第52条の規定を準用する。この場合において、第46条の2中「検察官関与決定をした事件についてした保護処分の決定」とあるのは「法第22条の2第1項（第32条の6において準用する場合を含む。）の決定があつた事件についてした法第33条の決定」と、第48条中「第32条の6」とあるのは「第32条の6（第35条第2項前段において準用する場合を含む。）」と、「第33条」とあるのは「第35条第2項前段において準用する法第33条」と読み替えるものとする。

第5章　雑則

（収容継続申請事件の手続）

第55条 少年院法（昭和23年法律第169号）第11条の規定による収容継続申請事件の手続は、その性質に反しない限り、少年の保護事件の例による。

（連戻状の請求等）

第56条 少年院法第89条第3項（同法第90条第6項及び第133条第3項において準用する場合を含む。）の規定による連戻状の請求は、書面でしなければならない。

2　連戻状の請求書には、次に掲げる事項を記載しなければならない。

一　本人の氏名、年齢及び住居又は現在地。住居及び現在地が明らかでないときは、その旨

二　本人を少年院に収容しておくことができる期間の最終日

三　連れ戻すべき事由

四　連れ戻すべき少年院その他の場所

五　請求者の官職氏名

六　30日を超える有効期間を必要とするときは、その旨及び事由

七　連戻状を数通必要とするときは、その旨及び事由

八　同一事由により本人に対し前に連戻状の請求又はその発付があつたときは、その旨

3　連戻状の請求書には、謄本1通を添付しなければならない。

4　連戻状を請求するには、連れ戻すべき事由があることを認めるべき資料を提供しなければならない。

5　連戻状の請求を受けた裁判官は、必要があると認めるときは、連戻状の請求をした少年院の長又はその少年院の職員の出頭を求めてその陳述を聴き、又はこれらの者に対し書類その他の物の提示を求めることができる。

（連戻状の記載要件等）

第57条 連戻状には、次に掲げる事項を記載し、裁判官が、記名押印する。

一　本人の氏名、年齢及び住居又は現在地。住居及び現在地が明らかでないときは、その旨

二　本人を少年院に収容しておくことができる期間の最終日

三　連れ戻すべき事由

四　連れ戻すべき少年院その他の場所

五　請求者の官職氏名

六　有効期間

七　有効期間経過後は、連戻しに着手することができず、連戻状は返還しなければならない旨

八　発付の年月日

2　連戻状の有効期間は、発付の日から三十日とする。但し、連戻状の請求を受けた裁判官は、相当と認めるときは、三十日を超える期間を定めることができる。

3　連戻状は、連戻状の請求書の謄本及び
　その記載を利用して作ることができる。
4　連戻状は、請求により、数通を発する
　ことができる。
5　連戻状による連戻しについては、第18
　条第1項から第3項までの規定を準用す
　る。
6　裁判官が連戻状の請求を却下するには、
　請求書の謄本にその旨を記載し、記名押

印してこれを請求者に交付すれば足り
る。

（準用規定）
第58条　少年鑑別所法（平成26年法律
　第59号）第78条第3項（同法第79条
　第6項において準用する場合を含む。）
　の規定による連戻状の請求及びその請求
　による連戻状については、前二条の規定
　を準用する。

事 項 索 引

編者・執筆者紹介

＊ 後 藤 弘 子 （ごとう ひろこ）　　第1講、第5講
　　　千葉大学大学院専門法務研究科教授

＊ 守 山 　 正 （もりやま ただし）　　第2講、第4講、第11講（共著）、第12講
　　　拓殖大学名誉教授

　 土 井 隆 義 （どい たかよし）　　第3講（1）
　　　筑波大学大学院人文社会科学研究科教授

　 小 林 寿 一 （こばやし じゅいち）　第3講（2）
　　　元科学替察研究所犯罪行動科学部長

　 酒 井 安 行 （さかい やすゆき）　　第6講
　　　青山学院大学名誉教授

　 山 口 直 也 （やまぐち なおや）　　第7講、第16講（1）
　　　立命館大学法科大学院教授

　 安 部 哲 夫 （あべ てつお）　　　第8講、第11購（共著）、第14講
　　　獨協大学名誉教授

　 岡 田 行 雄 （おかだ ゆきお）　　第9講
　　　熊本大学法学部教授

　 上 野 正 雄 （うえの まさお）　　第10講
　　　明治大学法学部教授

　 吉 中 信 人 （よしなか のぶひと）　第13講
　　　広島大学大学院社会科学研究科教授

　 山 下 幸 夫 （やました ゆきお）　　第15講
　　　弁護士

　 渡 邉 泰 洋 （わたなべ やすひろ）　第16講（2）、資料1
　　　拓殖大学政経学部准教授

　 武 内 謙 治 （たけうち けんじ）　　第16講（3）
　　　九州大学大学院法学研究院教授

　 上 野 芳 久 （うえの よしひさ）　　第16講（4）
　　　元関東学院大学法科大学院教授

（＊編著者、掲載順）

ビギナーズ少年法　〔第3版補訂版〕

平成17年10月20日	初　版第1刷発行
平成20年 5 月20日	第2版第1刷発行
平成21年 3 月31日	第2版補訂版第1刷発行
平成29年10月10日	第3版第1刷発行
令和 4 年 5 月 1 日	第3版補訂版第1刷発行
令和 4 年 8 月20日	第3版補訂版第2刷発行

編著者　守　山　　正　子
　　　　後　藤　弘

発行者　阿　部　成　一

〒162-0041　東京都新宿区早稲田鶴巻町514番地

発行所　株式会社　成　文　堂

電話 03（3203）9201（代）Fax（3203）9206
http://www.seibundoh.co.jp

製版・印刷・製本　シナノ印刷
定価（本体2900円＋税）